Lebensqualität durch Zeitpolitik

Forschung aus der Hans-Böckler-Stiftung **142**

Herausgegeben von der Hans-Böckler-Stiftung, Düsseldorf

Ulrich Mückenberger

unter Mitarbeit von
Katja Marjanen, Victor Rego Diaz
und Annegret Saal

Lebensqualität durch Zeitpolitik

Wie Zeitkonflikte gelöst werden können

Bibliografische Information der Deutschen Nationalbibliothek

Die Deutsche Nationalbibliothek verzeichnet diese
Publikation in der Deutschen Nationalbibliografie;
detaillierte bibliografische Daten sind im Internet
über http://dnb.d-nb.de abrufbar.

ISBN 978-3-8360-8742-1

Umschlaggestaltung: Gaby Sylvester, Düsseldorf – www.sylvester-design.de.
Umschlaggrafiken: © fotomek, 3dec – Fotolia.com

Druck: Rosch-Buch, Scheßlitz Printed in Germany

Inhalt

Vorwort 10

1 Zeitpolitik und Lebensqualität in der Dienstleistungsgesellschaft 11

1.1 „Industrielle Beziehungen" in der Dienstleistungsgesellschaft? 11
1.2 Intelligentere Verfahren zur Lösung von Zeitkonflikten 12
1.3 Was lehrt uns zeitpolitische Gestaltung? 14
1.4 Fallbeispiele und Maßnahmen 17
1.5 Gewerkschaftliche Zeitpolitik – die Quadratur des Kreises? 18

2 Zeitpolitik und Arbeitsbeziehungen 23

2.1 Gewerkschaftliche Zeitpolitik 23
2.1.1 Normalarbeitszeit als ‚institutionelle Innovation' in der Industriegesellschaft 23
2.1.2 Interessenbezüge in gewerkschaftlicher Arbeitszeitpolitik 25
2.1.3 Flexibilisierung und Zeitsouveränität: neue Interessen in der Arbeitszeitpolitik 28
2.1.4 ‚Zeitfragen sind Streitfragen': neue gewerkschaftliche Zeitpolitik? 29
2.2 Industrielle Beziehungen: Ein Konzept der Industriegesellschaft 32
2.2.1 Fordismus und Kollektivvertrag 33
2.2.2 Postfordismus: Kontinuität und Umbruch 35
2.2.3 Fordistische Ausgestaltung der bipolaren Interessenkonstellation im dualen System Deutschlands 37
2.2.4 Industrielle Beziehungen: Theoretische Begriffsbestimmung 38
2.2.5 „Industrielle Beziehungen" in der Dienstleistungsgesellschaft? 40
2.3 Dienstleistungs- und Wissensgesellschaft 41
2.3.1 Tertiarisierung: Begriffliche Annäherung 42
2.3.2 Uno-actu-Prinzip: Produktion und Konsum in Mensch-Mensch-Beziehungen 43
2.3.3 Dienstleistung als Koproduktion 46
2.3.4 Integration ausgegrenzter Regelungsfragen und Akteure 50
2.3.5 Reziprozität in Dienstleistungsbeziehungen 52
2.3.6 Zusammenfassung 54

2.4 Dienstleistungsgesellschaft und Arbeitsbeziehungen: ‚Tätigkeitsbeziehungen' 55
2.4.1 Was sind Dienstleistungen? Definitionsansätze 56
2.4.2 Dienstleistung als Interaktion 57
2.4.3 Tätigkeitsbezogene Motivation 59
2.4.4 ‚Kunden'-Orientierung – ‚Nutzer/innen'-Orientierung 60
2.4.5 Systematisierung von personenbezogenen Dienstleistungen 63
2.5 Arbeitsbeziehungen und Arbeitszeiten in der Dienstleistungsgesellschaft 64
2.5.1 Neue Arbeitsformen und -identitäten: Subjektivierung der Arbeit 65
2.5.2 Flexibilisierung der Arbeitszeiten 68
2.5.3 Zeitsouveränität: Zeitliche Selbstbestimmung der Arbeitszeit 71
2.5.4 Flexibilisierung und Zeitsouveränität: Re-Regulierungsperspektiven 73
2.6 Lebensqualität: Was für eine Lebensqualität? Wessen Lebensqualität? 75
2.6.1 Der Begriff Lebensqualität 77
2.6.2 Ansatz der ‚Verwirklichungschancen' 81
2.6.3 Zeitsouveränität als Kategorie von Lebensqualität 82
2.7 Neue Akteurskonstellationen und Arbeitsbeziehungen: gesellschaftliche Interessen im Arbeitsverhältnis? 83
2.7.1 Verschiebungen in Interessen- und Akteurskonstellationen 84
2.7.2 Eine neue historische Stufe der Zivilgesellschaft 86
2.7.3 Erweiterte Akteurskonstellation und ziviler Dialog 89
2.7.4 Sozialer Dialog und/oder Ziviler Dialog? 91
2.8 Lebensqualitätsorientierter Zeitwohlstand und Indikatoren der Lebensqualität 93
2.8.1 Lokale Zeitpolitik 94
2.8.2 Zeitwohlstand 96
2.8.3 Zeitpolitische Komponenten von Lebensqualität 99

3 Methodische Vorgehensweise 103

3.1 Zielsetzung der Untersuchung 103
3.2 Hypothesen 104
3.2.1 Dienstleistung und Lebensqualität 104
3.2.2 Regelungsverständnis 108
3.2.3 Beteiligung 108
3.2.4 Reziprozität 110

3.3 Evaluation von Zeitpolitik 112

3.3.1 Operationalisierung von Zeitpolitik 114
3.3.2 Exploration/Felderkundung 115
3.3.3 Erhebung der Lebensqualitätseffekte 119
3.3.4 Auswertungsschema 125
3.3.5 Zur nachfolgenden Falldarstellung 127

4 Zeitpolitik in der Dienstleister-Praxis. Fallanalysen 129

4.1 Fall A – Bedarfsgerechte Kinderbetreuung 129

4.1.1 Flexible Kinderbetreuung bei starren Arbeitszeitvorgaben 129
4.1.2 Eine um das Kind zentrierte und vertrauensgetragene Dienstleistungsbeziehung 131
4.1.3 Ausweitung der Öffnungszeiten zur Sicherung von Arbeitsplätzen 132
4.1.4 Informationen zur Maßnahme und Befragungen 133
4.1.5 Die Planungsphase ist durch ein autoritäres Regelungsverständis geprägt 135
4.1.6 Aushandlung unterschiedlicher Zeitinteressen der beteiligten Akteure in der Umsetzungsphase 137
4.1.7 Lebensqualitätsgewinne für Beschäftigte und Nutzer/innen 141
4.1.8 Resümee: Zeitpolitische Nutzerorientierung wegen oder gerade trotz hierarchischer Organisation? 147

4.2 Fall B – Nutzerorientierte ‚Spätdienstkita' 150

4.2.1 ‚Spätdienstkita' mit kontinuierlicher Betreuung der Kinder 150
4.2.2 Eine um das Kind zentrierte vertrauensgetragene Dienstleistungsbeziehung 151
4.2.3 Erweiterte Öffnungszeiten – realisiert mit kontinuierlichen Arbeitszeiten 152
4.2.4 Informationen zur Maßnahme und Befragungen 153
4.2.5 Planung der Erweiterung der Öffnungszeiten bei schwacher Mitwirkung der Beschäftigten, ohne Mitwirkung der Nutzer/innen 154
4.2.6 Partizipative Abstimmung flexibler Bring- und Holzeiten bei der Umsetzung 157
4.2.7 Verbesserte Lebensqualität für (‚Spätdienst'-)Eltern durch flexibilisierte Betreuung zum Nachteil der Lebensqualität einer Beschäftigten 161
4.2.8 Ausgeprägte Nutzerorientierung zu Lasten einer Beschäftigten 168

4.3 Fall C – Flexible Kinderbetreuung 169

4.3.1 Kinderbetreuung zur Verbesserung der Lebensqualität berufstätiger Eltern 170

4.3.2 Eine Dienstleistung zur Vereinbarkeit von Beruf und Familie 171
4.3.3 Die gelungene Vereinbarkeit individueller Zeitinteressen 174
4.3.4 Die nachträgliche Aufnahme als Praxisfall 177
4.3.5 Ein partizipativer Ansatz in der Planungsphase 177
4.3.6 Ausgeprägte Beteiligung in der Durchführungsphase 180
4.3.7 Zeitpolitische Selbstbestimmung und Lebensqualität für alle Akteure 185
4.3.8 In dieser Einrichtung wird Zeitpolitik gelebt 188

4.4 Fall D – Zeitsouveränität – nur für Dienstleister/innen, nicht für Nutzer/innen 190

4.4.1 Eine Warenhausfiliale in städtischer Peripherie 191
4.4.2 Eine zwar personenbezogene, aber diskontinuierliche und wenig intensive Dienstleistung 192
4.4.3 Beteiligungsorientierte traditionelle Arbeitsbeziehungen 193
4.4.4 Die Maßnahme Personaleinsatzplanung im Team 193
4.4.5 Informationen zur Maßnahme und Befragungen 194
4.4.6 Synthese von Leitungs- und Beschäftigteninteresse 196
4.4.7 Basisdemokratische Planung – aber ohne Nutzer/innen 196
4.4.8 Eine „lebende" Betriebsvereinbarung 198
4.4.9 Ziel erreicht, Vereinbarkeit erhöht 200
4.4.10 Zeitliche Lebensqualität der Beschäftigten ist erhöht 202
4.4.11 Zeitsouveränität durch eigenverantwortliche Personaleinsatzplanung – exklusiv für Beschäftigte 203

4.5 Fall E – Service im Einklang mit Vertrauensarbeitszeit 204

4.5.1 Mehr Zeitautonomie und Eigenverantwortung für Beschäftigte 205
4.5.2 Gesundheitsorientierte und beratungsintensive Dienstleistungsbeziehung 206
4.5.3 Erweiterte zeitliche Selbstbestimmung mittels Vertrauensarbeitszeit 208
4.5.4 Informationen zur Maßnahme und Befragungen 210
4.5.5 Aushandlungsmechanismen traditioneller Sozialpartnerschaft 211
4.5.6 Vertrauensarbeitszeit wird als Faktum ohne Beteiligung implementiert 215
4.5.7 Zurück zu ‚Bewährtem' – Zeiterfassung mit begrenzter Zeitautonomie 216
4.5.8 Hierarchisch gesteuerte Gemeinschaft mit begrenzter Binnenautonomie ohne Einbeziehung von Nutzer/inne/n der Dienstleistung 220

4.6 Fall F – Serviceorganisation auf Augenhöhe 222

4.6.1 Bürgerservice unter Bedingungen urbaner Lebenslagen 222
4.6.2 Eine alltagssensible Beratungs- und Verwaltungsdienstleistung 224

4.6.3 Die umstrittene Samstagsöffnung 226
4.6.4 Die Methode der Begleitforschung 229
4.6.5 Ein partizipatives Regelungsverständnis in der Planungsphase 231
4.6.6 Flache Hierarchie und Reziprozität in der Durchführungsphase 235
4.6.7 Win-win-Konstellation zeitpolitischer Selbstbestimmung und Lebensqualität 239
4.6.8 Resümee: Zeitpolitik ist unter bestimmten Bedingungen möglich 244

5 Zeitpolitik kann Lebensqualität ohne Opfer erhöhen 247

5.1 Reziprozität als Motor von Lebensqualitäts-Gewinnen 247

5.2 Vergleichende Auswertung der Fallbeispiele 251

5.2.1 Intensive und weniger intensive Dienstleistungskonstellation 252
5.2.2 Arbeitsmotivation und Reziprozität 253
5.2.3 Zusammenhang zwischen Initiative und Lebensqualitäts-Effekt? 256
5.2.4 Welche Arbeitsbeziehungskonstellation begünstigt Reziprozität? 258
5.2.5 Führen Beteiligungsmuster zu Reziprozität? 262
5.2.6 Lebensqualitätseffekte sind ermittelbar 265
5.2.7 Win-win-Konstellation – eine Illusion? 270
5.2.8 Was waren begünstigende, was hindernde Faktoren? 271
5.2.9 Plausibilität der Hintergrundannahmen? 273

5.3 Zeitpolitik und Lebensqualität 275

5.3.1 Zeitpolitische Potentiale in den Fällen 275
5.3.2 Vorläufige Schlussfolgerungen 277
5.3.3 Ein neues multipolares Beteiligungsregime der Dienstleistungsgesellschaft 282

Literatur 284

Vorwort

Dieses Buch stellt eine stark überarbeitete Fassung eines Forschungsberichtes dar, der von der Hans-Böckler-Stiftung in der Zeit zwischen 2007 und 2009 betreut und finanziert wurde. Es trug den Titel „Zeitpolitische Erweiterung der industriellen Beziehungen und Lebensqualität von Dienstleistungserbringern und -konsumenten“ und widmete sich der Frage, wie in einer Dienstleistungsgesellschaft den zeitlichen Anliegen Beschäftigter wie Nutzer/inne/n von personenbezogenen Dienstleistungen gleichermaßen Rechnung getragen werden kann. Dahinter stand die Frage, ob und wie eine gewerkschaftliche Zeitpolitik vorstellbar ist und welche Bedingungen gegeben sein müssen, um sie – ohne Beschäftigten und Nutzer/inne/n unfaire Opfer abzuverlangen – zum Erfolg zu führen.

Dieses Forschungsvorhaben schloss die wissenschaftliche Arbeit der Forschungsstelle Zeitpolitik an der Universität Hamburg ab, die ich bis zum meinem Ausscheiden aus dem aktiven Dienst als Hochschullehrer im März 2010 leitete. Ohne die tatkräftige und ideenreiche Mitwirkung von Beschäftigten der Forschungsstelle an der Forschungsarbeit hätten weder das Projekt noch dieses Buch abgeschlossen werden können. *Victor Rego Diaz* bereitete die Materialien für Kapitel 2, *Katja Marjanen* diejenigen für Kapitel 3 auf; vornehmlich *Annegret Saal* war für die Feldarbeit verantwortlich, die sich in Kapitel 4 niederschlug. Für den organisatorischen und/oder konzeptionellen Hintergrund der Arbeit der Forschungsstelle sorgten *Ute Buggeln, Siegfried Timpf, Susanne Peeger, Jeannette Wittkopf* und *Tanja Kavur*. Ihnen allen danke ich herzlich für die Mitwirkung, auch wenn die Letztverantwortung für das hier vorgelegte Ergebnis – und darin gewiss verbliebene Unfertigkeiten – bei mir liegt.

Ich danke allen Expert/inn/en und Interviewpersonen, ohne die die empirische Feldarbeit nicht möglich gewesen wäre. Besonders danke ich der Hans-Böckler-Stiftung und der Universität Hamburg für die Förderung. *Sebastian Brandl* als seinerzeit zuständiger Fachreferent der Stiftung leistete über organisatorische und praktische Hilfestellungen hinaus folgenreiche inhaltliche Anregungen – letzteres galt vor allem für die Mitglieder des Projekt-Beirats *(Claudia Bogedan, Hans-Dieter Brand, Marco Frank, Birgit Geissler, Teodora Gionova-Busch, Karin Haubrich, Martin Held, Eckart Hildebrandt, Karin Jurczyk, Walter Lochmann, Hartmut Seifert, Sylvia Skrabs).* Allen danke ich herzlich und hoffe, dass die zuweilen kontrovers verlaufenen Debatten nicht spurlos am Endergebnis vorbeigegangen sind. Bei *Rainer Bohn* bedanke ich mich für, heute selten gewordene, verlegerische Gründlichkeit und Inspiration.

Bremen, am 1. Mai 2012 *Ulrich Mückenberger*

1 Zeitpolitik und Lebensqualität in der Dienstleistungsgesellschaft

Dieser Band wertet zeitpolitische Modellprojekte unter dem Gesichtspunkt aus, welche Lebensqualitätseffekte daraus für Beschäftigte wie für Nutzer/innen hervorgegangen sind (in den Kapiteln 4 und 5). Zuvor werden eine theoretische Verortung von Zeitpolitik in der Dienstleistungsgesellschaft vorgenommen (in Kapitel 2) und methodologische Überlegungen zur Evaluierung zeitpolitischer Realexperimente vorgestellt (in Kapitel 3). Wir stellen Überlegungen dazu an, welche Beteiligungsformen für Beschäftigte wie für Nutzer/innen gerade bei zeitpolitischen Dienstleistungen angebracht erscheinen. Dabei werden Grenzen des allein auf Arbeitgeber- und Arbeitnehmerinteressen kanalisierten Systems „industrieller Beziehungen" aufgezeigt und mögliche Weiterentwicklungen angedeutet. Dieses Einführungskapitel umreißt, was Zeitpolitik ist und warum sie aktuell an Bedeutung gewinnt.

1.1 „Industrielle Beziehungen" in der Dienstleistungsgesellschaft?

Dass eine Dienstleistungsgesellschaft nicht mit dem Instrumentarium der Problemidentifizierung und -lösung einer Industriegesellschaft auskommen kann, wird Jede/r sofort bestätigen. Und doch: Unsere Gesellschaft ist zwar längst aus einer Industrie- in eine Dienstleistungsgesellschaft übergegangen (zuweilen wird auch von Wissens- und Kulturgesellschaft gesprochen), aber die Regulierung von darin vollzogenen Tätigkeiten geschieht wesentlich noch mit dem überkommenen Instrumentarium der Industriegesellschaft. „Arbeit" wurde dort – gleichgesetzt mit Erwerbsarbeit – als gesellschaftlicher Akt der Bearbeitung und Beherrschung leb- und willensloser Natur verstanden. Regulierung von Arbeit bestand wesentlich in der Bestimmung (und Begrenzung) der Bedingungen von Verausgabung und Nutzung von Arbeitskraft. Industrielle Beziehungen waren daher bipolare Arbeitgeber-/Arbeitnehmerbeziehungen. Sie unterschieden sich danach, ob auf beiden Seiten Individuen und/oder Kollektive als Kontrahenten auftraten. Weitere gesellschaftliche Interessen aber – im Sinne der Interessen von „Stakeholdern",[1] die nicht selbst Arbeitsvertragsparteien waren – kamen in diesem Regulierungsinstrumentarium nicht vor oder blieben darin Fremdkörper.

1 Unter „Stakeholder" werden in diesem Band diejenigen gesellschaftlichen Akteure verstanden, die von den Effekten einer getroffenen oder zu treffenden Entscheidung betroffen werden, ohne aber unbedingt an der Entscheidung selbst beteiligt zu sein.

Dass dieses Regulierungssystem in den von der Erbringung von Dienstleistungen geprägten Gesellschaft – allgemein, vor allem aber auf zeitlichem Gebiet – zu gesellschaftlichen Friktionen und Funktionsstörungen führt, ist in den dieser Gesellschaft zu Grunde liegenden *Tätigkeitstypen* begründet. Ein großer Teil von Dienstleistungen bearbeitet nicht leb- und willenlose Natur, sondern wird an Menschen verrichtet. Er besteht in der Herstellung und Verbesserung zwischenmenschlicher Beziehungen, in Bildung und Pflege von Personen, in Kommunikation, Unterhaltung, ästhetischer und/oder seelischer Erbauung usw. Bei diesen Dienstleistungen müssen sich im Prinzip (Gegentrends werden noch erwähnt) Dienstleistungserbringer und -abnehmer zur selben Zeit am selben Ort aufhalten (so genanntes „*Uno-actu*-Prinzip“).[2] Sie können vielfach sogar als Koproduzenten der Dienstleistung verstanden werden, weil die Mitwirkung von Jedem von Beiden nicht weggedacht werden kann, ohne dass der Erfolg der Dienstleistung selbst entfiele (dazu Baethge 2011; Böhle 2011). Die Dienstleistungsökonomie unternimmt kontinuierliche Anstrengungen, Erbringung und Konsum der Dienstleistung voneinander räumlich und/oder zeitlich zu entkoppeln, also die Dienstleistung vom ‚Uno-actu-Prinzip’ zu befreien. Ein Kernbereich gerade personenbezogener Dienstleistungen dürfte aber dem Prinzip der Koproduktion und damit Kopräsenz von Dienstleister und Konsument verbunden bleiben.

1.2 Intelligentere Verfahren zur Lösung von Zeitkonflikten

Aus dem Unterschied dienstleistender Tätigkeit von industrieller kann man intuitiv zwei Folgerungen herleiten. Erstens haben die von Dienstleistungen betroffenen Interessen – die nicht nur mit leb- und willensloser Natur, sondern mit menschlichen Wesen mit eigenen Rechten und Pflichten verbunden sind – eine andere Wertigkeit als ein von Industrietätigkeit transformiertes Stück Natur. Darum müsste – zweitens – das Instrumentarium der Aushandlung und Regulierung der mit Dienstleistung verbundenen Tätigkeit sich ändern: Es müsste den mitbetroffenen gesellschaftlichen Interessen, den „Stakeholder-Interessen“, Stimme und Gewicht verschaffen.[3]

---

2 Der Komponist Eric Satie formulierte treffend das Uno-actu-Prinzip für den Klavierunterricht: „... Es wäre von großem Nachteil, ... wenn der Schüler ... seine Stunde zu seiner Zeit – & an seinem Tag – nähme, während der Lehrer ... sie zu einer andern Stunde – & an einem andern Tag – gäbe. ... Das wird genug an den Fakultäten betrieben: ... es gibt Studenten, ...die ihre Lehrer nie sehen. ... Merkwürdige Anwendung ... des fakultativen Systems. ... Wendet dieses Verfahren nicht an.“ (1980, S. 160).

3 Die Überlegung zum Uno-actu-Prinzip soll nicht zu der Annahme verleiten, als rufe erst eine Dienstleistungstätigkeit die Notwendigkeit der Berücksichtigung gesellschaftlicher Interessen im Arbeitsverhältnis auf den Plan. Auch bei der industriellen Tätigkeit ist

Das lässt sich auf dem Feld zeitpolitischer Regulierung erhärten. Über die zeitlichen Bedingungen der Erbringung von Dienstleistungen wird von Rechts wegen nicht anders verhandelt und entschieden als über diejenigen von Industrietätigkeiten – allerdings gehen völlig unterschiedliche Wirkungen und Betroffenheiten von diesen Entscheidungsprozessen aus. In beiden Fällen wird im System industrieller Beziehungen bipolar zwischen Arbeitgeber- und Arbeitnehmer-Repräsentanten über Dauer und Lage der Arbeitzeiten verhandelt und entschieden. Markant ist der Unterschied in der Wirkungsbetroffenheit. Im Falle der Industrietätigkeit werden von zeitlichen Entscheidungen unmittelbar nur Arbeitnehmer und Arbeitgeber, allenfalls mittelbar – durch etwa entstehende Warenlager oder Wartelisten – auch Kunden betroffen. Bei der dienstleistenden Tätigkeit – soweit sie dem Uno-actu-Prinzip folgt – tangieren zeitliche Entscheidungen über die Dienstleistungserbringung dagegen zwangsläufig die Existenz und Erreichbarkeit, damit auch die Adressaten der Dienstleistung. Diese nehmen das als Eingriff in die eigene Handlungsautonomie wahr und verlangen daher Stimme und Einfluss hinsichtlich der Entscheidung.

Hieraus resultiert die Palette von „Zeitkonflikten", die in jüngerer Zeit im Zusammenhang mit Fahr-, Laden- und sonstigen Öffnungszeiten aufgetreten sind. Akteure verschaffen sich hier Stimme und Gehör, die dem bipolaren Arbeitsverhältnis nicht angehören. Sie wollen als Stakeholder auf sie betreffende Zeit- und Arbeitszeit-Entscheidungen Einfluss nehmen bzw. gewinnen. Solche heute zu beobachtende Zeitkonflikte werden durchweg in unterkomplexer – also durch fehlende gesellschaftliche Konfliktlösungs-Kompetenz geprägter – Weise ausgetragen. Zu verzeichnen sind: populistische Aktionen von Ladenbesitzern, gewerkschaftlichen Widerstand zu brechen; gewerkschaftliches Einmauern in erworbenen und bedrohten Besitzständen; politische Brachial-Entscheidungen wie die Schleifung des Ladenschlusses durch die erste Föderalismus-Reform. Oft werden solche Entscheidungen kaum öffentlich gerechtfertigt, sondern einfach aus kurzsichtigen Interessenkonstellationen und unter Ausnutzung vorhandener Machtpositionen getroffen.

Zwei grundlegende Annahmen verhindern – sich wechselseitig verstärkend – einen Zuwachs gesellschaftlicher Problemlösungskompetenz. Die eine lautet, nutzerfreundliche Dienstleistungszeiten gehen strukturell zulasten der Zeitinteressen der Beschäftigten und müssen daher abgewehrt werden. Die andere lautet, Beschäftigteninteressen müssen den „Kunden"interessen untergeordnet, Arbeitszeiten daher marktkonform liberalisiert werden. Unter der Vorherrschaft dieser beiden Grundannahmen ist die Debatte um öffentliche Zeitverantwortung fanta-

---

diese Notwendigkeit zu verzeichnen – aber in anderer Form, etwa wenn es um die Bewältigung von der „externen Effekten" (z.B. Emissionen) oder „sozialen Kosten" (z.B. Arbeitslosigkeit) geht (dazu eingehend Mückenberger 1992).

sielos geworden und erstarrt. Die Ladenschluss-Debatte blieb, solange es eine solche noch gab, eingemauert in die empirisch wenig plausiblen, sich wechselseitig ausschließenden Postulate, dass Änderungen der Ladenzeiten Umsätze und Beschäftigung senkten bzw. dass sie sie erhöhten. Zu kurz kam die Rede vom Lebenswert der Stadt zu bestimmten Zeit, von der Qualität urbanen Lebens und Arbeitens, von Freiheit und Solidarität im Umgang mit eigener und fremder Zeit. Dass die Föderalismus-Reform das Problem wegrationalisierte, drückte die politische Weigerung aus, diesem gesellschaftlichen Gestaltungsgebiet der Zukunft Aufmerksamkeit zuteil werden zu lassen. Probleme wurden nicht angepackt und gelöst, sondern weggeredet.[4]

1.3 Was lehrt uns zeitpolitische Gestaltung?

Für eine intelligentere gesellschaftliche Konfliktaustragung um Zeitgestaltung ist zweierlei erforderlich: 1. gesellschaftliche tragfähige Rationalitäts- und Gerechtigkeitsmaßstäbe für die Lösung von Zeitkonflikten und 2. Verfahren, die den Stakeholdern mit konfligierenden Maßstäben Stimme (*„voice“;* Hirschman 1970) sowie Verhandlungs- und Entscheidungsmacht einräumen. Dies sind zwei grundlegende Innovationsanforderungen an die Neuregulierung der Dienstleistungstätigkeit. Solange und soweit bei Dienstleistungen das Uno-actu-Prinzip besteht, wird sich diese Innovationsanforderung vermutlich vorrangig auf auf die Lösung dienstleistungsbezogener Zeitkonflikte, also die zeitliche Regulierung von Dienstleistungstätigkeit richten.

Das Projekt, aus dem ich berichte, geht differenziert und pragmatisch der Lösung von Zeitkonflikten nach und lotet die Chancen eines intelligenten Konfliktlösungsmechanismus aus.[5] Es wertet u.a. zeitpolitische Modellvorhaben aus, die in den letzten zehn Jahren von der Gewerkschaft ver.di unter dem Titel „Zeitfragen sind Streitfragen“ (vgl. Mönig-Raane 2005) mitinitiiert und -getragen

---

4 Siehe dazu die Stellungnahme von Ulrich Mückenberger zur Anhörung des Bundestags-Ausschusses für Arbeit und Wirtschaft am 10. März 2003 (Mückenberger 2003), bei dem es um den Gesetzentwurf der Bundesregierung ging, der vorsah, die damals zulässigen Ladenöffnungszeiten auch am Samstag bis 20 Uhr auszudehnen und bestimmte als bürokratisch eingestufte Detailregelungen des Ladenschlussgesetzes zu beseitigen. Der Bundesrat hatte demgegenüber am 14. Februar 2003 (Beschluss 4/03 – vgl. PM 13/2003) einen Entwurf eingebracht (BR-Drs. 21/03), der (wie der Rechtslage nach der ersten Föderalismus-Reform entspricht) die gänzliche Aufhebung des Ladenschlussgesetzes und die Überantwortung der Materie an die Länder vorsah. In der Stellungnahme wurden Bedingungen dargelegt, die an eine Modernisierung der Ladenöffnungszeiten anzulegen wären, und Vorschläge dazu unterbreitet.

5 Siehe oben Fußnote 1.

wurden. Das Projekt nimmt die beiden Grundannahmen (nutzerfreundliche Dienstleistungszeiten gehen strukturell zulasten der Zeitinteressen der Beschäftigten und müssen daher abgewehrt werden; Beschäftigteninteressen seien Kundeninteressen unterzuordnen, Arbeitszeiten seien daher marktkonform zu liberalisieren) nicht ungeprüft hin. Die Projektfragen lauteten differenzierter: Wie wirken sich Arbeitszeit-Gestaltungen von Dienstleistern auf die Lebensqualität von Beschäftigten und Nutzer/innen aus? Wenn Dienstleistungszeiten nutzerfreundlicher gestaltet werden, geht dies zwangsläufig zulasten der Beschäftigten – *et vice versa?* Anders ausgedrückt: Stehen Beschäftigten- und Nutzer-Interessen in einem *trade-off*-Verhältnis, aus dem nur eines siegreich hervorgehen kann, oder lassen sich bei einer intelligenten Aushandlungskonstellation *win-win*-Situationen erzielen?

Dahinter steht eine brisante Frage der Regulierung der Dienstleistungsgesellschaft. Bleibt für sie der Maßstab der tradierten „industriellen Beziehungen" (also Arbeitnehmer-Arbeitgeber-Polarität als Aushandlungsrahmen) geltend – mit dem Resultat, dass die Interessen der Dienstleistungsempfänger bei der Konfliktbearbeitung ausgeklammert bleiben? Das weckt Zweifel, weil diese Dienstleistungsempfänger lebende Rechtssubjekte, ja oft Koproduzenten der in Rede stehenden Dienstleistungen sind? Oder kann man ein System vorstellen und ausarbeiten, das auch deren Interessen *„voice"* und Einfluss auf die zu lösenden Zeitprobleme gibt, ohne dass die legitimen Beschäftigtenanliegen geopfert würden?

In einer qualitativ angelegten Evaluationsstudie wurden zeitgestalterische Modellprojekte im Dienstleistungsbereich auf Lebensqualitätseffekte bei Dienstleistungsnutzern und -erbringern hin evaluiert. Darunter waren sowohl Projekte, bei denen die Sozialpartner sich bewusst auf die Optimierung der Lebenslage auch von Nutzer/innen bezogen (in diesem Band als „zeitpolitische Projekte" bezeichnet), als auch Arbeitszeitinnovationen, bei denen es um Optimierung der Anliegen der Dienststellen-/Betriebspartner ging und Nutzeranliegen nicht konstitutiv waren (als „arbeitzeitpolitische Projekte" bezeichnet). Alle Projekte sollten von beiden Sozialpartnern getragen sein. Sie mussten abgeschlossen sein, um überhaupt auf Lebensqualitäts-Effekte hin ausgewertet werden zu können. Ferner waren die Projekte nach Nutzerrelevanz ausgesucht, sodass sie eine Evaluation nach Beschäftigten- und Nutzerinteressen und deren wechselseitigem Verhältnis erlaubten. Damit sollte möglich werden zu bestimmen, ob zeitpolitische Projekte für Nutzer/innen wirksam geworden sind, ob die etwaige Steigerung von deren Lebensqualität zu Lasten derjenigen der Beschäftigten ging oder nicht und wie sich dieses Effektivitätsverhältnis im Vergleich dazu bei arbeitszeitpolitischen Projekten verhielt.

Es wird nach Durchdenken dieser Selektionskriterien nicht wunder nehmen, dass unser Projekt nur eine geringe Zahl von evaluationsfähigen Projekten vorfand. Zwar hätte man die Anzahl innovativer arbeitszeitpolitischer Projekte beliebig steigern können – jedoch verblieb die Zahl genuin zeitpolitischer Projekte sehr begrenzt. Die Projekte des ver.di-Modellvorhabens „Zeitfragen sind Streitfragen“ entsprachen nicht durchweg den Kriterien zeitpolitischer Projekte im engeren Sinne. Deshalb wurden in die Evaluierung auch andere zeitpolitische Projekte einbezogen, die die sonstigen oben genannten Selektionskriterien erfüllten.

Bei den ausgewählten Projekten stellten sich, wie allerdings vorhergesehen, erhebliche methodische Schwierigkeiten, insbesondere auf Nutzerseite eine Evaluation der Lebensqualität vorzunehmen. Auf Seiten der Beschäftigten waren durchweg Personen ausfindig zu machen, die die Lebensqualitätseffekte *vor* einer (arbeits-)zeitpolitischen Maßnahme mit denjenigen *nach* dieser Maßnahme vergleichen konnten. Die Nutzer/innen-Struktur von Dienstleistungen ist demgegenüber teilweise sehr viel diffuser – sie reicht von der völligen Anonymität etwa einer Kaufhausbesucherin über die namentliche Bekanntheit, aber äußerst sporadische Betroffenheit der Nutzer eines Bürger-Service-Centrums bis hin zu fortdauernder persönlicher Bezogenheit etwa der Nutzer/innen (Eltern/Kinder) einer Kindertagesstätte. Unter solchen Umständen müssen zur Erfassung und Bewertung der Lebensqualitäts-Effekte einer Dienstleistung artifizielle Instrumente eingesetzt werden – z.B. werden heutige Nutzer der Dienstleistung mit der kontrafaktischen Annahme konfrontiert, wie es sich mit ihren Lebensqualitätsfaktoren verhielte, würde die evaluierte Dienstleistungen gerade nicht zu dieser Zeit angeboten werden.

Die Komplexität der vorgenommenen Evaluierung musste dem Untersuchungsziel Rechnung tragen, nicht von vornherein in die Falle der Annahme eines *trade-off* zwischen Beschäftigten- und Nutzer-Interessen zu tappen, sondern auch mögliche Korridore von *win-win*-Konstellationen zu erschließen. Deshalb wurden Probanden nicht nur zur Auswirkung der (arbeits-)zeitpolitischen Maßnahmen auf ihre eigene Lebensqualität befragt, sondern auch zur mutmaßlichen Auswirkung auf die Lebensqualität der ihnen gegenüberstehenden Personengruppe: Dienstleistungsanbieterinnen wurden auch gefragt, welche Auswirkungen die zeitliche Ausdehnung ihrer Dienstleistung vermutlich auf die Lebensqualität der Nutzer/innen hatte (bzw. was sie darüber überhaupt wussten); Nutzer/innen wiederum wurden gefragt, welche Auswirkung diese Ausdehnung vermutlich für die Erbringerinnen der Dienstleistung hatte (bzw. was sie darüber wussten); und Geschäfts- oder Dienststellenleitungen wurden auf Lebensqualitätseffekte in beiden Richtungen hin (bzw. was sie darüber wussten) befragt. Es stellte sich, wie vorab angenommen, heraus, dass das Ausmaß der wechselseitigen Einfühlungsfähigkeit und -bereitschaft (ich verwende dafür in diesem Band durchweg den Begriff der *„Reziprozität“* oder *„Reziprozitätsbereitschaft“*) in die zeitlichen Belange anderer Betroffener sich nach Art der Beschäftigungsverhältnisse deutlich unterscheidet. Und es stellte sich heraus – für das gestalterische Ziel dieses Forschungsprojektes besonders wichtig –, dass mit dem Ausmaß der Reziprozität für die zeitlichen Belange anderer Betroffener auch die Bereitschaft steigt, diesen anderen Betroffenen bei der zeitlichen Gestaltung der Dienstleistung Stimme und Einfluss auf die zeitliche Gestalt der Dienstleistung selbst einzuräumen.

1.4 Fallbeispiele und Maßnahmen

Sechs Fallbeispiele wurden im Forschungsprojekt untersucht. Darunter waren drei Kindertagesstätten, bei denen die Betreuungszeiten den flexiblen Bedarfen angepasst und ausgeweitet wurden. Bei einem privaten Kindergarten (A) wurden die Öffnungszeiten abends bis 19:30 Uhr ausgeweitet – damit ging eine flexibilisierende Reorganisation der Arbeitszeiten innerhalb der Einrichtung einher, insbesondere durch eine Pufferrolle von Teilzeitkräften. In einer städtischen Einrichtung (B) wurden die Öffnungszeiten auf 20:30 Uhr ausgeweitet – während und weil in umliegenden Einrichtungen die Flexibilisierung und Einsparung von Personal voranschritt. Die dritte Einrichtung (C) war betriebsorientiert: Sie bot zeitlich flexible Betreuung mit der Möglichkeit der Anmietung von Belegrechten durch Betriebe und der Teilung von Betreuungsplätzen (Platz-Sharing) an.

Tab. 1: Übersicht: Die untersuchten Maßnahmen im Rahmen des Forschungsprojektes

Praxisfall	Maßnahme
A – Kindertagesstätte	Erweiterung der Öffnungszeiten am Abend
B – Kindertagesstätte	Erweiterung der Öffnungszeiten am Abend
C – Kindertagesstätte	Einführung eines Modells flexibler Kinderbetreuung
D – Serviceeinrichtung Warenhaus	Personaleinsatzplanung im Team
E – Serviceeinrichtung Krankenkasse	Einführung einer Dienstvereinbarung zur Vertrauensarbeitszeit
F – Serviceeinrichtung Stadtamt	Einführung eines bürgerorientierten Dienstleistungsangebotes mit erweiterten Öffnungszeiten

Die drei übrigen Fallbeispiele beziehen sich auf drei unterschiedliche Service-Einrichtungen, denen aber gemeinsam ist, dass die Dienstleister-/Nutzer-Beziehung weniger intensiv ist als bei Kindertagesstätten. In einem Warenhaus (D) wurde eine abteilungsbezogene Personaleinsatzplanung eingeführt, die individuelle Zeitwünsche der Beschäftigten berücksichtigte, dabei aber zugleich das Spektrum der Arbeitszeiten der Kundenfrequenz anpasste. Bei einer Betriebskrankenkasse (E) wurden die Servicezeiten der Bedarfslage der Nutzer aus dem

Betrieb angepasst und zugleich ein System von Vertrauensarbeitszeit für die Beschäftigten eingeführt. Bei einem öffentlichen Bürgerservice-Zentrum (F) ging es schließlich im Rahmen der Ausweitung des bürgerorientierten Dienstleistungsangebots *(„one-stop-agency")* auf 53,5 Stunden pro Woche vor allem um die Öffnung des Zentrums am Samstagvormittag – damit einher ging die Umschulung und flexible Einsatzplanung der Beschäftigten.

In allen untersuchten Fällen wurden neben Expert/inn/en Vertreter/innen der drei an (Arbeits-)Zeitmaßnahmen beteiligten Interessen befragt:

1. Beschäftigte/Betriebs- oder Personalrat/Gewerkschaften;
2. Nutzer/innen;
3. Vorgesetzte/Geschäfts-/Dienststellenleitungen.

Bei den ergänzenden zeitpolitischen Fällen mussten oftmals Expert/inn/en-Befragungen hinreichen.

Eines ist angesichts der kleinen Fallzahl und der angedeuteten Sonderbedingungen im Feld klar: Die Ergebnisse des Forschungsprojekts, so interessant sie sich im Einzelnen darstellen, waren keineswegs repräsentativ, sie können lediglich als Anhaltspunkte und als Anstöße für weitere Vorhaben angesehen werden – das Projekt war, wie man sozialwissenschaftlich sagt, „explorativ" oder „hypothesengenerierend" angelegt. Das gilt auch für die hier angenommene Notwendigkeit, von dem industriegesellschaftlichen Regulierungsmuster der „industriellen Beziehungen" Abschied zu nehmen. Aber vielleicht ist das in diesem Band zutage beförderte Tatsachen- oder Reflexionsmaterial doch gewichtig genug, eine längst überfällige Diskussion über die Regulierung von Zeitkonflikten in der Dienstleistungsgesellschaft anzustoßen und vertiefende, wirklich repräsentative Untersuchungen vergleichbarer Art durchzuführen.

1.5 Gewerkschaftliche Zeitpolitik – die Quadratur des Kreises?

Die Recherchen zu den hier untersuchten Fallbeispielen setzten mit dem Ziel an, zeitpolitischen Fällen arbeitszeitpolitische Fälle gegenüberzustellen und beide Typen im Hinblick auf Lebensqualitätseffekte miteinander zu vergleichen. Dabei wurden zuerst die als Element moderner gewerkschaftlicher Zeitpolitik verstandenen Fällen des Vorhabens ‚Zeitfragen sind Streitfragen' (siehe Mönig-Raane 2005) aufgegriffen. Dieses Vorhaben stammte aus der Entstehungsphase der Dienstleistungsgewerkschaft ver.di. Es versuchte, Arbeitszeit um Alltagszeitbedürfnisse erweitert zu denken und zu gestalten. Dabei sollte der Tatsache Rechnung getragen werden, dass in der neuartigen Dienstleistungsgewerkschaft stärker als in ihren Vorgängerorganisationen Dienstleistungsproduzent/inn/en und Dienstleistungskonsument/inn/en gleichermaßen repräsentiert und willensbildend waren.

Das Vorhaben präsentierte Zeit mit einem deutlichen geschlechterpolitischen Einschlag. Dies kam u.a. darin zum Ausdruck, dass der ver.di-Bundesfrauenrat eine Kommission ‚Zeitpolitik' einsetzte, die das Vorhaben begleitete und evaluierte, und dass die Projektleitung bei Vera Morgenstern, der damaligen Leiterin der ver.di-Abteilung Frauen, und Heike Werner, einer Mitarbeiterin dieser Abteilung, lag. Dem Thema gewerkschaftlicher Zeitpolitik wohnte ein gewisses Pathos inne. Es unterschied sich von der punktuellen Auseinandersetzung um Arbeitszeitthemen, in denen die Gewerkschaft eher in der Defensive war (Arbeitszeitverlängerungen, Arbeitsintensivierung), und griff auf Zeitpolitik „als gesellschaftliche Zeitfrage" vor, bei denen „Gestaltungsperspektiven" aufgewiesen werden konnten und bei denen die Beschäftigten positiv zur Kenntnis nehmen konnten, „dass ver.di hier Vorreiterin ist" (alle Zitate von Morgenstern 2005).

In den Untersuchungen zu den Praxisfällen wurde ermittelt, dass mehreren Teilprojekten des Projektverbundes ‚Zeitfragen sind Streitfragen' – so innovativ und ertragreich sie im Einzelnen ausfielen – zumindest ein Element fehlte, das für das hier vertretene wissenschaftliche Konzept von Zeitpolitik geradezu konstitutiv ist. Die gründliche, gegebenenfalls wissenschaftlich gestützte Ermittlung der Perspektive der *Nutzer/innen* einer personenbezogenen Dienstleistung fehlte dort mit einer Ausnahme ebenso wie die systematische Partizipation solcher Nutzer/innen an der Planung oder Implementierung von Maßnahmen zur Verbesserung der Dienstleistungen. Deshalb konnten einige dieser Teilprojekte gar nicht als ‚zeitpolitische' im Sinne der hier verfolgten wissenschaftlichen Konzeption eingestuft und ausgewertet werden.

Das gewerkschaftliche Verständnis von ‚Zeitpolitik' dürfte pragmatische wie grundsätzliche Ursachen haben. Die entsprechenden innergewerkschaftlichen Arbeitsbereiche waren so kurz nach der Zusammenführung der fünf Ursprungsgewerkschaften von ver.di „weder personell noch arbeitsstrukturell etabliert" (Morgenstern 2005: 16). Tieferliegend ist ein Konzeptionskonflikt. In der wissenschaftlichen Diskussion wird Zeitpolitik als die Anerkennung und Aufwertung der von externen Effekten zeitgestalterischer Maßnahmen betroffenen ‚Stakeholder' (das sind natürlich Beschäftigte, aber eben auch Dienstleistungsnehmer/innen) zu Beteiligten und Mitgestaltern zeitpolitischer Maßnahmen verstanden. Im gewerkschaftlichen Bereich wird Zeitpolitik hingegen als die Ausweitung der Betrachtung der Arbeitnehmer/innen und Arbeitnehmer-Interessen um ihre außerbetriebliche Lebenslage und deren zeitgestalterische Verbesserung verstanden. Darin liegt unbestreitbar ein Fortschritt gegenüber traditioneller gewerkschaftlicher Betriebs- und Tarifpolitik. Aber ist das bereits „Zeitpolitik"?

Deutlich veranschaulicht den Konzeptionskonflikt der einleitende Aufsatz der stellvertretenden ver.di-Vorsitzenden Margret Mönig-Raane (2005: 7) in der Publikation ‚Zeitfragen sind Streitfragen':

> „Gewerkschaftliche Zeitpolitik ging immer über die Gestaltung und Humanisierung von Arbeitsbedingungen hinaus. Sie ist der Hebel für eine emanzipatorische Arbeitspolitik, die Arbeitsplätze sichert und neu verteilt, Arbeit und Leben in besseren Einklang bringt. Gegenwärtig ist sie aktueller denn je."

Dass Referenzpunkt ein erweitertes Arbeitnehmer/innen-Interesse bleibt, zeigen auch die Konkretisierungen der Arbeitszeitinitiative: Beschäftigungssicherung, Begrenzung der Ausdehnung der Arbeitszeit, Regulierung von Arbeitszeitkonten, Rahmenbedingungen für Teilzeitarbeit, Zeitkontrolle für Beschäftigte und Begrenzung des Zeitdrucks durch Personalbemessungs- und Mindestbesetzungsregelungen (ebd., S. 11).

Der „Anspruch, Auseinandersetzungen um die Zeitverteilung nicht mehr ausschließlich als Konflikte zwischen den Beschäftigten und der Arbeitgeberseite zu sehen, sondern auch im Zusammenhang mit dem regionalen und außerbetrieblichen Umfeld zu betrachten" wird zwar anerkannt, bleibt aber merkwürdig abstrakt und ohne Operationalisierung.

Bei Vera Morgenstern (2005) werden diese Differenzierung und Erweiterung der zeitpolitischen Interessen „hin zu den Alltagszeitbedürfnissen" deutlicher – schon dadurch, dass in dem Handlungsfeld ‚Zeitpolitik und Arbeitszeitpolitik' beide Aspekte klar voneinander geschieden und damit nicht als etwas schon an sich „Vereinbares", sondern als etwas praktisch erst noch „Zu-Vereinbarendes" gefasst werden. Deutlich ist auch hier Referenzpunkt das Arbeitnehmer-Interesse. Er wird erweitert um die Komponenten der Vereinbarkeit von betrieblichem und außerbetrieblichem Leben und der Einbeziehung der Rolle der Dienstleistungs-Konsument/inn/en neben derjenigen der Dienstleistungserbringer/inne. Interessant und weiterführend für die organisationspolitische Bewertung von Zeitpolitik ist der Hinweis, dass in einer Verbund-Gewerkschaft wie ver.di ein solches Spannungsverhältnis zwischen Produktion und Konsum der Dienstleistung sozusagen ‚innerorganisatorisch' zur Sprache gebracht und Strittiges untereinander vermittelt werden konnte (Morgenstern 2005: 13).

Dieser organisationspolitische Blick erklärt, dass als zeitpolitisches Fallbeispiel von ver.di die Öffnungszeiten einer Kindertagesstätte, die in der Nähe eines privatwirtschaftlich betriebenen Krankenhauses lag und Betreuungsaufgaben für Kinder des dortigen Personals anstrebte, gewählt wurden. Der tendenzielle Konflikt der Interessen von Erzieher/inne/n und Krankenhausbeschäftigten/Müttern konnte hier sozusagen als „Konflikt zweier Sparten" der neuen Dienstleistungsgewerkschaft verstanden und perspektivisch in Solidarität ausgetragen werden. Zu dieser Dienstleistungsbeziehung und damit der innerorganisatorischen Austragung des in ihr begründeten Zeitkonfliktes ist es nicht gekommen. Das lag an zwei Gründen: Erstens brachten die Krankenhausbeschäftigten ihre Kinder eher im wohnortnahen Bereich unter, sodass für eine arbeitsplatznahe Versorgung die Nachfrage zu gering blieb. Zweitens waren die Arbeitszeitspreizungen des Krankenhauses so ausgeprägt, dass dem die Betreuungszeiten der Kindertagesstätte nicht hätten folgen können. Beide Gründe verweisen auf tieferliegende Strukturkonflikte. Sie lassen den Rückschluss zu, dass ein solcher inspirationsreicher Fall ‚gewerkschaftlicher Zeitpolitik' (mit sozusagen ‚innerorganisatorischer Zeitkonfliktschlichtung') allenfalls einen Sonderfall darstellt, kaum aber Kriterien für eine allgemeine Zeitpolitik abgeben kann. Er kann helfen, die Verbindung zwischen inner- und außerbetrieblichen Elementen der Lebensqualität von Beschäftigten sichtbarer und handhabbarer zu machen, und so zu konkreten Kooperationen von Dienstleistungsbetrieben zur Verbesserung dieser Verbindung beitragen.

Den großen Teil der Fälle, in denen die zeitliche Gestalt und Erreichbarkeit von Dienstleistungen die Lebensqualität externer Nutzer/innen konkret tangiert – das oben genannte Problem der Zeitpolitik in Dienstleistungsgesellschaften –, kann die so verstandene Erweiterungs-Strategie allein nicht erfassen und verbessernd lösen.

Zeitpolitik hat in der wissenschaftlichen Diskussion klar qualitative Kriterien: die Einbeziehung der Zeitinteressen aller Stakeholder in Verhandlung und Entscheidung über die zeitgestalterische Maßnahme. Im Vergleich dazu wohnt dem geschilderten Verständnis von ‚gewerkschaftlicher Zeitpolitik' etwas Graduelles inne. Ausgangspunkt bleibt das Arbeitnehmer/innen-Interesse. In einem *ersten Erweiterungsschritt* werden hierbei neben den innerbetrieblichen auch außerbetriebliche Zeitinteressen der Arbeitnehmer/innen einbezogen (Vereinbarkeit; Work-Life-Balance). In einem *zweiten Erweiterungsschritt* werden Zeitinteressen von solchen Arbeitnehmer/innen-Gruppen zueinander in Beziehung gesetzt und ausgehandelt, die zwar unterschiedlichen Betrieben und sogar Branchen angehören, die aber aufgrund der Zugehörigkeit zur gleichen Dienstleistungs-Gewerkschaft einen ‚solidarischen', nicht marktförmigen Austrag der Zeitkonflikte zulassen oder zumindest versprechen (innerorganisatorische Zeitkonfliktschlichtung). Kritisch wird es beim *dritten Erweiterungsschritt.* Dort geht es um die Zeitinteressen von Nutzer/inne/n jenseits der beiden ersten Erweiterungsschritte. Bei einer Vielzahl dieser Nutzer/innen (nicht bei allen) handelt es sich gleichfalls um Arbeitnehmer/innen – wenn auch unterschiedlicher Betriebe, Branchen, Gewerkschaften, Nicht-Organisierte, unter Umständen auch Selbstständige usw. Eine Gewerkschaft mit einem allgemeinen Arbeitnehmer/innen-Ausgangspunkt (ohne bei der eigenen Organisation die Grenze zu ziehen) könnte durchaus anstreben, diesen Nutzer/inne/n mit einer solidarischen gewerkschaftlichen Zeitpolitik zu begegnen – und sie dadurch vielleicht gerade zu gewinnen. Während der wissenschaftliche Zeitpolitik-Begriff diese Nutzer/innen einbeziehen muss, da es sich bei ihnen um Stakeholder der zeitgestalterischen Maßnahme handelt, scheint gewerkschaftliche Zeitpolitik im gegebenen Rahmen genau vor diesem dritten Erweiterungsschritt halt zu machen.

Natürlich gibt es gute Gründe dafür, dass für Gewerkschaften der Referenzpunkt für zeitgestalterische Maßnahmen ein betriebliches und gewerkschaftliches Arbeitnehmer/innen-Interesse ist und bleibt – und nicht ein allgemeines Arbeitnehmer/innen-Interesse bzw. ein multipolares Interessen-Spektrum, das Nutzer/innen verschiedener Lebenslagen mit einbezieht. Die Unübersichtlichkeit von Interessen von Nutzer/inne/n, ihre unterschiedliche Beitritts- und Beitragsbereitschaft, die fehlende Klarheit über ihre Repräsentativität, eingespielte Verhandlungs- und Konfliktlösungsroutinen, die Unklarheit der auf einen Konfliktfall anzuwendenden Wertmaßstäbe, die all dies überlagernden betrieblichen und gesellschaftlichen Machtstrukturen und -ausübungen – all dies mag es für Gewerkschaften auch „bei bestem zeitpolitischen Wollen" für zu gewagt erscheinen lassen, sich auf gesellschaftliche zeitpolitische Diskurse mit und in unbekannten Akteurskonstellationen und ungewissem Ausgang einzulassen und darüber gar das bewährte bipolare Verhandlungssystem partiell preiszugeben. Nur bedeutet das dann eben, dass eine so verstandene gewerkschaftliche Zeitpolitik eine einem gesellschaftlichen *Partikular*interesse verschriebene Politik verbleibt und als solche auch wahrgenommen wird. Solche gewerkschaftliche Zeitpolitik kann daher nicht einfach (Quadratur des Kreises) Zeitpolitik im grundsätzlichen Sinne sein.

Ein grundsätzliches Anliegen des durchgeführten Forschungsprojekts ist zu prüfen, ob diese Quadratur des Kreises wirklich zwingend ist. Es gibt nach unseren Annahmen Möglichkeiten und Chancen, dass Beschäftigte, betriebliche Interessenvertreter/innen und Gewerkschaften ‚Zeitpolitik' in einen ungekürzten emphatischen Sinne betreiben. Freilich sind dafür – wie wir sehen werden – anspruchsvolle objektive und subjektive Voraussetzungen unverzichtbar. Wir wollen aber auch zeigen, dass Gewerkschaften sich hier auf einem Gebiet betätigen, das ihr Handeln als nicht partikularem, sondern allgemein gesellschaftlichem Interesse verpflichtet sichtbar und darstellbar macht. Das wäre ein wichtiger Schritt zum Ausgang der Gewerkschaften aus ihrer gegenwärtigen Legitimationskrise und Rekrutierungsfalle.

2 Zeitpolitik und Arbeitsbeziehungen

2.1 Gewerkschaftliche Zeitpolitik

Auf Zeit bezogene gewerkschaftliche Politik dreht sich seit ihren Anfängen im 19. Jahrhundert vornehmlich um die Gestaltung der Arbeitszeit, um insoweit die Interessen der Beschäftigten gegenüber den Ansprüchen der Unternehmer auf betriebliche Verwertung der Arbeitskraft zu artikulieren. Bis heute stellen die Beziehungen zwischen Gewerkschaften und Arbeitgeberverbänden die zentrale Regulierungskraft für die Gestaltung der Arbeitszeit dar. Daneben wurden die konkreten historischen Interessenlagen und Zeitarrangements durch ein umfassenderes Bedingungsgefüge gestaltet: Durch die Gesetzgebung des Staates; die Diskursfähigkeit und -mächtigkeit der Zivilgesellschaft hinsichtlich zeitpolitischer Fragen; die Veränderungen der Anwendungsbedingungen der Arbeit (neue Technologien und Rationalisierung, neue Managementstrategien und Arbeitsorganisation etc.); die quantitative und qualitative Veränderung der Arbeitskräftenachfrage; die statistische und wissenschaftliche Analyse von Arbeitszeit; die tatsächlichen Erfahrungen mit Arbeitszeiten als Grundlage für neue arbeitszeitpolitische Zielstellungen; die materiellen und kulturellen Maßstäbe von Wohlstand wie auch die Umwälzungen in Bereichen der Haushalte, Lebensweisen und Mobilität (Hinrichs 1988: 23f.; Schneider 1984: 47). Mit Hilfe dieser Befunde wird in diesem Kapitel versucht, die geschichtliche Entwicklung des Verständnisses gewerkschaftlicher Zeitpolitik nachzuvollziehen. Unser Interesse gilt nicht der Bewertung geschichtlicher Auseinandersetzungen um Arbeitszeit, sondern den historisch und kulturell gewachsenen Begründungsketten in zeitpolitischen gewerkschaftlichen Positionen. Dabei wird auf die aktuellen Umbrüche in zeitpolitischen Bedürfnissen der Individuen und in neuen zeitpolitischen Debatten der Gewerkschaften Gewicht gelegt.

2.1.1 Normalarbeitszeit als ‚institutionelle Innovation' in der Industriegesellschaft

Historisch richtungsweisend ist die Normierung der täglichen, wöchentlichen und jährlichen Arbeitszeit. Ausgangspunkt war die im Zuge der Industrialisierung durchgesetzte Hegemonie eines Zeitprinzips, das vom profitablen Einsatz der Maschinerie ausging und das Arbeitszeit willkürlich und fremdbestimmt ausdehnte, wobei zeitkulturelle Gewohnheiten und Reproduktionsbedürfnisse der Menschen untergeordnet wurden (Deutschmann 1982: 172f.; Schneider 1984: 20; Hinrichs 1988: 25). Erst der kollektive Druck der sich sukzessive verbandlich organisierenden Beschäftigten in der Industrie erreichte (in Deutschland seit

1860) eine Verkürzung der Arbeitszeit – wenn auch aus kriegsbedingten und wirtschaftskonjunkturellen Gründen diskontinuierlich, mit zeitweise gegenläufigen Tendenzen. Die Anerkennung von Gewerkschaften und Tarifverträgen sowie zunehmend intensivere arbeits(zeit)politische Gesetzgebung führten zur Normierung, d.h. Vereinheitlichung industrieller Arbeitszeiten, die auf andere Branchen ausstrahlte (Mückenberger 1982: 50ff.; Hinrichs 1988: 65).

Nach dem Zweiten Weltkrieg setzte sich sukzessive das „industrielle Zeitarrangement“ (Deutschmann 1985: 172) der ‚Normalarbeitszeit' als verallgemeinerte nationale und internationale Arbeitszeitnorm durch: Acht-Stunden-Tag, 40-Stunden-Woche bzw. die Fünf-Tage-Woche. Christoph Deutschmann (1982: 32f.) sieht in Verkürzung und Normierung der Arbeitszeit die industriegesellschaftlich begründeten Instrumente gewerkschaftlicher Zeitpolitik:

> „Wenn es nicht gelungen wäre, einheitliche Arbeitszeiten gesetzlich und tarifvertraglich zu institutionalisieren, wäre es wohl kaum möglich gewesen, die Arbeitszeit in dem beobachteten Ausmaß zu reduzieren.“

Arbeitszeitpolitik wurde im Zuge der Industrialisierung auch ein relevantes wissenschaftliches Analysefeld. Wissenschaftliche Standpunkte prägten und legitimierten die Orientierungen der gewerkschaftlichen Arbeitszeitpolitik, stärkten ihre Popularisierung in der Zivilgesellschaft und untermauerten sozialpolitische Forderungen gegenüber dem Gesetzgeber. Relevanten Einfluss fanden Karl Marx' Ausführungen über den Arbeitstag. Marx differenzierte, dass die Arbeitszeit „bestimmbar“, also regulierbar, aber im kapitalistischen Verwertungsinteresse zunächst „an und für sich unbestimmt“ sei (1962a: 246). Aus seiner Analyse der Arbeitswertlehre folgerte er Bestimmungskriterien für eine (auch gewerkschaftliche) Arbeitszeitpolitik, die einer ungeregelten Verwertung der Arbeitskraft Grenzen setzt: Einhaltung bestimmter Zeiten für die physische Reproduktion; Gewährung bestimmter Zeiten zur Befriedigung von gesellschaftlich-kulturellen Bedürfnissen; Verminderung der notwendigen Arbeitszeit und Leistungsverausgabung durch Rationalisierung. Unter Bedingungen kaum regelgeleiteter Produktion und dem erst beginnenden Einflussnahme Beschäftigter auf die Regulierungsmacht der Unternehmer orientierte Marx auf die bipolare Konstellation der Klassen-Konfrontation:

> „Zwischen gleichen Rechten entscheidet die Gewalt. Und so stellt sich in der Geschichte der kapitalistischen Produktion die Normierung des Arbeitstags als Kampf um die Schranken des Arbeitstags dar – ein Kampf zwischen dem Gesamtkapitalisten, d.h. der Klasse der Kapitalisten, und dem Gesamtarbeiter, oder der Arbeiterklasse.“ (Marx 1962a: 249)

Mit zunehmender arbeits(zeit)politischer Gesetzgebung und wachsender Anerkennung von Gewerkschaften und Tarifverträgen trat die Normalarbeitszeit als kollektiver Standard in den Mittelpunkt der Analysen: So erblickten John S. Mill

(1921) oder Beatrice und Sidney Webb (1898) als Effekte tarifvertraglich vereinbarter, verallgemeinerter Arbeitszeitnormen die Beschränkung der Konkurrenz zwischen Beschäftigten durch das standardisierte zeitliche Angebot von Arbeitskraft und die Einkommenssicherung durch tatsächliche Arbeitszeitgrenzen, die zudem die Regelmäßigkeit von Einkommen fördere und Mehrarbeit verteuere. Weiter wurde angenommen, dass einheitlich eingehaltene Arbeitszeitstandards das unternehmerische Wirtschaften von der Konkurrenz mit gegenseitiger lohnbezogener Unterbietung oder betriebszeitlicher Überbietung entlaste. Lujo Brentano (1893) betonte die produktivitätsfördernde Wirkung von Arbeitszeitverkürzungen, stellte damit aber zugleich deren Beschäftigungswirksamkeit in Frage.

Die auf Industriearbeit hin definierte Norm der ‚Normalarbeitszeit' wurde zum allgemein handlungsleitenden Standard in arbeits- und sozialpolitischen Auseinandersetzungen und Interventionen (Deutschmann 1982: 39; Hinrichs 1988: 154). Eng gekoppelt war dieser Standard mit der Durchsetzung des komplementär wirkenden ‚Normalarbeitsverhältnisses': Dieser Typ von Arbeitsverhältnis drückt eine „Normalität" im Sinne von „Regelmäßigkeit und Gebotenheit" und „substanzielle Vorgaben aus, die gegeben sein müssen, um von einem ‚Normal'[...]-Arbeitsverhältnis zu sprechen" (Mückenberger 1985: 420). Gewerkschaftliche Zeitpolitik zielte in diesem Kontext auf die Herstellung vereinheitlichender Deutungsmuster und kollektiver Handlungsfähigkeit von Beschäftigten gegenüber dem ökonomischen Verwertungskalkül von Unternehmern ab (Hinrichs 1988: 16). Dies begründet eine politische und kulturelle Ordnung bipolarer Aushandlungsbeziehungen zwischen Gewerkschaften und Arbeitgeberverbänden auch in zeitpolitischer Hinsicht. In diesem Sinne wird die erzielte Anerkennung normierter Arrangements der Arbeitszeit – als Teil der allgemeinen Anerkennung des Kollektivvertrages von Seiten der Unternehmer und (meist) nachholend durch den Staat – als „institutionelle Innovation" verstanden.

Zugleich wurde angenommen, dass dieses institutionalisierte „Normengefüge [...] nur um den Preis einer massiven Verschärfung der Klassenkämpfe wieder zurückgenommen werden" könne (Deutschmann 1982: 33). Die Institutionalisierung der ‚industriellen Beziehungen' mit dem Regelsystem der Tarifautonomie bzw. der Betriebsverfassung, die ein bestimmtes bipolares Gefüge von Akteuren und Regulierungsfragen definiert, betrachten wir in Kapitel 2.2. Hier verfolgen wir zunächst die Spur, welche Interessenkonstellationen in gewerkschaftlicher Zeitpolitik handlungsleitend wurden.

2.1.2 Interessenbezüge in gewerkschaftlicher Arbeitszeitpolitik

Normalarbeitszeit als handlungsleitendes ‚industrielles Zeitarrangement' unterstellt gesellschaftlich mehrheitsfähige Zustimmung. Darum stellt sich die Frage, welche Schnittmenge gesellschaftlicher Interessen eine allgemeine Verkürzung und Normierung der Arbeitszeit als Kern der industriegesellschaftlich begründeter gewerkschaftlicher Arbeitszeitpolitik aufweist.

Ein erstes Interesse bestand darin, die Lebensqualität der Beschäftigten zu steigern. Die Sicherung der Arbeitsfähigkeit sollte durch humanere Arbeitsbedingungen und längere Reproduktionszeiten ermöglicht werden. Damit verbunden war die Minderung der Belastung von Beschäftigten, die von der Länge der Arbeitszeit ausgingen (Schneider 1984: 175; Hinrichs 1988: 16). Konkrete arbeitszeitpolitische Ausformungen waren die Verkürzung des Arbeitstages bzw. der Acht-Stunden-Tag (Braun 1901: 24f.). Effekt waren somit Definition und Anerkennung freier, dem ökonomischen Kalkül des Betriebes entzogener Zeiten (Deutschmann 1982: 42).

Ein zweites Interesse bestand darin, die Lebensqualität im Umfeld Beschäftigter zu steigern. Auf Grundlage des sich vergesellschaftenden Acht-Stunden-Tages gewann das Argument, an freier Zeit zu gewinnen, an Bedeutung. Die erweiterte Teilhabe am Familienleben, am politischen, sozialen und kulturellen Leben der Gesellschaft bzw. an eigener Weiterbildungs- und freier Zeit sollte durch Gewinnung erwerbsfreier Zeit ermöglicht werden. Interessenbezugspunkt waren hier nicht nur Beschäftigte selbst, sondern auch ‚Arbeiterfamilie' und lokales Umfeld Beschäftigter. Effekt waren insoweit Definition und Anerkennung dekommodifizierter freier Zeit (Hinrichs 1988: 16). Konkrete arbeitszeitpolitische Ausformungen waren die 40-Stunden- bzw. Fünf-Tage-Woche und die Ausdehnung der Jahresurlaubs (DGB 1954: 72f.).

Ein drittes, noch weiter greifendes Interesse galt der Steigerung der Lebensqualität auch von Nicht-Beschäftigten. Soweit Arbeitszeitpolitik mit arbeitsmarktpolitisch wirksamen Strategien verbunden wurde, waren auch Lebensqualitätseffekte z.B. für Arbeitslose oder für außererwerbliche Tätigkeiten einbezogen, also eine verallgemeinerte Zielsetzung zur Steigerung von Lebensqualität (Mückenberger 1982: 56). Die arbeitszeitpolitischen Ziele der Gewerkschaften sollten arbeitsmarktbezogene Effekte mit sich bringen (Bellmann/Ollmann 1982: 77ff.; Hinrichs 1988: 65ff., 161; Schudlich 1987: 34ff.; Deutschmann et al. 1987: 138f.), indem die Verringerung des Angebots auf dem Arbeitsmarkt durch Begrenzung von Dauer und Lage der Arbeitszeit Konkurrenz beschränken und so Beschäftigung sichern und aufbauen. Ob und in welchem Ausmaß die beschäftigungspolitischen Effekte eintraten, ist allerdings umstritten, da mit fortschreitender Arbeitszeitverkürzung das Interesse der Arbeitgeber stärker wurde, Kompensationen durch Intensivierung, Technisierung und Rationalisierung der Arbeit zu realisieren. Ein arbeitszeitpolitisch begründeter Wohlstandsbegriff war in den Gewerkschaften allerdings auch immer mit Konfliktkosten verbunden, da das Interesse an Einkommenssteigerungen mindestens genauso stark ausgeprägt war wie dasjenige an Arbeitszeitnormierung und -verkürzung (Bellmann/Ollmann 1982: 81; Hinrichs 1988: 133ff.).

Arbeitszeit erweist sich also als historisch veränderliches soziales, politisches und kulturelles Konstrukt. Der Fokus gewerkschaftlicher Arbeitszeitpolitik auf Normalarbeitszeit lässt sich als ein bestimmtes Interessenmotiv zur Konstitution gesellschaftlicher Zeitstrukturen verstehen. In diesem Sinne leiten gewerkschaftliche Artikulationen im Rahmen des ‚industriellen Zeitarrangements' Lebensqualität von der homogenen Normierung der Arbeitszeit ab. Normalarbeitszeit definiert dann ein originäres Eigeninteresse der Beschäftigten, ein sinnhaftes Tauschverhältnis zwischen Arbeitszeit/freier Zeit und Fremdbestimmung/Selbstbestimmung. Effekte der Fremdnützigkeit, also auch Lebensqualität für Dritte, sind nicht ausgeschlossen, aber nachrangig. Normalarbeitszeit orientiert sich demnach „an dem Typus eines ‚abstrakten' Normal-Arbeitnehmers bzw. am Bild einer weitgehend homogenen ‚Arbeitnehmerschaft', in der partikularistische Besonderheiten der sozialen Lage [...] eine allenfalls untergeordnete Rolle spielten" (Offe/Hinrichs 1984: 162), genauso wie außerwerblich begründete Zeitinteressen.

Gewerkschaftliche Arbeitszeitpolitik konnte das Interesse an gleichmäßiger Verkürzung und Normierung der Dauer der Arbeitszeit (chronometrische Dimension) tatsächlich verwirklichen. Als Kompensation wurde der bevorzugte Regelungsgegenstand der Arbeitgeber – die Lage der Arbeitszeit (chronologische Dimension) – zunehmend differenziert und ausgeweitet: Mit der Durchsetzung ‚der Normalarbeitszeit' nehmen Mehr-Arbeitszeiten, Arbeitszeit in Schichtmodellen und am Wochenende wie auch am Feiertag zu (Hinrichs et al. 1982: 19; Schudlich 1987: 69ff.). Arbeitszeitverkürzungen und steigende Kapitalintensität der Produktion haben eine Heterogenisierung der Arbeitszeitstruktur im industriellen Bereich bewirkt. Das normierte industrielle Zeitarrangement bringt vermehrt Arbeitszeitlagen hervor, die die Zeitsouveränität in außerberuflichen Lebensbereichen einschränken, gerade auch weil die Ausstrahlungskraft der Normalarbeitszeit auf die gesellschaftlichen Zeitstrukturen ein chronologisches Normalzeitraster produziert, welches die (Un-)Möglichkeiten zur Synchronisierung der Alltagszeiten determiniert. Komplementär erweist auch das Normalarbeitsverhältnis seinen Charakter als „herrschende Fiktion". Obwohl das Normalarbeitsverhältnis „nicht mit vorfindlichen Regelmäßigkeiten deckungsgleich ist", tritt es „den wirklichen Arbeitsverhältnissen als normative Anforderung entgegen[...]" und wird „insofern durchaus praktisch" (Mückenberger 1985: 422).

Die gesamtwirtschaftliche Entwicklung der Arbeitszeit wurde maßgeblich vom industriellen Sektor geprägt. Das ‚industrielle Zeitarrangement' war z.B. im Bereich der Dienstleistungen nicht gleichermaßen praktikabel, da die Inanspruchnahme von Dienstleistungen variabel bzw. diskontinuierlich auftritt (dies wird in Kap. 2.3.2 unter dem Stichwort des *Uno-actu-Prinzips* näher dargelegt). Insbesondere bei personenbezogenen Dienstleistungen sind Lage und Verteilung der Arbeitszeit von zeitlichen Verfügungsmöglichkeiten und Kapazitätserwartungen der Dienstleistungsnehmer abhängig. Zeitkonflikte bei der Inanspruchnahme von Dienstleistungen zu Zeiten, die mit der Normalarbeitszeit der Dienstleistungserbringer kollidieren, bzw. während der Verwendung vergrößerter erwerbsfreier Zeitkontingente bewirken eine tendenziell fortschreitende Ausdifferenzierung der Arbeitszeiten im Dienstleistungsbereich (Engfer 1982: 106ff.; Hoff 1983: 113ff.; Deutschmann et al. 1987: 142; Hinrichs 1988: 149f., 281).

2.1.3 Flexibilisierung und Zeitsouveränität: neue Interessen in der Arbeitszeitpolitik

Die Normalarbeitszeit gerät seit den 1970er Jahren grundlegender unter Legitimationsdruck. Die Arbeitgeberverbände orientieren auf neue Formen flexibilisierter Arbeitszeit, um weitergehende Produktivitätspotenziale auszuschöpfen – auch im Kontext komplementärer Arbeitsmarktflexibilisierung (Heinze/Olk 1983). Gegenüber den bisherigen zeitlichen Formen der Flexibilisierung – Mehrarbeit, Kurzarbeit, Schichtarbeit – sollen Formen der Gleitzeit, Teilzeit und kapazitätsorientierten variablen Arbeitszeit etc. – eine variablere Verteilung der Arbeitszeit und damit effizientere Nutzung der Betriebszeiten ermöglichen (Hinrichs et al. 1982: 21f.; Schudlich 1987: 69ff., 77ff.; Deutschmann et al. 1987: 143). Auf der anderen Seite gewinnt ‚Zeitsouveränität' als Sinnkriterium für Emanzipation und Lebensqualität an Bedeutung für Beschäftigte. Zielvorstellung ist

> „das individuelle Recht und Vermögen zu mehr Dispositionen über die quantitative und qualitative Seite von Zeitallokationen während eines Lebens und in den verschiedensten Lebensbereichen (also nicht nur im Bereich der erwerbswirtschaftlichen Arbeit)." (Teriet 1976: 9)

Verkürzung und Gestaltung der Arbeitszeit werden hier durchaus noch beschäftigungspolitisch begründet, aber stärker noch als Forderungen, die aus Konflikten der Synchronisation von Erwerbs- und Nichterwerbsarbeitszeiten und aus einer Pluralisierung von Präferenzen der Zeitverwendung resultieren.

Die neuen arbeitszeitpolitischen Strategien der Unternehmer mit fortschreitendem Verwertungsinteresse und die veränderte zeitkulturelle Sinngebung aufgrund ausdifferenzierter Interessenkonstellation Beschäftigter brachten eine gewerkschaftliche und wissenschaftliche Arbeitszeitdebatte hervor, die zwischen der Betonung der Schutzfunktion kollektiver Arbeitszeitnormen und des Interesses an individueller Selbstbestimmung changierte. Seit den 1980er Jahren wird gewerkschaftliche Zeitpolitik von der Frage geprägt, ob die Bezugspunkte für normative Regelungen und Interpretationen in Auflösung begriffen sind oder ob kollektivvertragliche Normierungen und institutionelle Formen der Kompromissfindung zwischen den Polen unternehmerischer Flexibilisierung und individueller Zeitsouveränität erneuerbar sind. Der Flexibilisierungsdiskurs der 80er Jahre und die arbeitszeitpolitische Ausgestaltung der Flexibilisierung im Zuge ihrer ‚Normalisierung' in den 1990ern werden wir in Kapitel 2.5 aufgreifen. An dieser Stelle wollen wir zunächst den Blick auf ein Beispiel einer neuen gewerkschaftlichen Politik mit Zeit werfen, bei dem – im Kontext flexibilisierter Arbeitszeiten und individualisierter Bedürfnisse nach Vereinbarung von Arbeits- und Alltagszeiten – nach Optionen gesucht wird, arbeitszeitliche und alltags-, lokalzeitlichen Regulierungsfragen miteinander zu vereinbaren.

2.1.4 ‚Zeitfragen sind Streitfragen': neue gewerkschaftliche Zeitpolitik?

Für Zwecke dieses Buches interessieren zeitbezogene Initiativen und Maßnahmen, die auch Zeitkonflikte und -bedürfnisse von Dienstleistungsnehmer/inne/n thematisieren. Das ver.di-Projekt ‚Zeitfragen sind Streitfragen', das 2001 initiiert wurde (Mönig-Raane 2005) präsentierte Zeit mit einem deutlichen geschlechterpolitischen Einschlag. Ausgangspunkt waren die Alltagserfahrungen von Dienstleistungserbringer/inne/n, deren eigene Erfahrung als Dienstleistungsnehmer/innen der allgemeinen Erfahrung glich, dass die gewünschten Arbeitszeiten kaum den realen arbeitszeitpolitischen Vorgaben entsprachen – zudem, dass die vorherrschende Flexibilisierungspolitik diese Erfahrungen verschärfte. Dazu gesellte sich die Erfahrung von Zeitdruck und Zeitknappheit in der alltäglichen Zeitkoordination, wenn Arbeit mit Kindererziehung, Pflege, Behördengängen, Einkaufen, Hausarbeit etc. zu koordinieren war. Hier nahmen die Dienstleistungsbeschäftigten sich selbst als Nutzer/innen von Dienstleistungen wahr und wünschten ‚flexiblere' Nutzungszeiten für die Inanspruchnahme kommunaler Dienstleistungen. Sie stellten so Zeitwünsche an sich selbst als Dienstleiterinnen, an ihre Kollegen und Kolleginnen bzw. an das Management der Dienstleistungsbetriebe.

An dem drohenden *trade-off* von Beschäftigten- und Nutzer/innen-Interessen setzte ‚Zeitfragen sind Streitfragen' an, wenn es um die Erreichbarkeit und Sicherstellung von Dienstleistungen zu Zeitpunkten im Interesse der Dienstleistungsnehmer/innen und ihre Abhängigkeit bzw. Rückwirkung auf Arbeitszeiten ging, die sich auf zeitliche Interessen der Dienstleistungserbringer/innen konzentrierten (Gerstle/Werner 2005: 20ff.). In den Mittelpunkt rückte die Erkenntnis, dass es innovativer Beteiligungs- und Aushandlungsverfahren bedarf, die die erweiterte Interessenkonstellation aufzunehmen vermögen und weitergehende Vereinbarungen ermöglichen, als es die bisherige Arbeitszeitpolitik vermochte. Ein Anknüpfungspunkt waren die Erfahrungen aus Italien und Deutschland, die städtischen Zeiten im Interesse der Nutzer/innen von Dienstleistungen besser abzustimmen und die Angebotspalette an entlastenden Zeiten zu erweitern. Hier wurden Arbeitszeiten und Alltagszeiten nicht gegeneinander in Konkurrenz gesetzt oder – was gewerkschaftspolitisch naheliegt – die Geltung von Arbeitszeiten priorisiert. Stattdessen wurde die Alltagserfahrung in den Mittelpunkt gerückt, dass die Belastungen der alltäglichen Koordinierung von Arbeits-, Erziehungs-, Pflege-, Einkaufs-, Behörden-, Arztbesuchs-, freie, Vereins-, Gewerkschafts-, und allen anderen Zeiten sich im Zusammenhang potenzierten.

Neben Arbeitgebern und Funktionären der Interessenvertretung sollten im Projekt ‚Zeitfragen sind Streitfragen' Beschäftigte direkt und grundlegend einbezogen werden, die zugleich (potentielle) Nutzer/innen der anderen beteiligten Einrichtungen waren. Wichtig war auch die Festlegung, dass alle betroffenen und beteiligten Akteure einen Gewinn aus der Vereinbarung ziehen sollten (Morgenstern 2005: 13ff.).

Konkret wollte das Pilotprojekt ‚Zeitfragen sind Streitfragen' in einem Stadtteil einer ostdeutschen Großstadt eine kommunal- und zeitpolitische Vernetzung eines Warenhauses, eines Krankenhauses und einer Kindertagesstätte erproben. Dazu wurden in den jeweiligen Betrieben Zeitkonflikte von Beschäftigten und ihre Zeitbedürfnisse als Dienstleistungsnehmer/innen gegenüber den kooperierenden Dienstleistungseinrichtungen ermittelt (Gerstle/Werner 2005: 20; Dürk/Herzog 2005: 163). Eine wesentliche Stütze in diesem Prozess war die Einbeziehung von Expertenwissen bei der Recherche und Konzeption – durch ein gewerkschaftsnahes Beratungsunternehmen. Betriebliche Vereinbarungsmaßnahmen für die divergierenden Zeitinteressen der Arbeitgeber, Beschäftigten und Dienstleistungsnehmer/innen wurden ausgestaltet. Beim Warenhaus wurden zur Vereinbarung der Interessen der Beschäftigten und Leitung hinsichtlich der Arbeits- und Öffnungszeiten neue Mechanismen der selbstbestimmten Arbeitszeitgestaltung im Team ausgehandelt. Im Falle des Krankenhauses erwiesen sich die Bedürfnisse der Beschäftigten nach einer mitbestimmten Flexibilisierung der Arbeitszeiten ausgeprägter, als es die bisherigen gesetzlichen und tarifpolitischen Vorgaben ermöglichten. Vereinbart wurde hier die Ausweitung der Mitgestaltung bei den Arbeitszeiten. Im Falle der beteiligten Kindertagesstätten wurde die zeitliche Problematik der pädagogischen Kernzeiten deutlich, der mit einer aktuellen Analyse der täglichen Betreuungszeiten (Bring- und Holzeiten der Kinder) und einrichtungsspezifischen Abstimmungen mit den Eltern begegnet werden sollte. Zudem erklärte sich die Leitung der Kindertagesstätten nach dem Austausch mit den zeitlichen Bedarfen von Beschäftigten des beteiligten Krankenhauses bereit, ein Kontingent für Betreuungsplätze im nahegelegenen Arbeitsumfeld zur Verfügung zu stellen.

In ähnlicher Weise wurde in einer norddeutschen Großstadt im Zuge der strukturellen Verwaltungsreform ein Modellprojekt initiiert, das das Bürgeramt organisatorisch neu ordnen und zugleich die Bürger- und Dienstleistungsorientierung zeitlich verbessern sollte. Das Projekt war innerhalb der tradierten Arbeitsbeziehungen zwischen Verwaltungsleitung und betrieblicher Interessenvertretung bzw. den Gewerkschaften ver.di und Gewerkschaft der Polizei (GdP) verankert. Auch wenn über die genannte Zielsetzung Einigkeit erzielt werden konnte, konzentrierte sich der Regelungskonflikt auf die traditionelle ‚Kampflinie' um den ‚Preis' für erweiterte Öffnungszeiten und Dienstleistungen. Andererseits war der Regelungsdruck für beide Seiten groß. Die Amtsleitung wusste, dass eine Verbesserung der Dienstleistungsqualität nicht ohne eine angemessene Beschäftigungsqualität weiterzuentwickeln war, Beschäftigte und Gewerkschaften wussten, dass Bürger/innen die ihnen „geschuldeten Dienstleistungen tatsächlich und zu gehöriger Zeit und in gehöriger Qualität" erbracht wissen wollen (Buggeln/Mückenberger 2005: 122).

An dieser Stelle wurde eine wissenschaftliche Begleitung zur Hilfe herangezogen, um eine Vereinbarung zu erzielen, aus der alle Akteure einen Gewinn ziehen können sollten. Sowohl das bereits involvierte gewerkschaftsnahe Consulting-Unternehmen als auch die Forschungsstelle Zeitpolitik sollten den Bedarf nach neuen Arbeitsformen und erweiterten Öffnungszeiten, die Belastung durch Aufgabenvielfalt und ein angemessenes Personalbemessungssystem ermitteln, zugleich neue Beteiligungs- und Aushandlungsverfahren, eigenverantwortliche Arbeitsformen und nachhaltige Evaluationsprozesse entwickeln. In diesem Prozess wurden – ähnlich wie in der ostdeutschen Großstadt – die dienstleistenden Beschäftigten und die Nutzer/innen von Dienstleistungen an der Ermittlung der jeweiligen Bedarfe beteiligt, hier zusätzlich durch choice-work-Verfahren, Mediation, Optionswahl-Hearings und Bürgergutachten (Buggeln/Mückenberger 2005: 125ff.). Auch hier wurden die Öffentlichkeit, lokale Politiker und Institutionen, auch Medien einbezogen. Ergebnis war eine ‚prozesshafte' Vereinbarung. Prozesshaft meint, dass im Zuge der Umsetzung konsensuelle Zusatzvereinbarungen getroffen werden können; gewährleistet war damit, dass die Beteiligung aller Betroffenen differenzierte Konflikt- und Interessenlagen sichtbar macht, für die angemessene und veränderbare Lösungswege gefunden werden müssen. In der Vereinbarung wurde das Interesse der Verwaltungsleitung berücksichtigt, die Arbeitszeiten und das Dienstleistungsangebot zu erweitern. Den Beschäftigten wurde eine erweiterte Selbstbestimmung bei der Regelung von Arbeitszeiten und der Arbeitsorganisation, wie auch bestimmte Ressourcen hinsichtlich Personalausstattung, Qualitätszirkel und Qualifizierung zugesichert. Die am Verfahren beteiligten Bürger/innen formulierten ein Gutachten mit ihren Ansprüchen an ein Bürgeramt. Dieses Bürgergutachten wurde verbindlich in die Vereinbarung eingebunden. Im Laufe der Aushandlungen wurden die Akteure jeweils über die Haltungen, Meinungen und Entscheidungen der jeweils anderen Akteure informiert, so dass das ganze Verfahren auf Vertrauen und wechselseitigem Verständnis aufbauen konnte (Hülsmeier et al. 2005: 93ff.; Buggeln/Mückenberger 2005: 138ff.).

Zusammengefasst kann das Projekt ‚Zeitfragen sind Streitfragen' als Projekt verstanden werden, das zuallererst die Erprobung einer Erweiterung innovativer

Regulierung und partizipatorischer Elemente in der (Arbeits-)Zeitpolitik ermöglichte. Anders als in der vorherrschenden Politik um Flexibilisierung erkannte die Beteiligung aller betroffenen Akteure/Akteurinnen – also die gleichwertige Teilhabe der Leitung, der Beschäftigten selbst (nicht nur ihrer Interessenvertretung) und der Nutzer/innen der Dienstleistungen – die Konflikt- und Interessenlagen in ihrer ausdifferenzierten Realität an und machte sie diskutierbar. Ergebnis waren spezifische betriebliche Vereinbarungen, die konsensuelle Zustimmung erfuhren und die Handlungsoptionen aller Beteiligten erweitern sollten. Externe Expert/inn/en und Berater/innen brachten mit Expertise und Reflexion, Methoden und Interventionsmöglichkeiten, angemessene und innovative Aushandlungsformen ein und stützten die wechselseitigen Anerkennungs- und Reflexionsprozesse.

Problematisch erscheint jedoch – das werden auch die empirischen Fallstudien dieses Bandes zeigen – die Perspektive auf die Einbindung der Nutzer/innen von Dienstleistungen. Es bestand eine Tendenz, zwar die Interessen der Dienstleistungsnehmer/innen innovativ zu integrieren, zugleich aber auf die Interessen der Beschäftigten als Nutzer/innen anderer Dienstleistungen zu reduzieren. Wurde hier lediglich auf ein zeitpolitisches Interesse der Beschäftigten zur erweiterten Vereinbarung von Erwerbsarbeit und außererwerblichen Sphären rekurriert, oder wurden tatsächlich Dienstleistungsnehmer/innen einbezogen? In den weiteren Kapiteln dieser Untersuchung wird zu prüfen sein, wie folgenreich diese Eingrenzung von Interessen für die Bewertung von (arbeits)zeitpolitischen Maßnahmen ist. Auf Grundlage dieser konstruierten Interessenkonstellation ist auch zu prüfen, wie tragbar diese spezifische lokalzeitpolitische Vernetzung der Dienstleistungsbetriebe für die allgemeine zeitliche Gestaltung und Erreichbarkeit von Dienstleistungen ist, die konkret die Lebensqualität externer Nutzer/innen tangiert oder ob es sich tatsächlich um innovative Arbeitszeitpolitik handelt, die letztlich doch auf Beschäftigteninteressen fokussiert. Ungeachtet dieser Fragen ist ‚Zeitfragen ist Streitfragen' für gewerkschaftliche Politik ein außergewöhnliches Projekt, da es intendierte, gewohnte Mechanismen des ‚industriellen Zeitarrangements' zu verschieben. Die neue experimentelle Haltung zeigte innovative Anregungen für gewerkschaftliche Zeitpolitik auf.

2.2 Industrielle Beziehungen: Ein Konzept der Industriegesellschaft

In Deutschland bildeten sich, wie in anderen westlichen Industriegesellschaften, ‚industrielle Beziehungen' heraus, die die Bedingungen abhängiger Beschäftigung wie auch Aushandlungsverfahren zur Festlegung dieser Bedingungen regeln. Es geht um Fragen der Arbeitsorganisation und Technikgestaltung, der Leistungs-, und Lohnpolitik und Verfahren der Partizipation und Konfliktregelung. Im Rahmen dieses Regulierungssystems hat sich das in Kapitel 2.1 dargelegte ‚industrielle Zeitarrangement' herausgebildet. Der folgende Abriss über Begriff, Gegenstand und Form industrieller Beziehungen konzentriert sich auf die grundlegende Bedeutung, die diesem Regulierungssystem in zeitbezogener gewerkschaftlicher Politik bis heute zugemessen wird. Der Blick richtet sich – nicht historisch, sondern strukturell – auf die zentrale Grundlage der industriellen Beziehungen, die Durchsetzung des Kollektivvertrages. Mit der Rekonstruktion der Herausbildung industrieller Beziehungen wollen wir rekonstruieren, warum die gewerkschaftliche Position die Grundlage einer bipolaren industriellen Interessenkonstellation zum Schutz der einzelnen Arbeitskraft durch kollektiv wirksame arbeitspolitische Normierungen angenommen hat, und zugleich andeuten, inwieweit diese Bipolarität im Zeitalter der Dienstleistungsgesellschaft brüchig zu werden droht bzw. geworden ist. Kritisch wird der Übergang von der fordistischen Arbeitsregulierung zur postfordistischen Umstrukturierung der Produktionskonzepte als analytische Folie genutzt, die zunehmende Inkongruenz zwischen den kollektiv wirksamen Normierungen der Arbeitsverhältnisse, -bedingungen und -zeiten und den sich verändernden Interessen der Unternehmen an Flexibilisierung und Entgrenzung von Arbeit sowie den sich verändernden Bedürfnissen der Individuen im Zuge von soziokultureller Individualisierung und Pluralisierung und komplexer werdenden Herausforderungen zur zeitlichen Vereinbarkeit von Arbeits- und Lebensweisen sichtbar zu machen.

2.2.1 Fordismus und Kollektivvertrag

Geschichtlicher Ausgangspunkt der bipolar verfassten Regulierungskonstellation zwischen Beschäftigten und Unternehmern bzw. zwischen ihren repräsentativen Organisationen der Gewerkschaften und der Arbeitgeberverbände ist die frühindustrielle Transformation der Organisation von Arbeit in Folge der Durchsetzung des Fabriksystems im 19. Jahrhundert, die von ungeregelter Verfügungsmacht der Unternehmer über die Arbeitskraft geprägt war (Braudel 1986: 46ff.). Das Arbeitsverhältnis wurde zwar formal unter Bedingungen wechselseitiger Vertragsfreiheit geschlossen. Jedoch betonten sowohl radikale Kapitalismuskritiker wie Karl Marx als auch liberale und bürgerliche Sozialpolitiker wie Lujo Brentano und Götz Briefs die ungleichen Marktpositionen von Arbeitern und Unternehmern. Der vermögenslose Arbeiter war zur Aufnahme der Beschäftigung genötigt, ohne auf bessere Bedingungen warten zu können (Marx 1962b). Der Arbeitgeber verfügte über eine Variation an Entscheidungsmöglichkeiten, um Einstellungen hinauszuzögern, Beschäftigung abzubauen, Arbeitskräfte durch Maschinen zu ersetzen etc. (Brentano 1890). Auf Grundlage des Arbeitsvertrages war der Arbeiter am Arbeitsplatz fremdbestimmt und übergab seine Person der Verfügungsmacht des Arbeitgebers (Briefs 1927).

Die politischen Bedingungen „einer strukturellen Machtasymmetrie“ (Müller-Jentsch 1997: 10) zwischen Beschäftigten und Unternehmern, die ökonomischen Bedingungen von „Knappheit, Unsicherheit, Krisenhaftigkeit, weitgehende Besitzlosigkeit“ (Kocka 1983: 144) und die kulturellen Auswirkungen des Fabriksystems auf „Zeitbewusstsein“ und „die gesamte Lebensweise der Arbeiterschaft“ (Müller-Jentsch 2008: 42) machen die frühkapitalistische Konstellation des ‚industriellen Konflikts’ aus. Insbesondere diese Deprivationserfahrungen der Arbeiter im industriellen Alltag werden als wesentliche Grundlage einer politischen Dynamik verstanden, die zur Entstehung Arbeiterbewegung führten (Thompson 1987).

Der bipolare ‚industrielle Konflikt’ kristallisiert sich in einer bipolaren Regulierungskonstellation: Der Durchsetzung eines marktförmigen Umgangs mit Arbeit stand die Durchsetzung von Kompensationen für bestimmte Folgen dieses Umgangs gegenüber. Komplementär dazu formierten sich bipolare Regulierungsformen. Die Anfänge der Auseinandersetzungen zwischen Unternehmern und Arbeitern waren geprägt durch Formen des „collective bargaining by riot“ (Hobsbawm 1964: 7). Streiks und Boykotts, Aufruhr und Maschinensturm der lose assoziierten Arbeiter wurden mit unternehmerischer Gegenorganisierung und Aussperrung und auch mit polizeilicher Repression beantwortet. Erst die Herausbildung und Anerkennung von Gewerkschaften als formale Interessenverbände ermöglichten eine konzentrierte Interessenartikulation und ein organisiertes „collective bargaining“ (Webb/Webb 1898: 154) mit den Unternehmern, um verallgemeinerbare „common rules“ durchzusetzen (ebd.: 159, 186f.; Müller-Jentsch 2008: 130). Mit der Wende zum 20. Jahrhundert, aber insbesondere nach dem Ersten Weltkrieg erfolgte im Zuge des Aufschwungs staatlicher Sozialpolitik und erweiterter Bürgerrechte die sukzessive rechtliche Verankerung von Formen der betrieblichen Mitbestimmung wie auch von Formen der kollektiven Regulierung auf überbetrieblicher bzw. nationaler Ebene (Flanders/Clegg 1954; Blanke et al. 1975; Clegg 1976; Coates/Topham 1982; Mückenberger 1985a; Müller-Jentsch 1997).

Die regulierungspolitische und arbeits- und sozialrechtliche Anerkennung bipolarer Konfliktregelung ermöglichte Gewerkschaften, ihr strategisches Interesse an einer Normierung der Bedingungen des markförmigen Umgangs mit Arbeit durchzusetzen. Die rechtliche Anerkennung der Koalitionsfreiheit (siehe Blanke et al. 1975) initiierte eine „im Prinzip privatrechtliche Form“ des Arbeitsschutzes „der der Arbeitgebermacht vereinzelt gegenüberstehenden Arbeitnehmer“ bzw. „zur Wahrung und Förderung der Arbeits- und Wirtschaftsbedingungen“ (Mückenberger 1993: 206). Die Koalitionsfreiheit gewährt die „kollektive Freiheit“, Kollektivverträge und Arbeitskämpfe zu ihrer Durchsetzung bzw. zu ihrer Abwehr zu führen (ebd.: 207). Auf dieser Grundlage gewinnt der Kollektivvertrag seine zentrale Wirkung: „Der Tarifvertrag strebt von dem Boden freier Willenseinigung nach normativer Geltung seiner Bestimmung. Er ist der typische Fall des Gruppenvertrags" (Sinzheimer 1916: 50). Nach Müller-Jentsch (2007: 27) führten die oft gewaltsamen und wiederkehrenden bipolaren Konfliktkonstellationen zu „Lernprozesse[n] und Initiativen [...] bei den beteiligten Akteuren". Diese mündeten schrittweise in eine rechtliche und soziokulturelle Anerkennung der beiden Konfliktparteien und in eine Verrechtlichung der Arbeitsverhältnisse, eine staatlich organisierte Arbeits-, Sozial- und Wirtschaftspolitik und eine formalisierte Form von bipolaren Tarifverhandlungen ein.

2.2.2 Postfordismus: Kontinuität und Umbruch

Mit Hilfe des Periodisierungsschemas Fordismus/Postfordismus wird an dieser Stelle das Verhältnis von Konstanz und Dynamik gesellschaftlicher Verhältnisse konkretisiert. Die Begriffe ‚Fordismus' und ‚Postfordismus' werden dabei nicht in ihren (meta)theoretischen Verzweigungen verfolgt. Wir nutzen die konkreten Raum-Zeitstrukturen „fordistisch-tayloristischer Normalarbeit" in der Nachkriegszeit als „historische Referenzfolie" (Kratzer/Sauer 2004: 94) für das Verständnis von Kontinuitäten und Veränderungen in den Arbeits- und Lebensweisen, gesellschaftlichen Institutionen und Regulierungspolitiken. Das fordistische Wirtschaftsgeschehen wurde von hierarchisch organisierten industriellen Großunternehmen mit vertikal integrierten Produktionsprozessen für Massengüter dominiert (Chandler 1977; Piore/Sabel 1985). Die industriellen Beziehungen bringen in diesem Kontext vielfach normierte arbeitspolitische Regelungen hervor – geregelte Arbeitsverhältnisse und -zeiten, geregelte Einkommen und standardisierte Formen sozialer Absicherung (Mückenberger 1985). Die industrielle Arbeitsorganisation trennt planerische von ausführenden Tätigkeiten und bringt eine ausgefeilte Form tiefer technischer Arbeitsteilung und Arbeitskontrolle hervor (Kratzer/Sauer 2004). Diese Prozesse sind raum-zeitlich eingebettet. Städtische und regionale Arbeits- und Lebensverhältnisse waren geprägt durch funktionale, zeitliche und räumliche Trennung der Erwerbsarbeit und Ökonomie von Nicht-Arbeit und Lebenswelt. Damit einher ging eine geschlechterspezifische Verteilung von Zeiten und Orten von Erwerbs- und häuslicher Arbeit, auf Grundlage der Priorität der Regulierungsinteressen von männlichen Erwerbsmustern (z.B. Ostner 1995). Die mikroökonomische Form des Großunternehmens wurde zum normativen Leitbild der Modernisierungspolitik, welches auch die Organisation raumzeitlicher städtischer Infrastruktur (Schulen, Krankenhäuser etc.) ‚kodifizierte' (Ipsen 1987: 128). Die standardisierten Arbeitszeiten industrieller Prägung fungierten als zentraler Taktgeber des Alltags und strukturierten entsprechende Mobilitätsverläufe.

Der Umbruch zum ‚Postfordismus' in den 1970er Jahren wird durch die Vertiefung gesellschaftlicher und räumlicher Arbeitsteilung, die Flexibilisierung der Normalarbeit sowie die „neuartige Verschränkung von Arbeitswelt und Lebenswelt“ gekennzeichnet (Kratzer/Sauer 2004: 93). Bezugnehmend auf das habermassche Theorem des Zusammenwirkens von System- und Lebenswelt (Habermas 1981), führt die postfordistische Arbeitsregulation zu einer neuartigen und konflikthaften Verschränkung von Systemlogiken und lebensweltlichen Logiken. Die flexible Anpassung der Unternehmen an veränderte Konsummuster und Bedürfnisstrukturen, an verschärfte internationale Wettbewerbs- und Konkurrenzverhältnisse wie an eine arbeitsteilige, transnationalisierte und informatisierte Produktionsweise entlang der Wertschöpfungskette lassen die Bedeutung des fordistischen Großbetriebes, seiner Arbeitsweise und -regulierung schwinden (Porter 1990; Glasmeier/Kibler 1996; Hesse 2002). Arbeitsorganisatorisch werden Arbeitsprozesse fortschreitend technisiert, rationalisiert und flexibilisiert und auf betriebliche Kosteneinsparungen orientiert (Altmann et al. 1986; Womack et al. 1992; Grabher 1994; Lash/Urry 1994).

Komplementär nimmt auf der Ebene der Arbeitsregulation die Flexibilisierung von Arbeitsverhältnissen und -zeiten zu (Mückenberger 1985; 1993; Kress 1998; Schulze-Buschoff 2000a). In der sich herausbildenden postfordistischen Wirtschaftsweise, die auf Tertiarisierung, Informatisierung und Wissensgenerierung und -anwendung setzt, üben ihre Arbeitsformen und insbesondere ihre differenten Arbeitszeitmuster Druck auf die Vereinbarkeit von Beruf und Familie aus. Aufgrund der zunehmenden Erwerbsorientierung von Frauen und der sich vervielfältigenden Lebensweisen kann dieser Druck immer weniger durch eine entsprechende komplementäre Lebensform kompensiert werden (Schulze-Buschoff 2000a; 2000b; Hielscher/Hildebrandt 2002; Eberling/Henckel 2002). Normalarbeitsverhältnis, Kleinfamilie und das Wohnen am Stadtrand repräsentieren nun nicht mehr das generelle Modell. Die Aufweichungsvorgänge an der Grenze zwischen Erwerbsarbeit und sonstigem Leben lassen sich als zeitliche und kulturelle Entgrenzungsprozesse darstellen. Sie verringern auf der einen Seite die räumliche, zeitliche und personelle ‚Entzweiung’, die mit dem industriellen Entwicklungstyp einherging und durchaus auch als ‚Entfremdung’ zu beobachten und wahrzunehmen war (Hielscher/Hildebrandt 2002; Baethge 1991). Auf der anderen Seite bringt diese Entgrenzung die Gefahr mit sich, dass die Erwerbsarbeit die Lebenswelt weiter kolonialisiert und deren letzte Reservate gegenüber systemischer Verfügbarkeit aufsaugt (Sennett 1998; Menzl/Mückenberger 2002; Kratzer/Sauer 2004; Mückenberger 2004). Entgrenzung, Beschleunigung und Flexibilität sind als wesentliche Momente der zeitlichen Veränderung zu sehen, feste Zeitmuster verlieren an Bedeutung.

Die Abgeschlossenheit des Fordismus als historische Phase ist umstritten. Realistisch ist davon auszugehen, dass die fordistisch-industrielle Rationalität in die nachfordistische Wirtschafts-, Arbeits-, Lebensweise und in ihre Regulierung hineinwirkt. Ein relevantes Phänomen hierfür ist die Rede von einer Re-

Taylorisierung bzw. Re-Konventionalisierung der Arbeitspolitik (z.B. Springer 1999; Gerst 2000; Dörre 2002). Im Kontext dieser Untersuchung ist an den hier angedeuteten gesellschaftlichen Umbrüchen interessant, dass offensichtlich eine zunehmende Inkongruenz der fordistisch geprägten Politik des Kollektivvertrages mit seinen verallgemeinerten, normierten arbeitspolitischen Regulierungen und den sich verschiebenden Interessen der Unternehmer hin zu einer Politik der Flexibilisierung und Entgrenzung der Arbeitsformen und -zeiten, sowie den komplexer werdenden Anforderungen und sich ausdifferenzierenden Bedürfnissen der Individuen Arbeits- und Lebenswelt miteinander auftritt.

2.2.3 Fordistische Ausgestaltung der bipolaren Interessenkonstellation im dualen System Deutschlands

Seit der Weimarer Republik ist für die deutschen industriellen Beziehungen eine Dreiteilung der Verhandlungssysteme charakteristisch: betriebliche Interessenvertretung (bilaterale Verhandlungen zwischen Betriebsrat und Geschäftsführung); sektorale Tarifpolitik (bilaterale Verhandlungen zwischen Gewerkschaften und Arbeitgeberverbänden); Institutionen der staatlichen Sozialversicherung (trilaterale Konsultationen und Verhandlungen zwischen Repräsentanten von Gewerkschaften, Arbeitgeberverbänden und staatlichen Institutionen).

Die Ausgestaltung der bipolaren Regulierung von Beschäftigten-und Unternehmerinteressen ist in Deutschland im ‚dualen System' organisiert:

> „Historisch und systematisch bilden die bilateralen Regelungen auf der betrieblichen und überbetrieblichen Ebene den Kernbereich der industriellen Beziehungen." (Müller-Jentsch 1997: 46f.)

Die territoriale und organisatorische Funktionsdifferenzierung zwischen beiden Regelungsebenen „findet ihre strukturelle Verfestigung durch die rechtlich-institutionelle Trennung von Tarifautonomie einerseits und Betriebsverfassung andererseits" (Müller-Jentsch 1997: 47). Tarifvertragsbeziehungen definieren ein paritätisches Konfliktregelungs- und Normensetzungsverfahren. Regulierungsgegenstand sind substantielle Verkaufsbedingungen der Arbeitskraft, wie z.B. allgemeine Arbeitszeitverkürzungen. Auf betrieblicher Ebene verhandeln und vereinbaren Betriebs-/Personalrat und Leitung die konkreten Anwendungsbedingungen der Arbeitskraft in Betriebs-/Dienstvereinbarungen, wie z.B. Beginn und Ende der täglichen Arbeitszeit. Staatliche Instanzen nehmen im System der industriellen Beziehungen bestimmte Vermittlungsfunktionen wahr oder agieren selbst als Tarifvertragspartei über Lohnsätze und Arbeitsnormen (vor allem als Arbeitgeber im Öffentlichen Dienst). Daneben hat der Staat die grundlegende Ordnungsfunktion, in dem er die prozeduralen Regeln der industriellen Beziehungen als Selbstregulierungsarena gesetzlich fixiert.

Der institutionalisierte repräsentative Mechanismus der Selbstregulierung industrieller Beziehungen ist ein Produkt der fordistischen mittel- bis großbetrieblichen Interessenkonstellation (Deutschmann 2002: 14; Mückenberger 1993). Er ist heute den Herausforderungen des postfordistischen Umbruchs der Produktionskonzepte und der soziokulturellen Veränderungen in der Lebenswelt ausgesetzt. Die unternehmerischen Flexibilisierungsstrategien stellen im Übergang zur postfordistischen Umstrukturierung der Erwerbsarbeit die standardisierten Arbeitsverhältnisse, -bedingungen und -zeiten in Frage. Zugleich formiert sich lebensweltlich begründete und auf die Qualität der Gestaltung der Arbeitszeit bezogene Bedürfnisse nach Zeitsouveränität.

Darauf ist der in Kapitel 2.1 angedeutete konfrontative Diskurs zwischen der Fortschreibung kollektiv wirksamer Normierung und der Ermöglichung individualitätsbezogener Wahlmöglichkeiten zurückzuführen. Fordistische Arbeitszeitpolitik orientierte auf kollektiv wirksame Normierung und ging dabei von einer verallgemeinerten ‚Normalität' der Arbeitssituationen und Lebenslagen Beschäftigter aus (Mückenberger 1985). Diese Normalitätsfiktion wird zunehmend weniger den Entwicklungen zu produktionsstruktureller wie soziokultureller Individualisierung und Pluralisierung gerecht (Mückenberger 1993: 212). Erst recht ist der standardisierungsbezogene Regulierungsrahmen auf sich individualisierende lokale Dienstleistungsbedürfnisse der Individuen nicht eingerichtet. Schließlich kann der Anspruch der Beschäftigten auf Möglichkeiten der Selbstbestimmung und Partizipation mit dem im Kollektivrecht verankerten Repräsentationsprinzip mittels Gewerkschaften und betrieblicher Interessenvertretung kollidieren (ebd.: 208ff.). Repräsentation in Kollektivverhandlungen bedeutet, dass ‚für andere' verhandelt wird. Dabei wird Kommunikation und Legitimation zwischen „bargainer and constituents" notwendig (Fox 1975: 154ff.). Schon Sinzheimer (1916: 51) unterschied zwischen Vertragsparteien, den „Schöpfern und Verwaltern des Tarifvertrags" und Vertragsmitgliedern, die seinen Bestimmungen unterworfen sind, „ohne [...] am Abschluss des Tarifvertrags beteiligt [...] zu sein". Teubner (1979: 497) nennt diesen Trennungszusammenhang eine „Achillesferse" der Interessenvermittlung und -vertretung. Diskurs-, Options- und Beteiligungsmöglichkeiten der von repräsentativ ausgehandelten Ergebnissen Betroffenen innerhalb und außerhalb des Betriebes werden von dieser Regulierungsarena industrieller Beziehungen fortgesetzt strukturell ausgeschlossen oder wenigstens begrenzt.

2.2.4 Industrielle Beziehungen: Theoretische Begriffsbestimmung

Der Begriff ‚Industrielle Beziehungen' ist eine Übersetzung des englischen Begriffs ‚industrial relations'. Analog wird in den Sozialwissenschaften der Begriff der ‚Arbeitsbeziehungen' verwendet, der auf den englischen Begriff ‚labour relations' zurückgeht. Populärer sind die aus politischen Diskursen und Debatten bekannte Bezeichnungen wie ‚Arbeitgeber-Arbeitnehmer-Beziehungen', ‚Sozialpartnerschaft' oder ‚Konfliktpartnerschaft'. Im Folgenden wird der Begriff ‚industrielle Beziehungen' rekonstruiert, der sich als systematische Bezeichnung des Gefüges von Akteurs- und Interessenkonstellationen, Institutionen und Aushandlungsformen im Bereich der Arbeits- und Tarifpolitik etabliert hat und der Arbeitspolitik historisch auf den Industriesektor rückbezieht.

Die Anfänge der Theoretisierung von industriellen Beziehungen erfolgten durch Beatrice und Sidney Webb im Kontext frühindustrieller Konflikte (1898: 648ff.). Ausgangspunkt ist die Analyse der Konfliktkosten und Ineffizienz, die im Produktionssystem durch die Ausbeutung der Arbeiter bzw. durch die konfrontativen, auch gewaltsamen ‚Arbeitskämpfe' zwischen Gewerkschaften und Arbeitgeber entstehen. Die Webbs fundieren das Begriffsverständnis von industriellen Beziehungen:

1. Das industriegesellschaftliche Konfliktverständnis fokussiert die bipolare Interessen- und Akteurskonstellation zwischen Beschäftigten und Unternehmern, Gewerkschaften und Arbeitgeberverbänden.
2. Anzuerkennen ist die soziale Schutzbedürftigkeit des Arbeiters mithilfe von Kollektivverträgen und normativ ausgerichteter Arbeits- und Sozialpolitik.
3. Anzuerkennen ist das politische Recht des Arbeiters auf Koalitionsfreiheit und regelgeleitete Aushandlungsverfahren für diese bipolare industrielle Akteurskonstellation.
4. Anzuerkennen ist die wirtschaftspolitische Bedeutung geordneter industrieller Beziehungen mit dem Ziel, im Produktions- und Wirtschaftsprozess Konflikt durch Kooperation zu ersetzen.[1]

In den Anfängen der Institutionalisierung industrieller Beziehungen hatte bereits Karl Korsch (1922) ein materialistisches Entwicklungsmodell formuliert, das – ohne direkten Bezug zur angelsächsischen Diskussion – dem der Webbs ähnelte. Er bekräftigte das allgemeine frühfordistische Verständnis eines industriegesellschaftlichen Sozialmodells. Daran knüpften spätere materialistische Analysen des kapitalistischen Arbeitsprozesses und seiner Konflikthaftigkeit an (siehe Goldthorpe 1974; Hyman 1975; 1989; Edwards 1979; Edwards et al. 1982; Crouch 1982). Industrielle Beziehungen blieben auch hier weitgehend auf Herrschafts- und Widerstands-Positionen in der bipolaren Interessenkonstellation hinsichtlich der Kontrolle im Arbeitsprozess reduziert.

1 Im Anschluss an Beatrice und Sidney Webb bildeten sich in den USA die Wisconsin School (Commons 1934) und in Großbritannien die Oxford School (Flanders 1970; Clegg 1979; Chamberlain/Kuhn 1965) als Denkrichtungen eines funktionellen Pluralismus heraus. John R. Dunlop (1958: 7ff.) bestimmt in Anlehnung an Talcott Parsons die Funktion der Industriellen Beziehungen systemtheoretisch.

Walther Müller-Jentsch (1997; 2007; 2008) synthetisiert vorangehende Ansätze industrieller Beziehungen zu einem spätmodernen akteursbezogenen, institutionalistischen Ansatz. Tendenziell lässt sich bei ihm aus einem erweiterten sozialen, kooperativen und kulturellen Verständnis der Beziehungen zwischen den Aushandlungsakteuren auf die Möglichkeit einer Einbindung gesellschaftlicher und lebensweltlicher Interessen und Bedürfnisse in die arbeitspolitische Regulierung schließen. Wie in den vorangegangenen Ansätzen bleibt jedoch auch bei Müller-Jentsch die bipolare industrielle Interessen- und Akteurskonstellation Angelpunkt der Arbeitsbeziehungen. So finden die Folgewirkungen, die sich aus den Produkten der industriellen Beziehungen für die Gesellschaft ergeben, wie auch die Anforderungen, die aus den außerwerblichen Sphären an die arbeitspolitische Regulierung gerichtet werden, wiederum keinen Eingang in das institutionelle Regelungsgefüge der industriellen Beziehungen.[2]

2.2.5 *„Industrielle Beziehungen" in der Dienstleistungsgesellschaft?*

Industrielle Beziehungen und ihre zentralen Produkte – verallgemeinerte Normierungen in Arbeitsverhältnis und Arbeitszeit – waren wirksame kollektivrechtliche Ausgestaltungen zum Schutz und zur Reproduktion der Arbeitskraft im Kontext der fordistischen Regulierung der Wirtschafts- und Lebensweise. Mit ihnen wurde relevanter gesellschaftspolitischer Handlungsspielraum für die Interessen von Beschäftigten eröffnet. Das in Kapitel 2.1 diskutierte Verständnis von Lebensqualität in der gewerkschaftlichen Arbeitszeitpolitik konnte unter der Bedingung einer homogenisierend wirkenden Arbeitsmarkt-, Sozial- und Familienpolitik in der Nachkriegszeit gesellschaftliche Zustimmung finden (Bender/Graßl 2004: 10f.). Der genannte Handlungsspielraum wird jedoch durch eine Realität in Frage gestellt, in der sich die individuelle und gesellschaftliche Lebenssituation der Individuen zunehmend weniger aus einem homogenen Erwerbsarbeitsleben herleitet und speist. Dieser Realitätswandel wurde in diesem Kapitel mit dem Umbruch von fordistischen zu postfordistischen Regulierungsanforderungen aufgezeigt. Die Frage drängt sich auf, inwieweit mit der überkommenen fordistischen arbeitspolitischen Regulierung auf postfordistische Bedarfe an Flexibilität einerseits, an Selbstbestimmung und Lebensqualität andererseits reagiert werden kann.

---

2 Bürgerrechtliche (Marshall 1992 – dazu Mückenberger 1993) und handlungstheoretische Ansätze zur Konzipierung industrieller Beziehungen (McKersie/Walton 1965, deren ‚negotiation of order'-Ansatz auf Anselm Strauss (1963) zurückgeht) können hier nicht diskutiert werden. Auch sie bleiben jedoch meist dem Konzept bipolarer Arbeitgeber – Arbeitnehmer – Beziehungen verhaftet.

Die postfordistische Konstellation verursacht neue Inkompatibilitäten zwischen Erwerbsarbeit und Lebensformen. Die hierin schon angelegten Zeitkonflikte werden verschärft durch betriebswirtschaftlich motivierte Flexibilisierung der Arbeit, welche die vorherigen rigiden fordistischen Zeitrhythmen auflöst. Die Veränderung der Zeitregime stellt die Individuen in ihrer alltäglichen Lebensführung, bei der raumzeitlichen Organisation der alltäglichen Infrastruktur – Standorte und Zeiten des Wohnens, des Arbeitens, der Krankenversorgung, der Kinderbetreuung, des Lernens, der Kultur etc. – vor neue Anforderungen an raum-zeitliche Koordinierung (Projektgruppe Alltägliche Lebensführung 1995; Sieverts 2002). Der Bedarf richtet sich hier auf geeignete Problemlösungen für ungewohnte Zeitkonflikte und auf eine aktive Beteiligung der Betroffenen an dieser Problemlösung in Akteurskonstellationen – eine Verschiebung von Regulierungsfragen und -bedarfen, auf die das Regime der industriellen Beziehungen offensichtlich nicht eingerichtet ist (Mückenberger 2004).

Dies bestätigte der Durchgang durch die theoretischen Bestimmungen zum Begriff ‚Industrielle Beziehungen'. Der Begriff fokussiert auf den bipolaren, meist gegensätzlichen Interessenstandpunkt im fordistisch geprägten industriellen Arbeitskonflikt. Hierin sind postfordistisch begründete Regulierungsbedarfe, Beteiligungsverfahren und Akteurskonstellationen nicht umstandslos integrierbar.

Im Diskurs um den postfordistischen Umbruch der Wirtschaftsweise richtet sich der industriesoziologische Blick vornehmlich auf Umbrüche in der industriellen Produktion. Der Fakt einer Tertiarisierung der Wirtschaft drängt jedoch die Frage auf, ob das System industrieller Beziehungen für Arbeits- und Regulierungsweisen in der Dienstleistungsgesellschaft vorherrschend bleiben kann. Wir wollen diese Frage im Fortlauf der Untersuchung vor dem Hintergrund veränderter alltagsrelevanter Zeitkonflikte und hieraus erwachsender Regulierungsbedarfe stellen.

2.3 Dienstleistungs- und Wissensgesellschaft

Industrielle Beziehungen gestalten ökonomische Tauschbeziehungen. Dort überwiegt die instrumentelle (betriebs-)wirtschaftliche Perspektive, in der die sozialen Bedingungen der Effizienz- und Produktivitätssteigerung und der Verteilung der aus ihr resultierenden Gewinne – und dabei auch die zeitliche Dimension der Verausgabung von Arbeitskraft ausgehandelt werden. Im fordistisch geprägten industriellen Konflikt geht es Gewerkschaften um Schutzregeln gegen unmäßige Vernutzung der Arbeitskraft (im Sinne der Natur der menschlichen Arbeitskraft). Unsere Untersuchung richtete sich nicht auf die Regulierung solcher Mensch-Natur-Beziehung, sondern auf die Regulierung der Beziehung zwischen Erbringern und Nutzern von Dienstleistungen, also einer Mensch-Mensch-Beziehung. Zu diesem Fokus geben die wachsende Bedeutung veränderter alltagsrelevanter Zeitkonflikte in der tertiarisierten Wirtschaft und die daraus resultierenden Regulierungsbedarfe Anlass. Dabei interessieren sowohl die Bedürfnisse der Dienstleistungserbringer/innen als auch diejenigen der Dienstleistungsnehmer/innen. Von Interesse sind die Spielräume, die sich für die Beteiligung nicht nur der Dienstleistungserbringer/innen, sondern auch der Dienstleistungsnehmer/innen eröffnet, an der zeitlichen Gestaltung und Erbringung des Dienstleistungsangebots mitzuwirken, um alltagsrelevante Zeitkonflikte in einer Weise zu lösen, die geeignet ist, neue Chancen der Erhöhung von Lebensqualität zu realisieren.

Im Folgenden wenden wir uns zunächst der Tertiarisierung zu. Im Gegensatz zu industrieller Tätigkeit geht es dabei vorrangig nicht um zeitliche Mensch-Natur-Beziehungen, sondern – jedenfalls bei einem großen Teil personenbezogener Dienstleistungen – um Mensch-Mensch-Beziehungen: Um die zeitliche Vereinbarkeit der Interessen der Dienstleistungserbringern und von Dienstleistungsnehmern. Ein theoretischer Kernpunkt für diese Argumentation ist das Uno-actu-Prinzip, soweit es Organisation, Gestaltung und Ausführung im Beziehungskontext zwischen Dienstleistungserbringern und Dienstleistungsnehmern charakterisiert. Der Diskurs um Tertiarisierung mündet letztlich in die Frage, ob eine dienstleistungsorientierte Gestaltung von System und Lebenswelt mit einem industriegesellschaftlichen Verständnis und Instrumentarium von Wirtschaften und Regulieren gestaltbar ist.

2.3.1 Tertiarisierung: Begriffliche Annäherung

‚Tertiarisierung' bezeichnet den Übergang unserer Gesellschaft von einer Industrie- zu einer Dienstleistungsökonomie. Schon 1975 war in Deutschland etwa die Hälfte der Erwerbstätigen im Dienstleistungssektor beschäftigt, im Jahre 2007 waren es bereits über 72%. Rund 70% der gesamtwirtschaftlichen Bruttowertschöpfung wurde 2007 durch Dienstleistungen erbracht (BpB 2008: 83f.). Ähnliche Werte werden für alle industrialisierten Länder konstatiert (Bryson et al. 2004). Sektorale Angaben verzerren die tatsächliche Ausbreitung dienstleistender Tätigkeiten, da sie Dienstleistungen im industriellen Sektor nicht ausweisen. Der tatsächliche Anteil der Dienstleistungen an der Gesamtbeschäftigung wird daher weit höher liegen (Häußermann/Siebel 1995: 22ff.; Maleri 1997: 60; Baethge 2001: 23ff.).

Nach der Drei-Sektoren-Hypothese (Fisher 1935; Clark 1940; Fourastié 1949) wird der primäre Sektor vom sekundären, dieser vom tertiären Sektor abgelöst, wenn sich die Produktivkräfte technisch weiterentwickeln und das Pro-Kopf-Einkommen sich erhöht, die Bedürfnispräferenzen der Konsumenten (nach ihrer Befriedigung im primären und sekundären Sektor) sich in den tertiären

Sektor verlagern und dort die Beschäftigung steigt. Fisher erstellte diese Rangliste der Sektoren nach der Lebensnotwendigkeit der Produkte. Clark differenzierte die Einteilung nach Produktivitäts- und Rationalisierungspotenzialen der Sektoren und daraus folgender Verschiebung der Beschäftigung. Fourastié ordnete die Sektoren nach dem Produktivitätspotenzial der Produktion, nicht mehr der Produkte.

Dieses Grundtheorem zum sektoralen Wandel (Häußermann/Siebel 1995: 134f.) dient heute dazu, aus der Auswertung statistischer Daten über Beschäftigung und technische Ausstattung, über Unternehmen/Organisationen und Finanzierung Aussagen über Wachstums und Entwicklungsniveau von Dienstleistungsgesellschaften zu treffen. Diese quantitative Sichtweise ist weitgehend gleichgültig gegenüber der qualitativen Ausprägung von Dienstleistungserbringung und -konsumtion sowie gegenüber über sozialen Bedingungen an Dienstleistungsarbeitsplätzen infolge von Rationalisierung und Kostenrechnung im Dienstleistungsbereich. Die Kritik an dieser Leerstelle im Tertiarisisierungsdiskurs zeigt auf, dass industriegesellschaflich geprägte Orientierungen bei der Organisation der Dienstleistungen Einschränkungen an Lebensqualität für Beschäftigte und Einschränkungen an Dienstleistungsqualität zulasten von Nutzer/inne/n systematisch ausblenden (z.B. Giarini/Liedtke 1997; Baethge/Wilkens 2001; Bosch et al. 2002).

Die einseitige wachstums-, produktivitäts- und einkommensbezogene ökonomische Denkweise für die qualitativen Aspekte der uns interessierenden Frage – der Lebensqualitätsgewinne bei Erbringung und Konsumtion von Dienstleistungen – kaum Anhaltspunkte. Der wachsende Bedarf an hier interessierenden beratenden, betreuenden, erziehenden, pflegenden u.a. Dienstleistungen lässt sich nicht nur produktivitätsorientiert oder einkommensinduziert begründen. Der wachsende Bedarf an Dienstleistungen korreliert mit dem Alltagsbedürfnis nach Problemlösung und der Steigerung von Lebensqualität wie auch mit einem potenziell qualitativen Tätigkeitsbewusstsein von Dienstleistenden (Badura/Gross 1977: 367; Gartner/Riessmann 1978: 15). Wir benötigen daher Kategorien, die qualitative Aussagen zum Verhältnis von Dienstleistungstätigkeit und ihrer Organisation sowie Regulierung einerseits, den hieraus resultierenden qualitativen Effekten für Alltagssituationen und -bedarfe der Nutzer/innen andererseits ermöglichen.

2.3.2 Uno-actu-Prinzip: Produktion und Konsum in Mensch-Mensch-Beziehungen

Das Uno-actu-Prinzip bestimmt bei personenbezogenen Dienstleistungen die Kriterien, die das Verhältnis zwischen Dienstleistungserbringer und -nehmern charakterisieren (Herder-Dorneich 1972: 18; Badura/Gross 1977: 365; Häußermann/

Siebel 1995: 24; Maleri 1997: 62). Die Erstellung und der Verbrauch der Dienstleistung zeitlich und räumlich erfolgt in der Regel synchron zwischen Dienstleistern und Konsumenten; beide müssen zur selben Zeit am selben Ort sein, produktive und konsumtive Akte werden gleichzeitig vollzogen (Badura/Gross 1977: 365; Gross 1983: 14). Im Falle von Kinderbetreuung z.B. ist die räumliche und zeitliche Anwesenheit des Kindes als unmittelbaren Nutzers der Dienstleistung Voraussetzung für die Erbringung der Dienstleistung.

Bei personenbezogenen Dienstleistungen müssen Konsumenten nicht nur bei der Erbringung einer Dienstleistung anwesend sein. Oft sind sie sogar an der Erbringung der Dienstleistung aktiv beteiligt (Badura/Gross 1977: 362f., 366; Böhle 2011). Die Beteiligung kann unterschiedlich beschaffen sein. Sie kann in der Kommunikation über die Definition des Anliegens (z.B. beim evaluierenden Beratungsgespräch zur Konkretisierung der Beantragung einer Sozialleistung zwischen Bürger/innenBerater/in und Bürger/in), in der Interaktion bei der Erbringung der Dienstleistung bestehen (z.B. in Lern- und Spiele-, aber auch Heilungssituationen) oder auch in Interaktion zur zufriedenstellenden Konsumtion der Dienstleistung bestehen (z.B. bei der Verkaufsberatung im Warenhaus). „Teilnahme ist [...] gleichbedeutend mit Zusammenwirken, Kooperation, Interaktion und Kommunikation.“ (Badura/Gross 1977: 366). In unterschiedlich intensiver, gewollter und/oder notwendiger Ausprägung werden Wissen und Erfahrung, Verstand und Körper, Kommunikation und Zeit von beiden Seiten investiert bzw. eingebracht, um die ‚nutzer/innen-intensive’ Dienstleistungsbeziehung zu erfüllen (Badura/Gross 1977: 363; Gartner/Riessmann 1978).

Der produktive Bezugspunkt in der industriellen Tätigkeit ist das berechenbare Verhältnis von zeitlichem und materiellem Aufwand und output. Eine Dienstleistung ist dagegen eher dann produktiv, wenn neben dem Produktivitäts-Konsumtions-Potenzial des Dienstleisters auch der Nutzer der Dienstleistungsbeziehung als „factor in production“ (Fuchs 1968: 194) einbezogen wird. Die Einbeziehung eines „externe[n] Produktionsfaktor[s] [...] in Gestalt des an der Leistungserbringung beteiligten“ Dienstleistungsnehmers macht die personenbezogene Dienstleistung zu einem „relationalen“ Produktions-Konsumtions-Verhältnis (Badura/Gross 1977: 366; Gross 1983: 45). Diese Dienstleistungsbeziehung konstituiert so den Konsumenten als ‚kooperierenden Faktor’, als ‚Mitproduzenten’ (Fuchs 1968: 194f.; Böhle 2011). Dies überschreitet die bloß bipolare „ökonomische Sichtweise, welche den Produzenten als produzierend, den Konsumenten als konsumierend versteht“ (Gross 1983: 17). Schon Parsons (1968: 424ff.) wies darauf hin, dass der Konsument von personenbezogenen Dienstleistungen im ökonomischen Paradigma in seiner Produktionsfunktion nicht erkannt wird. „Effizienz und Effektivität“ bei der Erbringung von Dienstleistungen „hängen somit in erheblichem Maße ab vom sozialen Handeln“ insbesondere auch der Nutzer/innen-Seite „in der Alltagswelt [...] und unmittelbar bei der Produktion der Dienste“ (Badura/Gross 1977: 363). „Interaktion bzw. interpersonelle Kommunikation (face-to-face)“ können als produktiv und innovativ wirkende Kriterien der Dienstleistungs-Erbringung und -konsumtion bestimmt werden (ebd.: 366).

Das Uno-actu-Prinzip ist in seiner tatsächlichen Ausprägung gefährdet, wenn die Organisation des Dienstleistungsbereiches signifikant durch Fremdbestimmung und Kontrolle im Arbeitsprozess, durch Rentabilitäts- und Rationalisierungsdynamik wie auch durch industriegesellschaftlich normierte Regulierungsformen gesteuert wird (Gross 1983: 51; Deutschmann 2002: 8; Bender/Graßl 2004: 10ff.). Die lange Zeit als unveränderbar unterstellten Grundelemente der Uno-actu-Dienstleistung – face to face-Interaktion zwischen Personen, Resistenz gegen technischen Fortschritt, immaterielles Produkt – können im Zuge der sozialen Dynamik durch technische Entwicklungen (wie insbesondere das Internet), durch Rationalisierung und kulturellen Wandel variabel werden (Gross 1983: 15; Häußermann/Siebel 1995: 141ff.). Die Einsparung von Personal, die Anpassung des Arbeitsvolumens an die schwankenden Kundenfrequenzen, die Möglichkeit, Dienstleistungsresultate zu speichern und damit räumlich und zeitlich Herstellung und Nutzung zu entkoppeln, sind mögliche Zielsetzungen von Dienstleistungsanbietern, die mit einer Veränderung der Uno-actu-Struktur einhergehen (Scharpf 1986: 17; Hennicke/Tengler 1987; Jacobsen/Voswinkel 2003: 10).

Das Aussetzen des Uno-actu-Prinzips kann Vorteile haben, z.B. wenn die Nachfrage nach Dienstleistungen raumzeitlich nicht mit dem Angebot zu synchronisieren ist (Maleri 1997: 64). Eine informationstechnologisch vermittelte Dienstleistung muss nicht an Intensität in der Interaktion verlieren, wenn an die durchaus intensiven Kommunikations- und Austauschformen und -beziehungen ‚im Netz’ denkt (Lovink 2008). Umgekehrt schließt die Interaktions- und Innovationsfunktion eine Rationalisierungsfunktion nicht aus. Vielmehr bietet die sinnvolle Verknüpfung von Dienstleistungsinnovationen und -rationalisierungen die Chance eines qualitativen Entwicklungspfades, der mit den qualitativen Interessen der Produzenten/innen und Konsumenten/innen vereinbar ist und der den ‚interaktiven’ Charakter der Dienstleistungsbeziehung aufrechterhält (Jacobsen 2005). Entscheidend ist die Beteiligung der Produzenten und Konsumenten an der Gestaltung der Dienstleistungsbeziehungen und ihrer Rationalisierungs- bzw. Innovationsfunktion.

Für wichtige personenbezogene Dienstleistungen dürfte das Uno-actu-Prinzip bestehen bleiben – und zwar entweder weil eine Entkoppelung von Erbringung und Nutzung der Dienstleistung nicht möglich ist oder weil sie gesellschaftlich nicht wünschenswert erscheint. Bei face-to-face-Beziehungen ist die Individualität tendenziell nur begrenzt standardisierbar, wenn die Interaktionsbeziehung zwischen mindestens zwei Personen gelingen soll (Merchel 2003: 7). Individualität meint hier die mögliche Entfaltung von Artikulation der Selbstbestimmung, Meinung, Veränderung, Zufriedenheit, des Wohlergehens und von Wünschen u.ä. im Prozess der Dienstleistungserbringung und -konsumption und hinsichtlich des Ergebnisses dieses Prozesses. Insofern handelt es sich bei Uno-actu-Dienstleistungen auch um Vertrauensgüter und Innovationsprozesse – gerade wenn sich der Blick auf Optionen zur Verbesserung der Lebensqualität in alltagsrelevanten Konfliktsituationen richtet.

Die Notwendigkeit der Beteiligung von Beschäftigten wie Nutzern an der Gestaltung der Dienstleistungstätigkeit und -beziehung wirft die Frage auf, ob und inwieweit sie durch gesellschaftspolitische Regulierung ermöglicht wird bzw. werden müsste. Es geht dabei nicht nur um kommunikative Kompetenzen der Beteiligten, sondern auch um ihre Chance, die Stimme in Gestaltungs- und Regulierungsarenen von Dienstleistungen erheben zu können (Hirschman 1970). Daher stellt sich im folgenden Abschnitt auch die Frage, inwieweit in den Vorstellungen zur ‚Dienstleistungsgesellschaft' die Dimensionen von Bedürfnisartikulation und von Beteiligung sowohl der Erbringer/innen als auch der Nutzer/innen von Dienstleistungen entwickelt sind.

2.3.3 Dienstleistung als Koproduktion

Bei einem Fortschreiben des Systems industrieller Beziehungen bleibt die Gestaltungsbedürftigkeit der Folgen der betrieblichen und administrativen Arbeitszeitpolitik für den Lebensalltag außerhalb des Betriebes grundsätzlich ausgeblendet; sie werden nur verhandelt, wenn andere Beteiligter eine entsprechende Verhandlungsorientierung wollen und durchsetzen können. Wir überprüfen jetzt ausgewählte theoretische Standpunkte zur Dienstleistungsgesellschaft darauf, welche Alternativen der institutionalisierten Regulierung von Produzent-Konsumenten-Beziehungen angedacht werden.

Jean Fourastié (1954: 112) hat schon 1949 – in der Hochzeit des Fordismus – den Umbruch vom Industriezeitalter in die „tertiäre Zivilisation" prognostiziert. Auf Basis eines bestimmten Produktivitäts- und Reichtumsniveaus einer Gesellschaft erkennt er ein sich erweiterndes Angebot an Dienstleistungen und besonders einen kontinuierlich wachsenden Bedarf an Diensten wie Bildung, Kommunikation, Kultur etc. Entsprechend steige auch der Bedarf an qualifizierten Beschäftigten im Dienstleistungssektor; insbesondere würden Tätigkeiten der systematischen Wissensgenerierung und -anwendung immer bedeutender. Dienstleistungen werden hier eine normative Zielstellung unterstellt, die menschliche Lebensweise qualitativ zu verbessern – zugunsten humaner Urbanisierung, besserer Arbeitsbedingungen und kürzerer Arbeitszeiten, von Individualisierung und Kultivierung der Bedürfnisstruktur. Anhaltspunkt hier ist, dass in Dienstleistungen von den Beteiligten ein Interesse an zwischen-„menschlichen Faktoren" gewünscht werde – ein Kontrafakt zum industrialistischen Prinzip der

Vernutzung der Arbeitskraft im produktivistischen Maschineneinsatz (ebd.: 286; 297ff.). Fourastiés Ansatz konkretisiert die Entfaltung von Dienstleistungsbeziehungen auf Grundlage von aktiv agierenden Konsument/inn/en mit sozial und kulturell entwickelten Bedürfnissen und Interessen und der problemlösungs- und kooperativ orientierten Arbeitsweise von Dienstleistenden. Regulierungspolitik ist für Fourastié ein Wechselspiel zwischen dem verallgemeinerten Zugang zu Information und wissenschaftlicher Analyse und Beratung, um individuelle und kollektive Problemlösungsrationalitäten zu schärfen und Handlungsfähigkeiten zu erweitern (ebd.: 287ff.).

Im Kontext der sozialen Bewegungen der 1960–70er Jahre und ihrer Bedürfnisartikulationen nach Selbstbestimmung, Individualität, Lebensqualität, Arbeitszufriedenheit, Partizipation, definieren Alan Gartner und Frank Riessman (1978: 12ff.; 120ff.) „Dienstleistungsgesellschaft“ synonym auch als „Konsumentengesellschaft“. Letztere sehen beide Autoren grundsätzlich auf Grundlage des Produktivitätsniveaus und von Tertiarisierung möglich und entwerfen ein normatives Kriteriengerüst, die diese ‚Konsumentengesellschaft’ ins Auge fassen lässt. Im Unterschied zum Einsatz und zur Organisation der Produktivkräfte in der Industriegesellschaft sei für die Dienstleistungsgesellschaft ein anderes „Ethos“ notwendig, die neue Werte und Institutionen, eine spezielle Konsumentenrolle und andere Arbeitsbeziehungen begründen (ebd.: 34). Aus den bereits erwähnten lebensweltbezogenen Bedürfnisartikulationen der Konsumenten/innen resultiert eine Anspruchshaltung, dass arbeits-, erfahrungs- und wissensintensive Dienstleistungen „durch Individualisierung gekennzeichnet“ sind (Gartner/Riessman: 1978: 42). Gartner und Riessman fokussieren ihren Ansatz bewusst auf Dienstleistungen, in denen das Uno-actu-Prinzip zum Tragen kommt, in denen es mehr um das Wohlergehen, um die ‚Nähe’ zum Konsumenten und weniger um ein materielles Produkt in ‚Mensch-Mensch-Beziehungen’ geht. Solche Dienstleistungen seien durch Wissensarbeit und Arbeitsintensität, Konsumentennähe und Immaterialität ihrer Produkte gekennzeichnet. Im Unterschied zur industriellen Tätigkeit sind Dienste, die sich auf Personen beziehen, in „Interaktion und Beziehungsarbeit“ eingelassen: Ansprüche des Nutzers, der Nutzerin würden in einer „relationalen“ Arbeitsweise einbezogen, die sich tendenziell gegen Mechanisierung, Rationalisierung und Taylorisierung stemme (ebd.: 34f.; 245f.). In diesem Sinne ist der/die Dienstleistungsnehmer/in grundsätzlich an der Erbringung der Dienstleistung beteiligt. Gartner und Riessman betonen hier das notwendige Verständnis von einem Konsumenten, einer Konsumentin als aktiv agierende/r Ko-Produzent/in, die seine/ihre eigene Produktivität einbringt, um Nutzen, Qualität und Effektivität der Dienstleistung zu steigern: die Dienstleistungsbeziehung ist somit „konsumentenintensiv“ (ebd.: 231).

In diesem Sinne bezeichnen Gartner und Riessman diesen personen-bezogenen Dienstleistungsbereich als „Schauplatz“, „auf dem die Konflikte in der

Dienstleistungsgesellschaft ausgetragen werden und ihre neues Ethos entsteht.“ (ebd.: 53) So verstehen sie den Konsumenten/die Konsumentin auch als ein kollektives Subjekt, das als politischer Akteur beansprucht, die Arena des Dienstleistungssektors gemäß seinen Lebensqualitäts-Ansprüchen zu gestalten. Es kommt also in dieser Perspektive darauf an, einem im Grundsatz als aktiv konzipierten Subjekt die Bedingungen und Möglichkeiten zur Entfaltung seiner potentiellen Aktivität zu verschaffen, indem die dieser entgegenstehenden Restriktionen des real verfassten Dienstleistungssystems relativiert und perspektivisch aufgehoben werden (Schaarschuch 2006: 94). Bei Gartner und Riessman haben dabei Konsumten/innen explizit „ein Recht darauf, die Dienstleistungen zu erhalten und in Entscheidungen, die die Dienstleistungen betreffen, mitzuwirken“, welches sie damit begründen, das „ein öffentliches Interesse an der Qualität der Dienstleistung“ besteht (Gartner/Riessman 1978: 36). Sie treffen dabei auf Dienstleistende, die selbst einen Anspruch erheben, dass ihre lebensqualitätsbezogenen Werte Eingang in die Regulierung der Arbeitsbeziehungen findet. Gartner und Riessman sehen die Wahrscheinlichkeit für derartige Produktions-Konsumtions-Beziehungen im Dienstleistungsbereich dann gegeben, wenn der Grad an Ökonomisierung, Bürokratisierung und regulierender Repräsentationspolitik gering ist.

Im Gegensatz zu Fourastié, Gartner und Riessman, die – mit dem Ziel der Entfaltung der Qualität von Dienstleistungen und Dienstleistungsbeziehungen – die Interessenposition von Konsumenten als koproduzierenden Akteuren in den Dienstleistungsprozess integrieren, stellten gesellschaftstheoretische Ansätze in den 1980er Jahren die gesellschaftliche Funktion von Dienstleistungen in den Mittelpunkt (vgl. Berger/Offe 1980; Olk 1986; Offe 1987). Die Frage nach der objektiven Funktionslogik von Dienstleistungen wird aus makrotheoretischer Perspektive gestellt: Sie dienen der „Sicherung und Bewahrung, Verteidigung, Überwachung, Gewährleistung usw. der historischen Verkehrsformen und Funktionsbedingungen einer Gesellschaft und ihrer Teilsysteme” (Berger/Offe 1980: 46) bzw. der Vermeidung und Beseitigung von Normverletzungen (Olk 1986: 12f.).

Zweifel an der postulierten These fortschreitender Expansion konsumorientierter Dienstleistungen beziehen sich auf ihre produktivitätsbezogene bzw. marktförmige Organisation. William Baumol (1967: 417ff.) sieht den konsumorientierten Dienstleistungsbereich an der „Kostenkrankheit“ leiden, da die Kosten nicht durch Produktivitätsgewinne ausgeglichen werden. Gesellschaftspolitische Folge sei z.B. ihre Einsparung oder das Bestreben, Dienstleistungskosten an andere Träger zu externalisieren (Berger/Offe 1984). Gershuny (1981: 111) sieht auf Grundlage von Verwertungs- und Rationalisierungspotenzialen eher produktionsnahe Dienstleistungen wachsen und postuliert die Substitution konsumorientierter Dienstleistungen durch Eigenarbeit und technologische Industrieprodukte. Er prognostiziert den Trend zur „Selbstbedienungsgesellschaft“

(ebd.: 18). Diese Positionen verhandeln Dienstleistungen indifferent als Anhängsel industrieller Produktion bzw. bewerten sie lediglich in der Kosten- und Produktivitätslogik der Industrieproduktion. Sie interessieren sich nicht weiter für die Personen, die Dienstleistungen produzieren und konsumieren; diese treten als passive Objekte ohne eigene Interessen und ausdifferenzierte Interaktionen am ‚Markt' auf oder sind bloß technologie- und rationalisierungsbezogenen Produktions- und Dienstleistungsprozessen unterworfen.

Daniel Bell (1975: 374) versteht die „nachindustrielle Gesellschaft" eher als Informations- oder Wissensgesellschaft. Charakteristisch für die Tertiarisierung sei die Expansion ‚intelligenter' Dienstleistungen in Bereichen der Gesundheit, Erziehung, Bildung, Forschung und Verwaltung. Entsprechend geht er von einem „Primat des theoretischen Wissens" aus, dessen Träger technische und soziale, kulturelle und politische Innovationen anstrebten (ebd.: 36). Die Weiterentwicklung reziproker problemlösender Denk- und Handlungsweisen als ‚intellektuelle Technologie' werde die tradierte politische Ordnung zwischen Kapital und Arbeit überformen. Gegenüber dem ökonomisch-technischen Rationalismus und Funktionalismus der Industriegesellschaft orientiert Bell auf ein „kommunales Ethos" (ebd.: 367), der Regulierungsweisen auf kultur- und lebensweltbezogene Kooperationsbeziehungen und -motivationen orientiere.

Ähnlich verknüpfte Peter Drucker (1969: 40ff., 59f.) die Wandlungsfaktoren in fortgeschrittenen Industriegesellschaften hin zur Wissensgesellschaft: das steigende Angebot an gebildeten Arbeitskräften durch die Ausweitung des Bildungssektors, die neue Dominanz der Wissenswirtschaft sowie die Diffusion und Weiterentwicklung der Informationstechnologie als Werkzeug zur Steigerung der Produktivität im Bildungs- und Wirtschaftssystem. Problematisch ist, dass Bell und Drucker produktive Wirkung von Wissen und Information, Kommunikation und Forschung allein für den Bereich produktionsnaher Dienstleistungen zuschreiben. Die Konsumtionsseite als wissensgenerierende und -anwendende Produktivkraft vernachlässigen sie. Nützlich erscheint gleichwohl die reflexive Verknüpfung der Entfaltung wissengenerierender Tätigkeit und Fähigkeit mit neuen wissensgesellschaftlichen politischen Problemlösungen und soziokulturellen Orientierungsverschiebungen.

Der Durchgang durch diese ausgewählten theoretischen Verständnisse der Dienstleistungsgesellschaft bestätigt die für unser Forschungsinteresse bedeutsame Wirkungsweise des Uno-actu-Prinzips. Die Wechselbeziehung zwischen Produzenten und Konsumenten in der Dienstleistungsbeziehung erweist sich selbst als Triebkraft für die Weiterentwicklung der Inhalte, des Sinns und der Organisation von Dienstleistungen. In den ‚pessimistischen' Ansätzen von Gershuny und Berger/Offe haben Konsumenten/inn/en keine Stimme, sondern werden zum Objekt deterministisch gedachter Technisierung bzw. Rationalisierung. (Jacobsen 2005: 27) Jacobsen betont demgegenüber die Bedeutung der Dienstleistung als wissensgenerierenden und -anwendenden Prozesses im Kontext interaktiver, ko-produzierender Dienstleistungsbeziehung:

> „Das produktive und das innovative Potenzial der KonsumentInnen und die latente Verunsicherung der organisationalen Routinen durch die Beteiligung der KundInnen am Leistungsprozess erfordert, dass sich Dienstleistungsanbieter fortlaufend mit ihren Beziehungen zu den Konsumentlinnen beschäftigen. In welcher Weise und mit welchen Ergebnissen sie dies tun, dürfte in hohem Maße von den Institutionen, die sich im Laufe des Tertiarisierungsprozesses herausgebildet haben, bestimmt werden und diese wiederum beeinflussen.“ (Ebd.: 32f.)

2.3.4 Integration ausgegrenzter Regelungsfragen und Akteure

In der Dienstleistungsgesellschaft muss das lebensqualitätssichernde Interesse der Beschäftigten als gestaltungsbedürftig anerkannt werden. Zugleich verdeutlicht aber das Uno-actu-Prinzip, dass die lebensqualitätssichernden Interessen der Dienstleistungsnehmer/innen bei der kooperativen Gestaltung von Dienstleistungsbeziehungen mitzudenken und zu gestalten sind. Die Auswahl theoretischer Ansätze zur Eigenart der Dienstleistungsgesellschaft verweisen auf zweierlei: auf die wachsende Bedeutung von Dienstleistungsbeziehung sowie Wissensgenierung und -anwendung bei der Erbringung und Konsumtion von Dienstleistungen; die Notwendigkeit eines über die Industriegesellschaft hinausgehenden Problemidentifizierungs- und Problemlösungsinstrumentariums.

In der Dienstleistungsgesellschaft werden gesellschaftliche Interessen zunehmend gestaltungsbedürftig. Sie finden Eingang in die konkrete Dienstleistungsbeziehung, wenn es um den Bedarf nach Synchronisation von Interessen der Dienstleistungserbringer und der Dienstleistungsnehmer geht. Diese Interessenkonstellation aber bleibt im fortgeschriebenen Regelungssystem industrieller Beziehungen ausgegrenzt oder nachrangig behandelt. Die Arbeitsbeziehungen in der Dienstleistungsgesellschaft bedürfen – gerade im Hinblick auf die Gestaltungsbedürftigkeit der Interessen der Dienstleistungsnehmer von Dienstleistungen und ihrer Beziehung zu Dienstleistungserbringern – einer neuen Fundierung.

Zu diesem Neufundierungsbedarf trägt auch die in den vergangenen Jahrzehnten an Bedeutung gewinnende Theorie der externen Effekte oder sozialen Kosten der Produktion bei (dazu Mückenberger 1992). Unkompensierte Auswirkungen ökonomischer Entscheidungen auf unbeteiligte Marktteilnehmer werden volkswirtschaftlich als ‚externe Effekte' bezeichnet (Coase 1993). Externe Effekte entstehen durch konkurrierende Ansprüche an dieselbe natürliche Ressource und sind eine potentielle Ursache von Marktversagen. Marktversagen bezieht sich auf die Verschwendung, das Brachliegen, das Schädigen gesellschaftlicher Ressourcen bzw. auf den nicht mehr effizienten Zugang zu Ressourcen für alle Marktteilnehmer auf gesamtwirtschaftlicher Ebene (Homann/

Suchanek 2000). Eine effiziente Funktion des Marktes ergibt sich, wenn die Ressourcen so verteilt sind, dass keine Interessenpartei schlechter gestellt ist als andere. Aufgabe ist daher die (Re-)Internalisierung, d.h. Mitberücksichtigung von externen Kosten benachteiligten Interessenparteien (Mückenberger 1992). Kapp (1988: 10) öffnet die Definition von externen Effekten als soziale Kosten für einen gesellschaftspolitischen Aushandlungskontext. Sozialkosten sind „alle direkten oder indirekten Verluste, die Drittpersonen oder die Allgemeinheit als Folge einer uneingeschränkten wirtschaftlichen Tätigkeit zu erleiden haben". Sozialkosten sind demnach Nachteile, Risiken und Ungewissheiten, die von wirtschaftlichen oder politischen Entscheidungen ausgehen und in der Lebenswelt auftreten und getragen werden. Die Theorie der Sozialkosten hat in der Umweltökonomie Bedeutung erlangt, ist aber auch für unseren zeitpolitischen Kontext anwendbar.

Solche externe Effekte treten im System der industriellen Beziehungen auf, wenn die dortige Akteurskonstellation – Beschäftigte und repräsentative Vertretung, Arbeitgeber und repräsentative Vertretung – Vereinbarungen trifft, die sich auf Nutzer von Dienstleistungen auswirkt, ohne dass diese bei der Aushandlung beteiligt oder ihre Interessen berücksichtigt werden. Betriebswirtschaftlich intendiert das Management, Sozialkosten zu externalisieren. Gesellschaftspolitisch wird umgekehrt die Politisierung der ‚sozialen Verantwortung' von Unternehmen angestrebt. In diesem Spannungsfeld entstehen governance-Ansätze wie z.B. ‚Corporate Social Responsibility' (CSR), wo Vertreter von Unternehmen mit einer Vielzahl lokaler Interessenpositionen (NRO, Behörden, lokale Gemeinschaften, Abnehmer ihrer Produkte etc.) einen erweiterten lokalregional-politischen Regulierungskontext konstituieren, der auf die sozialpolitische und nachhaltige Regulierung von Arbeitsbedingungen, Ökologie, lokalen Gemeinschaften, Verbraucherinteressen etc. (EK 2001) – also auf Re-Internalisierung von Sozialkosten – zielt.

CSR als Regulierungsansatz zielt auf die ‚gesellschaftliche Einbettung' von Wirtschaftsakteuren und -weisen. Mit dem Begriff der Einbettung verweist Karl Polanyi (1944: 77ff.) darauf, dass jede wirtschaftliche Tätigkeit in ein vielfältiges Netz von Sozialbedingungen eingelassen ist. Granovetter (1985: 490) führt dieses Argument weiter aus: menschliches Handeln ist immer in soziale und kulturelle Beziehungsnetzwerke eingebunden, die somit auch die Rahmenbedingungen jedes wirtschaftlichen Handelns darstellen. In diesem Sinne ist von multipler Entbettung/Einbettung der Wirtschaftsweise zu sprechen (Granovetter/Swedberg 1992).

‚Zeitkosten' können als soziale Kosten und als Einschränkung zeitpolitischer Verfügungsrechte angesehen werden (Mückenberger/Menzl 2002; Mückenberger 2004: 210). Wenn der Grad der Entbettung/Einbettung der Wirtschaftsweise von sozialen Kräfteverhältnissen und kulturellen Werteorientierungen abhängig ist, so kann das oben aufgezeigte Auftreten von Intentionen einer neuen gewerkschaftlichen Zeitpolitik als Phänomen verstanden werden, das darauf verweist, dass die Dienstleistenden und Nutzer/Nutzerinnen von Dienstleistungen die alltagsbezogenen Kosten in Folge der vorherrschenden Zeitarrangements wahrnehmen und sich bei der Suche nach zeitstrukturellen Alternativen an einem Wertemuster der Einbettung des Ökomischen in gesellschaftliche Regulierung, nach Re-Internalisierung sozialer Kosten, orientieren.

Auch der gesellschaftliche Umbruch, den Ulrich Beck, Anthony Giddens und Scott Lash (1996: 7ff.; auch Beck et al. 2004: 16) als Übergang in eine ‚reflexive Moderne' bezeichnen, stellt die Handlungs- und Entscheidungslogik der tradierten industriellen Beziehungen in Frage. ‚Reflexivität' wird nach Beck zur Triebkraft des Gesellschaftswandels, weil sich die im Modernisierungsprozess verdrängten und/oder externalisierten Regelungsfragen – Risiken, Gefahren, Individualisierung, Globalisierung – kontinuierlich potenzieren. Für Giddens (1996: 113ff.) ist der offene Zugang zu Möglichkeiten der „Wiederaneignung des Expertenwissens" Voraussetzung, um bewusst über Grundlagen, Folgen, Probleme von Modernisierungsprozessen zu reflektieren (ebd.: 168). Zentrale Frage für die Erneuerung von vertrauensvollen und beständigen sozialen Beziehungen in postindustriellen Gesellschaften ist die Öffnung der gesellschaftlichen Institutionen für die Beteiligung an Entscheidungsverfahren.

Es geht nach dem Gesagten um Grenzziehungen bzw. um Kompromisse in der Organisation betrieblicher und gesellschaftlicher Zeitstrukturen, die lebensweltliche Konfliktlagen, die Pluralisierung von Interessenkonstellationen und die Erweiterung von Akteurskonstellationen ‚reflektiert'. Es geht um die Erweiterung von Handlungsoptionen in einer erweiterten Akteurskonstellation im gesamten lokalen Umfeld, um alltagsweltlich geprägte Interessen und Anliegen mit zivilgesellschaftlichen Vertreter/inne/n, wirtschaftlichen Entscheidern und Beschäftigten- und Gewerkschaftsrepräsentanten/inne/n abzugleichen und auszuhandeln. Dabei kommen wir nicht mehr mit einer Standardisierung des Sozialen aus, sondern es geht um den Bedarf an Selbstbestimmung und damit an einer Vielfalt in lokalen Regulierungsmöglichkeiten. Dies liegt zuletzt an den externen Effekten des industriegesellschaftliches Regulierungsinstrumentariums und deren Einwirkung auf die Lebenswelt.

2.3.5 Reziprozität in Dienstleistungsbeziehungen

Der interaktive Charakter personenbezogener Dienstleistungen ist folgenreich für deren Gestaltung. Soweit das ‚uno-actu'-Prinzip reicht, verlangt es die Synchronisation von Interessen und Tätigkeiten von Dienstleistungserbringern und Dienstleistungsnehmern. Sind Dienstleistende an der Qualität der erbrachten Dienstleistung interessiert, so ist eine kommunikative Interaktion mit den Konsumenten erforderlich, um deren Anliegen nicht zu verfehlen. Ebenso werden Konsumenten einer individuell zielgerichteten Dienstleistung die kommunikative Interaktion mit Dienstleistungserbringern suchen, um ihr Interesse mit dem Willen und den Möglichkeiten der Erbringerseite zu vereinbaren.

Wenn Dienstleistungserbringer und Konsumenten sich aufeinander beziehen, ist die Entfaltung einer sozialen Form der Gegenseitigkeit angesprochen. Die Haltung der Gegenseitigkeit wird hier und im Folgenden mit *‚Reziprozität'* bezeichnet (vgl. auch Stegbauer 2002: 9ff.; Becker 1956). Die Gegenseitigkeit muss nicht besonders ausgeprägt sein – wenn man sich den Zahlungsvorgang an der Kasse oder den Überweisungsauftrag am Bankschalter vorstellt. Die Dienstleistungen, die in diesem Buch näher untersucht werden, sind aber teilweise so beschaffen, dass eine rein funktionale oder gar nur ökonomische Rationalität auf beiden Seiten nicht hinreicht, um Erfolg und Qualität der Dienstleistung sicherzustellen. Bei Kinderbetreuung im Kindergarten, beim Beratungsgespräch im Kaufhaus oder in der Bürgerverwaltung kommt es auf Reziprozität im Prozess der Erbringung und Konsumtion der Dienstleistung sehr wohl – wenn auch unterschiedlich intensiv und kontinuierlich – an.

Das Verständnis von Reziprozität hat sich sozial- und kulturwissenschaftlich ausdifferenziert. Stegbauer (2002: 31ff.) unterscheidet zwischen direkter Reziprozität, generalisierbarer Reziprozität, Reziprozität von Positionen und Reziprozität der Perspektive. Direkte Reziprozität tritt bei Vereinbarungen – wie z.B. beim Warentausch – oder bei der Einhaltung von Konventionen – wie z.B. beim Begrüßungsritual – auf. Von generalisierbarer Reziprozität ist zu sprechen, wenn eine erbrachte Leistung ohne Erwartung oder gar Anspruch auf zeitlich synchrone Gegenleistung erfolgt – wie in Eltern-Kind-Beziehungen oder im Generationenvertrag. Die Reziprozität der Perspektiven geht einen Schritt weiter: Der Einzelne versetzt sich einfühlend in die andere Person hinein und leitet daraus bestimmte Erwartungen oder Antriebe für sich selbst her – wie Solidarität, Mitgefühl oder Mitleid. Die für uns relevante Kategorie ist die der Reziprozität von Rollen bzw. Positionen. Eine Rolle bzw. Position ist in einer Dienstleistungsbeziehung immer auf eine andere Rolle bzw. Position bezogen. Die Rolle/Position des Einen ist ohne diejenige des Anderen nicht sinnvoll oder denkbar. „Reziprozität sagt also etwas darüber aus, welches legitime Tauschgüter für die Beteiligten sind und wie diese, abhängig von den Positionen, bewertet werden." (Stegbauer 2002: 32) Gegenseitigkeit entsteht, wenn sich die Position der beiden Akteure synchronisieren lässt und damit zum Erfolg der Dienstleistung führt. Bei der Beziehung zwischen Dienstleistungserbringern und Dienstleistungsnehmern geht es um die Fähigkeit und Bereitschaft, die jeweils anderen zeitlichen Interessen wahrzunehmen, sie zu den eigenen in Beziehung zu setzen und ihnen im Konfliktfalle aushandelnd Rechnung zu tragen.

Vorhandensein und Entfaltung von Reziprozität in der Dienstleistungsbeziehung ist nicht nur von den konkret Beteiligten abhängig. Sie greift nicht nur auf die individuelle Fähigkeit und Motivation dieser Beteiligten zurück, sondern sie wird auch durch das Regelungswerk der Arbeitsbeziehungen beeinflusst. Sind Beschäftigten die Arbeitszeiten so vorgegeben, dass sie mit Zeitinteressen der Nutzer/innenseite konfligieren (etwa Pflegezeiten im Krankenhaus), droht ein *trade-off* zwischen Zeitinteressen von Nutzern und Beschäftigten. Sind die Interessen der Nutzer nur in die durch Arbeitszeiten bedingten Öffnungszeiten der Dienstleistenden einpassbar, droht die Berücksichtigung der zeitlichen Interessen der Dienstleistenden zu Lasten der Nutzer/innen zu gehen. Stegbauer deutet ein Wechselverhältnis zwischen der Einwirkung sozialer Strukturen auf die Motivation, Reziprozität auszubilden, und der Wirkung von Reziprozitätserfahrungen auf soziale Strukturen an.

2.3.6 Zusammenfassung

Wir haben theoretisierend Zugang zu externen Effekten und gesellschaftlicher Einbettung, Reflexivität und Reziprozität in Dienstleistungsbeziehungen gefunden. Dadurch erweitert sich das Verständnis dafür, dass Problemdefinition und Problemlösung in Dienstleistungsgesellschaften nicht adäquat mit Prämissen der Industriegesellschaft zu betreiben ist. Für eine postindustrielle gesellschaftliche Austragung gerade von Zeitkonflikten erweisen sich Rationalitäts- und Gerechtigkeitsmaßstäbe wie auch Konfliktlösungsverfahren der Industriegesellschaft als zunehmend dysfunktional. Die Entwicklung zur Dienstleistungs- und Wissensgesellschaft stellt Innovationsanforderungen. Dies setzt Reflexion und Reflexivität über die Art und Weise voraus, wie Dienstleistungen, die dem Uno-actu-Prinzip unterliegen, ausgeführt werden, welche Beziehungen zwischen Dienstleistungserbringer/inne/n und Dienstleistungsnehmer/inne/n sie begründen und erfordern. Die Synchronationsleistung zwischen den Interessen beider Akteursgruppen verweist auf die Notwendigkeit der wechselseitigen Anerkennung ihrer Lebensweltinteressen und der entsprechenden integrierenden Regulierung des Ökonomischen. Regulierungspolitisch stellt sich die Frage, wie die Gestaltung von Arbeitsbeziehungen so ausgestaltet werden kann, dass sie nicht strukturell zuungunsten der lebensweltlichen Zeitinteressen davon Betroffener ausschlägt. Ein solcher Versuch kann vermutlich nicht ohne die Entfaltung von multipolaren Konfliktlösungsverfahren auskommen, die allen beteiligten und/ oder betroffenen Akteursgruppen Verhandlungs- und Entscheidungsmacht im Feld zeitlicher Regulierung von Dienstleistungstätigkeit einräumt.

2.4 Dienstleistungsgesellschaft und Arbeitsbeziehungen: ‚Tätigkeitsbeziehungen'

Im Unterschied zu industrieller Arbeit, die sich auf Bearbeitung und Beherrschung leb- und willensloser Natur richtet, geht es bei beratenden, betreuenden, erziehenden u.ä. Dienstleistungen um eine Erbringungs- und Konsumtionsleistung in Mensch-Mensch-Beziehungen. Dem Uno-actu-Prinzip unterliegenden Dienstleistungen eröffnen potenziell die Anerkennung lebensweltlicher Interessenlagen von Beschäftigten *und* Konsumenten. Die mögliche Entfaltung von Reziprozität im Wechselverhältnis zwischen Produktion und Konsumtion erlaubt zumindest prinzipiell das Einbringen und die Weiterentwicklung von Subjektivität in der Arbeit, die Entfaltung der Dienstleistungsbeziehung als auf Empathie beruhender interpersonaler Beziehung, die Berücksichtigung jeweiliger Bedürfnisse und Wertevorstellungen im Dienstleistungsprozess. Als Schranke für die Entwicklung reziproker Dienstleistungsbeziehungen erwies sich das immer noch industriegesellschaftlich geprägte Instrumentarium der Problemdefinition und -lösung, welches bei der politischen und rechtlichen Organisation der Dienstleistungsgesellschaft nach wie vor Anwendung findet. Externe Effekte von ökonomischer Aushandlung und Praxis, die Entbettung des Ökonomischen, eine Politik der Normalisierung und Standardisierung, die die Pluralisierung des Sozialen und Kulturellen nicht reflektiert, und die Organisation von Dienstleistungen in Arbeitsbeziehungen, in denen lebensweltliche Interessen der Nutzer-Seite einseitig von der Anbieterseite begrenzt werden, beschränken die Potenziale, die in Dienstleistungsbeziehungen realisierbar wären. Damit wird zugleich die Chance vertan, alltagsbezogene Zeitkonflikte sowohl von Dienstleistungsnutzern als auch von Dienstleistungserbringern intelligent und gerecht zu lösen.

Dass intelligentere und gerechtere Lösungswege gesucht werden, belegt Kapitel 2.1 mit dem Projekt ‚Zeitfragen sind Streitfragen'. Ausgangspunkt waren veränderte Regelungsansprüche der Konsument/inn/en bei der Nutzung von Dienstleistungen. Diese Ansprüche reichen von erhöhten Optionen in lokalen Zeitstrukturen bis zu vertrauensvolleren Dienstleistungsbeziehungen. Ausgangspunkt waren auch Ansprüche Beschäftigter, den von ihnen geteilten Anspruch an Dienstleistungsqualität gegenüber Konsumenten/inn/en mit sozialen Grenzziehungen bei der Gestaltung ihrer eigenen Arbeits-Zeit-Bedingungen vereinbaren zu können. Dieses Projekt war Ausdruck davon, dass Nutzer und Beschäftigte Auswege aus zeitlicher Regulierung suchen, die von ihrer Erfahrung von Zeitkonflikten und -interessen, Alltagsnöten und Lebensvorstellungen entkoppelt sind.

In diesem Kapitel geht es darum, was an dieser Artikulation der Suche nach neuen Arbeits- bzw. Dienstleistungsbeziehungen theoretisch und alltagspolitisch bedeutsam ist. Zunächst geht es dabei um das Verständnis der Dienstleistung selbst. Gesucht werden theoretische Positionen, die auch Bezug zum Uno-actu-

Prinzip nehmen. Es geht aber auch um Einstellungen und Motivationen von Nutzern und Beschäftigten in der Dienstleistungsbeziehung. In Kapitel 2.3 wurde der Anspruch von Nutzer/inne/n in personenbezogenen Dienstleistungsbeziehungen hervorgehoben – der von ‚tertiärem Hunger', ‚konsumentenintensiven Dienstleistungen' bis hin zu ‚Gegenseitigkeit' oder ‚Reziprozität' sowie ‚reflexiven sozialen Beziehungen' reicht. Es stellt sich die Frage, ob bzw. unter welchen konkreten Bedingungen entsprechende Motivationen Beschäftigter in Dienstleistungsbeziehungen bestehen. Wir mustern motivationspsychologische Ansätze auf Anhaltspunkte für die Motivationen, die ‚in der Tätigkeit' selbst gefunden werden. Anschließend fragen wir nach der Position der Dienstleistungsnehmer/innen. Gewöhnlich werden sie ‚Kunden' genannt. Bei Dienstleistungen, die dem Uno-actu-Prinzip unterliegen, sind sie aber in der Regel Mitproduzenten der Dienstleistung. Es besteht somit eine Inkongruenz zwischen einem ‚Kund/inn/en'-Verständnis, das allein auf Geld-Leistungs-Tauschbeziehungen und passiven Verbraucher-Interessen beruht, und einem ‚Koproduzenten'-Verständnis, das unmittelbar personen- und subjektbezogen ist. Abschließend fassen wir die theoretischen Überlegungen zu einer Klassifizierung der Merkmale personenbezogener Dienstleistungen zusammen, die Eingang in die empirische Untersuchung findet.

2.4.1 Was sind Dienstleistungen? Definitionsansätze

Eine theoretisch konsistente Definition dessen, was unter ‚Dienstleistung' zu verstehen ist, steht noch aus (z.B. Maleri/Frietzsche 2008; Häußermann/Siebel 1995; Gross 1983). Wenig ausgeprägt ist insbesondere die Konstruktion von Tätigkeit, Sinn und Zielstellung im Begriff der Dienstleistung (Lüders 2004: 369f.). Ein bloß dienstleistungsökonomisches Verständnis greift zu kurz, um das Charakteristische von Dienstleistungen zu fassen. Ebenso wenig hilft weiter, wenn Dienstleistungen bloß negativ von industrieller Warenproduktion abgegrenzt werden – als Tätigkeiten, die sich nicht auf die Gewinnung, Verarbeitung, Bearbeitung von Sachgütern richten –, oder wenn sie nur enumerativ definiert bzw. differenziert werden, indem Daten aufgezählt oder begrifflich zusammengefasst werden (Maleri/Frietzsche 2008: 1ff.; Langenhan 2004: 136f.; Häußermann/Siebel 1995: 23). Auch phänomenologische Differenzierungsversuche gehen von negativer Abgrenzung aus. Das Produkt von Dienstleistungsarbeit sei gegenüber dem der industriellen Produktionstätigkeit nicht oder nur zum Teil stofflicher Natur; das Produkt sei ‚flüchtig' und nicht lagerfähig; das Produkt sei nicht homogen und könne je nach Konsument/Konsumentin variieren (z.B. Korczynski 2002: 5f.).

Die sozialwissenschaftliche Diskussion über Dienstleistungen unterscheidet zwischen sachbezogenen und personenbezogenen Dienstleistungen (z.B. Greenfield 1966: 7ff.; Browning/Singelman 1975; Gross 1983; Delauney/Gadrey 1992;

Häußermann/Siebel 1995: 25f.; Illeris 1996; Hill 1999). Differenzierungskriterium ist das Objekt/Subjekt, an dem sich die Leistungserstellung vollzieht. Objekt-, sach-, unternehmens- oder produktionsbezogenen Dienstleistungen tragen indirekt zur Herstellung oder Wiederherstellung eines Produktes bei oder werden indirekt im Auftrag für andere geleistet (Finanzdienstleistung, Forschung und Entwicklung, Design, Verwaltung, Reparatur etc.). Sach- und personenbezogene Dienstleistungen werden deshalb auch als indirekte und direkte Dienstleistungen bezeichnet (Gross 1983: 14ff.; Nerdinger 1994: 49ff.; Maleri/Frietzsche 2008: 23). Personen- oder konsumentenbezogene Dienstleistungen werden weitgehend im direkten Austauschverhältnis mit Konsumenten erbracht (Kinderbetreuung, Klavierunterricht, Massage etc.).

Personenbezogene Dienstleistungen werden als soziale, körperbezogene oder haushaltsorientierte Dienstleistungen spezifiziert, dabei sind Tätigkeiten wie Kinderbetreuung, Altenpflege, Massage etc. oft in mehreren Untergliederungen aufzufinden (Häußermann/Siebel 1995: 26; Bauer 2001: 21). Bei der Untergliederung nach persönlichen oder individuellen Dienstleistungen (Meyer 1994: 117) werden persönliche Beziehungen zwischen Dienstleistungserbringern und Dienstleistungsnehmern vorausgesetzt.

Sach- und personenbezogene, direkte und indirekte Dienstleistungen sind nicht in Reinform vorzufinden. Direkte personenbezogene Kontakte mit Konsumenten kommen auch bei Finanz- oder Transportdienstleistungen vor. Andererseits richten sich auch bei Gesundheitsdienstleistungen Tätigkeiten auf die Bearbeitung von materiellen Objekten und auf die direkte Versorgung von Patient/inn/en.

Unterschieden wird schließlich zwischen privaten und öffentlichen Dienstleistungen, marktförmig und nicht marktförmig organisierten Dienstleistungen (Illeris 2007: 29f.; Maleri/Frietzsche 2008: 25f.). Hier richtet sich der Blick auf die unternehmerische Struktur der Dienstleistungsanbieter und auf Entgeltlichkeit und Nicht-Entgeltlichkeit der Dienstleistungen. Unklar bleibt eine eindeutige Differenzierung, wenn z.B. öffentliche Dienstleistungen von privaten Unternehmen oder Personen getätigt werden und in entgeltlicher wie in nicht-entgeltlicher Form vorkommen.

2.4.2 Dienstleistung als Interaktion

In der Kategorie der direkten personenbezogenen Dienstleistung (Nerdinger 1994: 49ff.) kommt das *Uno-actu-Prinzip* zum Tragen. In diesem Abschnitt spezifizieren wir Tätigkeiten und Arbeitsbeziehungen im Rahmen direkt personenbezogener Dienstleistungen. Der noch junge sozialwissenschaftliche Ansatz, der ‚Interaktion als Arbeit' begreift und sich inhaltlich konkret gegenüber der industriellen Arbeit mit ihrem Paradigma der Vernutzung der Arbeitskraft des Produzenten im Kontext der Taylorisierung, Standardisierung und Rationalisierung von Arbeit absetzt (Böhle/Glaser 2006: 11ff.; Böhle 2011; vgl. Büssing/Glaser 1999; 2003; Dunkel/Weihrich 2003; Dunkel/Voß 2004; Voswinkel 2005). Demgegenüber geht es bei direkt personenbezogener Dienstleistungsarbeit um ‚Arbeit', die sich auf Menschen richtet, deren individuellen Bedürfnissen in der Funktion als Koproduzent/inn/en situativ Rechnung getragen wird und bei der Prozess und Produkt der Dienstleistung untrennbar miteinander verbunden sind. Gegenüber zweckrationaler industrieller Tätigkeit geht es hier um „interaktiv-dialogische Tätigkeiten" (Böhle/Glaser 2006: 14). Bei ihnen gewinnen neben wissensbezogenem kognitivem planungsvollem Handeln auch subjektorientiertes erfahrungsgeleitetes Arbeitshandeln, Gefühls- und Emotionsarbeit an Gewicht.

In prozess- und ergebnisbezogener Perspektive gehören zur direkten personenbezogenen Dienstleistungstätigkeit Merkmale der Kooperation, der Interaktion und des Dialogs. Im Mittelpunkt der personenbezogenen Dienstleistung steht die kooperative und kommunikative Realisierung des Uno-actu-Prinzips. Dabei wird die Synchronisation der Dienstleistungserbringung und -konsumtion zu einer bestimmten Zeit an einem bestimmten Ort zwischen Anbieter und Nachfrager ausgehandelt und vereinbart (Bauer 2001: 21; Dunkel et al. 2004: 14). Synchronisation ist nicht bloße Terminierung und Kriterienentscheidung, sondern verursacht ein permanentes Organisationserfordernis bis zum Abschluss der Dienstleistung für alle beteiligten Akteure, um die nutzenstiftende Wirkung der Dienstleistung zu bestimmen und zu realisieren (Dunkel/Weihrich 2003: 762). Über die Raum-Zeit-Bestimmung hinaus werden dabei interaktiv interne Faktoren des Dienstleistungsgebers mit externen Faktoren des Dienstleistungsnehmers koordiniert. Der Nutzen der Dienstleistung ist abhängig vom Einsatz der Akteure im Dienstleistungsprozess, wobei die Akteure in ihrem jeweiligen Einsatz wechselseitig voneinander abhängig sind – bezogen auf Bereitschaft und Fähigkeiten, Ressourcenausstattung und Einspruchsmöglichkeiten (Hacker 2006: 17f.).

Die interaktiv-dialogische Dienstleistung weist eine weitere Spezifik auf. Das Verhalten ist motivational (antriebs-) und kognitiv (ausführungsbezogen) reguliert und hat emotionale (beziehungsmäßige) Aspekte (Hacker 2006: 19). Die Bedeutung von Empathie in der Interaktion wird oft unterschätzt. Die Fähigkeit zum empathischen Handeln ist nicht allein von der Qualifikation abhängig, sondern auch Ausdruck persönlicher Bereitschaft Beschäftigter, sich in der Interaktion einfühlsam auf spezifische Besonderheiten der Konsumten/inn/en einzulassen. Diese Bereitschaft hat selbst wieder begünstigende und behindernde Faktoren – etwa zeitliche Freiräume, eine Empathie begünstigende Unternehmenskultur usw. Empathisches Handeln hat Auswirkungen auf Selbstbestimmung und Autonomie der Konsument/inn/en. „Es sind oft die alltäglichen Situationen [...], die mit Hilfe eines empathischen Handelns [...] Spielräume ermöglichen." (Anderson/Heinlein 2004: 44)

Empathie ist oft eng gekoppelt an unmittelbare Körperbezogenheit der Dienstleistung – etwa bei der Betreuungstätigkeit mit verschiedenen Kindern im Kindergarten. Der Körper ist zwar als Teil der personenbezogenen Dienstleistung immer anwesend. Aber, um bei dem Beispiel zu bleiben, bei bestimmten Tätigkeiten der Kinderbetreuung und je nach Kinder-Körper wird der Körper ‚individuell' unterschiedlich in die Produktion und Konsumtion der Dienstleistung eingebunden. Der empathische Bezug zwischen Dienstleistungserbringer und -nehmer hat daher besonderen Anteil am Grad der kooperativen Beziehung im Dienstleistungsprozess und am Nutzen der Dienstleistung für den Nutzer (Dunkel et al. 2004: 14f.).

Voraussetzung für kognitives und empathisches Handeln im Prozess der interaktiv-dialogischen Tätigkeit ist (insbesondere bei Beschäftigten) die Fähigkeit zum Perspektivenwechsel. Gegenseitigkeit in der Dienstleistungsbeziehung – auf Grundlage des Wissens über Motive, Intentionen, Kenntnissen, Erfahrungen und Fähigkeiten der jeweils anderen Person – ist eine zentrale Ressource des gemeinsamen Arbeitsalltags (Dunkel et al. 2004: 44ff.; Hacker 2006: 20). Hier besteht ein enger Bezug zu unseren Überlegungen zur Reziprozität in Kapitel 2.3.

Die Analyse der interaktiven-dialogischen Dienstleistungsarbeit und ihrer Organisation geschieht in triangulärer Form. Dienstleistungsbeziehungen umfassen Beschäftigte, Führung des Dienstleistungsanbieters und Konsumenten (Jacobsen/Voswinkel 2005: 9). Interaktionsarbeit besteht nicht nur in Aushandlung und Leistung der synchronisierten Dienstleistungsproduktion und -konsumtion, sie hat auch direkten Bezug zu strukturellen, institutionellen Arbeits- und Nutzungsbedingungen und ihren Regulierungsformen (Büssing/Glaser 2003). Die Organisation und die Ressourcenausstattung können ein relevanter Steuerungsfaktor für das Gelingen der Dienstleistungsinteraktion sein. Deshalb kommt es im Zuge der Ökonomisierung und ‚Verbetriebswirtschaftlichung' personenbezogener Dienstleistungen und ihrer Organisation nach Kriterien der Effizienz und Rationalisierung dazu, dass die Besonderheiten interaktiv-dialogischer Dienstleistung negiert, beschränkt, untergeordnet werden; stattdessen werden Prinzipien der Organisierung und Technisierung aus der industriellen Produktion und Verwaltung installiert. Diese Tendenz gefährdet Qualität und Effektivität personenbezogener Dienstleistungen (Böhle/Glaser 2006: 13). Offen bleibt, ob und wie dies von an der Dienstleistungsbeziehung Beteiligten kompensiert werden kann (Dunkel/Rieder 2004: 224).

2.4.3 Tätigkeitsbezogene Motivation

Analysen zur Beschäftigtenmotivation bei personenbezogenen Dienstleistungsarbeit heben hervor, dass Beschäftigte an Interaktionsarbeit Freude empfinden oder ‚sich' bei gelingenden Handlungen ‚getragen fühlen' (z.B. Hacker 2006:

21f.). Die geleistete Arbeit wird nicht auf kompensatorische Äquivalente wie den Lohn-Leistungs-Mechanismus reduziert, wie Managementkonzepte zur Förderung von Selbstorganisation und Eigenverantwortlichkeit sie anzielen (Sauer 2005: 80; Moldaschl 1996: 149). Motivation bezieht sich hier vielmehr auf die Eigenart der Dienstleistungstätigkeit selbst.

Motivation ist die „aktivierende Ausrichtung des momentanen Lebensvollzugs auf einen positiv bewerteten Zielzustand“ (Rheinberg 2004: 17). Uns interessiert hier die psychologische Diskussion um Handlungsvollzüge, die auf Basis ‚intrinsischer Motivation’ geschehen. Es gibt keinen übereinstimmenden Bedeutungskern für intrinsische Motivation (Rheinberg 2006: 339). Für uns ist relevant, ob ein Zusammenhang von kooperativen, Nutzen-für-Andere-stiftenden Tätigkeiten und Eigenmotivation nachweisbar und erklärbar ist. Woodworth (1918: 67ff.) wandte den Begriff ‚intrinsisch’ auf Anreize im Tätigkeitsvollzug an und unterschied diese von andersartigen ‚extrinsischen’ Motivationsformen. Nur im intrinsischen Fall könne die Aktivität ungezwungen und effektiv verlaufen und die Tätigkeit so absorbierend gestalten, wie für ein dauerhaftes Interesse an ihr und ihrem Gelingen notwendig sei. Extrinsische Motive zögen dagegen Aufmerksamkeit von der Tätigkeit selbst ab (Woodworth 1918: 70). ‚Von innen kommend’, also intrinsisch, sind demnach Anreize, die im Vollzug der Tätigkeit selbst liegen. ‚Von außen kommend’, also extrinsisch, sind anreizbesetzte Ereignisse oder Veränderungen, die sich danach einstellen – nämlich wenn die Tätigkeit zufriedengestellt hat oder ‚erfolgreich’ bewältigt worden ist (Rheinberg 2006: 333).

Wir vermuten als Quelle ‚tätigkeitsbezogener’ Motivation im Feld personenbezogener Dienstleistungen bei Beschäftigten den positiven Anreiz, den kooperative und interaktiv-dialogische Tätigkeit vermittelt. Die Person tut etwas gerne, weil ihre dialogisch-interaktive Tätigkeit sich auch auf andere Menschen bezieht und deren Nutzen und Wohlergehen – wie sie durch eigenen reziproken Perspektivenwechsel wahrnehmen kann – steigert. Beschäftigte erhoffen und erwarten bei tätigkeitsbezogener Motivation in personenbezogenen Dienstleistungen aber auch, dass die anderen Teilhaber an der triangulären Dienstleistungsbeziehung zu dem reziproken Perspektivwechsel bereit sind und die tätigkeitsbezogene Motivation wahrnehmen, anerkennen und fördern.

2.4.4 ‚Kunden’-Orientierung – ‚Nutzer/innen’-Orientierung

Für die Akteursposition der Konsumenten, Nutzer von Dienstleistungen, Dienstleistungsnehmer wird in der Alltagssprache oft der Begriff „Kunde/Kundin“ verwendet – oft synonym für Konsument, Käufer, Gast, Klient, Patient, Passagier etc. Die Begriffe variieren branchenspezifisch. Im Kern drückt dabei das jeweilige Dienstleistungsunternehmen seine spezifische Deutung „seiner“ Kunden aus. Die Kundenorientierung nimmt Einfluss darauf, unter welchen Bedingungen

Dienstleistungsinteraktionen vonstattengehen und formt institutionelle Lösungen für Abstimmungsprobleme in Dienstleistungsbeziehungen (Dunkel et al. 2004: 18).

In der sozialwissenschaftlichen Forschung galt die Rolle der Kunden bzw. Konsumenten als private Angelegenheit und fand wenig Berücksichtigung (Jacobsen/Voswinkel 2005). Bestenfalls beschäftigt sich die Forschung mit der Rolle der Kunden im Hinblick auf mögliche Konsequenzen für den betrieblichen Ablauf. Umgekehrt ist die Bedeutung des betrieblichen Ablaufs für Nutzer einer Dienstleistung wenig beleuchtet. Schon gar nicht werden Nutzer als von Aushandlungsprozessen betroffene Stakeholder wahrgenommen, die darin tatsächlich über eine Stimme *(‚voice')* verfügen sollten (Mückenberger 2004: 13). Der Kunde ist nicht wirklich im Zentrum der Betrachtung. Er wird als ökonomisch unverzichtbarer Faktor gesehen, der die Produkte bezahlt. Was in seiner Freizeit passiert oder wie seine Lebensqualität ausfällt, ist ein für den Betrieb nicht interessanter Faktor (Voß/Rieder 2005).

Bei personenbezogenen Dienstleistungen, die dem Uno-actu-Prinzip entsprechen, ist oft nicht angebracht, von einem „Kunden" im nur ökonomischen Sinne zu sprechen. Die Rolle der Nutzer ist viel zu facettenreich, um auf diejenige eines Abnehmers einer Dienstleistung, der für die Dienstleistung bezahlt, reduziert werden zu können.

Wenn wir im Folgenden von Nutzer/inne/n der Dienstleistung sprechen, betrachten wir sie ganzheitlich mit individuellen Eigenschaften und in jeweiligen Lebenslagen und bringen ihre Rolle als Nutzer mit ihrer persönlichen Lebensqualität in Zusammenhang. Die Zufriedenheit mit der Dienstleistung interessiert Dienstleistungsanbieter im Allgemeinen nur insoweit, als sie Auswirkungen auf Marktanteil und Umsatz haben wird. Demgegenüber interessiert im zeitpolitischen Forschungszusammenhang die zeitliche Lebensqualität der Nutzer/innen. Das Augenmerk liegt auf den Konsequenzen zeitlicher Arrangements der Dienstleistung für die zeitliche Koordination der Nutzer/innen. Dieser Blickwinkel unterscheidet sich von Kundenanalysen, die Kundenzufriedenheit nur funktional im Hinblick auf die Erhöhung der eigenen Wettbewerbsposition untersuchen. Solche Kundenbefragungen dienen zuweilen sogar der Manipulation der Kundeninteressen. Der Begriff „Nutzer" geht weit über den Kundenbegriff hinaus und umfasst die Lebensqualität der Nutzer in ihrer Gesamtheit.

Die Rolle der Nutzer/innen ist je nach Tätigkeitsbeziehung und Dienstleistungscharakteristika unterschiedlich gestaltet und wird entsprechend unterschiedlich wahrgenommen. Die Rolle des Nutzers ist unmittelbar an die Tätigkeitsbeziehung in der Dienstleistung geknüpft. Dementsprechend unterscheidet sich die Abstimmung zwischen Dienstleistungserbringern und Dienstleistungsnehmern. Eine Abstimmung von Nutzern und Beschäftigten ist bei allen Dienstleistungen erforderlich. Die *zeitliche* Abstimmung zwischen Nutzern und Beschäftigten hat besondere Bedeutung in Dienstleistungsbeziehungen, die dem

Uno-actu-Prinzip folgen. Am deutlichsten wird die Abstimmungsnotwendigkeit in intensiven Uno-actu-Dienstleistungen – wie in Pflegebranche und Gesundheitswesen. Hierbei sind Nutzer Teil der Dienstleistung – die Dienstleistung wird direkt an ihnen erbracht –, sie stehen oft in einem Abhängigkeitsverhältnis zu den Erbringern der Dienstleistung (Pongratz 2005: 59ff.). Hier ist besonders schwierig, Nutzer auf Kunden im betriebswirtschaftlichen Sinne zu reduzieren, da sie nicht eine funktionale Rolle einnehmen, sondern im ganzheitlichen Sinne Patienten oder – wenn man so will – Bürger sind (Heinlein/Anderson 2004; Kuhlmann 2005).

Voß und Rieder entwickelten für intensive Dienstleistungsbeziehungen das Konzept des „aktiven Kunden“ (2005; siehe auch Dunkel et al. 2004; Weihrich/ Dunkel 2003), bei dem die Beziehung zwischen Beschäftigten und Kunden von Vertrauen und wechselseitiger Kooperationsbereitschaft abhängig ist. In direkt körperbezogenen Dienstleistungen scheitert die Dienstleistung im schlimmsten Fall daran, dass Dienstleistungsnehmer sich der Dienstleistung verweigern. Individuelle Charakteristika von Nutzern (z.B. Geschlecht, Alter) haben hier offensichtlich größere Bedeutung als bei den Dienstleistungen, die nicht dem Uno-actu-Prinzip unterliegen. Allein die Tatsache, dass Nutzer und Beschäftigte gleichzeitig am selben Ort sein müssen, erfordert genauere Berücksichtigung der Nutzer. Ihre zeitlichen Bedarfe sind für die Synchronisation mit der Dienstleistung konstitutiv.

Die Notwendigkeit, bei personenbezogenen Dienstleistungen wechselseitige Kooperationsbeziehungen auf mehreren Ebenen zu betrachten, wird insbesondere im Falle der Kindergärten deutlich. Dort liegt eine trianguläre Dienstleistungsbeziehung vor: Zwischen Dienstleistungserbringern (Leitung und Beschäftigten), auftraggebenden Eltern und zu betreuenden Kindern. Unmittelbare Dienstleistungsnutzer sind die Kinder – sie sind aber direkt von dem Arrangement betroffen, das die Eltern(-teile) als mittelbare Nutzer mit den Dienstleistungserbringern treffen. Das Arrangement zwischen den Eltern und Erzieher/innen betrifft die Kinder, ohne dass diese sich der Dienstleistung entziehen könnten. Dies betrifft sowohl den zeitlichen Rahmen als auch pädagogische Konzepte der Betreuungs-Dienstleistung, die Eltern mit Erzieherinnen abstimmen. Sowohl Eltern als mittelbare Nutzer und Erzieherinnen als Erbringer der Dienstleistung sind zugleich davon abhängig, dass die Kinder Bereitschaft zur Kooperation an dem von ihnen vereinbarten Arrangement zeigen. Dabei können Zeitkonflikte zwischen unmittelbaren und mittelbaren Nutzern der Dienstleistung auftreten, die – wie unsere Fallstudien in Kapitel 4 zeigen – gegebenenfalls von den Dienstleistern zu schlichten sind: Etwa wenn Eltern nur der Dauer und Lage ihrer eigenen Arbeitszeiten entsprechende Betreuungszeiten wählen, die den kognitiven oder emotionalen Entwicklungschancen der Kinder widersprechen (etwa bei überlangen hochflexiblen oder auch nächtlichen Betreuungszeiten). Vielfältige Kooperationsbeziehungsgeflechte sind somit für den Erfolg der Dienstleistung ausschlaggebend. Sie verlangen inhaltlichen Konsens zwischen den Parteien, die mit erheblichen zeitlichen Abstimmungen verbunden sind.

Die Beispiele zeigen, dass der Begriff Kunde im ökonomischen Sinne, der für eine Leistung bezahlt und von Dienstleistungserbringern als externer Faktor wahrgenommen wird, unzureichend ist. Demgegenüber macht der Begriff des Nutzers/der Nutzerin deutlich, dass „Kunden" in Wirklichkeit eine Komponente der Tätigkeitsbeziehung sind, die genauso betroffen und Teil der Dienstleistungsbeziehung sind wie Beschäftigte. Nutzer sind als Mitproduzenten Teil der Tätigkeitsbeziehung. Das ist der tiefere Grund für die später zu begründende Forderung, Nutzer bei der Gestaltung der Dienstleistung nicht außer Acht zu lassen, sondern sie mit ihren Bedarfen mit Stimme *(‚voice')* zu versehen und in die Entscheidung über die Ausgestaltung der Dienstleistung zu integrieren. Wie Beschäftigten gebührt Nutzern das Recht, die Tätigkeitsbeziehung mitzugestalten (siehe Mückenberger 2004: 124ff.). Wie in Kapitel 2 zur Bewältigung externer Effekte angedeutet, geht es zeitpolitisch um Reinternalisierung von Zeitkosten in die betriebliche Leistungsbilanz: Nutzer müssen an Entscheidungen, die ihre zeitlichen Verfügungsrechte ausgestalten und gegebenenfalls einschränken, beteiligt werden.

2.4.5 Systematisierung von personenbezogenen Dienstleistungen

Hier folgt die pragmatische Klassifikation des Arbeitsbegriffes von direkten personenbezogenen Dienstleistungen, der unseren empirischen Erhebungen zugrunde liegt. Kapitel 3, das der methodischen Vorgehensweise gilt, spitzt diese Systematisierung hypothesengenerierend zu.

Da sich unser Interesse auf Dienstleistungen richtet, die dem Uno-actu-Prinzip unterliegen, nehmen wir Bezug auf die Definition der *‚direkt personenbezogenen Dienstleistungen'*. Kernmoment der Dienstleistung ist die konkrete Interaktion zwischen Dienstleistungserbringer/in und Dienstleistungsnehmer/in in Gestalt einer Synchronisierung der Dienstleistung, die zur selben Zeit am selben Ort erbracht und genutzt wird. Die Interaktion in der Dienstleistungsbeziehung hat unter Umständen mehrstufigen kooperativen und kommunikativ-dialogischen Charakter.

Direkt personenbezogene Dienstleistungen unterscheiden sich nach dem Grad ihrer *Körperbezogenheit*. Die Körperbezogenheit der Dienstleistung, ihr Ausmaß und ihre Intensität, haben strukturierenden Einfluss auf die Personenbezogenheit der Dienstleistung, bei der die interaktiv-kommunikative Synchronisation der Interessen im Mittelpunkt steht.

Langfristige Erfahrung mit partizipativer und reziproker Dienstleistungsbeziehung steigert ihre Intensität. Anzunehmen ist ein Zusammenhang zwischen

Dauerhaftigkeit und *Intensität* von Dienstleistungsbeziehungen. Bei nur gelegentlich in Anspruch genommenen Dienstleistungen bleibt die Beziehung zwischen Dienstleistungserbringern und -nehmern eher flüchtig.

Dienstleistungen, die der *Individualität* der Nutzer Rechnung tragen, werden nur durch dauerhafte intensive Interaktion ermöglicht. Die Mitwirkung der Nutzer ist in diesem Fall stark ausgeprägt, je nach Dienstleistung auch erwünscht und erforderlich. Standardisierte Dienstleistungen kommen vornehmlich in von (Zeit)Kosten oder Rationalisierung geprägten Interaktionsbeziehungen vor; bei ihnen bleiben Mitwirkungsmöglichkeiten der Nutzer beschränkt.

Bei den Dienstleistungserbringern ist *tätigkeitszentrierte (intrinsische) Motivation* darin begründet, dass sie Freude, Zufriedenheit, Anerkennung, Identifikation o.ä. im Vollzug der Dienstleistungstätigkeit erfahren. Solche Motivation hängt eng mit den Merkmalen der jeweiligen personenbezogenen Dienstleistung zusammen, die sich auf Nutzen und Wohlergehen der Dienstleistungsnehmer positiv auswirkt. Sie ist aber auch an andere Bedingungen (Zeit, Ressourcen, Autonomie, Anerkennung) seitens des Arbeitgebers und/oder der Nutzer geknüpft.

Reziprozität ist eine ausgeprägte Form der Gegenseitigkeit in der Beziehung zwischen Dienstleistungserbringern und Nutzern. Sie besteht in der Fähigkeit und Bereitschaft zur kognitiven und empathischen Einnahme der jeweils anderen Perspektive auf dienstleistungsbezogene und außererwerbliche Lebenslagen und Interessen im Prozess der Synchronisation von Dienstleitungen. Nur im Falle ausgeprägter Reziprozität lassen sich Bedürfnisse und Interessenpositionen der Akteure der Dienstleistungsbeziehung synchronisieren. Wie intrinsische Motivation ist auch Reziprozität an bestimmte Bedingungen (Zeit, Bildung, moralische Kompetenz, Anerkennung, Erwiderung der Reziprozität seitens des jeweiligen Gegenübers) gebunden.

Eine partizipationsorientierte *Integration von Nutzern* von Dienstleistungen geht von der sozialen Funktion und dem sozialen Nutzen der Dienstleistungstätigkeiten, -prozesse und -beziehungen für deren Lebenslage aus. Nutzer haben ein so begründetes Bedürfnis nach Synchronisationsleistungen von Interessen in der Dienstleistungsbeziehung. Bloß funktionale oder monetäre Beteiligung der Nutzer wird dem Bedarf nach Interaktion und Kooperation in der Dienstleistungsbeziehung nicht gerecht.

2.5 Arbeitsbeziehungen und Arbeitszeiten in der Dienstleistungsgesellschaft

Nach aktuellem arbeitssoziologischem Verständnis unterscheidet sich die postfordistische Organisation der Arbeit vom fordistischen Arbeitsregime. Wir konzentrieren uns hierfür auf das Theorem der ‚Subjektivierung der Arbeit'. Danach fassen wir die aktuelle arbeitszeitpolitische Debatte zur Flexibilisierung der Arbeitszeit zusammen. Während wir in Kapitel 2.1 bereits auf die Einführung neuer arbeitszeitpolitischer Flexibilisierungsinstrumente und -diskurse in den 1970-80er Jahren eingingen, geht es nun um die Normalisierung der Flexibilisierung von Arbeitszeit seit den 1990er Jahren. Im Anschluss spitzen wir diese Diskussion auf den Diskurs um und auf Praxen möglicher ‚Zeitsouveränität' zu. Zum Abschluss führen wir Regulierungsperspektiven vor, die den Anspruch der Beschäftigten an zeitliche Selbstbestimmung in der Arbeitszeit aufgreifen. Wir fragen aber auch kritisch nach den Leerstellen in diesen Perspektiven: Denn in der Dienstleistungsbeziehung kann es nicht nur um zeitliche Selbstbestimmung Beschäftigter, sondern muss es auch um Ansprüche der Nutzer/innen auf zeitliche Gestaltungsoptionen gehen.

2.5.1 Neue Arbeitsformen und -identitäten: Subjektivierung der Arbeit

Im Fordismus war das Verhältnis von Arbeitskraft und Person durch relativ strikte Trennung der Bereiche Erwerbsarbeit, Konsum und private Reproduktion gekennzeichnet. Die langjährige Wohlfahrtsorientierung hatte relativ weitreichende Dekommodifizierung der Arbeitskraft bewirkt (Esping-Andersen 1989). Ausdruck beider Entwicklungsstränge waren kollektivvertraglich eingebettete individuelle Tauschverhältnisse und staatlich regulierte Formen individueller Reproduktion. Der fordistische Produktionsprozess entpersonalisierte das Arbeitsvermögen. Lebendige Arbeit wurde in standardisierte Arbeitsvollzüge eingepasst; Planungs- und Ausführungstätigkeiten wurden systematisch getrennt sowie hierarchisch gesteuert und kontrolliert. Entfaltung von Individuen wurde weder ökonomisch noch politisch auf den Arbeitsprozess bezogen; Realisierungspotenzial hatte sie im lebensweltlichen Bereich (Sauer 2005: 57f., 112).

Die Zersetzung der Kernmerkmale des tayloristisch-fordistischen Arbeitsprozesses liegt an der Durchsetzung veränderter Arbeitsformen, -verhältnisse und Steuerungsformen; dies sind z.B. neue Konzepte der Arbeitsteilung (flache Hierarchien, partizipatives Management), der Kommunikation und Selbstorganisation (IuK-getriebene Vernetzung, Team- und Projektarbeit, dezentralisierte Entscheidungsfindung) und auch der Flexibilisierung der Beschäftigungsverhältnisse und Arbeitszeiten (z.B. Mückenberger 1985; 1991; 1993; Brünnecke et al. 1994; Moldaschl/Schutz-Wild 1994; Matthies et al. 1994; Flecker/Zilian 1998; Wolf 1999). Arbeitswissenschaftlich wird die Vereinnahmung subjektiver Potenziale und Ressourcen in flexibilisierte betriebliche Verwertungsprozesse unter dem Begriff ‚Subjektivierung der Arbeit' zusammengefasst. Flexibilisierung als strategische Organisationsform der Arbeit stellt demnach die normierten Produkte des institutionellen Arrangements der Nachkriegszeit – Normalarbeitszeit,

Normalarbeitsverhältnis, Normalbiografie – und die gesellschaftliche Formierung der Arbeitnehmers in Frage, da sie mit neuen Gestaltungsanforderungen, -risiken und -möglichkeiten konfrontiert sind. Flexibilisierung wie auch Subjektivierung werden jedoch nicht als bloße Effekte der veränderten Arbeitswelt verstanden, sondern ihre Ausprägung wird als komplementär zu politischen und soziokulturellen Veränderungen verstanden, die sich in pluralisierten Lebensweisen, Individualisierung, veränderten Geschlechterverhältnissen usw. ausdrücken.[3]

Ausgangspunkt des ‚Subjektivierungs'-Ansatzes war die These von Martin Baethge (1991: 6f.), dass Beschäftigte in „normativer" Weise arbeitsinhaltliche und expressive, kommunikative und Kooperations-Ansprüche an die ‚Arbeit' stellen. Annahme ist, dass subjektbezogene Ansprüche an Arbeit traditionelle Regulations- und Kontrollinstrumente in Frage stellen:

> „Wer nicht vordringlich äußere Reproduktionsaspekte, sondern persönliche Sinnkriterien an die Arbeit anlegt, wer die Arbeit auf sich und nicht sich auf die Arbeit bezieht [...], der scheut sich nicht lange, sein Investment und Verhalten zu überprüfen und zu revidieren, wenn seine Ansprüche nicht erfüllt werden." (Ebd.:10)

Die arbeitspolitische Perspektive ist hier die Durchsetzung einer „Hegemonie der konkreten Arbeit über die abstrakte" – in kritischer Haltung gegen die Dominanz der ‚abstrakten' Arbeit als eine objektive Basis der industriegesellschaftlichen Organisation von Arbeit (ebd.: 15). Verstärkende Faktoren für die Herausbildung einer normativen Subjektivierung der Arbeit erkennt Baethge in neuen kooperativen Produktionskonzepten, partizipativen Managementformen, der Eigenart von Dienstleistungstätigkeiten und Wissensarbeit, der zunehmenden Erwerbsbeteiligung von Frauen. Weit davon, ein subjektzentriertes Arbeitsbewusstsein für ein Massenphänomen zu halten, orientiert Baethge auf die Untersuchung der Hindernisse, die einer Ausbreitung von Subjektivität und von Spielräumen zur Selbstentfaltung in der ‚Arbeit' im Weg stehen: die sieht er z.B. in theoretischen Begriffsanordnungen, wie eine zu absolut gedachte Dichotomie zwischen Arbeits- und Lebenswelt, die er gerade aufgrund der Tätigkeitsorientierung in der Dienstleistungsgesellschaft schwinden sieht.

Eine Dekade später – und noch vor der anhaltenden aktuellen Finanzmarktkrise – wurde der ‚Subjektivierungs'-Ansatz unter dem Einfluss ineinandergreifender Entwicklungsdynamiken der Ökonomisierung und Globalisierung, Informatisierung und Kundenorientierung theoretisiert. Hauptaugenmerk gilt der ‚Vermarktlichung' der betrieblichen Arbeits- und Steuerungsprozesse (z.B. Kratzer 2003: 22ff.; Sauer 2005: 14). Kunden und Preis, Produkt und Kosten, wie auch Finanzierungsmodi des Betriebes wirken unmittelbar auf den Arbeitsvoll-

3 Zum Beispiel Moldaschl/Voß 2002; Kratzer 2003; Lohr 2003; Lohr/Nickel 2003; Pongratz/Voß 2003; Sauer 2005; Böhle 2011

zug ein. Indirekte Steuerungsformen von Arbeit konfrontieren die individuelle Arbeitskraft unmittelbar mit Marktanforderungen. Selbstorganisation und Flexibilisierung, Ergebnis- und Kundenorientierung zersetzen die institutionellen Regelungen der Arbeitsbedingungen und -zeiten (Sauer 2005: 16, 33, 118). ‚Subjektivierung der Arbeit' meint nun die strategische Ökonomisierung von kommunikativen und kreativen, empathieerzeugenden und problemlösenden Kompetenzen und Praxen. Ging Baethge noch von einer potenziellen Durchdringung der ‚Arbeit' durch gesellschaftliche Interessen aus, wird heute Subjektivierung als neue Logik der Rationalisierung bewertet (z.B. Böhle 2002: 128; Kratzer 2003: 49ff.; Sauer 2005: 37, 61). Der Bedeutung subjektiver Potenziale im Arbeitsprozess steht die Anordnung subjektiver Leistungsinhalte in flexibilisierten Arbeitsbedingungen gegenüber, die Subjektivität als integralen Bestandteil von Leistung fordert, ohne den Beschäftigten konkrete Steuerungsautonomie zu übertragen. Arbeitnehmern wird zur Aufgabe gemacht, eigenverantwortlich das abstrakte Arbeitsvermögen in konkrete Leistung auf Grundlage subjektgebundener Kompetenzen und Bereitschaft im Arbeitsprozess umzuwandeln. Die Problem- oder Konfliktlösung wird auf die individuelle Aushandlungsebene verlagert. Diese Verschiebung korreliert allerdings mit steigendem individuellen Bedarf nach Vereinbarung lebensweltlicher Aktivität und Zeitverausgabung mit Rationalisierungsdynamik in der Erwerbsarbeit und Flexibilisierungsdynamik in der Arbeitszeit (Sauer 2005: 42, 60ff., 167).

Zu beobachten ist ein widersprüchlicher Entwicklungsprozess. Die marktbezogene ‚Subjektivierung' weist internalisierte Selbstbeherrschung im Rahmen betrieblicher Rationalisierungsvorgaben auf; die Arbeitskraft ist aufgefordert, gleichgültig gegenüber der konkreten Tätigkeit und der konkreten Zweckbestimmung der Arbeit zu werden. Zugleich sind postfordistisch organisierte Arbeitsprozesse ohne aktives, gestaltendes, eingreifendes Arbeitssubjekt nicht denkbar; „der Person [kommt] [...] in arbeitsinhaltlicher [...], motivationaler [...] und steuerungsbezogener Hinsicht [...]" neue Bedeutung zu. Der Vermarktungsprozess trifft also auf offensiv formulierte Ansprüche der Individuen nach mehr Selbstbestimmungs- und Partizipationschancen (ebd.: 127). Diese intensivierte Wechselwirkung von Vermarktlichung und Individualisierung wird auch in dem Begriff der ‚Entgrenzung der Arbeit und Leben' gefasst (Kratzer 2003: 22ff.; Sauer 2005: 38). Der Prozess der subjektivierten Vermarktlichung sprengt das fordistische Abgrenzungsverhältnis von Arbeitskraft und Person, Arbeit und Leben auf. Risikobesetzte Handlungs- und Entscheidungsanforderungen verschränken sich mit Gestaltungsmöglichkeiten.

Entgrenzung meint die Flexibilisierung des Einsatzes von Arbeitskraft in räumlicher und zeitlicher, inhaltlicher und sozialer Hinsicht; sie schließt ein die strategische Organisation von Eigenverantwortung der Arbeitskraft, mit der Entnormierung von Arbeit und Leben umzugehen. Dennoch handelt es sich nicht einfach um einen linearen Bruch mit fordistischer Arbeits- und Lebenswelt, sondern um einen Modernisierungsprozess, der durch „die Gleichzeitigkeit von Kontinuität und Diskontinuität geprägt ist." (Kratzer 2003: 20) Entgrenzung von Arbeit und Leben erfolgt – neben der Einführung neuer Gestaltungsformen, -zwänge und -optionen – unter Aufrechterhaltung etablierter institutionalisierter Rahmen- und Regelungsbedingungen.

Der Ansatz ‚Subjektivierung der Arbeit' bestätigt unsere These, dass im Zuge der Tertiarisierung subjektive und lebensweltliche Bedürfnisse die Arbeit durchdringen, dass sich inhaltliches Interesse an der konkreten Tätigkeit manifestiert. Zugleich erneuern sich die ökonomischen Strategien zur Verwertung der Arbeitskraft und schreiben die Organisation von Arbeit im Sinne der abstrakten Arbeit fort. Einschränkend ist allerdings einzuwenden, dass diese arbeitswissenschaftliche Erkenntnis vorwiegend auf Analysen industrieller Arbeit, sachbezogener oder indirekt personenbezogener Dienstleistungen erfolgen. Es liegen kaum entwickelte Analysen des Subjektivierungsansatzes für direkt personenbezogene Dienstleistungen vor, die unseren Fokus darstellen. Einerseits liegt die Annahme nahe, dass subjektivierende und entgrenzende rationalisierungs-, kosten- und leistungsorientierte Restrukturierungsstrategien auch hier Anwendung finden. Andererseits kann man annehmen, dass Spuren der Baethge'schen normativen Subjektivierung gerade hier vorzufinden sind, weil sie für die Entfaltung von dem Uno-actu-Prinzip unterliegenden personenbezogenen Dienstleistungen (hinsichtlich intrinsischer Motivation und Reziprozität) von besonderer Bedeutung sind.

2.5.2 Flexibilisierung der Arbeitszeiten

‚Flexibilisierung' hat sich zum dominierenden arbeitszeitpolitischen Instrument entwickelt. Flexibilisierung wird auf allen Ebenen der Arbeitszeit forciert: Es verändert sich „das gesamte Profil der Arbeitszeit in ihren drei Dimensionen Dauer, Lage und Verteilung." (Seifert 2004: 1) Die *Dauer* der Regelarbeitszeit ist in den letzten Jahren variabler geworden. Befristete Verkürzungen der tariflichen Arbeitszeit, aber auch die Zunahme von Teilzeit- und geringfügiger Beschäftigung, stehen der (u.a. auch befristeten) Verlängerung der effektiven und tariflichen Wochenarbeitszeit gegenüber. Diese Polarisierung ist in rentabilitäts- und arbeitsmarktpolitischer Differenzierung bei der Nachfrage nach Arbeitskräften begründet, aber gleichzeitig in Zugeständnissen der Gewerkschaften zugunsten der Beschäftigungssicherung. Beide Tendenzen verstärken die polarisierten geschlechtsspezifischen Muster der Arbeitszeitdauer. Auch die *Lage* der Arbeitszeit verändert sich. Seit Jahren nimmt Schicht-, Nacht- und Wochenendarbeit zu. Von ‚atypischen' Arbeitszeitlagen nimmt am stärksten die samstägliche zu, gefolgt von der sonntäglichen. Inzwischen ist mehr als die Hälfte der Beschäftigten von dieser Veränderung betroffen. Wiederum verschärfen sich die polarisierten geschlechtsspezifischen Muster bei der Arbeitszeitlage (Seifert 2007: 18f.).

Zunehmende Anwendung findet insbesondere eine Flexibilisierung der *Verteilung* der Arbeitszeit. Instrumente variabler arbeitszeitpolitischer Verteilung sind Gleitzeitmodelle, Überstundenkonten, Arbeitszeitkonten generell, Ansparmodelle, Bandbreitenmodelle etc.

> „Diese Modelle unterscheiden sich hauptsächlich durch die unterschiedlichen Verwendungsarten bzw. unterschiedlichen Zeitelemente, die auf ihnen verbucht werden können, sowie durch die Modi ihrer Organisierung." (Seifert 2004: 6)

Bis zu zwei Drittel der Beschäftigten ist von verteilungsflexibilisierenden Instrumenten betroffen (DIHK 2004). Nach Seifert ist in der veränderten Arbeitszeit-Verteilung der „eigentliche arbeitszeitpolitische Modellwechsel zu sehen". Aus ihm werde die nächste Generation arbeitszeitpolitischer Muster herauswachsen – ihre wichtigsten Instrumente sind Arbeitszeitkonten und Vertrauensarbeitszeit (ebd.; so schon Hoff 2002). Insgesamt arbeiten mehr als zwei Drittel aller Beschäftigten mit flexibilisierten Arbeitszeiten, eine höhere Dunkelziffer ist anzunehmen (Bauer et al. 2004; Gottschalck 2008).

Die arbeitszeitpolitischen Strategien des Managements lassen sich nicht auf eine verallgemeinerbare Flexibilisierungsregel reduzieren (Promberger 2005: 14; Gottschalck 2008: 10ff.). Ihre Umsetzung erfolgt situativ und ungleichzeitig. Verschiedene Instrumente werden je nach Betrieb unterschiedlich gewichtet oder miteinander kombiniert (Linnenkohl/Rauschenberg 1996: 18f.; Seifert 2005). Zum Paradigma der betrieblichen Flexibilisierungsinteressen wird die kontinuierliche marktbezogene Anpassung der Arbeitszeiten.

Die Verbetrieblichung der Arbeitszeitpolitik und die schwindende Bedeutung von allgemein normierten Arbeitszeiten auf territorialer Ebene wird seit den 1990er Jahren als wesentlicher struktureller Umbruch im Prozess der zeitlichen Flexibilisierung der Arbeit bezeichnet.[4] Mit der Dezentralisierung der Zeitgestaltung wird die einzelbetriebliche kostenorientierte Anpassung der Arbeitszeit an das konkrete, veränderliche Arbeitsvolumen erleichtert. Auch werden Beschäftigte vermehrt motivations- und produktivitätsorientiert direkt in die Ausgestaltung der Arbeitszeit eingebunden, indem z.B. Autonomiespielräume an Leistungsvorgaben gebunden werden. Flexibilisierung ist ein widersprüchliches personalpolitisches Instrument, mit dem zugleich ‚Zeitsouveränität' der Beschäftigten betrieblich gesteuert und die Vereinbarkeit von Arbeitszeit, Reproduktions- und anderen Zeiten ermöglicht werden sollen (Kraetsch/Trinczek

4 Vgl. z.B. Mückenberger 1993; Matthies et al. 1994; Herrmann et al. 1999; Schulze-Buschoff 2000; Bauer et al. 2002; Linne 2002; Bauer et al. 2004; Haipeter/Lehndorff 2004; Seifert 2005

1998: 338, 343; Gottschalck 2008: 5). Dass dies kein Phänomen bloß in Deutschland ist, hat Carnoy (2002) in einer breiten Studie über entgrenzende Flexibilisierungswirkungen auf Arbeit, Familie und lokales Umfeld in OECD-Ländern aufgezeigt.

Das zweite sich herauskristallisierende strukturelle Charakteristikum von Arbeitszeitpolitik ist ihre Leistungsbezogenheit. Arbeitszeit wird nicht nur flexibilisiert, sondern auch leistungspolitisch intensiviert. Die Beschäftigten geraten in ein Dilemma, in dem sich fremdbestimmte Leistungsansprüche des Managements und subjektive Ansprüche an die Qualität der eigenen Arbeitsleistung verschmelzen (Kratzer 2003: 129ff.; Sauer 2005: 161). Die Bewältigungsstrategie der ‚Selbstintensivierung' dient zur selbstorganisierten Erhöhung des eigenen Leistungspensums im Rahmen einer bestimmten Arbeitszeit. Die Bewältigungsstrategie der ‚Selbstextensivierung' wird gewählt, um subjektive Bedürfnisse nach einer Erhöhung der Arbeitsqualität zu befriedigen: Lebenszeit wird als Arbeitszeit eingesetzt, um die geforderte Arbeitszeit zu de-intensivieren. Unter den Bedingungen indirekter Steuerung stellen sich unterschiedliche individuelle Anforderungs-, Belastungs- und Entscheidungssituationen ein und subjektivieren die Strategien zur Bewältigung der leistungsbezogenen Zeitanforderungen.

Auf der diskursiven Ebene wird die Normalisierung von flexibilisierten Arbeitszeiten in der gewerkschaftsnahen Arbeitszeitforschung und von den Gewerkschaften weitgehend als radikale Verschiebung oder als Einbruch ins soziale Gefüge bzw. gar als ‚Modellwechsel' wahrgenommen. Als Triebkraft dieses Umbruchs werden Management-Interessen ausgemacht, die sich „vorrangig an ökonomischen Kosten-Nutzen-Kalkülen orientieren" (Fergen 2007: 41) bzw. an „kurzfristigen Renditeerwartungen der Finanzmärkte und internationaler Finanzanleger" (ebd.: 97). Die Verfügungsmacht der Unternehmen über die Verwertungsbedingungen der Arbeitskraft individualisiere die Arbeitszeitpolitik mittels Instrumente der Flexibilisierung und untergrabe damit die tarifliche Schutzfunktion der kollektiven Arbeits(zeit)normen, wie z.B. die Auflösung von Lohnkompensationen bei der Gewährung von ‚Zeitsouveränität'. Mit einer derart begründeten ‚Ökonomisierung der Zeit' tendiere das Management dazu, „gesellschaftliche, familien-, bildungs- und arbeitspolitische Anforderungen" eher zu externalisieren, als sie im Betrieb regelungsmächtig werden zu lassen (Seifert 2007: 18; Fergen 2007: 95). Effekt sei eine Politik der sozialen Spaltung und Verunsicherung (Sterkel 2004: 13; Fergen 2007: 98). Diese Argumentation aktualisiert den Diskurs der 1970-80er Jahre, überschreitet ihn aber kaum.[5]

Zusammengefasst lässt sich in der aktuellen Flexibilisierungspraxis ein Muster von Diskontinuität und Kontinuität feststellen. Auf gesamtgesellschaftlicher

5 Vgl. Olk et al. 1979: 383ff.; Bäcker 1981: 248f.; Engfer 1982: 113; Hinrichs et al. 1982: 21ff.; Gabriel 1982: 135; Bosch 1984: 305ff.; Schudlich 1987: 101.

und betrieblicher Ebene setzt sich eine Heteronomie der Temporalstrukturen durch. Dennoch bleibt die standardisierende Normierung von Arbeitszeiten regulierungspolitischer Horizont, insbesondere für die Interessenvertretung der Beschäftigten.

2.5.3 Zeitsouveränität: Zeitliche Selbstbestimmung der Arbeitszeit

Den Begriff der ‚Zeitsouveränität' brachte Bruno Teriet (1976: 9) in den 1970er Jahren in den Kontext kollektiver Arbeitszeitregulierung ein. Gemeint war „das individuelle Recht und Vermögen zu mehr Dispositionen über die quantitative und qualitative Seite von Zeitallokationen während eines Lebens und in den verschiedensten Lebensbereichen (also nicht nur im Bereich der erwerbswirtschaftlichen Arbeit)". Wie in Kapitel 2.1 angerissen, traf dieser Diskurs in der gewerkschaftlichen Debatte und gewerkschaftsnahen Arbeitszeitforschung auf große Gegenwehr. Heute aber stellt sich die Frage nach Zeitsouveränität für Beschäftigte konkret – als normative Forderung nach zeitlicher Selbstbestimmung über die Arbeitszeit, unter Bedingungen subjektivierter Arbeit und verbetrieblichter Arbeitszeitpolitik. Das Bedürfnis von Beschäftigten nach Zeitsouveränität dringt verstärkt in die betriebliche Arbeitszeitregulierung ein. Dies belegen Untersuchungen zu Zeitkonflikten und Arbeitszeitpräferenzen von Beschäftigten.[6] Die Arbeitszeit ist ein zentraler Parameter, der die gestiegenen Ansprüche an Flexibilität sowohl der Unternehmen wie auch der Mitarbeiterinnen und Mitarbeiter widerspiegelt (Mehlis/Spitzley 2004: 5).

Anforderungen an zeitliche Gestaltungs- und Koordinationsleistungen stellen sich an Management und Interessenvertretung der Beschäftigten – und in steigendem Maße an Beschäftigte selbst: „Die variable Verteilung der Arbeitszeit bewegt sich also zwischen den Polen der Fremd- und der Selbststeuerung." (Munz 2005: 7) Flexibilisierungsmodelle haben den Beschäftigten Spielräume eröffnet, individuell Einfluss auf die Gestaltung der Arbeitszeit zu nehmen (Linne 2002; Sauer 2005). Zugleich potenzieren sich, unter veränderten Ökonomisierungs- und Rationalisierungsbedingungen, zeitliche Konfliktlagen durch Anforderungen der Synchronisierung entgrenzter Arbeitszeiten, verregelter lokaler Zeitstrukturen und anzupassender Zeiten für Elternschaft und Partnerschaft und für freie Zeiten (z.B. Mückenberger 2004; Hielscher 2006; Geissler 2008). Veränderte Geschlechterverhältnisse, Pluralisierung von Familienformen und Individualisierung der Lebensweisen verweisen auf eine Ausdifferenzierung von Erfahrungen mit alltäglicher Zeitverausgabung und von Bedürfnissen nach alltäglicher Zeitgestaltung. Das bedeutet aber: Die lebensweltliche Gestaltungsper-

---

6 Vgl. z.B. Schulze Buschoff 1997; Seifert 2000; Spitzley 2000; Kratzer 2003; Haipeter/Lehndorff 2004; Holst 2007; Lehndorff 2007; Groß/Seifert 2010

spektive dringt ebenso in den Arbeitsprozess ein, wie außererwerbliche Zeiten von Erwerbsarbeitsbedingungen strukturiert werden (Sauer 2005: 168; Lehndorff 2007: 92).

Zeitsouveränität kann als gewünschte Freiheit von zeitlicher Weisungsgebundenheit verstanden werden – was immer gewisse Unabhängigkeit von kollektiv normierten Arbeitszeitmodellen impliziert (Geissler 2008: 258). In der Arbeitszeitforschung wird verstärkt die These diskutiert, dass eine „Individualisierung der zeitlichen Regulierung" (Hielscher 2006: 14), also die „Zunahme der Anteile der individuellen Gestaltung von Zeit" (ebd.), immer mehr an Bedeutung gewinnt. Annahme ist, dass umfassende Selbstbestimmung hinsichtlich Umfang und Lage der Arbeitszeit für solche Beschäftigte zunimmt, die wissens- und kommunikationsintensive Dienstleistungen erbringen und mit Problemidentifizierungs- und -lösungstätigkeiten bzw. Vermittlungstätigkeiten beschäftigt sind (Geissler 2008: 260ff.). Hier wird davon ausgegangen, dass rigide Zeitregime sich kontraproduktiv für die Entwicklung und Anwendung neuen Wissens, technische oder soziale Innovationen, Beratung und Wissensteilung, kreative und künstlerische Produktion erweisen. Charakteristisch an diesen Arbeitsvollzügen sei die diskontinuierliche Extensivierung und Intensivierung der Arbeitszeit im Wechsel von Eigenarbeit und Kooperationsbeziehungen. Diese Diskontinuität in der Lage, Dauer und Verteilung der Arbeitszeit dränge nach selbstbestimmter Arbeitszeitregulierung. Dieser ausgeprägte Blick auf Zeitsouveränität bezieht sich speziell auf Arbeitsbereiche, in denen der Regulierungshorizont der Normalarbeitszeit nie besonders wirkungskräftig war: In Wissenschaft und Forschung, in Politik und Verbandstätigkeit, im künstlerischen und Medienbereich.

Als verallgemeinerbar erweist sich eher die partielle oder ‚kontrollierte' Zeitsouveränität über kollektive Regelungsprodukte – wie z.B. mittels Arbeitszeitkonten, die den kurzfristigen täglichen und wöchentlichen Flexibilisierungsbedarf in den Betrieben regelt. Das Gros der Vereinbarungen konzentriert sich auf die Regelung von Überstunden und Gleitzeit (Seifert 2007: 9). Mehrarbeitszeit bildet angesparte Zeitguthaben, die mehrheitlich ohne Zweckbindung in Form freier Tage ausgeglichen werden. Ein weiteres Instrument zur flexiblen Verteilung der Arbeitszeit ist Vertrauensarbeitszeit (Böhm et al. 2004; Bauer et al. 2004; Seifert 2007). Hier wird auf geringe Regelungsdichte geachtet. Es fehlen Vorgaben für Lage und Dauer der täglichen Arbeitszeit, und die geleistete Arbeitszeit wird in der Regel weder erfasst noch kontrolliert. Als strategisches Moment wirkt die Verkopplung von selbstgesteuerter Arbeitszeitverteilung und vom Management vorgegebenen ergebnis- oder leistungsorientierten Zeitkontingenten. Teamgesteuerte Arbeitszeiten wiederum gewähren selbstorganisierte Arbeitszeitstrukturen, die in Arbeitsgruppen und Abteilungen unter der Maßgabe der Planungsdaten des Managements ausgehandelt werden (Diendorf et al. 2007). Der Grad der Zeitsouveränität in diesen und anderen neuen Instrumenten zur

Flexibilisierung der Arbeitszeit hängt grundsätzlich von der betrieblichen Leistungs- und Zeitkultur ab (Seifert 2007: 20). Zeitsouveränität erweiternde Wirkung haben diese Instrumente, wenn die Beschäftigten ‚formal' Spielraum bei der Festlegung ihrer täglichen Anfangs- und Endzeiten gewinnen (Seifert 2004: 16).

Der Diskurs um und arbeitszeitpolitische Praxen von ‚Zeitsouveränität' zeigen auf, dass betriebliche Arbeitszeitpolitik um lebensweltliche und sinnstiftende, reflexive und selbstbestimmungserweiternde Aspekte ergänzt wird. Dabei gehen die diskursiven Ansätze weit über die realen Regulierungspraxen hinaus. Welche Perspektiven oder Ansätze für die Integration erweiterter Zeitsouveränität in die arbeitszeitpolitische Aushandlungsarena diskutiert werden, wird im folgenden Abschnitt behandelt.

2.5.4 Flexibilisierung und Zeitsouveränität: Re-Regulierungsperspektiven

Um nicht beim Nachvollzug des aktuellen Stands der Arbeitszeitregulierung und des Diskurses um Zeitsouveränität stehen zu bleiben, greifen wir weiterführende Anregungen, Ansätze oder Perspektiven auf, um den Anspruch an zeitliche Selbstbestimmung regulierungspolitisch zu reformulieren. Formale Spielräume zur individuellen Gestaltung der Arbeitszeit können „erst dann praktisch wirksam" werden, wenn „partizipative Bedingungen auf der Seite der Arbeitsorganisation" bestehen (Haipeter/Lehndorff 2004: 24). Individuelle Beteiligungsrechte an Arbeitszeitgestaltung stellen sowohl die betriebliche Verfügungsmacht als auch das gewerkschaftspolitische Interesse am Normierungs- und Repräsentationsprinzip der industriellen Beziehungen in Frage. In der gewerkschaftlichen Arbeitszeitpolitik hat deshalb der wachsende Bedarf der Beschäftigten nach Selbstrepräsentation, da in postindustriell organisierter Arbeit „im Vergleich zu traditionellen Systemen" eine „sehr viel höhere subjektive Einbindung der Beschäftigten angestrebt werden" muss (Deutschmann 2002: 10; Moldaschl/Voß 2002; Kratzer 2003; Sauer 2005), wenig Anklang gefunden.

Die Hinwendung zu „individuellem Interessehandeln" (Sauer 2005: 167) in der Arbeitszeitpolitik, das die lebensweltlichen Fragen nicht negiert, muss der gewerkschaftlich repräsentierten Aushandlung kollektiver Rahmenbedingungen nicht widersprechen. Einiges spricht für die Eröffnung individueller verbindlicher Aushandlungsformen, die in kollektive Rahmenbedingungen eingebettet sind. Diese Hinwendung geht jedoch bereits über die produktivitätsfokussierte und bipolare Interessenkonstellation in industriellen Beziehungen hinaus. Auch inhaltlich verbinden sich Ansprüche an wertvolle Arbeit mehr mit lebensweltlichen Entwürfen und Sinnperspektiven.

Die Forderung nach Einbettung individuellen Interessehandelns in die Regulierungsweise der kollektiven gewerkschaftlichen Interessenvertretung ist nicht neu. In den 1990er Jahren, vor der Normalisierung einer kontrollierten Flexibilisierung, wurde z.B. im Forschungsprojekt ‚Arbeit 2000' ein Rahmenkonzept entwickelt, dass die Perspektive der Baethge'schen ‚normativen Subjektivierung' fortschrieb (Matthies et al. 1994: 49ff.). Die zentralen Kriterien für die Neugestaltung der Arbeitsbeziehungen bezogen sich auf die Ausweitung demokratischer Diskurs- und Beteiligungsrechte im Betrieb, die Neuordnung der Geschlechterverhältnisse, die Schaffung von Spielräumen für Optionalität der Beschäftigten – einschließlich der Teilhabe an Aushandlungsverfahren – zur Gestaltung der betrieblichen Arbeitszeit und der Schutz vor sozial unverträglichen Flexibilisierungsanforderungen. Betont wurde die Erweiterung einer wohlfahrtsstaatlichen Orientierung durch eine solche Form von Beteiligungs- und Regulierungspolitik:

> „Hinter diesen Zielen steht die Auffassung, dass der Bürgerstatus Beschäftigter – im Sinne von Selbstbestimmung im Arbeitsbereich – zwar noch längst nicht realisiert, aber *realisierbar* ist: weil es ökonomisch möglich, sozial wünschenswert und gesellschaftlich vorteilhaft ist." (Matthies et al. 1994: 35)

Heute werden ‚Zeitsouveränität' und ‚Zeitoptionen' schon als immaterieller Indikator zur Wohlstandsmessung verstanden, um die potenzielle Chance zu eröffnen, den außerberuflichen Zeitbedarf der Beschäftigten bei der Festlegung der Arbeitszeit zu berücksichtigen (Schulze-Buschoff 2000b: 32, 38; Lehndorff 2007: 86; Gerlmaier 2006). Diskutiert werden neue Formen von Betriebsöffentlichkeit, in der die individuelle und soziale Ebene der Arbeitszeitpolitik verknüpft und so die „‚Politisierung' scheinbar individueller Arbeitszeitkonflikte" (Lehndorff 2007: 87) ermöglicht werden kann. Die Einbindung außererwerblicher Interessen in solche Reflexions- und Verständigungsprozesse zur Stärkung von „Eigensinn" in der lebendigen Arbeit wird angedacht (Sauer 2005: 189). Zur konkreten Berechtigung der Individuen seien eine Stärkung individueller Rechte und die Verankerung „‚prozeduraler' Normen" bzw. die „Festlegung von Verfahrensweisen" zur Beteiligung im Rahmen kollektiver Tarifverträge und Betriebsvereinbarungen (Böhm et al. 2002: 170ff.) erforderlich.

Die Analyse der aktuellen Arbeitszeitflexibilisierung und der Diskurs um ‚Zeitsouveränität' verweisen auf strukturelle Rahmenbedingungen, in denen kollektivvertragliche Regulierungsverfahren der industriellen Beziehungen Anwendung finden. Diese relativieren gleichwohl die Wirkungsmächtigkeit normierter Arbeitszeit zunehmend.

Trotz dieser Betonung individueller Rechte und ihrer Verschränkung mit kollektiven Regelungsinstrumenten bleibt der aktuelle Diskurs noch zu stark der Analyse industrieller Arbeit bzw. sachbezogener und indirekt personenbezogener Dienstleistungen verhaftet. Er widmet sich immer noch allein der Beschäftigtenperspektive – wenn auch unter radikal sich verändernden Bedingungen. Letztlich werden die von Arbeitszeiten Betroffenen außerhalb des Betriebes

– wie die Nutzer/innen von Dienstleistungen im Falle von Nutzungszeiten – mit ihrer Interessenposition und als gestaltungsbedürftige Akteure nicht ernsthaft wahrgenommen.

Die konkrete Ausprägung der ‚Subjektivierung' bei Dienstleistungen, in denen das Uno-actu-Prinzip zum Tragen kommt, bedarf noch spezifischer Analysen. Hier kann ‚Subjektivierung' nicht unter Ausschluss der Beziehung zu den Nutzer/inne/n gedacht werden. Subjektivierung ist in der Konstellation direkt personenbezogener Dienstleistungen eine Analysekategorie, die sich nicht einseitig auf zeitliche Autonomie- und Handlungsspielräume bzw. zeitliche Gestaltungs- und Leistungsanforderungen Beschäftigter gegenüber dem Management beziehen kann. Aussagekräftig kann sie nur in einer erweiterten relationalen Analyse werden: In Bezug auf Produktivitäts- und Leistungsanforderungen des Managements und in Bezug auf zeitliche Autonomie- und Handlungsspielräume und Gestaltungs- und Leistungsanforderungen der Nutzer/innen von Dienstleistungen. Ein zeitpolitischer Ansatz, der diese Interessenposition aufnimmt, bedarf der konsequenten Erweiterung von Interessen- und Akteurskonstellationen in Formen der Regulierung von Zeit. Diesen Gedanken werden wir in Kapitel 2.7 konkretisieren und in Kapitel 2.8 im Zusammenhang von Zeitwohlstand wieder aufgreifen.

2.6 Lebensqualität: Was für eine Lebensqualität? Wessen Lebensqualität?

Der soeben angedeutete Diskurs um Zeitsouveränität greift Aspekte dessen auf, was Baethge mit ‚normative Subjektivierungsperspektive' entwirft und orientiert dabei auf die Erweiterung des subjektiven Anspruchs an zeitliche Selbstbestimmung. Aufgefallen an der aktuellen Arbeitszeit-Debatte ist, dass die Integration gesellschaftlicher Interessenpositionen kaum zu Ende gedacht ist – insbesondere die Ansprüche an zeitlicher Selbstbestimmung derer, die in außererwerblichen Sphären von den Arbeitszeitstrukturen und -regulierungsweisen betroffen sind. Von der Warte der Nutzer von Dienstleistungen aus dominieren die Arbeitszeiten der Beschäftigten die Zeiten der Nutzung von Dienstleistungen. Weder kollektivvertragliche Arbeitszeitregulierung in industriellen Beziehungen noch subjektivierte Formen individueller Arbeitszeitregulierung nehmen diese Ansprüche auf zeitliche Selbstbestimmung hinsichtlich der Nutzungszeiten ernsthaft auf. Gerechtigkeitspolitisch liegt nahe, zwar die in Kapitel 2.5 dargelegten Forderungen nach formalen Partizipationsrechten für Beschäftigte, um ihren Ansprüchen nach zeitlicher Selbstbestimmung Macht zu verleihen, zu bekräftigen, sie aber um solche für die Seite der Nutzer/innen zu erweitern.

Wir spitzen die bisherigen Überlegungen zu und gehen von veränderten Wertvorstellungen und Handlungsorientierungen der Individuen aus, die unterschiedlich ausgeprägte Ansprüche auf zeitliche Selbstbestimmung im Kontext einerseits von soziokulturellen Transformationen – Individualisierung, Pluralisierung der Lebensweisen und Biografien, veränderte Geschlechterverhältnisse und Familienformen etc. –, andererseits von Tertiarisierung und marktbezogener Subjektivierung der Arbeit artikulieren. Dann stellt sich die Frage, wie die Perspektive normativer Subjektivierung von Arbeit und Leben, insbesondere in ihrer zeitlichen Strukturierung, erneuert werden kann. Die Baethge'sche Kategorie der normativen Subjektivierung zielte auf die Integration subjektbezogener Ansprüche – die persönlichen Kriterien von Sinn, Kommunikation, Interaktion, Kooperation, Partizipation – in die Organisation der Arbeit und arbeits(zeit)politischer Regulierung. Baethges Vorstellung von ‚normativer Subjektivierung' war bereits von einer Tätigkeitsorientierung in der Dienstleistungsgesellschaft durchdrungen. Sein Ansatz fand z.B. Eingang in das Forschungsprojekt ‚Arbeit 2000', welches ein konkretes Koordinatensystem für die Neugestaltung der Arbeitsbeziehungen formuliert hat (Matthies et al. 1994).

Dieser Ansatz blieb auf die Beschäftigtenseite bezogen. Unentwickelt war hier noch die Erkenntnis, dass sich in direkt personenbezogenen Dienstleistungen, in denen das Uno-actu-Prinzip Anwendung findet, die Seite der Nutzer von Dienstleistungen als tätige, koproduzierende Akteursposition der Dienstleistungsbeziehung manifestiert. Beziehen wir diese Akteursposition ein, so erweitert sich die gestaltungsbedürftige Anforderung zur Synchronisation von Arbeitszeiten, Zeiten für Elternschaft und Partnerschaft, kommunalen Zeiten und freien Zeiten um die Seite der Nutzer/innen von Dienstleistungen, zugleich erweitert sich die Artikulation des Anspruchs auf zeitliche Selbstbestimmung um die Seite der Nutzer/innen. ‚Normative Subjektivierung' kann sich in der Dienstleistungsgesellschaft – das ist die Kernthese dieses Buches – nicht auf die Integration von subjektiven Interessen der Arbeitenden in die Arbeit beschränken, sondern es geht auch um die Integration betroffener gesellschaftlicher Interessen. Umgekehrt geht es um gesellschaftliche Einbettung arbeitszeitpolitischer Regulierung, die nicht mehr entkoppelt von Zeiten für Elternschaft und Partnerschaft, kommunalen Zeiten und freien Zeiten gedacht werden kann. Inhaltliche und regulierungspolitische Kriterien der Zeitpolitik werden wir in Kapitel 2.8 ausführen. Hier interessiert zunächst der normative Bezugspunkt, an dem sich zeitpolitische Gestaltung – auch bei gesellschaftlicher Einbettung von Arbeitszeitregulierung in Dienstleistungsbeziehungen – ausrichten und legitimieren kann. Dieser Bezugspunkt muss qualitativ inhaltlich bestimmt oder bestimmbar sein. Er muss sowohl abstrakt als auch individuell konkretisierbar und differenzierbar sein. Und er muss auf Ermöglichung sowohl individueller zeitlicher Selbstbestimmung als auch gesellschaftlicher Rahmenbedingungen zielen, die allen Individuen eine reale Chancengleichheit bei der Verwirklichung von Möglichkeiten der zeitlichen Selbstbestimmung zur Verfügung stellt.

In diesem Kontext führen wir hier als normativen zeitpolitischen Bezugspunkt die Kategorie ‚Lebensqualität' ein. Begrifflich ist dies gewiss keine neue Kreation. Lebensqualität ist uns im Laufe dieses Buches mehrfach begegnet. Der Begriff gehört zum vergesellschafteten Vokabular wohlfahrtsstaatlicher Politik des 20. Jahrhunderts. Dennoch wird er wenig definitorisch und kategorial gebraucht, sondern eher alltagssprachlich, wenn auch anerkanntermaßen in normativer regulierungspolitischer Perspektive. Das populäre Gewicht dieser Kategorie wollen wir nutzen und sie zugleich systematisch begrifflich konstituieren. Dazu rekonstruieren wir objektive und subjektive Merkmalsausprägungen, die die Kategorie ‚Lebensqualität' in theoretischen und politischen Konzeptionen erhalten hat. Wir konzentrieren uns auf gerechtigkeits- und wohlfahrtstheoretische und -politische Kriterien von Martha Nussbaum und Amartya Sen. Einschränkend ist schon jetzt hervorzuheben, dass im Rahmen dieser Untersuchung nicht Lebensqualität in allgemeiner Form, sondern die zeitliche, also auch zeitpolitisch operationalisierbare Komponente von Lebensqualität interessiert.

2.6.1 Der Begriff Lebensqualität

Die Ausstrahlung, die der Begriff ‚Lebensqualität' seit den 1960er Jahren erfuhr, beruht auf seiner Kritik am bis dahin vorherrschenden Verständnis von ökonomischer Effizienz und gesellschaftlichem Fortschritt. Das messbare Wachstum von allgemeiner Wohlfahrt wurde bis dahin mit der Vermehrung von Gütern und Leistungen identifiziert (Noll 1999: 5). Die Forschung zur Re-Definition sozialer Wohlstandsindikatoren gewann danach Aufschwung. Dies war darauf zurückzuführen, dass die Neugestaltung aktivierender Sozial- und Wohlfahrtspolitik, die intendiert, über rein ökonomische Mess- und Bewertungsgrößen wie z.B. das BIP hinauszugehen, einen wachsenden Informationsbedarf aufweist (Veenhoven 1996: 1). Außerdem wurde Lebensqualität aufgrund der Tendenz zur Individualisierung und Pluralisierung von Lebensstilen zunehmend an individuellen Wertungen gemessen (Cummins 1997: 117f.; Noll 2004: 155). Objektive und subjektive Zielvorstellungen von ‚Lebensqualität' konkurrierten miteinander. Vertreter des Wohlfahrtskontextes formulierten einen normativen Anspruch: „Lebensqualität" ist eine veränderliche, daher „offene Zielvorstellung", zugleich aber „ein Konzept mit relativ klaren Aussagen über die Missstände, die abzuschaffen sind." (Glatzer 1992: 53f., 58) Dagegen argumentieren die Vertreter der subjektorientierten psychologischen Ansätze,

> „dass sich Lebensqualität im herkömmlichen Sinne einer definitorischen Präzisierung entzieht und dass es allenfalls unterschiedliche Heuristiken gibt, wie man zu

> Einschätzungen der Lebensqualität einzelner Menschen gelangen kann." (Ferring/ Filipp 1992: 93)

Die Lebensqualitätsforschung hat seit den 1970er Jahren ihre Forschungs- und Anwendungsfelder enorm ausgeweitet. Lebensqualität ist zu einem unverzichtbaren Kernziel nationaler wie globaler Sozial-, Gerechtigkeits- und Demokratiepolitik geworden. Die kontinuierliche Fortschreibung und Vernetzung von Lebensqualitätsfragen wird insbesondere von der weltweit agierenden *International Society for Quality of Life Studies* (USA) vorangetrieben. Nicht zufällig entsteht neuerlich eine ökonomische Glücksforschung, die mit der „World Data Base of Happiness" oder dem „Happy Planet Index" arbeitet und im „Journal of Happiness Studies" publiziert (Grossarth 2012) – Ausdruck des Bestrebens, Wohlfahrtsbestimmung von tradierten quantitativen Sozialproduktsberechnungen zu emanzipieren. Gleichwohl dürfte Lebensqualitäts-Bestimmung nicht ohne eine Kombination objektiver und subjektiver Indikatoren auskommen.

Die Anfänge zur Bestimmung *‚objektiver' Indikatoren der Lebensqualität* stammen aus der skandinavischen Wohlfahrtspolitik (Drenowski 1974; Erikson et al. 1987; Erikson 1993). In den späten 1960er Jahren sollte die Wohlfahrtspolitik qualitativ erneuert werden, indem man sich nicht mehr nur ausschließlich an monetären Einheiten orientieren wollte:

> „The individual's command over resources in the form of money, possessions, knowledge, mental and physical energy, social relations, security and so on, through which the individual can control and consciously direct his living conditions." (Johansson 1970: 25)

Im Kern geht es um die Ermöglichung eines individuellen Lebensstandards durch staatliche Wohlfahrtspolitik – „welfare, or level of living, should be defined in terms of resources and conditions and is best measured by the use of descriptive indicators" (Erikson 1993: 77). Er bezieht sich auf folgende Komponenten: Gesundheit und Zugang zu medizinischer Versorgung; Arbeit und Arbeitsbedingungen; wirtschaftliche Situation; Wissensstand und Bildungsmöglichkeiten; Familie und soziale Integration; Wohnsituation und Einrichtungen im Wohngebiet; Sicherheit für Leben und Besitz; Freizeit und Kultur; politische Partizipation.

Martha Nussbaum bezieht sich exemplarisch auf diesen normativen Katalog von Lebensqualitätsmerkmalen, versteht aber die Verteilung von Gütern, die ein ‚gutes Leben' begründen, weniger als Mittel zur Erzielung eines Lebensstandards, sondern als normative Grundlage, auf der das Individuum seine Lebens-Fähigkeiten entfalten kann: "jedem Bürger die materiellen, institutionellen, pädagogischen Bedingungen zur Verfügung stellen, die ihm einen Zugang zum guten menschlichen Leben eröffnen und ihn in die Lage versetzen, sich für ein gutes Leben und Handeln zu entscheiden." (Nussbaum 1999: 24) In diesem Sinne gewichtet Nussbaum „Grundfähigkeiten menschlichen Lebens“, die notwendig zu befördern sind, um ein ‚gutes Leben’ führen zu können (57f., 95, 109):

1. Angemessene Lebensbedingungen,
2. körperliche Gesundheit,
3. körperliche Unversehrtheit erreichen zu können,
4. Sinne, Vorstellung und Gedanke,
5. Gefühle,
6. Kritik-, Planungs- und Reflexions-Kompetenzen entfalten zu können,
7. Zugehörigkeit in Kooperationsbeziehungen entwickeln und Diskrimination abwehren zu können,
8. für andere Lebewesen sorgen,
9. Vermögen zum Spiel entfalten zu können,
10. politische Partizipation und Mittel zur Kontrolle über die eigene Umgebung zu gewinnen.

Mit diesem Katalog an menschlichen Grundfähigkeiten bestimmt Nussbaum ‚Lebensqualität’ als normative Größe, die nach objektiven Maßstäben und damit auch durch Andere beurteilt werden kann. Es sei Aufgabe des Staates, Menschen zu bestimmten Tätigkeiten zu befähigen, ihnen die Ausbildung und die Ressourcen zukommen zu lassen, um diese Tätigkeiten auszuüben – auch wenn letztlich beim Individuum die Entscheidungsfähigkeit verbleibt, sich dafür zu entscheiden, alle diese Tätigkeiten in Übereinstimmung mit eigener praktischen Vernunft auszuüben. Nussbaum sieht die Bürger-Freiheit verwirklicht, wenn die notwendigen Bedingungen für die Ausübung von Entscheidungsfreiheit und für die Betätigung der praktischen Vernunft zur Verfügung gestellt werden (menschliche Arbeitsbedingungen, Eigentum, politische Teilhabe, Erziehung).

Die Studie *American Quality of Life* (Campbell et al. 1976) wird als Auslöser einer kritischen Abwendung von objektiven Indikatoren gesehen (Rapley 2001; Noll 2004). Die Fokussierung auf *subjektive Indikatoren* begründet einen Bruch mit der Vorstellung, dass die quantitative Ausstattung mit Ressourcen die Ausprägung individueller Entscheidungen, Zufriedenheiten und Beurteilungen ohne Umstand begründe (Andrews/Withey 1976; Campbell et al. 1976). Erhoben werden positive psychologische Merkmale (Zufriedenheit, Gefühle, Ansprüche etc.) wie auch negative (Befürchtungen, Ängste etc.). Deren Ausprägungen sollen Wohlfahrt auf der Ebene individueller Lebensqualität spezifizieren: Zufriedenheit und Glück des Einzelnen sei letztlich auch das Endziel jeder gesellschaftlichen Entwicklung: „The quality of life must be in the eye of the beholder.“ (Campbell 1972: 442)

Aktuelle Operationalisierungen von Lebensqualität mit subjektiven Indikatoren präzisieren Glück (affektive Kategorie) und Zufriedenheit (kognitive Kategorie) als gelebte, individuelle Alltagserfahrung (Argyle 1996; Inglehart/Klingeman 2000). Ein formalisierter ,happy life expectancy'-Index (HLE) soll Lebensqualität als individualisierten affektiven Zustand international vergleichbar machen (Veenhoven 1996: 29f.; 2004). Zur Erfassung der Wahrnehmung der eigenen Lebenssituation und entsprechender subjektiver (Un)Zufriedenheit werden affektive und kognitive Indikatoren kombiniert (Diener et al. 1999; neuer Überblick bei Grossarth 2012).

Die Anhänger von objektiven Indikatoren kritisieren an der einseitigen Verwendung von subjektiven Indikatoren, dass damit die Beurteilung günstiger bzw. nicht günstiger Lebensbedingungen mit normativen Kriterien verloren gehe (Noll 2004: 158). Diese Bestimmung wird wiederum von den Subjektivisten in Frage gestellt: „subjective indicators are indispensable in social policy, both for assessing policy success and for selecting policy goals." (Veenhoven 2000: 6). Auch wenn allgemein anerkannt wird, dass individuelle Lebenssituationen und -zufriedenheiten nur durch Aussagen und Gewichtungen der Betroffenen selbst beurteilt werden können (Ring et al. 2007), richtet sich die Kritik darauf, dass es in solchen Ansätzen an einer nachvollziehbaren Verknüpfung zwischen ,objektiven' Politiken und einer individuellen Bekundung von Glück mangele – und zudem sei zweifelhaft, Indikatoren wie Zufriedenheit, Glück oder Lebenserfüllung als ,soziale' zu verallgemeinern (Rapley 2001).

Ansätze eines Wohlfahrtsverständnisses, das *objektive und subjektive Lebensqualitätsaspekte zusammenbringt*, sind bereits in den 1970er Jahren aufzufinden: etwa in der von Erik Allardt entwickelten *Comparative Scandinavian Welfare Study* (Allardt 1975). Die deutsche Sozialindikatorenforschung verortet Lebensqualität explizit im Kontext ,gesellschaftlicher' Wohlfahrt (Zapf 1984).

> „Erst der Zusammenhang von objektiven Lebensbedingungen, ihrer subjektiven Bewertung und dem damit verbundenen subjektiven Wohlbefinden ermöglicht eine angemessene Beurteilung von Lebensqualität." (Glatzer 1992: 48f.; Zapf 1977: 236)

Diese Daten werden mittels Wohlfahrtssurveys, Sozio-oekonomischen Panels und anderen Umfragen erfasst (Habich/Zapf 1996: 19). Niveaus und Verteilungen von individueller Lebensqualität und gesellschaftlicher Wohlfahrt werden als veränderliche Ausprägungen im umfassenderen Prozess der Modernisierung untersucht (Zapf 1993). Befragt werden Individuen bzw. private Haushalte; gemessen wird im Verhältnis zum Output von sozialen Prozessen und Politiken; interpretiert werden die Ergebnisse in Bezug auf soziale Ziele (Noll 2004: 155). Gegenüber den subjektiven Indikatoren der ,Zufriedenheit' und des ,Glücks' werden die kombinierten Indikatoren immer mit einer normativen Ausrichtung verfasst, um „Lebensqualität nicht allein als Summe der Wohlfahrt von Individuen zu betrachten" (Glatzer 1992: 50), sondern auch um kollektiv-übergreifende Werte und Ziele, Ansprüche und Erwartungen von der ,guten Gesellschaft' zu berücksichtigen (Habich/Noll 2002: 453). Der Begriff ‚Lebensqualität' beschreibt hier ein veränderliches, multidimensionales Wohlfahrtskonzept: Materielle und immaterielle, objektive und subjektive, individuelle wie auch kollektive Wohlfahrtskomponenten sollen ein ‚besser' gegenüber dem ‚mehr' betonen (Noll 1999: 3; siehe auch Land 2000; Lane 1996: 259).

2.6.2 Ansatz der ‚Verwirklichungschancen'

Amartya Sen (2000: 10, 69, 81) kritisiert sowohl eine rein subjektive Bestimmung des individuellen Wohlergehens als auch einen rein objektiven Gleichheitsindex. Sens Ausgangspunkt ist eine wesentliche Leerstelle in der wohlfahrtsorientierten Lebensqualitätsforschung: Was befördert die ungehinderte und nachhaltige Handlungsfähigkeit des Individuums? Sen will sichtbar machen, dass es nicht nur um die Güterverteilung selbst geht, sondern darum, welchen Gebrauch die Einzelnen von einem verallgemeinerten Güterbündel oder einem bestimmten Einkommensniveau machen können. Neben den verschiedenen Individualitäten und der Unterschiedlichkeit von Wünschen und Handlungen der Menschen hänge dies von Unterschieden in Umweltbedingungen, im sozialen Klima, in relativen Aussichten wie von der Verteilung innerhalb der Familie ab. Sens Perspektive – die stark von seiner Erfahrung in der Entwicklungspolitik geprägt ist – ist die Schaffung von Bedingungen, unter denen die Menschen die Möglichkeit, selbstbestimmt zu leben, wertschätzen und verwirklichen können.

In der Differenzierung von ‚Verwirklichungschancen' und ihrem tatsächlichen Funktionieren bestimmt Sen seinen Begriff von Lebensqualität. Funktionen [functionings] sind eine „combination of various ‚doings and beings'", die eine Person schätzt und verwirklicht (1993: 31). „Verwirklichungschancen" [capabilities] einer Person beziehen sich auf die möglichen Verbindungen der Funktionen, die sie auszuüben vermag. Verwirklichungschancen sind also Ausdrucksformen der Freiheit: der Handlungsspielraum, alternative Lebensvorstellungen oder -ziele verwirklichen zu können (2000: 95). Der Capability-Ansatz achtet auf *tatsächliche* Entscheidungsfreiheit und unterstellt nicht, jede Lebensweise sei Ausdruck eines freien Entscheidungsprozesses (Robeyns 2005: 101f.). Welche Funktionen und Verwirklichungschancen gestaltungsfähig werden, ist nach Sen Gegenstand einer unverzichtbaren Bewertung oder Gewichtung innerhalb einer gesellschaftlichen Debatte. Anders als Nussbaum (Nussbaum 1999: 46, 119, 122f., 130) unterstellt Sen dem Individuum keine determinierbare menschliche Natur. Für ihn zählt die ‚Ermöglichung' von Verwirklichungschancen (capabilities), nicht wie bei Nussbaum die ‚Bewertung' der von bestimmten Lebensplänen und Präferenzen abhängigen tatsächlichen Lebensgestaltung (functionings).

Zentral für Sens Capability-Ansatz ist der Zusammenhang zwischen Gerechtigkeit und Freiheit. Er bezieht sich dabei auf die Gerechtigkeitsgrundsätze von John Rawls (1979: 336), die ein normatives Kriterium in der öffentlichen Entscheidungsfindung bestimmen. Danach hat Freiheit der einzelnen Person die Priorität – allerdings unter der Bedingung gleicher Freiheit für Alle. Gerechtigkeit hat vor Leistungsfähigkeit und Lebensstandard Priorität – aus ihr leiten sich Gleichheit und Effizienz in der Verteilung von Teilhabemöglichkeiten sowie das Unterschiedsprinzip her. Sen geht jedoch über Rawls hinaus, indem er substantielle und instrumentelle Freiheiten des Individuums unterscheidet. Substantielle Freiheiten ermöglichen die Verwirklichung elementarer Fähigkeiten (Möglichkeit, Hunger, Unterernährung, heilbare Krankheiten, vorzeitigen Tod zu vermeiden, lesen und schreiben zu können, Meinungsfreiheit etc.). Instrumentelle Freiheiten – politische Freiheiten, ökonomische Vorteile, soziale Chancen, Garantien für Transparenz und soziale Sicherheit – tragen dazu bei, die allgemeinen Verwirklichungschancen des Einzelnen zu fördern und zu ergänzen. Die Ausweitung menschlicher Freiheit ergibt sich durch „Verfahren, die Handlungs- und Entscheidungsfreiheit ermöglichen, und die realen Chancen, die Menschen angesichts ihrer persönlichen und sozialen Umstände haben." (Sen 2000: 28) Partizipation hat dabei einen intrinsischen Wert, um „Werte zu erneuern, zu entwickeln und in politische Entscheidungen zu integrieren" (Volkert 2007: 14).

2.6.3 Zeitsouveränität als Kategorie von Lebensqualität

Basierend auf dem Stand der Lebensqualitätsforschung ergeben sich für die zeitpolitische Konkretisierung des Begriffs der Lebensqualität einige Schlussfolgerungen. Eine Verknüpfung von objektiven und subjektiven Lebensqualitätsaspekten ermöglicht die Bestimmung von objektiven Kriterien für gesellschaftliche Rahmenbedingungen, um Zeitstrukturen in Perspektive einer realen Chancengleichheit zu gestalten, und von subjektiven Kriterien, um ausdifferenzierte individuelle Ansprüche der zeitlichen Selbstbestimmung zu konkretisieren. Im Sen'schen Ansatz der ‚Ermöglichung von Verwirklichungschancen' sehen wir die Verknüpfung objektiver und subjektiver Lebensqualitätsaspekte gegeben, indem bestimmte gesellschaftliche Rahmenbedingungen für ein ‚gutes Leben' und der Anspruch auf eine ungehinderte Eigenständigkeit und nachhaltige Handlungsfähigkeit des Individuums zusammengeführt werden.

Wenn wir diesen Ansatz auf die Kategorie der ‚Zeitsouveränität' anwenden, sind objektive und subjektive Kriterien zu konkretisieren. Zugleich ist zu berücksichtigen, dass Kriterien für lebensqualitätsorientierte Zeitsouveränität sich nicht nur auf Dienstleistende, sondern auch auf Nutzer beziehen. In einer Perspektive, die *sowohl* die Verwirklichung von Individualität und Differenz *als auch* gerechtigkeits- und wohlfahrtspolitische Zielstellungen berücksichtigt, liegt nahe, den Anspruch auf zeitliche Selbstbestimmung auf alle relevanten Zeitsphären zu beziehen, nicht nur auf Erwerbsarbeit, sondern auch außererwerbliche Lebenssphären. Ebenso sollten strukturelle Merkmale berücksichtigt werden, die gewöhnlich bestimmte Personengruppen aus der Inanspruchnahme realer Chancengleichheit ausschließen. Zu denken ist an ungleiche Anerkennung bestimmter Zeitverwendungen im Vergleich zur Erwerbsarbeitszeit. Besonderes Augenmerk gilt der kulturellen Dimension, wie Zeit in unserer Gesellschaft gebraucht wird und welche Bedeutung dies für die Relation von Selbstbestimmung und Reziprozität hat. Schließlich zählt bei Ermöglichung selbstbestimmter Zeitverwendung auch die Ermöglichung von Zeiten für gemeinsame Aktivitäten bzw. für kommunale Zeitverwendungen, wenn Zeitsouveränität nicht auf Erwerbsarbeit und häusliche Sphäre beschränkt bleiben soll. Die konkrete Ausformulierung der genannten Kriterien nehme ich in Kapitel 2.8 vor. Zur Fundierung des zeitpolitischen Ansatzes folgen zunächst im Kapitel 2.7 Überlegungen zur Akteurskonstellation im Kontext der Regulierung von Arbeitsbeziehungen, da diese, wie erwähnt, in direkt personenbezogenen Dienstleistungen als um die Ansprüche auf Zeitsouveränität der Nutzer/innen von Dienstleistungen erweitert gedacht werden müssten.

2.7 Neue Akteurskonstellationen und Arbeitsbeziehungen: gesellschaftliche Interessen im Arbeitsverhältnis?

Die betriebswirtschaftliche Logik in der Regulierung der Arbeitsbeziehungen, die durch Konkurrenz- und Wettbewerbsanforderungen am Weltmarkt verstärkt wird, verursacht vielfältige externe Effekte. Die Externalisierungs-Logik greift auf den Bereich des öffentlichen Dienstes über, wo Rationalisierung, Standardisierung, Kosteneinsparung als dominante Steuerungsmechanismen gleichfalls externe Effekte produzieren. Diese Regulierungslogik scheint demnach in die Dienstleistungsgesellschaft eingeschrieben zu sein. Demnach gewinnt das Externalisierungs-Theorem immer größere Reichweite und Bedeutung. Externe Effekte sind vielfach erkannt und diskutiert – wenn auch meist nicht unter dieser Kategorie: Zum Beispiel die Auswirkung von Arbeitszeiten auf die Zeiten der Kindererziehung, die Auswirkung betrieblichen Wirtschaftens auf die Umwelt, die Auswirkungen unternehmerischer Personalpolitik auf arbeitsmarkt- und sozialstaatliche Kompensationen u.v.m.

Hier geht es um die politische und rechtliche Bewältigung von zeitlichen externen Effekten direkter personenbezogener Dienstleistungen. Zeitliche Vereinbarungen, die durch Akteure industrieller Beziehungen erzielt werden – wie Arbeitszeit- oder Öffnungszeitvereinbarungen –, wirken sich auf die alltägliche Lebenswelt der von ihnen Betroffenen aus, ohne dass diese darauf Einfluss hätten. Die Interessenvertretung vollzieht sich nach wie vor in bipolarer Ausrichtung. Außererwerbliche Zeitinteressen der Beschäftigten werden partiell bzw. ‚kontrolliert' in Vereinbarungen zur Flexibilisierung der Arbeitszeit aufgenommen werden, solche von Nutzer/inne/n gar nicht. Eine grundsätzliche Verankerung von Zeitsouveränität bleibt in dieser Regulierungsweise nachrangig.

Auch in der Dienstleistungsgesellschaft bleibt somit der Interessenposition der Nutzer von Dienstleistungen reale Chancengleichheit zur Artikulation und Regulierung ihrer Zeitinteressen verwehrt. Dies berührt die Kernfrage dieses Buches: Sind für eine neue Zeitgestaltung in der Dienstleistungsgesellschaft erweiterte Akteurskonstellation für die Artikulation und Aushandlung von Zeitkonflikten und -interessen denk- und entwickelbar? Um dieses komplexe regulierungspolitische Frage aufzubereiten, stellen wir zunächst real vorfindliche Verschiebungen in Interessen- und Akteurskonstellationen in zeitgestalterischer Hinsicht dar. Danach gehen wir theoretischen Ansätze zur Zivilgesellschaft nach, die geeignete politikwissenschaftliche Anknüpfungspunkte zur Erschließung neuer Akteurskonstellationen bieten. Zum Schluss wird die regulierungspolitische Form des ‚zivilen Dialogs' behandelt, die das theoretische Konzept der Zivilgesellschaft gestaltungspolitisch konkretisiert.

2.7.1 Verschiebungen in Interessen- und Akteurskonstellationen

Überall entstehen derzeit neue Aushandlungsarenen, an denen neben Unternehmen und staatlichen Institutionen auch Nichtregierungsorganisationen und wissenschaftliche Expertise beteiligt sind (z.B. Ladeur 2005; König-Archibugi/Zürn 2006; Mückenberger 2010). Auch im lokalen Nahraum treten neue Akteure auf, die postindustrielle Standpunkte alltäglicher Lebensqualität vertreten und ihre Unzufriedenheit mit den Folgen von externen Effekten artikulieren. Lokale/regionale Fragen der Alltagsbewältigung und Regulierungsansprüche der Akteure und Arenen sowie der Rechte und Instrumente ihrer Lösung gewinnen für Politiken zunehmende Bedeutung (Mückenberger 2004; DIFU 2006).

Für die Dienstleistungsgesellschaft scheint eine Verschiebung der ‚governance'-Form charakteristisch zu sein. Referenzpunkt der alten governance waren der Nationalstaat als unumstrittene Regulierungsautorität und die industriellen Beziehungen mit ihrer normsetzenden Kapazität in Kollektivverhandlungen zwischen Arbeit und Kapital. Voraussetzung hierfür war ein gesellschaftlicher Reproduktionszusammenhang – in Form der Kleinfamilie mit eingebauten Geschlechterverhältnissen und Generationsverträgen – und das Ideal des autonomen Individuums – mit Wissen und freiem Willen, Rationalität zu gebrauchen und Entscheidungen zu treffen. Neben diese herkömmliche Konstruktion von governance – die sicherlich auch auf Fiktionen beruhte (Mückenberger 1985) – tritt eine neue governance-Form, die zunehmend bedeutender wird: „Sie charakterisiert sich durch ‚Dezentrierung' – mit einer Zunahme sowohl an Globalisierung als auch an Lokalisierung." (Mückenberger 2004: 238; 2010; Mückenberger/Timpf 2007; Bercusson/Estlund 2008).

In diesem Buch untersuchen wir eine der Seiten dieser neuen ‚governance' genauer: die Seite der Lokalisierung. Beispiele für eine zunehmende zeitpolitische Regulierung auf lokaler Ebene sind z.B. Zeitleitpläne in Italien (Boulin/Mückenberger 2001). Mit diesem kommunalen Politikinstrument werden die Flächennutzung, das Verkehrssystem und die Öffnungszeiten der Dienstleistungseinrichtungen der Kommune aufeinander abgestimmt. Zielsetzung ist nicht nur die Steigerung von Effizienz der öffentlichen Verwaltung, sondern insbesondere die Berücksichtigung der gebundenen Zeiten der städtischen Bevölkerung und die Mehrung ihrer individuellen zeitlichen Gestaltungsmöglichkeiten im Alltag. Einfluss wird auf die lebensweltorientierte Gestaltung von Arbeitszeiten und auf die Qualität der lokalen Dienstleistungen genommen (Mückenberger 2000: 144f.).

Das zeitpolitische Instrument der lokalen Mobilitätspakte ermöglicht es der kommunalen Bevölkerung, ihre zeitpolitischen und qualitätsorientierten Vorstellungen einzubringen – wie eigene Alltagszeiten, die städtische Zeitgestaltung und die Transport- und Verkehrszeiten miteinander zu vereinbaren sind (Boulin/Mückenberger 2001: 51). Bürger und Bürgerinnen werden daran beteiligt, mit kommunaler Regierung und Verkehrsbetrieben eine Vereinbarung abzuschließen. Lokale Initiativen zur Verbesserung der Öffnungszeiten von Dienstleistungseinrichtungen bringen auf lokaler Ebene Vertreter der Stadtverwaltung, Unternehmer und Bürger zusammen, um lokale Zeitpakte zu vereinbaren (ebd.: 57). In Hearings und mittels Mediationsverfahren werden z.B. konsensuelle Schnittpunkte gesucht, wie die Überschneidung von Öffnungszeiten der Dienstleistungseinrichtungen und Arbeitszeiten sowie soziale Zeiten der Bürger entzerrt werden kann. Zielstellung ist die Erweiterung von zeitlichen Optionen zur Nutzung der lokalen Dienstleistungen. Andere lokale Zeitpakte orientieren z.B. auf die Wiederbelebung städtischer Plätze und deren zeitpolitische Ausgestaltung.

Die Einrichtung lokaler Zeitbüros durch städtische Verwaltungen antwortet auf die Unzufriedenheit der Bürger mit Effekten, die aus vorherrschenden städtischen Zeitstrukturen und der vorherrschenden bürgerfernen städtischen Zeitgestaltung resultieren (ebd.: 59). Aufgaben der Zeitbüros ist die Sensibilisierung und Information der städtischen Öffentlichkeit für Zeitpolitik, die Erhebung zeitpolitischer Interessen der Bürger und die vermittelnde Position zwischen Angebots- und Nachfrageseite bei zeitlich strukturierten lokalen Dienstleistungen (Heitkötter 2006a). Problemlösungsprozesse basieren auf partizipatorischen Aushandlungsverfahren zwischen unterschiedlichen kommunalen Akteursgruppen. Stadtentwicklungsgespräche bringen die Verwaltung und Wissenschaft, Unternehmer und Bürger zusammen, um gemeinsam stadtentwicklungspolitische Perspektiven zu erörtern (Mückenberger/Timpf 2003). Hier kreuzen und ergänzen sich wissenschaftliche Expertise und Verwaltungserfahrung, unternehmerische Anforderungen und alltagsbezogene Bürger-Unzufriedenheit und -Interessen.

Die Vielfalt entstehender lokaler zeitpolitischer Initiativen und Vereinbarungen zeigt auf, dass sich neben den bipolar angeordneten industriellen Beziehungen ein aufgefächertes Netz an Akteuren an der Lösung zeitpolitischer lokaler Konflikte beteiligt. Die Form der Auseinandersetzung und der Aushandlung ist weniger eine der bipolaren Konfrontation oder der taktisch-strategischen Suche nach Vorteilen für eine Akteursgruppe – sie orientiert auf eine neue politische Kultur der Kommunikation, Vermittlung und Kooperation. Sie sucht nach intelligenten und innovativen win-win-Ergebnissen: Alle an der Aushandlung Beteiligten sollen aus den Ergebnissen einen ‚Gewinn' für ihre Anliegen ziehen können, im Konfliktfalle zumindest aber ein faire Behandlung ihres Anliegens erlangen. Dem entspricht nicht die Akteurskonstellation, dass auf der einen Seite Bürger protestieren, auf der anderen Seite Verwaltung sich rechtfertigt oder Unternehmen sich sozialen Fragen verweigern. Vielmehr verweisen diese zeitpolitischen Aushandlungsverfahren auf reale Konstellationen, in denen sich Vertreter aus Verwaltung und Wirtschaft den lebensqualitätsorientierten Belangen der städtischen Bürger öffnen und gesellschaftliche Interessen Stimme und Einfluss auf unternehmerische und verwaltungspolitische Entscheidungsprozesse gewinnen. Diese Vereinbarungen gelingen, wo ein Beziehungsdreieck Verwaltung, Unternehmen und lokale Zivilgesellschaft sich konstuiert und ernsthaft gegenseitige Anerkennung praktiziert.

2.7.2 Eine neue historische Stufe der Zivilgesellschaft

Der politikwissenschaftliche Diskurs um Zivilgesellschaft bietet einen geeigneten Ansatzpunkt, diese neuen Akteurskonstellationen, in denen Individuen und Gruppen ihre lebensweltlichen Interessen gegenüber gesellschaftlichen und staatlichen Institutionen artikulieren, im nachindustriellen regulierungspolitischen Kontext zu verstehen. Das theoretische und empirische Verständnis von Zivilgesellschaft ist äußerst vielfältig. Manche verstehen darunter eine analytische machttheoretische Differenzierungskategorie, andere eine manifeste nicht-staatliche Akteursgruppe und andere wiederum einen Schauplatz für (globale) Demokratie. Ich folge hier der Theoretisierung von David Lockwood (1971), Jürgen Habermas (1981), Jean L. Cohen und Andrew Arato (1992), weiterentwickelt und modifiziert bei Mückenberger (2004). Demnach verhalten sich System und Lebenswelt dichotomisch zueinander. Im Bereich der Lebenswelt beansprucht kommunikative normbegründende und -erzeugende Rationalität Geltung, während im Bereich des Systems – mit Subsystemen Staat und Wirtschaft – die Wirkmechanismen von Macht und/oder Geld Problemlösungen prägen. Dem

System wird dabei die vorherrschende Position zugeschrieben. Seine macht- und geldvermittelte Entscheidungslogik bestimmt die gesellschaftliche Normbildung und wirkt machtvoll in den Lebensalltag der Individuen hinein – das System ‚kolonialisiert' die Lebenswelt (Habermas 1981: 489ff.).

Während bei Lockwood noch von räumlich und zeitlich getrennten Sphären von System und Lebenswelt gesprochen wird, diffenziert Habermas die beiden Bereiche nach unterschiedlichen Logiken und Sprachen; er betont nicht eine sphärenhafte Trennung zwischen beiden Bereichen, sondern eine funktionale und analytische. Entsprechend kann von einer ‚diskurslogischen' Dichotomie zwischen System und Lebenswelt ausgegangen werden (Waldenfels 1985: 95). In Habermas' ‚Kolonialisierungs'-Theorem ist eine Täter-Opfer-Beziehung in der Theoretisierung des Wechselverhältnisses von System und Lebenswelt impliziert, die so nicht aufrechtzuerhalten ist (vgl. Kritik bei Mückenberger 2004: 204).

Über die als passiv, duldend konzipierte Kategorie der ‚Lebenswelt' hinausweisend betonen Cohen und Arato (1992: ixff.) mit dem Begriff der Zivilgesellschaft die aktiv gestaltende Intention von nicht-staatlichen und nicht-marktlichen Akteuren in der nachindustriellen Gesellschaft. Sie verstehen Zivilgesellschaft entsprechend als öffentliche Sphäre der sozialen Interaktion, in Distanz zur Wirtschaft und Politik und zugleich in einer Auseinandersetzungs-Beziehung zu ihr. Zivilgesellschaft vermittelt zwischen System und Lebenswelt, indem sie lebensweltlichen Akteuren gegenüber den Subsystemen eine Organisationsform und dadurch ermöglicht „Stimme" *(voice)* verschafft. Ihre Konstitutions-Prinzipien sind Pluralität und Öffentlichkeit, Privatsphäre und Legalität.

> „Damit ist es möglich, die Zivilgesellschaft als dynamische, innovative Quelle für die Thematisierung neuer Fragestellungen, die Artikulierung neuer Projekte, die Schaffung neuer Werte und neuer kollektiver Identitäten und zugleich als institutionalisierte bürgerliche Autonomie zu begreifen." (Arato/Cohen 2007: 83)

Zivilgesellschaftliche Akteure gewinnen Autonomie durch Prozesse der Selbstkonstitution und -mobilisierung. Sie sind nicht autonom im Sinne von völliger Unabhängigkeit, denn Zivilgesellschaft wird auch durch die Form systemischer Normbildung – Gesetze und Aushandlungsverfahren – strukturiert. Die zivilgesellschaftliche Sphäre ist kommunikativ und pluralistisch strukturiert. Diskurse um Werte und Normen, Gesetze und Politik erzeugen relevante öffentliche Meinung. Sie intendieren die Einflussnahme auf systemrelevante Normbildung und die Verankerung subjektiver Rechte, was wiederum die zivilgesellschaftliche Sphäre und ihre Akteure festigt. In diesen hergestellten Öffentlichkeiten wird eine Vielfalt von Diskursen vertreten, die durchaus miteinander konkurrieren und auch oft gegensätzliche Positionierungen repräsentieren. Dynamisch entwickeln sie sich entlang der sich verändernden lebensweltlichen Regulierungsansprüche und/oder Akteurskonjunkturen weiter und erneuern sich. Damit entwickeln sich das ökonomische und politische System mit seinen Institutionen, aber auch der etablierte, institutionalisierte Bereich der Zivilgesellschaft fort.

Cohen und Arato (1992: 435ff.) verstehen Zivilgesellschaft weniger als macht- oder revolutionszentrierten Gegenpol zum System, vielmehr als selbstreflexive Diskurssphäre. Diese artikuliert sich zu Effekten der Entscheidungslogik der Systembereiche und kommuniziert und differenziert zugleich das davon Differente. So trägt sie zur Dekolonisierung bzw. zur kommunikativen Entfaltung der Lebenswelt mittels systemdifferenter ethischer und ästhetisch-kultureller Maßstäbe bei: „Das Konzept der öffentlichen Sphäre führt somit das Normative und das Empirische zusammen, das Universale und das Besondere.“ (Arato/ Cohen 2007: 85) Die Verknüpfung zum Externalisierungsmechanismus wird evident, da Zivilgesellschaft von negativen externen Effekten betroffen ist und tendenziell durch deren Thematisierung ihre systemkritische Position legitimiert. Die normative Perspektive von Zivilgesellschaft richtet sich auf die Erweiterung von Partizipationsmöglichkeiten und Beteiligungsformen in Aushandlungsverfahren mit den vorherrschenden Systembereichen – damit auch auf eine Wiedereinbettung von Bürokratie und Ökonomie in soziale Beziehungen.

Das zivilgesellschaftliche Gegengewicht gegen Systemartikulationen wendet sich in ‚re-internalisierender' Perspektive gegen den Externalisierungsmechanismus. Es kann nicht als einheitlich organisierte, gleichwertig wirkmächtige Gegenposition verstanden werden. Es tritt vielmehr als heterogene, fragile und oft nicht dauerhafte, thematisch ungleichzeitige und widersprüchliche Erscheinung von Handlungsbereitschaften und Interessenbündelungen auf (Mückenberger 2004: 17, 192ff., 205, 225ff.). Die neuen Akteurskonstellationen agieren in Konflikten um die alltägliche Zeitorganisation immer an der ambivalenten Schnittstelle zwischen Systemintegration und Sozialintegration (Lockwood 1971). Da die Individuen immer system- wie auch lebensweltlich agieren, nehmen sie ‚changierende' zeitpolitische Positionierungen ein (Mückenberger 2004), die unvermeidlich Vermischungen systemischer und lebensweltlicher Wahrnehmungs- und Artikulationsmuster entstehen lassen. Dabei sind die real vorfindlichen Interessen der verschiedenen zivilgesellschaftlichen Akteure dispers, d.h. punktuell und unkoordiniert, insbesondere wenn es sich um informelle Initiativen oder Zusammenschlüsse handelt. Sie müssen erst eine wirksame Bündelung und Zielrichtung erlangen, um Wirkmächtigkeit und Legitimität zu erlangen. Lebensweltliche Artikulationen sind daher auf die gesellschaftlich diskursive Austragung zeitpolitischer Konflikte angewiesen, was die Anforderung stellt, kommunikative Macht in hergestellten Öffentlichkeiten auszuüben. Die kommunikative Struktur der diskursiven zivilgesellschaftlichen Einflussnahme benötigt reflexive und mediierende Kompetenzen, um zwischen Interessenkonstellationen zu vermitteln.

2.7.3 Erweiterte Akteurskonstellation und ziviler Dialog

Arato und Cohen vertreten eine neue Stufe von Zivilgesellschaft, indem sie letztere als eigenständigen Akteur triangulär neben die Akteure Staat und Wirtschaft anordnen. Frühe Konzeptionen wie bei John Locke oder Alexis de Toqueville stellten noch Staat und Gesellschaft bipolar gegenüber – Wirtschaft war hier dem Gesellschaftlichen zugeordnet und bildete analytisch zusammen mit z.B. Gewerkschaften und anderen ‚privaten' gesellschaftlichen Akteuren dieselbe Artikulations- und Handlungssphäre.

Das Verständnis von Transformation, das der Begriff ‚Dezentrierung' mit sich führt, ist auch auf lokaler Ebene nachzuvollziehen. Die Herausbildung von eigenständiger kommunaler Kinder- und Familienpolitik, von kollektiven Wohnformen älterer Menschen, von einer ökologisch nachhaltigen Reorganisation des urbanen Raumes (Verkehr, Energie usw.), von Quartiersmanagement etc. korreliert mit veränderten Geschlechterverhältnissen und demografischen Strukturen, mit Individualisierung und Pluralisierung der Lebensweisen, mit Verschiebungen in soziokulturellen Wertmustern und Lebensqualitätspräferenzen. Dezentrierung relativiert die Priorität des nationalstaatlich territorialen Bezugs – auch der industriellen Beziehungen. Mit ihr gewinnen neben supranationalen auch lokale Regierungsformen und Regulierungsinstitutionen und zivilgesellschaftliche Akteure bei der Regelerstellung und Normbildung an Bedeutung und Gewicht (Mückenberger 2004: 193ff.).

Hier kommt das von Arato und Cohen formulierte ‚neue' Beziehungsdreieck ‚Staat – Wirtschaft – Zivilgesellschaft' zum Tragen. Mit dem Verständnis von dieser neuen Akteurs- und Regulierungskonstellation wird möglich, das kommunikative Handeln von zivilgesellschaftlichen Akteuren in seiner eigenständigen Entwicklungslogik zu erkennen und zu analysieren. Die erweiterte Akteurskonstellation legitimiert sich durch die reflexive Reaktion der Zivilgesellschaft auf vielfältiges Markt- und Staatsversagen und begründet ihre Einflussnahme auf politische Ergebnisse, Formen der politischen Gestaltung und der politischen Verfassung der Gesellschaft. Neben die Regulierungsformen des alten Regulierungsmodells – wie die bipolar angeordnete Tarifautonomie als Ausdruck des *bipolaren* ‚sozialen Dialogs' zwischen Arbeitgeber/Arbeitnehmer-Interessen – treten *multipolare* Aushandlungsformen. In ‚zivilen Dialogen' agieren vielfältige zivilgesellschaftliche Akteure neben den Vertretern der systemischen Bereiche Staat und Wirtschaft (Boulin/Mückenberger 2005). Prinzipiell wird damit dem Anspruch auf die Re-Internalisierung externer Effekte Rechnung getragen, indem die von solchen Effekten betroffenen nicht-systemischen Stakeholder beteiligt werden.

Diese neue Kultur der Mitbestimmung, die die Prinzipien der Kommunikation und Reziprozität, Partizipation und Kooperation anerkennt, begründet neue soziale Beziehungen im Politischen. Die neuen Formen des ‚zivilen Dialogs' sind aber erst Anfangsprodukte einer neuen politischen Kultur (vgl. exemplarisch die methodische Umsetzung solcher kooperativ-prozeduraler Problembearbeitung und Erzielung ‚fairer' Ergebnisse: Buggeln/Mückenberger 2005: 118). Inwieweit sich dabei eine wirkmächtige Erweiterung partizipativer Rechte von zivilgesellschaftlichen Akteuren durchsetzt, wird sich in der Realität noch erweisen. Jedenfalls verweist der ‚zivile Dialog' als Regulierungsmodus der erweiterten, multipolaren Akteurskonstellation auf eine normative Zielrichtung für politische Beteiligung jeglicher von politischen Entscheidungen betroffenen Stakeholder.

Aufgrund der analysierten Wirkungszusammenhänge bei direkt personenbezogenen Dienstleistungen spricht vieles dafür, Arbeitsbeziehungen im Dienstleistungsbereich als triangulär und nicht bipolar angeordnet zu verstehen und anzuordnen. Ähnliches ist bereits im Regulierungskonzept von Richard Brooks (2007: 6ff.) vorgesehen. Begründet wird es mit der Tatsache, dass Nutzer von Dienstleistungen auch Koproduzenten und somit Teil der tätigen Arbeitsbeziehungen sind, allerdings ohne reale Chancengleichheit bei ihrer Ausgestaltung. Auch dieser Ansatz begründet die Partizipation der Nutzer mit gerechtigkeits- und wohlfahrtspolitischen Argumenten. Ohne Rückgriff auf den Begriff des zivilen Dialogs bringt er doch entsprechende Regulierungskomponenten der Re-Integration externalisierter Regelungsfragen und Reziprozität zwischen den Akteuren – wie transparente prozedurale Regeln und faire Ergebnisse – ein und verknüpft sie miteinander.

Das Problem, dass sich meines Erachtens aus Brooks' Ansatz ergibt, ist seine Staatszentrierung. Dort wird die triangulär erweiterte Akteurskonstellation im Dienstleistungsbereich zwischen Staat, lokalen Dienstleistungsbetrieben mit ihren Beschäftigten und Nutzer/inne/n lokaler Dienstleistungen konstruiert. Der Staat wird in dem Ansatz in paradoxer Weise angerufen: zum einen als ein ‚starker' Staat mit (scheinbar notwendiger) ‚top-down'-Macht (Regierung und zentraler Arbeitgeber) und zugleich als ein ‚weicher' demokratischer Staat, der gesellschaftliche Interessen und Partizipation anerkennt und fördert. Nutzer von Dienstleistungen werden als von externen Effekten des Systems Betroffene und mit ihren subjektiven Interessen gegenüber dem Staat ernst genommen, werden aber letztlich nicht als Akteur(sgruppe) verstanden. Die eigentliche Intervention (Dezentralisierung von Macht) wird dem Staat zugeschrieben, der doch zugleich als zentraler Arbeitgeber die herrschenden Bedingungen der Nicht-Partizipation vorgibt. Auch wenn wir mit dem Prinzip multipolarer Akteurskonstellationen und ziviler Regulierungsformen bei Brooks übereinstimmen, sehen wir uns im Rückgriff auf die Dezentrierungsthese bestätigt, bei der Entfaltung von postfordistisch motivierten Beziehungen zwischen Staat, Wirtschaft und Zivilgesellschaft vom kommunikativen Handeln der zivilgesellschaftlichen Akteure auszugehen. Kernfrage dieser Untersuchung ist somit nicht diejenige nach Fortschreibung der Machtkompetenzen systemischer Akteure, sondern gerade diejenige nach Artikulations- und Beteiligungsmöglichkeiten von zivilgesellschaftlichen Stakeholdern.

2.7.4 Sozialer Dialog und/oder Ziviler Dialog?

Die Ansprüche auf andere Beteiligungsformen wie z.B. in Form des zivilen Dialogs treffen vielfach auf Zweifel aus gewerkschaftspolitischer Perspektive. Alltagsbezogene Lebensqualitätsorientierungen haben wohl politische Konjunktur, aber ebenso manifest artikulieren sich Interessen nach Fortschreibung der gewerkschaftspolitisch vertretenen Forderungen nach Teilhabe an Lohn und Konsum, begrenzten Arbeitszeiten und sozialer Sicherung (z.B. Bsirske et al. 2004; Bsirske 2005). Ein Festhalten an der bisherigen oder einer erneuerten Form des sozialen Dialogs hat dahingehend Sinn, dass sie auf ein medial vermitteltes Interesse und auf eine sie tragende politische Kultur zurückgreifen kann (z.B. Voswinkel 2001; Annesley 2004; Müller-Jentsch 2008). Zivilgesellschaftliche Akteure vertreten dagegen disperse Interessen, und zivilgesellschaftliche Beteiligungsbereitschaft und -kapazität scheinen vielfach überschätzt (z.B. Stickler 2005; Frantz/Martens 2006; Schuppert 2006).

Zweifel bestehen, ob zivilgesellschaftliche Akteure – angesichts der selbst vertretenen dezentrierten, offenen, pluralistischen Organisation – konkrete und zielgenaue sozioökonomische Positionen herauskristallisieren und bündeln können, die als strategische Kompensationsforderungen an die entscheidungsrelevanten Wirtschafts- und Marktkräfte gestellt werden könnten (z.B. OBS 2002). Zweifel werden angemeldet an der Repräsentativität der Nichtregierungsorganisationen, wenn sie repräsentativ gesellschaftliche Interessen vertreten. Sie sind zumindest nicht durch öffentliche Wahlen legitimiert (z.B. Brunnengräber et al. 2001). Zudem können dienstleistende Beschäftigte von dispersen, pluralistischen und wechselhaften Interessenkonstellationen schwer überzeugt werden, wenn sie zugleich unter dem Druck wirkmächtiger Ökonomisierungsinteressen des Managements bezüglich der Arbeitsbedingungen, des Entgelts und auch der Arbeitszeit stehen (z.B. Brandt et al. 2008).

Angesichts dieser und anderer Zweifelpunkte (z.B. OBS 2003; 2004) spricht vieles für eine Koexistenz des sozialen und des zivilen Dialogs. Eine Ersetzung des sozialen Dialogs durch den zivilen Dialog ist nicht angezeigt, da im Effekt ein Verlust an konkreten substanziellen Verhandlungsergebnissen im Feld der Arbeitspolitik droht.

Zugleich muss sich aber der Standpunkt einer Bewahrung des herkömmlichen sozialen Dialogs zentralen Fragen gesellschaftspolitischer Transformation stellen. In Kapitel 2.5 haben wir aufgezeigt, wie über die Subjektivierung der

Arbeit die neuen kommunikativen Prinzipien strategisch im Interesse des Managements gestärkt werden. Zugleich knüpft die Subjektivierung der Arbeit an emanzipatorische und partizipative Ansprüche der Beschäftigten an, die ein Interesse an der Vereinbarkeit von arbeitspolitischen und alltagsbezogenen Lebensbedingungen artikulieren. Insbesondere hinsichtlich der Flexibilisierung der Arbeitszeit tritt diese widersprüchliche Gemengelage auf. Hier wird auch in der Arbeitszeitforschung erkannt, dass es dialogfähiger Beteiligungs- und Aushandlungsverfahren bedarf, die in der Lage sind, Selbstvertretungsansprüche der Beschäftigten und alltagsbezogene gesellschaftliche Interessen aufzunehmen. Politisierungsfähig ist hierbei, dass aufgrund der Durchsetzung postindustrieller Arbeitsweisen das Management gefordert ist, die kommunikative Macht der Beschäftigten aufzunehmen, und dass es normativer Zielbestimmungen bedarf, wie gesellschaftliche Interessen jenseits der bloß marktförmigen Kundenorientierung umzusetzen wären.

Gesellschaftliche zeitpolitische Interessen werden auch zunehmend von staatlichen Institutionen aufgenommen und politisiert und nehmen Einfluss auf die betriebliche Zeitgestaltung: Beispiele sind hier die aktuelle Familienpolitik, die auf Basis der lokalen Zeitkonflikte um Kinderbetreuung intendiert, Arbeits- und sozialen Zeiten besser zu vereinbaren (vgl. neuestens der VIII. Familienbericht der Bundesregierung: BMFSFJ 2012). Im Zuge der häuslichen Zeitkonflikte mit der Betreuung pflegebedürftiger Menschen werden gesetzliche Regelungen für die Pflegenden erlassen, um ihre z.B. zeitliche Freistellungen aus dem Betrieb zu ermöglichen. Über die EU-Ebene werden Unternehmen in den Prozess des ‚corporate social responsibility' einbezogen, in dem sie aufgefordert werden, sich den gesellschaftlichen Interessen hinsichtlich lokaler-territorialer Regulierungsfragen und sozialer Verantwortung zu öffnen. Diese und andere überbetriebliche Regulierungsbewegungen, die Auswirkungen auf die betriebliche Regulierung haben, sind verbunden mit Formen des zivilen Dialogs und zeigen die Öffnung der systemischen Akteure für kommunikative Macht und weisen durchaus wirkmächtige Resultate auf.

Auch hier sind berechtigte Zweifel angebracht. Ohne normative lebensqualitätsorientierte bürgerbeteiligende Leitbildentwicklungen bleiben diese Gestaltungen partikulare politische Ereignisse. Der untrennbare Zusammenhang zwischen Systemintegration und Sozialintegration wird aber letztlich von den Individuen im nahräumlichen Bereich der alltäglichen Lebensführung erfahren. Entscheidend ist hier, ob Zeitkonflikte bewältigbar werden oder nicht (Mückenberger 2004: 233; Heitkötter 2006a). So stellt sich die Frage, ob eine Dienstleistungsgesellschaft mit dem Problemidentifizierungs- und Problemlösungsinstrumentarium einer Industriegesellschaft auskommen kann. Gewerkschaftliche Zeitpolitik beharrt vornehmlich darauf, Arbeitszeit als Angelpunkt jeglicher Zeitpolitik beizubehalten und die Beschäftigten als privilegierte Stakeholder zu platzieren. Dies kann zur

Sozialintegration Beschäftigter führen, zugleich aber ein Scheitern der Sozialintegration des sozialen Umfelds der Beschäftigten und der lokalen Nachfragenden bedeuten, weil ihre Zeitinteressen mit den betrieblichen Zeitarrangements unvereinbar sind. Die Reduktion komplexer gesellschaftlicher Zeitinteressen auf betriebliche Funktionszusammenhänge führt – aufgrund begrenzter Handlungsautonomie der Nutzer, aber durchaus auch der Anbieter von Dienstleistungen – zu dienstleistungsbezogenen Zeitkonflikten. Eine grundlegende Innovation muss tragfähige gestaltungs- und evaluationsorientierte Kriterien der Lebensqualität formulieren, die auf die Erweiterung zeitpolitischer Handlungsfähigkeit der Dienstleistungserbringer und -nutzer zielen und die Leitbildcharakter bei der Lösung von dienstleistungsbezogenen Konfliktlösung haben können.

2.8 Lebensqualitätsorientierter Zeitwohlstand und Indikatoren der Lebensqualität

Ausgangspunkt dieses Forschungsprojekts sind die alltäglichen Zeitkonflikte, die bei der Synchronisation von Arbeitszeiten und Zeiten der Elternschaft und Partnerschaft, kommunalen Zeiten und freien Zeiten auftreten. Wir konstatierten, dass diese Zeitkonflikte für Dienstleistungserbringer genauso auftreten wie für Nutzer von Dienstleistungen – mit dem Unterschied freilich, dass zumindest außererwerbliche Zeitinteressen der Beschäftigten im Rahmen der industriellen Beziehungen partiell berücksichtigt werden. Die Politik der Normierung von Arbeitsbedingungen und -zeiten in Form des Normalarbeitsverhältnisses, der Normalarbeitszeit und der Normalbiografie wird im Zuge des Umbruchs der Industriegesellschaft in eine Dienstleistungsgesellschaft dysfunktional und verliert an Wirkungsmächtigkeit. Dies liegt daran, dass insbesondere bei direkt personenbezogenen Dienstleistungen das Uno-actu-Prinzip Anwendung findet und Tätigkeitsmerkmale der Interaktion, Kommunikation, Reziprozität, Reflexivität, Empathie wirksam werden, die auf kooperative Dienstleistungsbeziehungen orientieren. Es liegt weiterhin daran, dass die postfordistische Konzeption von Arbeit in Form der Subjektivierung der Arbeit ein ambivalentes Ineinandergreifen von Fremd- und Selbstbestimmung bei der (Selbst-)Organisation von Arbeitsinhalten, -weisen und -zeiten hervorbringt, das wiederum Flexibilität, Optionen, Differenz bei der Regulierung von Arbeitsbedingungen und -zeiten fordert. Der Umbruch wird von lebensweltlichen Transformationen verstärkt – veränderten Geschlechterverhältnissen, pluralisierten Familienformen und Lebensweisen, Individualisierung –, die Bedarf nach differenziellen Chancen für die Bewältigung alltäglicher Zeitkonflikte anzeigen. In Kapitel 2.6 formulierten wir mit der Kategorie der ‚Lebensqualität' ein normatives, auch zeitpolitisches Regulierungsziel, das gerechtigkeits- und wohlfahrtspolitisch als verallgemeinerbare und individuell differenzierbare Kategorie begründet wurde. Um der Nutzer/innen-Seite, die wir als zivilgesellschaftliche Stakeholder verstehen, mit ihren lebensweltlichen Zeitinteressen Stimme und berechtigte Teilhabe an der Aushandlung von Lebensqualitätszielen zu verleihen, bedarf es anderer Regulierungsformen. Dazu wurde die Form des zivilen Dialogs vorgeschlagen (Kap. 2.7).

An dieser Stelle nun wollen wir das Feld der Zeitpolitik mit Indikatoren zur Bewertung ihrer Effekte vorstellen. Ausgangspunkt ist die Gestaltungsbedürftigkeit von Zeitkonflikten – besonders im lokalen Bereich.

Dargestellt werden einzelne zeitpolitische Ansätze, die eigenständige Gestaltungsbedürftigkeit zeitpolitischer Interessen zivilgesellschaftlicher Stakeholder theoretisieren und politisieren. Wir konzentrieren uns auf den Ansatz der lokalen Zeitpolitik. Danach diskutieren wir die Verknüpfung von Zeitpolitik und der herausgearbeiteten normativen Kategorie der Lebensqualität, die in den zeitpolitischen Diskurs um ‚Zeitwohlstand' mündet. Der Abschluss kategorisiert Lebensqualität systematisch in zeitpolitischer Perspektive. Vorgeschlagen werden Komponenten, die das in diesem Buch theoretisch begründete Gerüst für die eigene empirische Untersuchung umsetzen und die im methodischen Kapitel 3 zu Hypothesen unseres Evaluierungsvorhabens operationalisiert werden.

2.8.1 Lokale Zeitpolitik

Den Begriff ‚Politik' im Zusammenhang mit Zeit zu verwenden, hat eine gewisse Popularität erlangt (Rinderspacher 1997; Eberling/Henckel 1998; Mückenberger 1998; Spitzner 1999; Rinderspacher 2000, DGfZP 2003).

> „Eine Politik, die Zeitinstitutionen oder Zeitstandards zum Gegenstand hat, richtet sich in der Regel auf die Bearbeitung zeitinduzierter Problemlagen. Diese selbst können wiederum zeitlicher oder nicht-zeitlicher Art sein." (Rinderspacher 1997: 679)

Aus der Analyse lokaler Zeitkonflikte werden z.B. das Konzept kommunaler Zeitpolitik entwickelt, das einen staatsbezogenen Akzent einnimmt (Eberling/Henckel 1998) oder z.B. Zeitpolitik in zivilgesellschaftlicher Perspektive formuliert – mit ökologisch-feministischem Akzent (Spitzner 1999) oder mit alltagssoziologischem Akzent (Mückenberger 1998; 2001; Menzl/Mückenberger 2002; Boulin/Mückenberger 2002; Mückenberger 2004). In letzterem Ansatz konstituiert sich lokale Zeitpolitik aus der Erfahrung mit unterschiedlichen Zeitkonflikten und der Unangemessenheit vorhandener Institutionen und Verfahren zu ihrer Bearbeitung (Mückenberger 1998). Dabei wird lokale Zeitpolitik als fortschreitendes Demokratisierungsprojekt verstanden: Ein verallgemeinertes ‚Recht auf eigene Zeit' – so wie es kürzlich vom Europarat anerkannt wurde (Europarat 2010) – soll die Begründungs- und Gestaltungsbedürftigkeit von örtlichen Alltagsbedingungen legitimieren (Mückenberger 2004: 283f.).

‚Zeit' und ‚Politik' zu verbinden unterstellt, dass eine bewusste gesellschaftliche Gestaltung intendiert ist. Dies ist voraussetzungsreich und wirft Fragen auf: Ist Zeit überhaupt gestaltbar? Ist Zeit wirklich gestaltungsbedürftig? Welche Kriterien und Kompetenzen liegen vor, um Zeit zu gestalten? Wer übt diese aus? Die erste Frage ist leicht nachvollziehbar, wenn man sich die täglichen Zeitstrukturen vergegenwärtigt. In Unternehmen werden Arbeitszeiten gestaltet, in Behörden Öffnungszeiten, in Schulen Schulzeiten etc.

Die zweite Frage bezieht sich darauf, wie das Individuum von den Zeitstrukturen betroffen ist. Wir gehen davon aus, dass im Zuge der alltagsstrukturierenden Flexibilisierung der Arbeitszeiten zunehmend Bedarf nach ‚passbaren' Zeiten für Elternschaft, Partnerschaft, freie Zeiten, Vereinsarbeit, kommunale Aktivitäten – in Abstimmung mit ebenfalls vorgegebenen Zeiten zur Nutzung lokaler Dienstleistungen – entsteht. Die dritte und vierte Frage gehören zusammen. Zeitgestaltung wird zuallererst von systemischen Akteuren ausgeübt. Unternehmen, Behörden, öffentliche Transportbetriebe, Kindergärten etc. legen Arbeits- bzw. Nutzungszeiten fest und determinieren lokale Zeitstrukturen. Nach welchen Kriterien und mit welchen Kompetenzen diese Zeiten gestaltet werden, legen die systemischen Akteure vornehmlich selbst fest. Genau an diesem Punkt agieren zivilgesellschaftliche Stakeholder mit ihren Zeitinteressen, ihren Kriterien und Kompetenzen (Mückenberger 2004: 264ff.).

Nehmen wir das Beispiel der Öffnungszeiten von Kindergärten. Landesgesetze und lokale Jugendämter bestimmen Betreuungsumfang und Personalschlüssel. Dementsprechend legt der einzelne Kindergarten Arbeits- und Öffnungszeiten fest. Stimmen die vorgegebenen Öffnungszeiten mit den Bedürfnissen der Nutzer/innen nicht überein – also mit den Zeitinteressen der Kindern als unmittelbaren oder der Eltern als mittelbaren Nutzern –, entstehen Zeitkonflikte. Regierung, Behörde, Leitung der Dienstleistungseinrichtung, Erzieher/innen, Eltern, Kinder treten mit je eigenen Gestaltungskriterien auf und bilden eine multipolare Interessenkonstellation. Die Kompetenz zur Gestaltung reduziert sich unter der Bedingung der Machtstellung staatlicher Instanzen auf Regierung und Behörde. Weniger Gestaltungskompetenz haben die Leitung der Dienstleistungseinrichtung, noch weniger die Interessenvertretung der Beschäftigten und die Beschäftigten selbst. Die Nutzer haben keinen gesicherten realen Einfluss auf die zeitliche Gestaltung.

An diesem Brennpunkt setzt zivilgesellschaftlich orientierte lokale Zeitpolitik an. Die gestaltungsbedürftigen alltäglichen Zeitkonflikte werden als relevanter Regelungsgegenstand aufgegriffen. Es geht dann um Formen der Erwägung, Aushandlung und Beschlussfassung über zeitliche Rahmenbedingungen, die die alltäglichen Lebensbedingungen von Menschen im lokalen urbanen Raum ausmachen. Das Beispiel für einen alltagsbezogenen Zeitkonflikt Öffnungs-/Nutzungs-Zeiten des Kindergartens macht deutlich, dass es hier nicht um zweiseitige Interessenkonflikte geht, sondern dass eine Einbeziehung aller Stakeholder in die Aushandlung erforderlich wird, um eine mehrseitige Lösung für diesen zeitlichen Interessenkonflikt zu finden. An dieser Stelle setzt dann das Verfahren des zivilen Dialogs an, welches wir in Kapitel 2.7 vorgestellt haben und das auf kooperative Aushandlung und faire Konsensfindung setzt. Im zivilen Dialog erhalten alle Stakeholder die Möglichkeit, sich zu artikulieren (voice) – insbesondere diejenigen, die in der Regel keine regulierungsmächtige Stimme haben. Die komplexe Regulierungsform führt zu einer Vereinbarung, die differente Einsätze und Ergebnisse für jeweilige Akteure/Akteursgruppen zulässt. Das interaktive-dialogische Verfahren greift auf kommunikative und reflexive Methoden zurück – z.B. das choice work-Verfahren und Bürgergutachten, Mediation, Runde Tische, Optionswahl-Hearings und vieles mehr (Buggeln/Mückenberger 2005: 125ff.). Der zivile Dialog bevorzugt ‚prozesshafte' Regulierung. Prozesshaft meint, dass konsensuell Zwischen-, aber auch Zusatzergebnisse kommuniziert und erzielt werden können.

Lokale Zeitpolitik problematisiert zeitliche externe Effekte, die von systemischen Akteuren – mit ihrer Macht, lokale Zeitstrukturen zu determinieren – an das lokale und regionale Umfeld weitergegeben werden. Als Folge dieser externen Effekte werden alltägliche Zeitkonflikte der Individuen im lokalen Umfeld bei der Synchronisation von Arbeitszeiten und Zeiten der Elternschaft und Partnerschaft, kommunalen Zeiten und freien Zeiten erkannt. Zeitliche externe Effekte sollen im Regulierungsprozess des zivilen Dialogs bearbeitbar werden, d.h. Kriterien und Kompetenzen der Zeitgestaltung sollen gesellschaftlich eingebettet werden. Lokale Zeitpolitik geht vom Bedarf des kommunikativen Handelns der zivilgesellschaftlichen Stakeholder aus. Im Kontext der Dienstleistungsgesellschaft bringt sie mit der Alltagsperspektive der Nutzer den Aspekt der Dienstleistungs- und Servicequalität der Dienstleister systematisch zur Geltung. Sie bietet den an der Dienstleistung Beteiligten – Leitung wie Beschäftigtenseite – die Chance, ihren Entscheidungen eine vernünftigere und legitimere, weil nutzerbezogene, Grundlage zu geben (Buggeln/Mückenberger 2005: 122; Mückenberger 2004: 11ff.).

2.8.2 Zeitwohlstand

In Verbindung mit dem komplexer werdenden Verständnis von Lebensqualität bilden sich zeitpolitische Diskurse und Politiken heraus, die Zeit und Wohlstand als gestaltungsbedürftigen Zusammenhang begreifen. In den Fokus rückt die Frage nach erweiterten Handlungs- und Entscheidungschancen der Individuen in zeitlichen Alltagskontexten:

> „Nicht allein die formal-qualitative Verfügung über Zeit, nicht eine Vergrößerung der Zeitguthaben erscheint erforderlich, um der infiniten Verknappung der Zeit

> entgegenzuwirken, sondern eine Vergrößerung der zeitlichen Aktionsspielräume." (Rinderspacher 1985: 297)

Die Generierung von ‚Zeitwohlstand' berührt potentiell die gesamte Lebenszeit und alle Lebensbereiche. Wohlstand wird auf eine konsensuelle Verteilung von Zeit bezogen, die über die ökonomische Sphäre hinausweist – die Freiheit, selbstbestimmt über eigene Zeit entscheiden zu können. Zeitkonflikte sind Indikator für mangelnden bzw. vorenthaltenen Zeitwohlstand – sei es als Verfügungs- oder Verwirklichungsdefizite (Heitkötter 2003: 89; 2006a).

Umstritten ist der Ansatz, Zeitwohlstand in einem direkten nutzenmaximierenden Verhältnis zum Güterwohlstand anzusetzen (Scherhorn 1995; Reisch/ Scherhorn 1999). Theoretisch wie empirisch ist die Analogie zwischen Geld- und Zeitwohlstand nicht geklärt. Empirische zeitpolitische Untersuchungen ergänzen Erkenntnisse über soziale Ungleichheit in Zeitstrukturen. Insbesondere die weibliche Familienarbeit, Bildungsstand, Erwerbslosigkeit, körperliche Versehrtheit und entgrenzte Arbeitszeiten begrenzen Potenziale der Zeitsouveränität (Wotschak 2002). Subjektiv wird Zeitwohlstand in der Verknüpfung von ‚zeitwohlhabendem' – Verfügung über angemessene Zeit für Aktivitäten – und ‚zeitsouveränem' Individuum – Selbstbestimmung über den Umgang mit Zeit – verstanden (Held 2003: 104). Zeitwohlstand wird auch als ein ‚zeitliches Wohlbefinden' konzipiert und bezieht sich dabei auf subjektive Nutzenmaximierung, Präferenzen von Zeit-Optionen und Befriedigungen, die aus Zeitverwendungen bezogen werden (Scherhorn 1995; 2002; Reisch 1999).

Heute wird mit wissenschaftlichen Mitteln danach gefragt, ob es ein zeitliches Existenzminimum gibt und wie es zu bemessen sei. Können wir gewichten, welche und wieviel Zeit ein Mensch zu seiner Wohlfahrt braucht? Was wäre dann der zeitliche „Warenkorb", an dem sich Zeitarmut bemisst, wer sollte sie wie „um-ver-teilen", wenn sie doch gar nicht teil-bar ist? 2008 legte Robert Goodin zusammen mit zwei australischen Sozialforschern und einem finnischen Sozialadministrator die Studie *„Discretionary time"* (2008) vor. Sie baut auf dem Konzept der „kombinierten Ressourcenautonomie" *(„combined resource autonomy")* auf, die neben einer Geld- eine eigenständige Zeitkomponente enthält. Dieses Konzept stellte Goodin 1999 in der zusammen mit einem australischen Politikwissenschaftler und zwei niederländischen Sozialpolitik- und Statistikexperten verfassten Arbeit *„The Real Worlds of Welfare Capitalism"* (1999) vor. Beide Arbeiten sind auch vergleichend-empirisch unterlegt. Die frühere Studie vergleicht die Niederlande, USA und Deutschland, die spätere USA – Australien, Schweden – Finnland, Deutschland – Frankreich. *Combined ressource autonomy* drückt ein kombiniertes Bezugssystem für Wohlfahrt und Lebensqualität aus. Es setzt sich zusammen aus Geld für lebenswichtige Güter und aus lebenswichtiger Zeit. Für Goodin ist eine Person „arm", wenn sie in auch nur einer der beiden Komponenten unter das Maß des „Notwendigen" fällt. Damit deutet er einen entsprechenden Hilfsbedarf gegenüber Staat und Gesellschaft an. Während der Geldbedarf mit dem Existenzminimum und – je nach nationaler Rechts- und Sozialkultur – dem „Warenkorb" bereits umschrieben und operationalisiert ist, fehlen für den Zeitbedarf noch genaue Kriterien. Goodin bietet als Kriterium für das zeitliche Existenzminimum die Kategorie „notwendige Zeit" und als Wohlstandsindikator diejenige der *„discretionary time"* an.

Jenseits dieser individualisierten Ebene bezieht Rinderspacher Zeitwohlstand auf die Geltungsmacht institutioneller Zeitnormen, die soziale Handlungsregeln entscheidend mit determinieren. Zur Vermehrung, Verteilung und Nutzung des Zeitwohlstandes wird hier ein kollektiv verbindlich wirkender Zeitrahmen vorausgesetzt, damit individuelle Zeitinteressen berücksichtigt werden und sich entfalten können. Als zeitliches Mehrprodukt werden dafür Areale zeitlicher (Un-)Verhandelbarkeit bestimmt, die als ‚Volks-Zeitwohlstand' bezeichnet werden (Rinderspacher 1997; 2000; 2002). Beide Ansätze kombiniert Manfred Garhammer in einem Konzept des Zeitwohlstandes, das die Verfügung über individuelle Zeitressourcen und -spielräume, aber auch ihre Einbindung in Zeitinstitutionen und kollektive Rhythmen einschließt (Garhammer 1999). Auch Martin Held sieht eine Wechselwirkung zwischen gesellschaftlicher und individueller Zeitpolitik:

> „selbstbestimmt und kompetent mit den Zeiten umgehen zu können, ist von den äußeren Umständen und von den eigenen Zeitkompetenzen abhängig. Das Komplement zur Zeitpolitik ist deshalb auf organisatorischer und individueller Ebene Zeitkompetenz." (Held 2003: 105)

Um Politik des Zeitwohlstandes für Zwecke lokaler Zeitpolitik einzugrenzen, wird ein prinzipielles Verhältnis von Selbstverfügung sowie -verantwortung und sozialer Einbindung der Person angenommen. Die Selbstbestimmung über den Zeitgebrauch ist Voraussetzung der Fähigkeit, Formen, Qualitäten und Handlungsmöglichkeiten in der Zeit gesellschaftspolitisch zu gewichten und zu gestalten.

> „Ohne Selbstbestimmung über abstrakte Zeit gibt es keine konkrete und keine Selbstverfügung über die letztere. Abstrakter Zeit gewidmete Politik kann Kriterien sozialer Gerechtigkeit weiten Raum geben, indem sie nicht nur das ‚Haben von', sondern auch das ‚Frei-Verfügen-Können über' konkrete Zeit artikuliert. Damit sind proaktive Strategien gegen Diskriminierung, Entwertung, Fremdbestimmung beim Zeitgebrauch nicht nur vereinbar, sondern unter Umständen sogar heraufbeschworen. Nur werden das immer noch ‚Ermöglichungs-' oder ‚Empowerment'-Strategien sein – nicht aber solche, die konkrete Zeitverwendungen und deren Sinn zu gestalten trachten." (Mückenberger 2002: 124)

Zeitpolitische Perspektive kann nicht sein, konkretes individuelles zeitliches Handeln gesellschaftlich vorzugeben. Sie kann auf Ermöglichung abzielen, mit Zeit qualitativ selbstbestimmt umzugehen. Im Sinne einer „abstrakte[n] Ermöglichung konkreten Zeitgebrauchs“ sucht lokale Zeitpolitik nach möglichen Akteuren, Verfahren, Instanzen, Maßnahmen, Zielen und Zielfindungsprozessen wie auch ihrer möglichen/notwendigen Verknüpfung und Interaktion, um Kriterien des individuellen und kollektiven Zeitwohlstandes in und zwischen den Bereichen der Erwerbsarbeit, der regenerativen Tätigkeit und der zwischen diesen beiden vermittelnden Instanzen (Infrastruktur, sozialer Zusammenhang, Mobilität etc.) zu entwickeln und anzuwenden (Mückenberger 2002: 125, 136). Für die Konkretisierung einer normativen Zielbestimmung von ‚Zeitwohlstand' sind negative Komponenten zu bestimmen, welche die Beschränkung von Zeitwohlstand bestimmen,

> „wenn der individuelle oder kollektive Zeitgebrauch 1. nicht der Selbstbestimmung unterliegt, sondern fremdbestimmt wird; 2. mit einer systematischen Entwertung der Zeit einhergeht [...]; 3. strukturell ungleich zwischen Personengruppen – insbesondere zwischen beiden Geschlechtern – verteilt ist, also mit Diskriminierung einhergeht.“ (Ebd.: 138)

Positive Komponenten konkretisieren die Beförderung von Zeitwohlstand,

> „wenn der individuelle und kollektive Zeitgebrauch 4. die Möglichkeit zu einem selbst gewählten kulturellen Eigenwert aufweist [...]; 5. Spielräume gemeinsamer Zeiten für Tätigkeiten und Erfahrungen erlaubt, die nur oder besser gemeinsam mit anderen [...] gemacht werden können.“ (Mückenberger 2002: 138; 2004)

Diese Zielkriterien werden im folgenden Abschnitt auf die normative zeitpolitische Definition von Lebensqualität übertragen.

2.8.3 Zeitpolitische Komponenten von Lebensqualität

Wir fassen unsere Schlussfolgerungen im Anschluss an die Analyse der Lebensqualitätsforschung hier zusammen. Die Erweiterung des Lebensqualitätsbegriffs umfasst objektive und subjektive Indikatoren. Die Erweiterung objektiver Indikatoren umfasst nicht mehr nur ökonomisch-materielle Messgrößen, sondern richtet sich potentiell auf die Verbesserung der Handlungsmöglichkeiten bzw. Verwirklichungschancen in allen Lebensbereichen. Das Einbeziehen subjektiver Indikatoren macht Beurteilungen oder Bewertungen der Betroffenen von lebensqualitätsorientierten Politiken sichtbar. Die normative Ausrichtung von Lebensqualitätszielen bestimmt Lebensqualität als veränderliche Zielvorstellung, betont aber die Veränderung beschränkter Handlungsmöglichkeiten bzw. Verwirklichungschancen. Das Verständnis von Lebensqualität im Kontext sozialer Gerechtigkeit impliziert eine Bewertung individueller Handlungs- und Wahlmöglichkeiten.

Um den capability-Ansatz auf die Bestimmung von Lebensqualitätszielen in zeitpolitischer Perspektive anzuwenden, greifen wir erneut die normative Perspektive von Nussbaum (1999) und die Freiheitsperspektive von Sen (2000) auf. Die normative Perspektive auszuformulieren, erfordert die Eingrenzung der wesentlichen Komponenten, die einen Anspruch auf Erweiterung des individuellen und kollektiven Zeitwohlstands artikulieren. Das Ausformulieren der Freiheitsperspektive erfordert eine Übersetzung der normativen Perspektive in prozesshaften Indikatoren, die die Ausweitung von Handlungsspielräumen in zeitlichen Alltagsbedingungen betreffen. In der zeitpolitischen Diskussion ist die Definition normativer Komponenten von Lebensqualität, gerade zum Zweck evaluativer Studien, wenig entwickelt. Wir orientieren uns hier am Ansatz der lokalen Zeitpolitik, um die individuellen und kollektiven Chancen der selbstbestimmten Verwirklichung von Zeitwohlstand zu definieren.

Selbstbestimmung des Zeitgebrauchs.

Diese normative Komponente – die Basiskomponente aller übrigen vier – zielt auf die Erweiterung von Möglichkeiten und Formen der Selbstbestimmung ab, mit denen die Zeiten in den Bereichen der Erwerbsarbeit, der sozial gebundenen Zeiten und der freien Zeiten gestaltet und miteinander vereinbart werden können. Im zeitpolitischen Diskurs hat sich hier auch der Begriff der ‚individuellen' und ‚kollektiven Zeitsouveränität' (Deutsche Gesellschaft für Zeitpolitik 2003) etabliert. Von erweiterter Lebensqualität ist dann auszugehen, wenn die alltägliche zeitliche Selbstbestimmung hoch ist.

Diese Selbstbestimmung schließt ein: Selbstbestimmung des Zeitgebrauchs in Arbeitszeiten (Bestimmung des Zeitgebrauchs im Rahmen kollektiv vereinbarter Arbeitszeitvorgaben, sowohl hinsichtlich der Dauer als auch hinsichtlich der Verteilung der Zeit; vgl. Teriet 1977); Selbstbestimmung des Zeitgebrauchs in sozial gebundenen Zeiten (zeitliche Selbstbestimmung im Rahmen kollektiv verbindlicher Tätigkeiten der Fürsorge, der Erziehung, des Ehrenamtes, der Pflege etc., die die dafür verantwortlichen Personen zeitlich und räumlich binden; vgl. Jurczyk/Rerich 1993); und Selbstbestimmung des Zeitgebrauchs in freien Zeiten (Verfügung über zeitliche Freiräume, die selbstbestimmt bleiben und nicht von zeitlichen Verfügungen – z.B. der vorherrschenden Freizeitangebote – bestimmt sind; vgl. Beck 1986: 123ff.).

Gleiche zeitliche Verwirklichungschancen

Diese normative Komponente zielt auf die Gleichberechtigung aller Individuen in zeitlichen Verwirklichungschancen ab. Ausgangspunkt ist die feministische Kritik, dass Frauen aufgrund der ihnen sozial zugeschriebenen Zuständigkeit für *‚care'*, also Sorge-, Erziehungs- und Hausarbeitstätigkeiten, auch in ihrer zeitlichen Selbstbestimmung strukturell benachteiligt werden. Diese Debatte erfuhr eine Erweiterung über die Geschlechterverhältnisse hinaus – Individuen in verschiedenen Lebenslagen und -phasen können mit einer strukturellen Ungleichheit in der Selbstbestimmung des Zeitgebrauches konfrontiert sein (vgl. Matthies et al. 1994). Regelungsperspektive ist ‚Zeitgerechtigkeit' zwischen verschiedenen gesellschaftlichen Gruppen durch den Abbau zeitbezogener Diskriminierung bestimmter Personen oder Gruppen (Heitkötter 2003: 89). Von erweiterter Lebensqualität ist folglich dann auszugehen, wenn die individuellen zeitlichen Verwirklichungschancen gleich sind.

Anerkennung von (sozialen) Zeiten

Diese normative Komponente zielt auf die soziale Integration gesellschaftlich erfahrener Zeiten. Ausgangspunkt ist die Erfahrung, dass bestimmte Zeiten als weniger wert angesehen werden als andere – wie z.B. Zeiten von Arbeitslosigkeit, Alter, Zeiten der Erziehung und der Pflege etc. Verursacht wird diese systematische Entwertung von bestimmten Lebenszeiten durch den im Rahmen der industriellen Beziehungen tradierten Primat von Erwerbsarbeit und Erwerbsarbeitszeit. Einige der entwerteten Zeiten stehen in einem Umwertungsprozess. Zum Beispiel erfahren Zeiten der Erziehung und Zeiten der Pflege durch die aktuelle Sozialpolitik eine Aufwertung; nicht nur kulturell oder symbolisch, sondern auch materiell erfahren sie eine Annäherung an die im Rahmen der industriellen Beziehungen als ‚hochwertiger' angesehenen Arbeits- oder Bildungszeiten. Anknüpfungspunkt für die normative Zielrichtung dieser Komponente ist auch hier die feministische Kritik, dass der Gebrauch von Erziehungs- oder Pflegezeiten, deren gesellschaftliche Anerkennung bedroht ist, als vollwertig angesehen werden sollte (Brückner/Meyer 2000). Diese Perspektive wird auf alle sozial entwerteten Zeiten gerichtet. Verstärkt wird sie durch die Erfahrung, dass die objektive Entwertung bestimmter Zeiten in der Gesellschaft in der Regel zur individuellen Selbstentwertung beiträgt und so die individuelle Selbstbestimmung des Zeitgebrauchs mit entwertet. Von erweiterter Lebensqualität ist auszugehen, wenn der Gebrauch von unterschiedlichen sozialen Zeiten gesellschaftliche Anerkennung erfährt.

Kompetenz zu zeitlicher Sinngebung und Zeitkultur

Diese normative Komponente zielt auf einen bewussten Zeitgebrauch des Individuums, um für sich ein gutes Leben verwirklichen zu können. Gemeint ist Achtsamkeit im Umgang mit Zeit. Damit ist eine Fähigkeit verknüpft, die eigene Selbstbestimmung im Zeitgebrauch geachtet sehen und die zeitliche Selbstbestimmung Anderer achten zu wollen und zu können (Hatzelmann/Held 2005). Vielfältige Zeitkultur achtet darauf, dass Bedürfnisse nach und Tätigkeiten der

Zuwendung, Anerkennung, Liebe, Vertrauen, Würde, Arbeitsqualität etc. andere Zeitformen brauchen als die der industriell rationalisierten Zeit. Eine ‚Kultivierung der Zeiten' erhält und pflegt die gesellschaftlichen Bedingungen bzw. stellt sie wieder her, um der Zeitvielfalt Raum zu geben. ‚Zeitkompetenz' ist eine zu erwerbende und zu entfaltende Fähigkeit, mit der die Individuen die Koordination unterschiedlicher Zeitformen selbstbestimmt wählen und entfalten können. Sie umfasst das reziproke Verhältnis zwischen dem eigenen achtsamen Umgang mit den Zeiten von Anderen und deren achtsamem Umgang mit den eigenen Zeiten, was eigenen achtsamen Umgang mit eigenen Zeiten voraussetzt. Wir sprechen von erweiterter Lebensqualität, wenn jede und jeder die Fähigkeit erlangen kann, Zeit bewusst im Sinne eigener Sinnkriterien verwirklichen und dabei die zeitkulturellen Vorstellungen anderer berücksichtigen zu können.

Spielräume für gemeinsame Zeiten

Diese normative Komponente zielt darauf, dass Gruppen von Menschen die Gelegenheit bekommen, gemeinsam über Zeit zu verfügen, um gesellschaftlich notwendige und relevante soziale Beziehungen leben und entfalten zu können. Erfahrung und/oder Befürchtung ist dabei, dass gesellschaftlich notwendige Beziehungen wie Elternschaft, das kommunale Vereinswesen oder Ehrenamt brüchiger und in ihrer Kohärenz bedroht werden, wenn Gruppen von Individuen immer weniger über gemeinsame Zeiten verfügen. Gerade in einem Kontext der selbstverantwortlichen Ökonomisierung der Zeit sind gemeinsame Zeiten hochkomplex, weil sie sich mit einer Vielzahl verschränkter, aber differenter Akteurskonstellationen und Interessen, sozialer Zusammenhänge und Zeitgebräuche beschäftigen (Eberling/Henckel 2002). Sie erfordern eine angemessene Aushandlung zwischen kollektiven Zeitstrukturen (Rinderspacher 2002) und individuellen Zeitkompetenzen (Held 2003). Dies ist eine zeitpolitische Herausforderung ersten Ranges. Lebensqualität wird folglich dann erweitert, wenn die Ermöglichung gemeinsamer Zeiten gewährleistet ist.

Diese fünf Komponenten für Lebensqualität in zeitpolitischer Perspektive werden Grundlage für die Hypothesenbildung (Kap. 3) sowie die Operationalisierung unserer theoretischen Überlegungen in der empirischen Untersuchung sein (Kap. 4). Mag sein, dass Auswahl und Formulierung dieser Komponenten als willkürlich erscheinen. In der Tat sind sie aus der Verbindung von Induktivem – der Erfahrung aus zeitpolitischen Real-Experimenten und den dort vorgefundenen Zeitkonflikten – und Deduktivem – den Folgerungen aus Forschungsdiskursen zu Lebensqualität und Zeitwohlstand – entstanden. Da ist zuzugeben, dass sie mehr als Plausibilität nicht für sich beanspruchen können. Aber da sie in unserem Forschungszusammenhang nur hypothesengenerierend wirken, kann ihre Vorläufigkeit hingenommen werden.

3 Methodische Vorgehensweise

3.1 Zielsetzung der Untersuchung

Zielsetzung der Untersuchung, aus dem dieses Buch hervorging, war, mit Bezug auf bisherige Praxiserfahrung eine wissenschaftlich fundierte Bewertung darüber abzugeben, inwieweit es den betrieblichen Sozialpartnern im zeitpolitischen und arbeitszeitgestalterischen Feld personenbezogener Dienstleistungsbeziehungen gelungen ist, die Begrenzungen ihrer Wirkmacht – zumindest punktuell – zu überwinden. Weiter interessierte, inwieweit diese Erweiterung industrieller Beziehungen in den untersuchten konkreten Maßnahmen dazu beitrug, die Lebensqualität der Dienstleistungsnehmer/innen spürbar und nachhaltig zu erhöhen, ohne dass dies zulasten der Lebensqualität von Erbringer/inne/n der Dienstleistung gegangen wäre. Diesen Fragen wurde durch die Evaluation ausgewählter zeit- bzw. arbeitszeitpolitischer Projektbeispiele nachgegangen.

Diese Zielsetzung wurde vor dem Hintergrund von struktur-, inhalts- und regulierungstheoretischen Annahmen verfolgt, die bereits an anderer Stelle entwickelt wurden (Mückenberger 2004: 190–260). Sie bildeten den Maßstab für die Beurteilung der Bemühungen, auf die sich die Evaluation erstreckte. Die strukturtheoretische Ausgangsannahme bezieht sich auf den Übergang zur nachindustriellen, wissensbasierten Dienstleistungsgesellschaft, die zentrale Parameter des Erwerbslebens verändert. Das Forschungsvorhaben konzentrierte sich auf Fallbeispiele aus dem Dienstleistungsbereich, weil dort meist – vermittelt über das Uno-Actu-Prinzip – ein zeitlich/räumlich/personeller Zusammenhang zwischen Dienstleistungserbringung und Dienstleistungskonsum besteht. Das Forschungsvorhaben richtete das Interesse auf die Bewältigungsversuche der raumzeitlichen Koordinations- und Artikulationsprobleme der unterschiedichen Akteure bei personenbezogenen Dienstleistungen.

Inhaltstheoretisch wurde davon ausgegangen, dass mit der Entgrenzung des betrieblichen Geschehens und der Erwerbsarbeit neue „Themen“ generiert werden, also neue Gegenstände und soziale Tatbestände auf die Tagesordnung kommen, die für den Alltag der Menschen wichtig und unter den veränderten Bedingungen regelungsbedürftig bzw. neu und besser regelungsfähig erscheinen. Lebensweltliche Bedürfnisse nach Einheit des Alltags, nach Balancen zwischen den alltäglichen Zeitsphären, nach Schutz vor zeitlicher Entfremdung und Überforderung, nach einer Abstimmung zwischen den Erwerbszeiten beider Geschlechter, nach örtlichen Verkehrs- und Infrastrukturen, Kinderbetreuungs- und Kultureinrichtungen sowie sonstigen personenbezogenen Dienstleistungen vor Ort gewinnen zunehmend an Relevanz. Die Fragestellung des Projekts lautete insoweit, welche inhaltlichen Lebensqualitätsanliegen und damit zusammenhängende Aushandlungsperspektiven in den – das empirische Feld dieses Projektes bildenden – Maßnahmen bestanden und inwieweit sie nachweisbar verändert wurden.

Regulierungstheoretische Ausgangsannahme war, dass die neu aufgeworfenen, integriert betrieblich-territorialen Interessenbereiche Beschäftigter wie Nutzer/innen an Dienstleistungen nur verhandlungs- und regelungsfähig werden, wenn sich zugleich die industriellen Beziehungen im territorialen Sinne erweitern – d.h. wenn die bipolaren Verhandlungs- und Regelungsmuster des industriellen Arbeitsrechts sich „öffnen" zu multipolaren Verhandlungs- und Regelungsmustern, neuartigen Akteuren und Themen, darauf zugeschnittenen Kommunikations- und Konfliktaustragungsformen sowie neuen Regelungstypen und Implementierungsformen. Im Evaluierungsprojekt interessierte insoweit, ob zeitgestalterische Vorhaben, die gemeinsam mit der ‚dritten Bank' (Nutzer/innen) konzipiert und durchgeführt worden sind, größere Chancen erweiterter Lebensqualität ermöglichten als solche Projekte, die dem bipolaren Arbeitgeber-Arbeitnehmer-Regulierungsmodell folgten („Arbeitszeit-Projekte"). Können – so lautete das dahinter stehende Erkenntnisinteresse – die Mitbestimmungsakteure zu einem Modus des reflexiven Lernens finden, der ihnen ermöglicht, in Zeiten gesellschaftlicher Turbulenzen und wachsender Komplexität unterschiedlich motivierte Akteure in einen Kommunikations- und Aushandlungsprozess zu integrieren (vgl. z.B. Epskamp 2003; Negt 2004)? Haben sie auf diesem ungewohnten Feld größere Erfolge bei der Erzielung von Lebensqualität – und damit Legitimitätsgewinne – aufzuweisen als auf dem Gebiet der traditionellen Arbeitszeit-Politik?

3.2 Hypothesen

3.2.1 Dienstleistung und Lebensqualität

In Kapitel 2 wurde der Zusammenhang zwischen Dienstleistungsgesellschaft, Arbeitszeit und Lebensqualität theoretisch erläutert. In diesem Abschnitt wollen wir eine Konkretisierung des Zusammenhangs vornehmen und Hypothesen aufstellen, die neben dem Zusammenhang von Zeitpolitik und Lebensqualität Vermutungen über den Zusammenhang zwischen dem Charakter der Dienstleistung und Lebensqualität anstellen. Wir gehen davon aus, dass die Nutzer/innen von Dienstleistungen ein Interesse an der Gestaltung der Dienstleistung wie auch an der Beziehung zu den Dienstleistungserbringer/inne/n und den Bedingungen haben, unter denen die Dienstleistung genutzt werden kann. Dieser Ausgangspunkt wurde dahingehend begründet, dass die Dienstleistungsnehmer ihre lebensweltlichen Interessen in neuer Weise zivilgesellschaftlich artikulieren und sich derart gegen Externalisierung zulasten ihrer Interessen im industriegesellschaftlichen Modus wenden. D.h. wir gingen folglich davon aus, dass die Nutzer konkrete Vorstellungen und Ansprüche an ihre Nutzung von Dienstleistungen haben, weil sie sich davon konkrete Effekte für ihren Lebensalltag erhoffen. Unser Interesse war zu untersuchen, welcher Zusammenhang zwischen einzelnen konkreten Dienstleistungstätigkeiten, den ihnen entsprechenden Dienstleistungsbeziehungen wie auch den ihnen entsprechenden Nutzungsbedingungen und der Lebensqualität besteht.

Im Forschungsprojekt interessiert der Lebensqualitätseffekt von personenbezogenen Dienstleistungen. In Kapitel 2.6 wurde zwischen direkt personenbezogenen und indirekt personenbezogenen Dienstleistungen unterschieden (Nerdinger 1994: 49f.). Wir konzentrieren uns hier auf personenbezogene Dienstleistungen, in denen das Uno-Actu-Prinzip Geltung erfährt. Damit erfolgen Erstellung und Gebrauch der Dienstleistung zeitlich und räumlich im synchronen Kontakt zwischen Dienstleistenden und Konsumenten der Dienstleistung, so dass beide zur selben Zeit am selben Ort sein müssen, die produktiven und konsumtiven Akten gleichzeitig geschehen. Die personenbezogene Dienstleistung ist eine Tätigkeit, die Dienstleistende und Nutzer in Beziehung zueinander setzt. Sie konstituiert eine tätigkeitsbezogene Dienstleistungsbeziehung und lässt so Konsumenten zum ‚kooperierenden Faktor',Mitproduzenten' werden. Wie in Kapitel 2.3.2. ausgeführt, ist das Uno-Actu-Prinzip nicht als absolute Kategorie zu verstehen. Realistisch ist davon auszugehen, dass personenbezogene Dienstleistungen rationalisiert, standardisiert, eingespart werden, so dass das Uno-Actu-Prinzip auch in unterschiedlicher Intensität oder nur teilweise wirksam wird. Personenbezogene Dienstleistungen können zum Teil auch durch informationstechnologische Hilfsmittel realisiert werden oder in sachbezogenen Dienstleistungen übergehen, in denen der unmittelbare Personenbezug nicht mehr aufrechterhalten wird und der Nutzer/in nicht mehr Koproduzent/in ist. Je nachdem, ob die Dienstleistung direkt am Körper erbracht wird oder nicht, unterscheidet sich die Interaktion und bildet eine unterschiedliche *Intensität der Dienstleistungsbeziehung* zwischen Beschäftigten und Nutzern ab. Die Intensität der Beziehung wird, so vermuten wir, stärker ausgeprägt sein, wenn die Dienstleistung unmittelbar am Körper der Nutzer/innen erbracht wird (zu den genauen Definitionen von *körperbezogenen Dienstleistungen* siehe Kap. 2.4.). Ein Beispiel für eine personenbezogene Dienstleistung mit körperbezogenen Charakter ist die Dienstleistung im Kindergarten. Hier wird die Dienstleistung direkt am Kind mit einem körperbezogenen Kontakt erbracht.

Im Falle des Kindergartens wird eine weitere Besonderheit des Charakters dieser Dienstleistung deutlich: eine ‚doppelte Nutzer-Struktur' mit unmittelbaren und mittelbaren Nutzer/inne/n der Dienstleistung. Eigentlich spüren die Kinder die körperbezogene Dienstleistung, da die Dienstleistung „an ihnen“ erbracht wird. Die Eltern genießen als mittelbare Nutzer/innen auch eine Dienstleistung, die nicht direkt an ihrem eigenen Körper erbracht wird, jedoch auch sehr persönlich ist und eigenen Wertvorstellungen gerecht werden muss. Aus dieser besonderen Konstellation entsteht eventuell ein Interessenkonflikt zwischen den Bedarfen der unmittelbaren Nutzer (der Kinder) und der mittelbaren Nutzer (der Eltern). Leider konnte dieser Konflikt in dieser Studie keine besondere Beachtung finden (z.B. indem Bedarfe von Eltern und Kinder gesondert untersucht würden), im Rahmen der Evaluation wird jedoch diese doppelte Nutzer-Struktur immer mitgedacht.

Anders als in der Herstellung von Waren entstehen bei personenbezogenen Dienstleistungen Zeitkonflikte, die einer zeitlichen Abstimmung beider Parteien bedürfen. Die entstehenden Zeitkonflikte stehen besonders im Fokus unserer Forschung. Daher interessiert uns zusätzlich zu der Unterscheidung zwischen körper- und nicht körperbezogenen Dienstleistungen die zeitliche Intensität der Dienstleistung. Dienstleistungsbeziehungen können längerfristig oder kurzfristig angelegt sein, in manchen Fällen sind sie gelegentlicher Natur. Wenn die Dienstleistungsbeziehung längerfristig angelegt ist, wie dies der Fall beim Kindergarten ist, kann von einer intensiven Dienstleistungsbeziehung ausgegangen werden. Eine gelegentlich erbrachte Dienstleistung, wie im Warenhaus, wird vermutlich nicht zu einer intensiven Dienstleistungsbeziehung führen (ausführliche Erläuterung siehe Kap. 2.4.).

Die letzte Komponente zur Charakterisierung der Intensität der Dienstleistungsbeziehung ist die Differenzierung zwischen *individuell* und *standardisiert* erbrachten Dienstleistungen (siehe hierzu z.B. Corsten 1997: 35f.). Standardisiert erbrachte Dienstleistungen können dem Produktionsprozess oder dem Leistungsergebnis gelten (Corsten 1997: 35f.). In beiden Fällen bedeutet dies eine Standarddienstleistung für den Dienstleistungskonsumenten, die keinen intensiven Austausch zwischen Dienstleistungsanbieter und -nehmer erfordert. Da hingegen bei einer individuell erbrachten Dienstleistung Dienstleistungserbringer und -nutzer individuell die Dienstleistung abstimmen, lässt sich eine intensive Dienstleistungsbeziehung vermuten. Wie bei den meisten Charakterisierungen von Dienstleistungen lassen sich standardisiert und individuell erbrachte Dienstleistungen nicht genau voneinander abgrenzen. In der Praxis wird oft ein Teil der Dienstleistung standardisiert, und ein anderer individuell erbracht. Beim Stadtamt (Bürger-Service – Fall F) wird ein Großteil der Dienstleistung standardisiert erbracht (alle müssen dieselben Formulare ausfüllen), gelegentlich jedoch – je nach Fall – werden individuelle Beratungen durchgeführt.

Zusammenfassend kann festgehalten werden, dass je nachdem, ob die Dienstleistung körperbezogen/nicht körperbezogen, längerfristig/kurzfristig/gelegentlich ist oder individuell/standardisiert erbracht wird, die *Intensität der*

Dienstleistung variieren wird. Wir gehen davon aus, dass die Dienstleistungsbeziehung am intensivsten ist, wenn es sich um eine körperbezogene, längerfristig angelegte und individuelle Dienstleistung handelt.

Eine *intensive Dienstleistungsbeziehung* zwischen den Beschäftigten und Nutzer führt vermutlich zu einem besseren *Wissen und Verständnis* über die Bedarfe der jeweilig gegenüberliegenden Stakeholder, was die Wahrscheinlichkeit erhöht, dass diese Bedarfe auch in der Maßnahme Berücksichtigung finden (siehe Hypothese 1). Intensive Dienstleistungsbeziehung zwischen den Beschäftigten und Nutzer wird vermutlich zu stärkerer Reziprozität der Perspektiven im Verhältnis zu den anderen Stakeholdern in der Dienstleistung führen. Auf Reziprozität und deren Bedeutung für die Lebensqualität von Beschäftigten und Nutzer/inne/n wurde in Kapitel 2.3.4 und wird im Abschnitt 3.2.4 näher eingegangen. Hier soll nur kurz bemerkt sein, dass wir mit Reziprozität der Perspektiven einen Zustand meinen, in dem die Stakeholder über ein *Wissen und Verständnis* der Belange der jeweils anderen Stakeholder verfügen (hierzu Schütz 1971; Stegbauer 2002 et al.). Wir stellen somit die Hypothese auf:

> *H1:* Je intensiver die Beziehung zwischen den jeweiligen Beschäftigten und Nutzer/inne/n der Dienstleistung ist, umso mehr spricht das für ein Vorhandensein und die Stärke ihrer Reziprozität im Verhältnis zu den anderen Stakeholdern in der Dienstleistung.

Hypothese 2 bezieht sich auf die tätigkeitsbezogene Motivation der Beschäftigten (siehe Kap. 2.4.3 für genauere Erläuterungen zur Definition von tätigkeitsbezogenen Dienstleistungen). Die Annahme ist, dass tätigkeitsbezogen motivierte Beschäftigte ihre Aufgabe als Dienstleister/innen interessierter wahrnehmen als nicht tätigkeitsbezogen motivierte Beschäftigte. Daher wird vermutet, dass die tätigkeitsbezogene Motivation sich in der Dienstleistungsqualität äußert, dass Dienstleistungen in Einrichtungen, in denen die Beschäftigten tätigkeitsbezogen motiviert sind, höhere Qualität aufweisen. Dies wird, so vermuten wir, wiederum einen lebensqualitätssteigernden Effekt für die Nutzer der Dienstleistung haben.

Dieselbe Hypothese stellen wir für die Beschäftigten auf. Aufgrund der tätigkeitsbezogenen Motivation vermuten wir eine höhere Zufriedenheit mit der Arbeit und somit auch verstärkte allgemeine Lebensqualität für Beschäftigte mit tätigkeitsbezogener Motivation (siehe H2). Diese Hypothese stellen wir jedoch mit dem Wissen auf, dass tätigkeitsbezogene Motivation durchaus mit Entgrenzung der Arbeit einhergehen und auch zu Unzufriedenheit mit der Alltagsgestaltung bzw. zu schlechterer Lebensqualität führen kann. Die Arbeitshypothese lautet:

H2: Wenn die Dienstleistung eine tätigkeitsbezogene Motivation erlaubt und erfordert, kann die Lebensqualität der jeweiligen Nutzer/innen und Beschäftigten gesteigert werden.

3.2.2 Regelungsverständnis

Mit Regelungsverständnis lässt sich der Stil der Unternehmensführung beschreiben. Das Regelungsverständnis kann als *autoritär* oder *partizipativ* charakterisiert werden. Wir gehen davon aus, dass die Unternehmensführung bzw. Leitung ausnahmslos an jeder Phase des Planungsprozesses und der Implementierung der Maßnahme beteiligt ist. Die Beteiligung der Leitung in der Planungs- und Implementierungsphase an sich wird keinen Einfluss auf die Lebensqualität von Beschäftigten oder Nutzern einer Dienstleistung haben. Allerdings kann das Regelungsverständnis der Leitung Einfluss darauf haben, inwiefern sich andere Stakeholder an der Planung und Implementierung der Maßnahme beteiligen können (siehe auch Nerdinger et al. 2009: 13f).

Sind betroffene Stakeholder im Prozess der Planung und/oder Implementierung der Maßnahme nicht beteiligt, handelt es sich um ein autoritäres Regelungsverständnis, bei dem die Maßnahme von der Leitung vorgeschrieben wird. Eine partizipative Beteiligungskultur bedeutet, dass zusätzlich zur Leitung von der Maßnahme betroffene Akteure im Prozess der Planung und/oder der Implementierung mitwirken können. Die Beteiligungskultur kann auch eine Zwischenform annehmen. Zum Beispiel kann der Planungsprozess partizipativ angelegt sein, aber die Implementierung wird autoritär vollzogen. In der Praxis ist eine Mischform wahrscheinlicher, nur äußerst wenige Maßnahmen werden durchgängig partizipativ oder autoritär geplant oder implementiert. Daher stellen wir diese zwei Hypothesen auf:

H3a: Wenn das Regelungsverständnis in der Planungs- und Implementierungsphase partizipativ angelegt ist, werden die Interessen der Beschäftigten und Nutzer eher berücksichtigt als bei einem autoritären Regelungsverständnis.

H3b: Wenn die jeweiligen Interessen der Beschäftigten und Nutzer in der Planungs- und Implementierungsphase berücksichtigt sind, wird die Maßnahme deren jeweilige Lebensqualität steigern.

3.2.3 Beteiligung

In dem Projekt wird davon ausgegangen, dass eine allgemeine Zufriedenheit und höhere Lebensqualität bei der Abstimmung und Koordination von verschiedenen

Dienstleistungen ein Ergebnis einer zivilgesellschaftlichen Partizipation der betroffenen Akteure ist. Wir vermuten, dass disperse Interessen in den Maßnahmen nur berücksichtigt werden können, wenn alle Betroffenen eine Möglichkeit haben, ihre Bedarfe in die Entscheidungsprozesse (Planungs- und Implementierungsphase) einzubringen (siehe Mückenberger 2004: 227). Erst wenn die unterschiedlichen Interessen Berücksichtigung in einer Maßnahme finden, kann davon ausgegangen werden, dass die Lebensqualität allgemein steigen wird, anstatt nur einzelne Beteiligte zufriedenzustellen.

Im Gegensatz zu der Beteiligung der Leitung wird die Beteiligung der Nutzer und Beschäftigten unterschiedlich – je nach Maßnahme – ausfallen. Eine erste Unterscheidung der differenzierten Beteiligung gilt der *direkten* oder *indirekten* Beteiligung. Direkte Beschäftigtenbeteiligung ist vorhanden, wenn die Beschäftigten selbst am Planungsprozess beteiligt sind, indirekte, wenn die Interessen der Beschäftigten repräsentativ (z.B. Betriebsrat) berücksichtigt werden.

Durchsetzungsfähigkeit und Berücksichtigung individueller Interessen werden zusätzlich von der Form der Beteiligung beeinflusst. Drei verschiedene Formen der Beteiligung können unterschieden werden: individuelle Vereinbarung, kollektive Vereinbarung und eine Mischform aus individueller und kollektiver Vereinbarung. Sind die Regelungen individueller Natur, wird vermutet, dass individuelle Wünsche berücksichtigt werden. Diese Regelungen werden jedoch keine ähnliche Effektivität haben wie kollektive Regelungen. Wenn Regelungen sowohl individuell als auch kollektiv geregelt sind, wird eine differenzierte, aber auch wirkungsvolle Rücksichtnahme auf Beschäftigten- bzw. Nutzerinteressen vermutet.

Beteiligung der Beschäftigten und Nutzer kann einmalig oder kontinuierlich erfolgen. Beschäftigte bzw. Nutzer können nur in einer Phase am Planungs- oder Implementierungsprozess oder bei jedem Schritt des Prozesses beteiligt sein. Diese Unterscheidung zwischen einmaliger und kontinuierlicher Beteiligung wird sich auf die Interessenberücksichtigung auswirken.

Die Leitung kann Beschäftigte und Nutzer an Planungsprozessen teilhaben lassen, um Beschäftigte frühzeitig mit der Maßnahme bekanntzumachen und/ oder möglichst früh Vorbehalte von Beschäftigten und Nutzern auszuräumen, jedoch ohne die Absicht, Beschäftigten- oder Nutzer-Interessen in der Maßnahme zu berücksichtigen. In diesem Fall sprechen wir nicht von Berücksichtigung der Beschäftigten- und Nutzer-Interessen. Die Beteiligung ist als *wirkungsvoll* (effektiv) einzustufen, wenn die Managementposition tatsächlich von der Position von Beschäftigten und/oder Nutzern beeinflusst wird. Erst wenn die Beteiligung *wirkungsvoll* ist, d.h. die Interessen Beschäftigten oder der Nutzer sich ganz oder teilweise durchgesetzt haben, kann vermutet werden, dass die Maßnahme die Lebensqualität der jeweiligen Stakeholder erhöhen wird. Daher stellen wir eine zweistufige Hypothese auf. Die Beteiligung muss differenziert und effektiv sein; dann ist zu vermuten, dass die Bedarfe in der Maßnahme Berücksichtigung finden und die Lebensqualität der jeweiligen Stakeholder erhöht wird.

H4a: Je differenzierter die Beteiligung der jeweiligen Stakeholder in der Planungs- und Implementierungsphase der Maßnahme ausfällt, desto effektiver werden ihre Interessen Berücksichtigung in der Maßnahme finden.

H4b: Je effektiver die Interessen der jeweiligen Stakeholder in der Maßnahme berücksichtigt werden, umso mehr steigert die Maßnahme deren jeweilige Lebensqualität.

3.2.4 Reziprozität

Hypothese H1 nahm an, dass mit der Intensität der Beziehung zwischen den Beschäftigten und Nutzern stärkere Reziprozität der Perspektiven verbunden ist (siehe Kap. 2.3.4). Hier geht es um den Zusammenhang von Reziprozität und Lebensqualität. Reziprozität meint hier, dass „die beteiligten Akteure in der Lage sind, die aus der Perspektive des anderen sich ergebenden Erwartungen zu erkennen“ (Stegbauer 2002: 32). In Anlehnung an Schütz (1971: 12f.) und Litt (1926) wird vermutet, dass die Berücksichtigung der Interessen der anderen Stakeholder mit dem *Wissen* und dem *Verständnis* über die Bedarfe der Anderen verbunden ist. Wenn die Leitung über Wissen und Verständnis der Belange der Beschäftigten und Nutzer verfügt (und erst dann), kann sie Rücksicht auf deren Belange nehmen. Beschäftigte werden sich anders (wahrscheinlich verständnisvoller) gegenüber Nutzern verhalten, wenn sie mit deren Situation vertraut sind und dafür Verständnis aufbringen können. Verständnis für die Perspektive des Anderen kann aus ähnlichen persönlichen Erfahrungen hergeleitet werden, meist ist das Wissen aber über unterschiedliche Verhältnisse sozial abgeleitet (Schütz 1971: 15f.). Dann ist das Wissen über Bedarfe der Anderen mit einem Austausch von Erfahrungen verknüpft. Für die Erforschung von zeitpolitischem Handeln ist erstens interessant zu wissen, ob die Leitung die Perspektiven der Nutzer und Beschäftigten wahrnimmt und berücksichtigt und ob zweitens die Beschäftigten und Nutzer wechselseitig um die Bedarfe der jeweils anderen Akteursgruppe wissen und diese auch verstehen. Vermutet wird, dass Zeitpolitik die Chance von Reziprozität der Perspektiven erhöht. Wir stellen die Hypothese auf, dass durch erweiterte zeitpolitische Handlungsoptionen der Austausch zwischen den unterschiedlichen Parteien intensiver wird und zu stärkerer Kenntnis der Interessen/Erwartungen der Anderen führt. Vermutlich ist eine Reziprozität der Perspektiven erforderlich, zumindest förderlich, um kooperative Haltung gegenüber den Anderen zu ermöglichen und ihre Interessen differenziert und wirkungsvoll zu berücksichtigen. Für die Leitung hängt Zeitpolitik mit zeitpolitischer Verantwortlichkeit zusammen – Zeitpolitik soll die Leitung über Bedarfe der Beschäftigten und Nutzer/innen informieren und die Leitung dazu befähigen, diese Bedarfe in der Maßnahme zu berücksichtigten.

5a: Je ausgeprägter die zeitpolitische Verantwortlichkeit der Leitung in der Maßnahme ist, umso ausgeprägter wird ihre Reziprozität im Verhältnis zu Beschäftigten und Nutzer/inne/n der Maßnahme sein.

5b: Reziprozität der Leitung im Verhältnis zu Beschäftigten und Nutzer/inne/n wird zu effektiverer Berücksichtigung von deren Bedarfen in der Maßnahme führen.

Für Beschäftigte und Nutzer/innen ist Zeitpolitik mit erweiterten zeitpolitischen Handlungsoptionen verbunden. Beschäftigte können ihre Bedarfe, die (wie Vereinbarkeit von Beruf und Familie) über traditionelle Arbeitszeitgestaltung hinausgehen, bei Planung und Implementierung einer Maßnahme äußern. Mit erweiterten Handlungsoptionen ist daher hauptsächlich die Beteiligung der Nutzer gemeint. Nutzer bekommen mit Beteiligung überhaupt erst eine Stimme, um ihre Bedarfe äußern zu können. Damit die Reziprozität der Perspektiven zwischen Beschäftigten und Nutzern zustande kommen kann, müssen beide Gruppen am Planungs- und/oder Implementierungsprozess der Maßnahme beteiligt sein, um sich gegenseitig ihre Bedarfe vorstellen zu können. Wir gehen davon aus, dass gesichertes wechselseitiges Wissen und Verständnis von Beschäftigten und Nutzer/inne/n nur vorhanden sein kann, wenn beide kommunizieren, d.h. am „Verhandlungstisch" sitzen. Die Reziprozität der Perspektiven zwischen ihnen wird vermutlich dazu führen, dass die Bedarfe beider Parteien ausgewogener in der Maßnahme berücksichtigt werden, so dass die Maßnahme nicht zu Lasten einer der beiden Parteien gehen wird. Hieraus ergeben sich zwei Hypothesen:

6a: Je ausgeprägter die zeitpolitischen Handlungsoptionen von Beschäftigten und Nutzer/inne/n in der Maßnahme sind, umso höhere Chancen von Reziprozität bestehen zwischen Beschäftigten und Nutzer/inne/n in der Maßnahme.

6b: Das Vorhandensein von Reziprozität zwischen Beschäftigten und Nutzer/inne/n in der Maßnahme wird eine ausgewogene Berücksichtigung der Bedarfe beider Seiten in der Maßnahme fördern.

Vermutet wird, dass bei einer intensiven Dienstleistungsbeziehung die Fähigkeit eher vorhanden ist, die Interessen der jeweils anderen Stakeholder wahrzunehmen und zu verstehen. Vorhandensein und Stärke der Reziprozität der Perspektiven wird daher immer unter dem Aspekt beleuchtet, um welche Art von Dienstleistungen es sich hierbei handelt.

Das Vorhandensein und die Stärke der Reziprozität (der Perspektiven) wird somit eine wichtige Rolle in der auswertenden Analyse spielen. In der Analyse ist zu untersuchen,

1) wie Reziprozität vorkommt, d.h. über welches Wissen und Verständnis der Bedarfe der anderen Stakeholder verfügt wird,
2) wie dies in der Maßnahme widergespiegelt wird,
3) und welchen Einfluss die Maßnahme auf die Lebensqualität der Beschäftigten und Nutzer/innen hat.

3.3 Evaluation von Zeitpolitik

Die Begriffe Evaluation, Evaluierung und auch Evaluationsforschung werden teilweise synonym verwendet. Allerdings wird die Begriffsabgrenzung in der Evaluationsforschung diskutiert (siehe Lüders 2006). Gemeinsam ist den Begriffen, dass es sich um Bewertungen handelt (Haubrich et al. 2005; Lüders 2006). Wir differenzieren nicht zwischen den Begriffen, sondern verwenden den gängigen Begriff „Evaluation“ (Flick 2006). Der jeweilige Gegenstand der Untersuchung wird nach sozialwissenschaftlichen Standards, wie Reliabilität und Validität, bewertet. Ziel der Evaluation von Programmen oder Maßnahmen ist zu ermitteln, ob die Ziele der Maßnahme erreicht worden sind bzw. ob die Maßnahme zu einer qualitativen Verbesserung geführt hat (siehe Joint Committee on Standards for Educational Evaluation 2006).

Evaluationsforschung erlebt heute einen Boom – fast jedes Programm, das eingeführt wird, wird evaluiert. Welche wissenschaftliche Standards dabei zu erfüllen sind, wird in den unterschiedlichen theoretischen Ansätzen zur Evaluationsforschung beschrieben (siehe Diskussion bei Flick 2006; Joint Committee on Standards for Educational Evaluation 2006; Lüders 2006). Zunächst bediente Evaluationsforschung sich quantitativer Methoden, die mit standardisierten Instrumenten Programmeffekte maßen. Die dabei verwendeten (quasi-)experimentellen Designs basierten als einfache Ursache-Wirkungs-Modelle auf dem Konzept der Kausalanalyse (Kelle 2006: 122ff.). Annahme der Kausalanalyse ist, dass eine Maßnahme als Intervention zu einem Ergebnis („outcome“) führen wird. Postuliert wird dabei, dass sich die Effekte einer/s Maßnahme/Programms von weiteren, von der Maßnahme unabhängigen Einflüssen trennen lässt und diese weiteren Einflüsse dem Forschenden meist schon vor der Studie bekannt sind (Kelle 2006: 124).

Ergebnisse der Interventionen (oder ‚treatments‘) lassen sich allerdings meist nicht einfach von weiteren ‚Umwelteinflüssen’ trennen. Eingeführte Maßnahmen beeinflussen betroffene Stakeholder ebenso wie die betroffenen Stakeholder die Maßnahme – dies dürfte bei zeitpolitischen Maßnahmen in besonderer Weise der Fall sein, da dort die Betroffenen die Maßnahme selbst mitgestalten. Daher können die Effekte der Maßnahme selbst selten getrennt von sonstigen ‚Umwelteinflüssen' beobachtet werden. Hinzu kommt, dass so genannte Kontrolleffekte (weitere unabhängige Einflüsse) meist nicht bekannt sind und – insbesondere für unerforschte Felder – sein können.

Die Stärke qualitativer Ansätze besteht darin, dass nicht Kausalbeziehungen von vorneherein bestimmt werden, sondern dass im Forschungsprozess beobachtet wird, wie und welche Kausalbeziehungen wirken (Kelle 2006: 127). Auch ist in qualitativer Evaluationsforschung nicht festgelegt, was Ergebnis (outcome) einer Intervention ist – vielmehr kann dieses offen formuliert werden (Strauss/ Corbin 1990; Strauss 1991; Bohnsack 2003; Flick 2007). Beispielsweise muss nicht erfragt werden, ob die Maßnahme die Lebensqualität erhöht oder nicht hat, sondern wie Lebensqualität von der Maßnahme beeinflusst worden ist. Dies ermöglicht eine differenziertere Antwort und versetzt in die Lage, Ergebnisse (outcomes) zu berücksichtigen, die vorher nicht erwartet wurden.

Der qualitative Ansatz kommt insbesondere der Evaluation von Zeitpolitik zugute. Der Einfluss von Zeitpolitik und zeitpolitischen Maßnahmen auf die Lebensqualität von Betroffenen ist ein wenig erforschtes Gebiet. Wir wissen zwar, dass zeitpolitische Projekte umgesetzt und Bürger/innen bei der Gestaltung dieser Projekte beteiligt wurden (Mückenberger 2000, 2001). Deutet dies auch auf einen Bedarf nach Zeitpolitik hin, wissen wir doch wenig über ihre Auswirkungen auf Betroffene und deren Lebensqualität. Bei der Evaluation von Zeitpolitik wird Neuland betreten. Dies spricht für einen offenen und qualitativen Ansatz, der zunächst Umsetzungsmaßnahmen ermittelt und sich dann Effekten für die Lebensqualität der Betroffenen zuwendet, die davon ausgelöst worden sein können.

Zu unterscheiden ist zwischen *formativer* und *summativer Evaluation*. Formative Evaluation findet im Laufe eines Projekts statt und dient der Verbesserung der laufenden Maßnahme. *Summative Evaluation* findet erst nach Beendigung eines Projekts statt und beurteilt die Güte des Projekts (Haubrich et al. 2005). Bei unserem summativen Ansatz geht es nicht nur um eine Ergebnisanalyse: wie „gut" oder „schlecht" Zeitpolitik gewirkt hat. Zudem – und vielleicht vorrangig – interessiert vielmehr, warum – unter welchen Bedingungen, aufgrund welcher Konstellationen – bestimmte Maßnahmen erfolgreich waren. Daraus erst lassen sich nämlich Schlüsse herleiten, wie Zeitpolitik in der Zukunft gestaltet sein sollte, damit sie möglichst weitgehend die Lebensqualitätsbedarfe der verschiedenen Betroffenen(-gruppen) befriedigt. Die Evaluation von Zeitpolitik und deren Einfluss auf die Lebensqualität der Betroffenen muss daher möglichst offen gestaltet sein und mehr dem prozessbezogenen und insoweit wissensgenerierenden Ansatz folgen als einem rein summativen Ansatz. Durch diesen prozesshaft wissensgenerierenden Ansatz ist – so wird erhofft – über einen instrumentellen Wissenszuwachs hinaus (wie kann die Maßnahme effizienter gestaltet sein?) Wissen über die Rahmenbedingungen der Ansätze zu erlangen, die zu einem Erfolg oder Nicht-Erfolg der Maßnahme geführt haben (Haubrich et al. 2005: 2).

3.3.1 Operationalisierung von Zeitpolitik

Für die Untersuchung des Einflusses von Zeitpolitik auf Lebensqualität ist neben der Operationalisierung von Lebensqualität (siehe Kap. 2.6) erforderlich, auch Zeitpolitik zu operationalisieren. Dabei ist ein Arbeitsbegriff zu finden, der Zeitpolitik von weiteren Einflussfaktoren unterscheidet. In dieser Studie untersuchen wir zeitpolitische Maßnahmen in verschiedenen Unternehmen und Organisationen. Deshalb differenzieren wir im Untersuchungsfeld zwischen zeitpolitischen und arbeitszeitpolitischen Maßnahmen differenzieren. Um eine zeitpolitische Maßnahme von arbeitszeitpolitischen abzugrenzen zu können, muss sie vier Kriterien erfüllen:

1) Die Maßnahme hat objektiv (hier: unabhängig vom Wissen und Wollen aller Akteure) zeitliche Auswirkungen auf Beschäftigte und Nutzer/innen einer dienstleistenden Organisation/Einrichtung. Ausgegangen wird von Unternehmen und Einrichtungen, die eine dienstleistende Tätigkeit im Sinne des Uno-Actu-Prinzips erbringen. Zu vermuten ist vor diesem Hintergrund, dass eine bestimmte Maßnahme sowohl Auswirkungen auf die Beschäftigten als auch auf die Nutzer/innen hat. Bei einer Maßnahme, welche die Gestaltung von Arbeitszeiten zum Gegenstand hat, wird davon ausgegangen, dass damit beispielsweise auch die Gestaltung von Servicezeiten für die Nutzer/innen der Dienstleistung zusammenhängt.
2) Die Maßnahme berücksichtigt subjektiv (hier: mit Wissen und Wollen aller betrieblichen Beteiligten) die zeitlichen Bedingungen der Lebensqualität der betroffenen Beschäftigten. Die Einbeziehung der betroffenen Beschäftigten und ihrer (Alltags-)Interessen wird durch partizipative Verfahren/ durch die Beratung und Begleitung externer Expert/inn/en gewährleistet.
3) Die Maßnahme berücksichtigt subjektiv (hier: mit Wissen und Wollen der Akteure) die zeitlichen Bedingungen der Lebensqualität der Nutzer/innen einer Dienstleistung. Die Einbeziehung der Nutzer/innen einer Dienstleistung und ihrer (Alltags-)Interessen wird durch partizipative Verfahren/durch die Beratung und Begleitung externer Expert/inn/en gewährleistet.
4) Die Maßnahme berücksichtigt den wechselseitigen Einfluss von zeitlichen Interessen der betroffenen Beschäftigten und Nutzer/innen der Dienstleistung. Dies bedeutet, dass eine wechselseitige Kenntnis von Lebensqualitätsbedingungen in zeitlicher Art vorhanden ist, damit das Hineinversetzen in

Perspektiven der jeweils anderen Akteursseite möglich ist und die Maßnahme gestaltbar wird (Reziprozität der Perspektiven).

Wenn diese Kriterien für eine Maßnahme zutreffen, ist diese Maßnahme der Zeitpolitik zuzuordnen. Dies ist ein wichtiges Kriterium für die Evaluation von zeitpolitischen Maßnahmen, es ist allerdings nicht der einzige Anhaltspunkt für die Untersuchung. Wie bereits erwähnt, folgen wir einem qualitativen wissensgenerierenden Ansatz in der Evaluation von Zeitpolitik und Lebensqualität (Haubrich et al. 2005: 2). Das heißt, im weiteren Verlauf werden – neben der Überprüfung, ob diese Kriterien in den Maßnahmen eingehalten sind und welchen Einfluss das auf die Lebensqualität der Betroffenen hat – die Rahmenbedingungen untersucht, die dazu geführt haben. Nur so können für die Zukunft Informationen darüber gewonnen werden, welche Bedingungen notwendig sind, um Zeitpolitik erfolgversprechend zu gestalten.

3.3.2 Exploration/Felderkundung

Mit Evaluation zeitpolitischer Maßnahmen eröffnet sich ein neues Forschungsfeld. Um unintendierte Effekte, „Nebenwirkungen", der Maßnahmen berücksichtigen zu können, wurde die Studie qualitativ und offen angelegt (Kelle 2006: 129). Vor der Befragung zum Einfluss zeitpolitischer und arbeitszeitpolitischer Maßnahmen auf die Lebensqualität wurden die zu untersuchenden Maßnahmen in einer explorativen Phase untersucht. Darin fanden die Auswahl der Fälle, die Überprüfung der „zeitpolitischen" Kriterien und die Exploration der Rahmenbedingungen statt. Ziel der explorativen Phase war festzustellen, wie Zeitpolitik tatsächlich umgesetzt wurde und unter welchen Rahmenbedingungen dies geschah. In dieser Phase wurden hauptsächlich als Methoden Dokumentenanalyse und Experteninterview eingesetzt. Nach dem Prinzip des zirkulären Forschungsprozesses (Flick 2007: 142) wurden Informationen aus Dokumentenanalyse und Experteninterview für die Erhebung von Lebensqualitätseffekten genutzt.

Fallauswahl und Reorientierung der Forschungskonzeption

Für die explorative Phase sollten zeitpolitische und arbeitszeitpolitische Praxisfälle ausgewählt werden. Beabsichtigt war der Vergleich von Praxisfällen beider Kategorien miteinander, um herausfinden zu können, wie die zeitpolitische Erweiterung der industriellen Beziehungen im Gegensatz zu der „herkömmlichen" Arbeitszeitpolitik die Lebensqualität der Betroffenen (Beschäftigte und Nutzer/innen) beeinflusst hat.

Erste Bedingung für die Auswahl der Fälle war, dass es sich um innovative Maßnahmen handelt, die mindestens die zwei ersten der theoretisch vorab festgelegten zeitpolitischen Kriterien erfüllten. Weitere Bedingungen waren, dass die Maßnahme im Kontext personenbezogener Dienstleistungen im Sinne des Uno-Actu-Prinzips stand und dass ihr Abschluss so weit in der Vergangenheit lag, dass eine summative Evaluation der Auswirkungen möglich war (Flick 2006). Von den Praxisfällen, die zuvor genannte Bedingungen erfüllten, wurden diejenigen ausgewählt, die zugänglich waren und Bereitschaft zur Teilnahme an der Untersuchung erklärten; einige der angefragten Einrichtungen waren nicht zur Teilnahme bereit, weil auch Nutzer/innen befragt werden sollten.

Die erste Auswahl von Praxisfällen fiel auf Einrichtungen, die an dem von der Gewerkschaft ver.di im Jahr 2001 initiierten Projekt „Zeitfragen sind Streitfragen" teilgenommen hatten (siehe hierzu Mönig-Raane 2005). In der explorativen Phase suchten wir zu diesen zeitpolitischen Praxisfällen nach arbeitszeitpolitischen Vergleichsprojekten.

Dabei wurde eine Umorientierung des Projektdesigns notwendig. Beteiligung von Nutzer/inne/n an Planung und Implementierung der Maßnahmen ist aus wissenschaftlicher Sicht ein entscheidendes Kriterium zur Klassifikation von Maßnahmen als „zeitpolitische Praxisfälle". Eine solche Beteiligung – so erwies sich bereits in der Exploration – hatte jedoch bei den Teilprojekten von „Zeitfragen sind Streitfragen" nicht immer stattgefunden (siehe hierzu Kap. 2.1.4). Deshalb mussten wir von dem Vorhaben Abstand nehmen, rein arbeits- und zeitpolitischen Praxisfällen miteinander vergleichen zu können. Deshalb wurde die dichotomische Unterscheidung zwischen arbeits- und zeitpolitischen Maßnahmen aufgegeben – an die Stelle eines „Entweder/oder" (eine Maßnahme ist im wissenschaftlichen Sinne entweder arbeitszeitpolitisch oder zeitpolitisch) trat ein „Mehr/weniger" in zeitpolitischer Hinsicht (eine Maßnahme weist im Vergleich zu anderen Maßnahmen eine größere oder kleinere zeitpolitische Ausrichtung auf). Damit konnten die zunächst als zeitpolitisch betitelten Praxisfälle einen eher arbeitszeitpolitischen Charakter aufweisen – umgekehrt konnten aber auch die anfänglich als arbeitszeitpolitisch bezeichneten Praxisfälle zeitpolitische Aspekte beinhalten können. Für die in Kapitel 4 diskutierten sechs Fälle könnte dieses Mehr oder Weniger graphisch etwa folgendermaßen (nicht maßstabsgemäß) dargestellt werden (vgl. Abb. 1):

Alle sechs Fälle erfüllten die Kriterien arbeitszeitpolitischer Maßnahmen, aber auch in bestimmten Umfang und unterschiedlich Kriterien zeitpolitischer Maßnahmen. Die Evaluation des Einflusses von Zeitpolitik auf Lebensqualität von Beschäftigten und Nutzer/inne/n einer Dienstleistung wurde auf *sechs Praxisfälle* konzentriert. Die Auswahl fiel auf *drei Kindergärten*, in denen die *Dienstleistungsbeziehung als intensiv* charakterisiert werden kann und die Beschäftigten über eine *tätigkeitsbezogene Motivation* verfügen. Hier vermuteten wir (siehe Kap. 3.2.1 und 3.2.4), dass die Intensität der Dienstleistungsbeziehung zu stärkerer Reziprozität der Perspektiven führt und die Lebensqualität der Beschäftigten und Nutzer/innen erhöhen kann sowie dass die tätigkeitsbezogene

Motivation aufgrund des Interesses der Beschäftigten daran, gute Dienstleistung zu erbringen, die Lebensqualität der Beschäftigten und Nutzer/innen erhöhen kann. Die drei ausgewählten Kindergärten können in ihrer zeitpolitischen Intention unterschieden werden. In Kita A war eine zeitpolitische Maßnahme angedacht, konnte aber nicht durchgeführt werden. Die Maßnahme in Kita B war als arbeitszeitpolitisch einzuordnen. Bei Kita C wurde eine Maßnahme evaluiert, die zeitpolitisch intendiert war.

Abb. 1: Schematische Darstellung der Forschungskonzeption

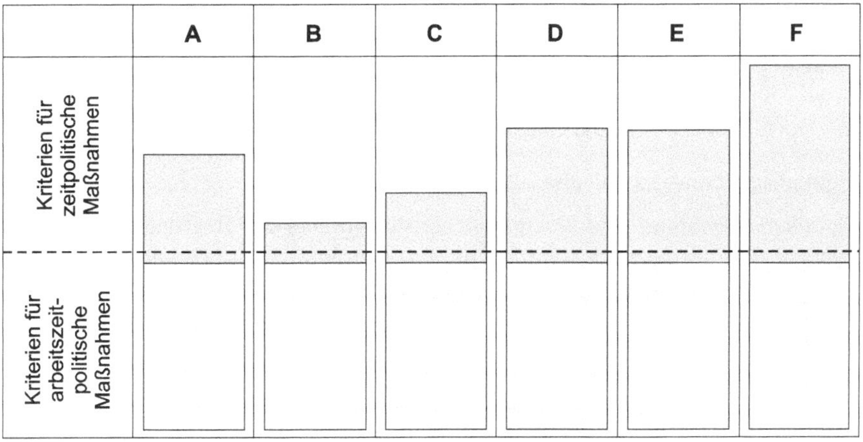

	A	B	C	D	E	F
Kriterien für zeitpolitische Maßnahmen						
Kriterien für arbeitszeit-politische Maßnahmen						

Eigene Darstellung

Eine ähnliche Konstellation wurde für drei weitere Einrichtungen gefunden, bei denen die Dienstleistungsbeziehung *weniger intensiv* ausfällt und eine *geringere tätigkeitsbezogene Motivation* der Beschäftigten zu vermuten ist. Zu vermuten war bei diesen drei Dienstleistungseinrichtungen ein im Vergleich mit den Kindergärten geringerer Einfluss auf die Lebensqualität der Beschäftigten und Nutzer/innen. In ähnlicher Weise wie die Kindergärten unterschieden sich diese drei weiteren Praxisfälle in ihren zeitpolitischen Intentionen. In Fall D (Warenhaus) wurde eine rein arbeitszeitpolitische Maßnahme durchgeführt, die aber im Kontext der Teilnahme am Projekt „Zeitfragen sind Streitfragen“ ursprünglich als zeitpolitisch eingeordnet wurde. Fall E (Betriebskrankenkasse) stellt eine innovative arbeitszeitpolitische Maßnahme dar. Im Praxisfall F (Stadtamt) wurde eine zeitpolitische Maßnahme geplant und umgesetzt.[1] Die Fallauswahl ergab

1 In der explorativen Phase wurden zusätzlich zu den vorliegenden Fällen eine Stadtverwaltung, ein Krankenhaus und mehrene „Zeiten der Stadt-Projekte“ untersucht. Diese

somit in Bezug auf den Charakter der Dienstleistungsbeziehung und der Motivation der Beschäftigten zwei gegensätzliche Paare, die eine kontrastierende Analyse erlaubten.

Alle Praxisfälle wurden also auch daraufhin geprüft werden, ob und welche zeitpolitische Kriterien sie aufwiesen. Erfüllte ein Fall nur drei der vier definierten Kriterien einer zeitpolitischen Maßnahme, so konnte er weder als rein arbeitszeitpolitisch, aber auch nicht als zeitpolitisch klassifiziert werden. Welche Konsequenzen dies für Lebensqualitätseffekte hatte, wird für jeden Fall genauer beobachtet. Im weiteren Verlauf der Analyse wurde untersucht, welchen Einfluss die eingeführte Maßnahme auf die Lebensqualität der Beschäftigten und Nutzer/innen hat und inwieweit dieser auf ein Mehr oder Weniger an zeitpolitischem Charakter des Praxisfalles zurückzuführen ist. Angesichts der geringen Fallzahl unserer Studie rekonstruieren wir bei einigen von ihnen, wie die Praxisfälle hätten gewinnen können, wäre die Maßnahme zeitpolitisch angelegt gewesen (Kap. 5.3).

Methodische Vorgehensweise in der explorativen Phase

Dokumentenanalyse: Die Dokumentenanalyse diente der Begründung der Fallauswahl und der Vorbereitung auf die Experteninterviews. Dokumente können als schriftliche Texte verstanden werden, die als Aufzeichnung oder Beleg eines Sachverhalts dienen (Wolff 2000). Es sind Artefakte, keine Darstellung von Wirklichkeit, sie müssen immer in Verbindung zum Kontext und der Autorenschaft betrachtet und bewertet werden (Bohnsack 2003). Die von uns gesichteten Dokumente waren meist Gesetzestexte, Dienstvereinbarungen und wissenschaftliche Artikel über die Maßnahmen. Während der Felderkundung wurden Informationen zum Unternehmen, zu Unternehmens-, Beschäftigten- und Nutzer/innenstruktur gesammelt. Diese Informationen dienten als Grundlage für die Fallauswahl und die weitere Erhebung. Sie bildeten Kontextwissen für das Verständnis und die Bewertung von Aussagen in Interviews mit Leitung, Arbeitnehmervertretung, Beschäftigen oder Nutzer/inne/n. Der Fokus lag auf Informationen über die tatsächlichen zeitpolitischen Aspekte der Maßnahme.

Experteninterview: Experteninterviews waren Quelle, um Informationen über die Planung der Maßnahme und den Aushandlungsprozess der Maßnahme sowie die Rahmenbedingungen und den Grad der Zeitpolitik zu sammeln (Lamnek 1995; Meuser/Nagel 2005; Flick 2007). Unsere Erhebung orientiert sich am Konzept des systematischen Experten/inn/eninterviews Dabei wird davon ausge-

---

konnten aus unterschiedlichen Gründen in der Evaluation nicht berücksichtigt werden. Teils war keine Bereitschaft vorhanden, die Nutzer/innen der Dienstleistung einzubeziehen. Teils handelte es sich um Maßnahmen, die nicht wie geplant durchgeführt wurden oder die zum Zeitpunkt unserer Erhebung nicht hatten Wirkung entfalten können. Außer den beschriebenen Fällen wurden fünf weitere Fälle explorativ untersucht.

gangen, dass der/die Experte/in mehr oder weniger objektiv über den Sachverhalt berichtet (vgl. Bogner et al. 2005). Nach wissenssoziologischem Ansatz verfügt eine Expertin/ein Experte über ein Sonderwissen im Forschungsfeld. Hierbei wird nicht außer Acht zu lassen, dass auch dieses Sonderwissen in einem bestimmten Kontext entsteht und eine analytische Konstruktion darstellt (Meuser/Nagel 2005: 72).

Pro Praxisfall wurden mindestens die Leitung sowie ein Mitglied der betrieblichen Interessenvertretung interviewt, soweit sie in der Planungs- und Implementierungsphase der evaluierten Maßnahme beteiligt waren. So konnte der Prozess aus zwei verschiedenen Blickwinkeln rekonstruiert werden. Wenn mindestens zwei Perspektiven in den Expert/inn/eninterviews erläutert werden, ist die Konstruktion, aus der das Sonderwissen der Expert/inn/en resultiert, wenigstens zum Teil aufzudecken (Meuser/Nagel 2005: 72).

Das Interview war leitfadengestützt und problemzentriert (vgl. Lamnek 1995: 79). In dem Interview war das Ziel, eine lockere Gesprächsatmosphäre zu schaffen. Die Rolle der Interviewer/innen war argumentativ-diskursiv angelegt. Weiterhin wurde darauf geachtet, dass die Diskussion möglichst die Sprache des Experten/der Expertin annimmt (Meuser/Nagel 2005: 75).

Zusätzlich zur Information über die Planungs- und Implementierungsphase bedienten wir uns im Experten/inn/eninterview der so genannten Überkreuzwertung. Die Expert/inn/en wurden gebeten, sich jeweils in die Position der anderen Akteure hineinzuversetzen – also die Perspektive der Beschäftigten und Nutzer/innen einzunehmen. Dies bot Gelegenheit herauszufinden, inwieweit im Planungsprozess Perspektiven anderer Betroffener wahrgenommen und vertreten wurden, inwiefern z.B. Leitung oder Interessenvertretung über Wissen und Verständnis der Bedarfe von Nutzer/inne/n und Beschäftigten verfügten. So konnte der Grad der Reziprozität der Leitungsperspektive erfragt werden, welches wichtiger Bestandteil der Zeitpolitik ist.

3.3.3 Erhebung der Lebensqualitätseffekte

Die Erkenntnis, dass dichotomische Unterscheidung zwischen zeitpolitischen und arbeitszeitpolitischen Maßnahmen nicht aufrechtzuerhalten, dass statt dessen für jeden Praxisfall der „Grad“ an Zeitpolitik getrennt zu analysieren ist, hat Konsequenzen für die Analyse von Lebensqualitätseffekten. Um auch für die zweite Phase sicherzustellen, dass die Ergebnisse der Untersuchung nicht nur Vorannahmen bestätigen, sondern ein breiteres Spektrum an Informationen erfassen, bedienten wir uns auch hier offener Methoden, die allerdings gleichzeitig sozialwissenschaftliche Kriterien der Reliabilität und Validität zu erfüllen hatten (siehe hierzu u.a. Strauss 1991; Lamnek 1995; Bohnsack 2003; Flick 2007).

Als eine Strategie der Ergebnis-Validierung wird eine methodische Triangulation eingesetzt (Flick 2004). In unserem Fall haben wir vor allem von der Triangulation zwischen verschiedenen Methoden Gebrauch gemacht.[2] Schon in der explorativen Phase gewonnene Informationen über die Beteiligung von Beschäftigten und Nutzer/inne/n sowie Erkenntnisse über das Reziprozitätsverständnis der Leitung wurden im Sinne der Triangulation mit Informationen aus der Perspektive der Beschäftigten und Nutzer/innen gegenübergestellt und angereichert. In der zweiten Analysephase fand zusätzlich zu der Ergebnisvalidierung die Erhebung von Lebensqualitätseffekten der betroffenen Beschäftigten und Nutzer/innen statt. Ziel der Erhebung war, die Bedeutung der Maßnahmen für die Betroffenen im Hinblick auf ihre Lebensqualität zu ermitteln. Zunächst wurde die Beteiligung der betroffenen Beschäftigten und Nutzer/innen erkundet. Zudem wurde der Grad der Reziprozität der Beschäftigten und Nutzer/innen im Verhältnis zu den anderen Stakeholdern geprüft. Schließlich wurde untersucht, wie sich diese Faktoren auf die Lebensqualität der jeweiligen Stakeholder auswirken.

Auswahl der Befragten

Nach der durch die explorative Analysephase ermöglichten Fallauswahl wurden für jeden Praxisfall je eine Gruppe betroffener Beschäftiger und betroffener Nutzer/innen ausgewählt, die zur Gruppendiskussion bereit waren. Beim theoretischen Sampling (Flick 2007: 158) erfolgt die Stichprobenauswahl schrittweise im Prozess der Datenerhebung und -auswertung (Glaser 1967: 53). Dementsprechend basierte die Auswahl der Befragten auf der in der explorativen Analysephase gewonnenen Information über die Beschäftigten- und Nutzer/innenstruktur. Dieses zweistufige Verfahren wurde für jeden Praxisfall angewendet.

Um die dispersen Bedarfe und Lebenslagen der betroffenen Stakeholder möglichst lebensnah zu erfassen, sollte die Auswahl der Teilnehmer/innen an der Gruppendiskussion – die Grundgesamtheit – möglichst die *„natürliche soziale Wirklichkeit“* der betroffenen Stakeholder abbilden (Lamnek 1995: 147). Daher wurde in Abhängigkeit vom Sozialgefüge der Beschäftigten und Nutzer/innen des jeweiligen Praxisfalls eine Mischung von Interviewpartner/inne/n je nach Geschlecht, Alter und Familienstand ausgewählt. Da es sich bei den Praxisfällen Warenhaus und Stadtamt um eine Dienstleistungstätigkeit gelegentli-

---

2 Bei der methodischen Triangulation werden zwei Subtypen unterschieden: Triangulation innerhalb der Methode und Triangulation zwischen verschienen Methoden (Flick 2004). Ein Beispiel für die Triangulation innerhalb der Methode ist, wenn innerhalb eines Fragebogens zwei Subskalen denselben Sachverhalt messen. Demgegenüber stellt die Kombination von Leitfadeninterview und quantitativer Befragung ein Beispiel für eine Triangulation zwischen verschiedenen Methoden dar (Flick 2004).

cher Natur mit teilweise anonymen Nutzer/inne/n handelt, wurde die Methode der „ad hoc Auswahl“ angewandt (Lamnek 1995: 147). Die erste Kontaktaufnahme mit Nutzer/inne/n erfolgte anhand einer Kurzbefragung durch Projektmitarbeiter/innen vor Ort. Die Kurzbefragung diente neben der Kontaktaufnahme dazu, einen Überblick über die Nutzer/innenstruktur zu gewinnen. Von den Nutzer/inne/n, die an der Kurzbefragung teilgenommen und sich zur Gruppendiskussion bereiterklärt hatten, wurden je vier bis acht Personen ausgewählt. Auch hier wurde versucht, die *„natürliche soziale Wirklichkeit“* bzw. die *„Realgruppe“* zu treffen (Lamnek 1998).

Gruppendiskussion

Gruppendiskussionen werden eingesetzt, um sozialkontextuelle Bedingtheiten von Einzelmeinungen herauszuarbeiteten (Lamnek 1995: 137). Symbolischer Interaktionismus und Sozialkonstruktivismus haben herausgearbeitet, dass Meinungen, Einstellungen sowie Verhaltens- und Handlungsmuster in einem kollektiven und sozialen Kontext entstehen und zu erklären sind (Denzin 2000; Flick 2000). Deshalb können Einstellungen und Meinungsbildung in der wirklichkeitsgemäßen Umgebung untersucht werden – in der Interaktion zwischen verschiedenen Menschen (Loos/Schäffer 2001: 34). Um die Wechselbeziehungen zwischen den Beschäftigten und Nutzer/inne/n sowie mögliche Perspektivenübernahmen sichtbar zu machen, war daher sinnvoll, die Interviews nicht einzeln, sondern in Gruppen durchzuführen. So konnten soziale Situationen, in denen Meinungen zustande kommen, erfasst werden.

Die wissenschaftliche Definition der Gruppendiskussion ist uneinheitlich. Neben Gruppendiskussion werden Gruppenbefragung, Gruppengespräch, Gruppeninterview und Gruppenexperiment erörtert (siehe z.B. Loos/Schäffer 2001: 11ff.). Durchgesetzt hat sich, Gruppendiskussion als Oberbegriff zu verwenden, unter den unterschiedliche Arten von Befragungen mit Gruppen zu subsumieren sind (siehe z.B. Lamnek 1995, 1998). In diesem Sinne wird im Folgenden Gruppendiskussion verstanden.

In den durchgeführten Gruppendiskussionen ging es nicht um Abbildung jeweiliger Gruppendynamiken oder gruppenspezifischer Verhaltensweisen, sondern um die Ermittlung von Meinungen und Einstellungen sowie von den Meinungen und Einstellungen zugrundeliegenden Bewusstseinsstrukturen der Teilnehmer/innen. Die methodische Vorgehensweise im Projekt lehnte sich daher an das Konzept der *focus group* an (entwickelt von Merton und Kendall 1979). Forscher stellen im so genannten „ermittelnden Interview“ die Angaben der Befragten in den Vordergrund. Davon unterscheiden sich so genannte „vermittelnde Interviews“, in denen z.B. interpersonale Probleme diskutiert und auf mögliche Lösungen abgeklopft werden (Lamnek 1995: 130f.). Im ermittelnden Interview halten Forscher Vorwissen und Meinungen zurück, um Meinungen und Einstellungen der Befragten zu fokussieren. Das Interview ist thematisch strukturiert und an eine mehr oder weniger homogene Gruppe gerichtet. Vorteilhaft für den hier vorgestellten Forschungszusammenhang ist, dass in einer Gruppendiskussion zwischen Individuen verschiedener Lebenslagen ein Austausch von Meinungen stattfindet (Loos/Schäffer 2001). Dies öffnet sozusagen den Horizont der Befragten: Sie können sich plastischer vorstellen und besser darin einfühlen, wie Einführung bzw. Nichteinführung einer Maßnahme die Lebenslage und -qualität anderer Individuen beeinflusst.

Zwei methodische Konzepte für die Evaluierung zeitpolitischer Maßnahmen verdienen besondere Hervorhebung: die sogenannte „Überkreuzwertung“ und die sogenannte „kontrafaktische Annahme“. Sie finden in der Literatur kaum Erwähnung und werden deshalb als methodologische Innovation des hier vorgestellten Untersuchungsansatzes verstanden.

Überkreuzwertung

Große Aufmerksamkeit gilt in dieser Untersuchung der Analyse von Reziprozität der Perspektiven der Beteiligten (siehe Abschnitt 3.2.4). Die Fähigkeit, aus der Perspektive des jeweiligen Gegenübers sich ergebende Einschätzungen und Erwartungen erkennen und beim eigenen Handeln berücksichtigen zu können, kann mit Hilfe einer Überkreuzwertung sichtbar gemacht werden. Beschäftigte z.B. wurden nach ihrer Wahrnehmung des Einflusses der Maßnahme auf die Lebensqualität der Nutzer/innen befragt. Mit umgekehrter Zielrichtung wurden Nutzer/innen befragt. Leitungspersonen wiederum wurden auf ihre Wahrnehmung mit Blick auf die Lebensqualitätseffekte für beide Gruppen – Beschäftigte und Nutzer/innen – befragt. Die Aussagen wurden danach mit den Antworten der jeweils anderen Stakeholder abgeglichen. So konnten sowohl vorhandene als auch fehlende Reziprozität der Perspektiven ermittelt werden. Ermittelt werden konnte auch, wie die jeweiligen Akteure mit Nichtwissen um Bedürfnisse und Lebenslagen der jeweils anderen Betroffenen umgingen – ob sie sich damit abfanden oder daraus Befragungs- und Untersuchungsbedarf herleiteten.

Kontrafaktische Annahme

Gegenstand unserer Evaluation war der Einfluss (arbeits-)zeitpolitischer Maßnahme auf die Lebensqualität betroffener Beschäftigter und Nutzer/innen. Die Veränderung der Lebensqualität durch die Maßnahme wäre nach dem quantitativen Kausalitätsprinzip von weiteren, von der Maßnahme unabhängigen, Einflüssen abzusondern (Kelle 2006: 124). In quantitativen experimentellen Evaluationsmodellen wird dies dadurch gelöst, dass je eine Messung der Effekte vor und nach der Einführung der Maßnahme stattfindet. Dies erfolgt bei einer Kontroll- und einer Interventionsgruppe – bei der Kontrollgruppe wird keine Intervention vorgenommen. Nach der Erhebung werden Vorher-Nachher-Effekte für beide Gruppen verglichen und ausgewertet. Beteiligte in den jeweiligen Gruppen werden zufällig ausgewählt, um systematische Messfehler auszuschließen (Diekmann 2007). Unterscheiden sich die Effekte bei beiden Gruppen signifikant, so kann von einem Effekt der Intervention ausgegangen werden (siehe z.B. Diekmann 2007).

Die Ermittlung einer solchen Vorher-Nachher-Perspektive wie in dem angedeuteten quantitativen Evaluationsmodell war in unserem Forschungszusammenhang nicht möglich – und ist vermutlich in zeitpolitischem Zusammenhang generell nicht möglich. Um eine summative Evaluation vornehmen zu können, mussten Praxisfälle ausgewählt werden, in denen die Einführung der Maßnahme in der Vergangenheit liegt. Somit kann die Vorher-Perspektive nicht mehr vollständig erhoben werden. Selbst aus der Erinnerung Beteiligter ist dies nur begrenzt möglich – zwar mögen Leitungspersonen und ein Teil der Beschäftigten den Vorher-Zustand noch beurteilen können, aber im Fall von Nutzer/inne/n, zumal anonymen, ist dies ausgeschlossen. Die Auswirkung zeitgestaltender Maßnahmen auf deren Lebensqualität ist aber gerade ein zentrales Interesse von Zeitpolitik und zeitpolitischer Evaluation.

Diese methodische Leerstelle wurde durch die Methode der „kontrafaktischen" Annahme zu beheben versucht. Probanden wurden mit der *hypothetischen* Frage konfrontiert, wie sich ihre Lebenssituation darstellen würde, wäre die evaluierte Maßnahme nicht eingeführt worden. Anhand der Fragestellung „Was wäre, wenn die Maßnahme nicht stattgefunden hätte?" wird ein hypothetisches Szenario gebildet, das beobachtbar macht, wie das Ergebnis ausgesehen hätte, wenn die Maßnahme nicht eingeführt worden wäre (Fearon 1991: 172). Zwar kann mit der „kontrafaktischen Annahme" eine genaue Vorher-Nachher-Perspektive nicht erhoben werden. Gleichwohl gibt diese „kontrafaktische Frage" – nicht zuletzt aufgrund ihres offenen Charakters – vermutlich stichhaltigere Informationen über Veränderungen in der Lebenssituation betroffener Stakeholder, als eine quantitative Vorher-Nachher-Messung dies zu tun vermöchte. Zudem regt die „kontrafaktische Annahme" zur Reflektion über die jetzige und die vorherige Situation an, die nicht ermittelt und ausgewertet werden könnte, würde nur zu unterschiedlichen Zeitpunkten getrennt gemessen und bewertet. Der direkte reflektierende Vergleich erlaubt vermutlich genauere Überlegungen dazu, wie die Maßnahme tatsächlich die Lebensqualität beeinflusst hat, als Momentaufnahmen zu unterschiedlichen Zeitpunkten.

Kurzbefragung und Nacherhebung

Das qualitative Verfahren stand zwar im Fokus dieser Untersuchung. Zur Überprüfung und Differenzierung der Informationen wurden jedoch zusätzlich quantitative Informationen über die Nutzer/innen- und Beschäftigten-Struktur gesammelt. So konnte das qualitative Wissen – im Sinne einer Triangulation (Flick 2004) – in einen Kontext gesetzt und besser verstanden und interpretiert werden. In einigen Fällen wurden Kurzfragebögen an Unternehmen geschickt, um Hintergrundinformationen über die Nutzer/innen und Beschäftigte zu erhalten. In anderen Fällen fand eine Befragung im Zusammenhang mit der Gruppendiskussion statt. Da zu vermuten ist, dass Lebensqualität je nach Lebenslagen unterschiedlich beschaffen ist und wahrgenommen wird, interessierte z.B. die familiäre Situation der Beschäftigten und Nutzer/innen (d.h. ob sie kleine Kinder zu versorgen haben, allein oder zusammenleben), welche Arbeitszeitformen zur Verfügung standen (Schichtdienstmodelle, Möglichkeiten der Teil- und Vollzeitbeschäftigung, Vertrauensarbeitszeit, etc.), welche Altersstruktur Beschäftigte und Nutzer/innen aufwiesen. Diese Nacherfassung wurde den Besonderheiten des jeweiligen Praxisfalles angepasst. Beispielsweise war für die Analyse der Kindergärten relevant, zusätzlich zu den Arbeitszeitformen Information über Betreuungszeiten und deren Gestaltung zu erhalten. Diese Kurzbefragungen und Nacherhebungen erlaubten zusätzlichen Einblick in den Kontext der Einführung der Maßnahmen.

Zusammenfassung der Vorgehensweise bei der Erhebung

Zu der Evaluation zeitpolitischer Lebensqualitätseffekte wurden also zwei größere Erhebungsphasen durchlaufen (siehe Tab. 2). In der ersten Phase wurde der zeitpolitische Charakter der jeweiligen Maßnahme eruiert. Ermittelt wurden das Regelungsverständnis der Leitung, die Beteiligungsmuster von Beschäftigten und Nutzer/inne/n sowie der jeweilige Grad an Reziprozität. Dafür wurden hauptsächlich Experteninterviews und Dokumentenanalysen herangezogen. Der Analyse der Reziprozität diente die Methode der Überkreuzwertung. Die zweite

Tab. 2: Darstellung der methodischen Vorgehensweise bei der Analyse der Praxisfälle.

	Untersuchungsgegenstand	Erhebungsinstrument (Methode)
Phase 1: „Zeitpolitische Einstufung"	„Regelungsverständnis"	Experteninterview, Dokumentenanalyse
	„Beteiligung"	Experteninterview, Dokumentenanalyse
	„Reziprozität"	Experteninterview (Überkreuzwertung)
Phase 2: „Lebensqualitätseffekte"	„Reziprozität"	Gruppendiskussion (Überkreuzwertung)
	„Lebensqualität"	Gruppendiskussion (Kontrafaktische Annahme)

Phase galt der Erhebung der Lebensqualitätsqualitätseffekte für Beschäftigte und Nutzer/innen. Hierzu wurden mit den Betroffenen Gruppendiskussionen durchgeführt. Da nicht jede/r Befragte (besonders auf Nutzerseite) die Einführung der zeitgestaltenden Maßnahme erlebt hatte, damit nicht über eine Vorher-Nachher-Perspektive verfügte, wurde die Methode der kontrafaktischen Annahme herangezogen.

3.3.4 Auswertungsschema

Zur Auswertung gehörten die Dokumentation von Handlungen und Interaktionen – also die Dokumentation der Datenentstehung und die Fixierung der gesammelten Daten (Kowal/O'Connell 2000; Flick 2007). Um der Natürlichkeit der Situation nahe zu kommen, wurden die Interviews mit einem digitalen und unauffälligen Diktiergerät aufgenommen (Flick 2007: 379ff.). Die Interviewpartner/innen wurden vorher über den Sinn und Zweck der Aufnahme aufgeklärt und willigten ein. Die Transkription der Aufnahmen hielt – über die semantische Dimension der gesprochenen Sprache hinaus – so viele Informationen wie möglich fest.

Der kommunikative Sinn von Aussagen wird nicht nur darüber ermittelt, was Probanden aussagen, sondern auch wie sie es sagen (Kruse 2007). Um dieses ‚Wie' festzuhalten, wurden Experteninterviews und Gruppendiskussionen in Anlehnung an das gesprächsanalytische Transkriptionssystem (GAT) verschriftlicht (vgl. u.a. Deppermann 2001). Die Gespräche wurden unbeeinflusst von der deutschen Orthographie verschriftlicht, alle Worte kleingeschrieben, umgangssprachliche und dialektische Ausdrücke und Verfärbungen wiedergegeben. Betonungen und Pausierungen wurden festgehalten. Trotz der Bemühung, die Gesprächssituation genau zu dokumentieren, war dem Forschungsteam bewusst, dass jede Transkription eine Konstruktion darstellt und kein reales Abbild der Gespräche ist (vgl. Kruse 2007; Flick 2007).

Für Zwecke des vorliegenden Forschungsvorhabens war bei der Datenauswertung das thematische Kodieren geboten (vgl. Flick 2007). Es handelte sich bei dieser Studie nicht – wie bei der *grounded theory* und theoretischem Kodieren (siehe Glaser/Strauss 1967; Glaser 1978) – um die Entwicklung einer Theorie, sondern um die Herausarbeitung von Gemeinsamkeiten und Unterschieden zwischen arbeits- und zeitpolitischen ‚Gruppen', die sich vor allem im Grad der Beteiligung, der Reziprozität oder dem Dienstleistungscharakter unterscheiden. Das thematische Kodieren wurde Strauss (1991) entwickelt und von Flick (2007) modifiziert. Hierbei werden die empirischen Erkenntnisse vorab definierten Kategorien zugeordnet und danach unterschieden. Voraussetzung für thematisches Kodieren und die dadurch gebotene Möglichkeit des Vergleiches ist ein theoretisches Sampling. Zweite Voraussetzung sind leitfadengestützte Interviews, die auf konkret ausformulierte Gegenstände der Untersuchung abzielen. Beide Voraussetzungen waren in dieser Untersuchung erfüllt.

Für die Auswertung der Dokumente, Experteninterviews und Gruppendiskussionen wird dabei ein mehrstufiges Verfahren angewendet (Flick 2007). Im ersten Schritt wird zur Orientierung eine Kurzbeschreibung für jeden Fall erstellt, die relevante Informationen zur Fragestellung enthält (Flick 2007). Dazu zählen Informationen über die Betriebsstruktur, Art der Dienstleistung, Typ der Arbeitsbeziehung, Inhalt und Zielsetzung der Maßnahme und die Prozessanalyse. Im Sinne der Triangulation werden für die Kurzbeschreibung Informationen aus den Dokumenten, Experteninterviews, Gruppendiskussionen und Kurzbefragungen herangezogen (Flick 2004). In einem zweiten Schritt orientiert sich die Analyse an den einzelnen Interviews. Hierbei wird das Ziel verfolgt, den Sinnzusammenhang der Auseinandersetzung der jeweiligen Person mit dem Thema der Untersuchung zu erhalten (Flick 2007).

Zunächst wurde für jeden Fall mit Hilfe des Programms MAXQDA eine Kodierungsstruktur entwickelt, die den theoretischen Vorannahmen entsprach. Wie von Strauss (1991) empfohlen, pendelte die Analyse zwischen offener und selektiver Kodierung. Die selektive Kodierung orientierte sich an vorher festgehaltenen theoretischen Überlegungen. Sie wurde aber im Sinne eines offenen Analyseverfahrens um Kategorien ergänzt. Die Liste der vordefinierten Codes wird somit um Erläuterungen und inhaltliche Definitionen von Codes und Memos angereichert, die neue relevante Informationen über den Fall enthalten. In Anlehnung an Strauss und Corbin (1990) wurden wiederholt und regelmäßig sogenannte W-Fragen an den Text gerichtet (Worum geht es hier? Welche Personen, Akteure sind beteiligt? Welche Aspekte des Phänomens werden angesprochen? etc.). Die Antworten auf diese Fragen ergaben neue Codes/Kategorien. Die neu entwickelten Codes wurden sodann verfeinert und differenziert. Die neu entstandenen Kategorien bildeten dann Kernkategorien für das selektive Kodieren, um die herum sich andere Kategorien gruppieren ließen (siehe dazu Strauss 1991). In der beschriebenen Untersuchung lag der Fokus auf dem Gruppenvergleich von Praxisfällen mit folgenden Schwerpunkten: Zielsetzung der Maßnahme; rechtlicher, politischer und sozialpartnerischer Regelungsrahmen; Erfahrungshintergrund; Nutzer/innen- und Beschäftigtenstruktur; Motivation für die Maßnahme; Dienstleistungsqualität; Dienstleistungsverständnis; Regelungsverständnis der jeweiligen Leitung; Beteiligung Beschäftigter und von Nutzer/inne/n; Reziprozität der beteiligten Gruppen; Lebensqualität.

Im letzten Analyseschritt wurden für jeden Fall zeitpolitische Komponenten und ihre Auswirkung auf die Lebensqualität herausgearbeitet. Zudem wurde für alle Praxisfälle geklärt, auf welche Weise und unter welchen Rahmenbedingungen Zeitpolitik die Lebensqualität der Betroffenen (Beschäftigte und Nutzer/innen) beeinflusste. Beim Vergleich der für die einzelnen Praxisfälle gewonnenen Informationen wurden Differenzen und Gemeinsamkeiten ermittelt.

3.3.5 Zur nachfolgenden Falldarstellung

Das Projekt, aus dem Kapitel 4 berichtet, wertet nach den in Kapitel 3 beschriebenen Methoden u.a. zeitpolitische Modellvorhaben aus. Geteilt werden nicht Grundannahmen, dass nutzerfreundliche Dienstleistungszeiten strukturell zulasten der Zeitinteressen der Beschäftigten gehen und daher abgewehrt werden müssten oder dass Beschäftigteninteressen Kundeninteressen unterzuordnen, daher marktkonform zu liberalisieren seien. Die Projektfragen lauteten differenzierter: Wie wirken sich Arbeitszeit-Gestaltungen von Dienstleistern auf die Lebensqualität von Beschäftigten und Nutzer/inne/n aus? Wenn Dienstleistungszeiten nutzerfreundlicher gestaltet werden, geht dies zwangsläufig zulasten der Beschäftigten – *et vice versa?* Stehen Beschäftigten- und Nutzer-Interessen in einem *trade-off-Verhältnis*, aus dem nur eines siegreich hervorgehen kann, oder lassen sich bei einer intelligenten Aushandlungskonstellation *win-win-Situationen* erzielen?

Dahinter steht eine brisante Frage der Regulierung der Dienstleistungsgesellschaft. Bleibt für sie der Maßstab der tradierten „industriellen Beziehungen" geltend – mit dem Resultat, dass die Interessen der Dienstleistungsempfänger bei der Konfliktbearbeitung ausgeklammert bleiben –, obwohl diese lebende Rechtssubjekte, ja oft Koproduzenten der in Rede stehenden Dienstleistungen sind? Oder kann man ein System vorstellen und ausarbeiten, das auch deren Interessen *„voice"* und Einfluss auf die zu lösenden Zeitprobleme gibt, ohne dass die legitimen Beschäftigtenanliegen geopfert würden?

In der Studie wurden zeitgestalterische Modellprojekte im Dienstleistungsbereich auf Lebensqualitätseffekte bei Dienstleistungsnutzern und -erbringern hin evaluiert. Darunter waren sowohl Projekte, bei denen die Sozialpartner sich bewusst auf die Optimierung der Lebenslage von Nutzer/inne/n bezogen (zeitpolitische Projekte im engeren Sinne), als auch Arbeitszeitinnovationen, bei denen es um Optimierung der Anliegen der Dienststellen-/Betriebspartner ging und Nutzeranliegen nicht konstitutiv waren (Arbeitzeit-Projekte im engeren Sinne). Die im folgenden Kapitel dargestellten Fallbeispiele waren folgendermaßen verteilt.

- Bei einem privaten Kindergarten (A) wurden die Öffnungszeiten abends bis 19:30 ausgeweitet – damit einher ging eine flexibilisierende Reorganisation der Arbeitszeiten innerhalb der Einrichtung, insbesondere durch eine Pufferrolle von Teilzeitkräften.
- In einer städtischen Einrichtung (B) wurden die Öffnungszeiten auf 20:30 ausgeweitet – während zugleich in umliegenden Einrichtungen die Flexibilisierung und Einsparung von Personal voranschritten.

- Die dritte Einrichtung (C) war betriebsorientiert: Sie bot ein zeitlich flexibles Betreuungsangebot mit der Möglichkeit der Anmietung von Belegrechten durch Betriebe und der Teilung von Betreuungsplätzen (Platz-Sharing).
- In einem Kaufhaus (D) wurde eine abteilungsbezogene Personaleinsatzplanung eingeführt, die individuelle Zeitwünsche der Beschäftigten berücksichtigte, dabei aber zugleich das Spektrum der Arbeitszeiten der Kundenfrequenz anpasste.
- Bei einer Betriebskrankenkasse (E) wurden die Schalterzeiten der Bedarfslage der Nutzer aus dem Betrieb angepasst und zugleich ein System von Vertrauensarbeitszeit für die Beschäftigten eingeführt.
- Bei einem öffentlichen Bürgerservice-Zentrum (F) ging es im Rahmen der Ausweitung des bürgerorientierten Dienstleistungsangebots auf 53,5 Stunden pro Woche vor allem um die Öffnung des Zentrums am Samstagvormittag – damit einher ging die Umschulung und flexible Einsatzplanung der Beschäftigten.

Angesichts der kleinen Fallzahl und der angedeuteten Sonderbedingungen im Feld können die Ergebnisse des Forschungsprojekts lediglich als Anhaltspunkte und als Anstöße für weitere Vorhaben angesehen werden. Das gilt auch für die hier angenommene Notwendigkeit, von dem industriegesellschaftlichen Regulierungsmuster der industriellen Beziehungen Abschied zu nehmen.

4 Zeitpolitik in der Dienstleister-Praxis. Fallanalysen

4.1 Fall A – Bedarfsgerechte Kinderbetreuung

Fall A – ein Kindergarten eines freien Trägers in einer ostdeutschen Großstadt – stellt ein trotz Fehlens effektiver Beteiligungsstrukturen gelungenes Beispiel für ein Angebot an bedarfsgerechter und lebenslagenorientierter Kinderbetreuung dar. Deutlich wird darin, dass zu entsprechenden zeitlichen Angeboten der betrieblichen Akteure noch die Motivation der Dienstleistungserbringerinnen und die Beteiligung der dienstleistungsnehmenden Eltern hinzutreten müssen, um die Dienstleistung zeitpolitisch bedarfsgerecht zu gestalten. Der Fall veranschaulicht zudem unterschiedliche Effekte restriktiver Arbeitszeitvorgaben – je nachdem, welchen Umfang das Arbeitsverhältnis hat und in welcher Lebenslage sich die Beschäftigten befinden.

4.1.1 Flexible Kinderbetreuung bei starren Arbeitszeitvorgaben

Die hier vorgestellte Kindertagesstätte befindet sich in einer ostdeutschen Großstadt in unmittelbarer Nähe zu einem komplexen Einkaufzentrum. Betreiber ist ein in der Kinder- und Jugendhilfe deutschlandweit agierender freier Träger, der neben der untersuchten noch 19 weitere Einrichtungen in der Stadt unterhält. Im Rahmen des zeitpolitisch ausgerichteten und stadtteilbezogenen ver.di Projektes `Zeitfragen sind Streitfragen` (siehe dazu auch Abschnitt 2.1.4) konnte die Einrichtung Erfahrungen mit dem Angebot bedarfsgerechter Öffnungszeiten einbringen. Diese flexible Kinderbetreuung wurde erweitert um eine Kooperation zur betriebsnahen Betreuung von Kindern von Beschäftigten eines Krankenhauses im selben Stadtteil. Insbesondere für die Randzeiten ermöglicht die zusätzliche Maßnahme eine flexible Kinderbetreuung durch Einführung erweiterter Öffnungszeiten in den Abendstunden, die den veränderten Arbeitszeitgestaltungen der Beschäftigten Rechnung tragen. Das erweiterte Angebot der Kita um einen Spätdienst wird gut angenommen. Nach Angabe der Leitung werden täglich zwei bis zehn Kinder in den verlängerten Öffnungszeiten betreut.

Die Kita ist montags bis freitags von 6.00 bis 19.30 – also 67,5 Stunden – geöffnet. Betreut werden Kinder im Alter von acht Wochen bis zum Schuleintritt – Hortbetreuung findet nicht statt. Die Einrichtung weist insgesamt neun Kindergruppen auf, solche mit Kindern unter drei Jahren werden von zwei Erzieherinnen betreut. Betreut werden 123 Kinder[1], davon 57 Jungen und 66 Mädchen. Knapp zwei Dritteln der Kinder sind Ganztags- oder erweiterte Ganztagsförderung bewilligt.[2] Lediglich sieben Kinder (6%) werden im Rahmen der Halbtagsförderung betreut. Die Inanspruchnahme der Spätbetreuung, aber auch der hohe Anteil an Kindern, die mindestens ganztags gefördert werden, machen den Bezug der Einrichtung zur Berufstätigkeit der Eltern und der hohen Flexibilität von deren Arbeitszeiten deutlich.

Die untersuchte Kindertagesstätte beschäftigt 24 Mitarbeiter/innen.[3] 17 Personen (pädagogisches Fachpersonal)[4] arbeiten als Erzieherinnen, sieben (davon vier Frauen und drei Männer) sind im Bereich der Instandhaltung und Küche beschäftigt oder auch im Rahmen von Praktika tätig. 15 Mitarbeiter/innen arbeiten in Vollzeit (40 Stunden pro Woche), sieben in Teilzeit mit 30 Stunden, eine Mitarbeiterin in Teilzeit mit 20 Stunden pro Woche. Für eine Person in der Einrichtung wurde ein anderes Beschäftigungsverhältnis angeführt. Zwei Beschäftigte haben ein Kind mit Betreuungsbedarf (Kindergarten, Hort).

Das Angebot einer flexiblen Kinderbetreuung mit erweiterten Öffnungszeiten geht mit starren Arbeitszeitvorgaben und einer hierarchischen Arbeitsorganisation einher. Die Personalverantwortung für die Mitarbeiter der Einrichtungen tragen die jeweiligen Leiter/innen. Diese wiederum unterstehen der Weisungsbefugnis der Geschäftsführung der Einrichtungen der Stadt. Die Gestaltung der Arbeitszeiten orientiert sich an den Öffnungszeiten und ist als Wechseldienst organisiert, d.h. Früh- und Spätdienst rotieren im Wochenrhythmus. Die Flexibilität bei der Arbeitszeitgestaltung wird über (Jahres-)Arbeitszeitkonten gewährleistet. Die Betriebsvereinbarung zur Flexibilisierung der Arbeitszeit vom 01.01.2007 regelt das Verfahren der Dienstplanung und damit auch die Festlegung und Gestaltung der individuellen Arbeitszeit. Demzufolge wird der Dienstplan wöchentlich durch die Leitung der jeweiligen Einrichtung erstellt. Die individuellen Arbeitsstunden der Beschäftigten werden auf die Arbeitstage des Planungszeitraums verteilt und mindestens eine Woche vor Beginn der Laufzeit bekanntgegeben. Für die Beschäftigten bedeutet diese Regelungspraxis, wie im weiteren Verlauf der Analyse zu zeigen sein wird, teilweise eine Begrenzung ihrer Zeitautonomie, die sich nachteilig auf ihre Lebensqualität auswirkt.

---

1 Anzahl der Kinder in der Kita nach Altersgruppen (N = 123): unter 1 Jahr (2); 1 Jahr (16); 2 Jahre (21); 3 Jahre (22); 4 Jahre (26); 5 Jahre (28); 6 Jahre (8), Stand April 2009.

2 Betreuungsumfang nach Förderungskategorien (N = 123): Halbtagsförderung (7), Teilzeitförderung (29), Ganztagsförderung (47), erweiterte Ganztagsförderung (40), Stand April 2009.

3 Anzahl der Beschäftigten der Einrichtung nach Altersgruppen (N = 24): 15 bis 20 Jahre (0); 21 bis 30 Jahre (4); 31 bis 40 Jahre (4); 41 bis 50 Jahre (9); 51 bis 60 Jahre (6); über 60 Jahre (1), Stand April 2009.

4 Entsprechend den Angaben der Einrichtung handelt es sich beim pädagogischen Fachpersonal um 17 weibliche Beschäftigte, Stand April 2009.

4.1.2 Eine um das Kind zentrierte und vertrauensgetragene Dienstleistungsbeziehung

Nach der im theoretischen Teil dieses Buches vorgenommenen Systematisierung stellt die professionelle Kinderbetreuung eine personenbezogene Dienstleistung dar, die eine längerfristige, personen- sowie körperbezogene soziale Beziehung zwischen dem Kind, deren Eltern und der betreuenden Person konstituiert und dem *Uno-actu-Prinzip* entspricht. Geprägt ist die Dienstleistungsbeziehung aufgrund ihrer mit der Kindbezogenheit verbundenen Kommunikationshäufigkeit, Körperbezogenheit und zeitlichen Dauer von hoher Intensität. Daraus wurde in unseren Hypothesen die Vermutung hergeleitet, dass zwischen Beschäftigten und sowohl mittelbaren (Eltern) als auch unmittelbaren Nutzer/innen (Kindern) eine intensive Beziehung mit stark ausgeprägter Reziprozität besteht.

Diese *Tätigkeitsbeziehung* ermöglicht Aussagen zum Vorhandensein und der Ausprägung tätigkeitsbezogener Motivation der Beschäftigten. Dabei richtet sich der Blick (unter den Prämissen des Uno-actu-Prinzips) auf den Grad der Interaktion bei der Gestaltung der Tätigkeit. Die *Tätigkeitsinhalte* der Beschäftigten der Kita umfassen die Erziehung, Bildung und Betreuung jedes einzelnen Kindes und orientieren sich am Bildungsprogramm sowie der Rahmenkonzeption des Trägers. Der Kindergartenalltag wird situativ durch die Betreuer/innen gestaltet – bestimmt von den Bedürfnissen der Kinder, jedoch entsprechend dem rahmengebenden Fürsorgeauftrag. Die Tätigkeit setzt einen hohen Grad an Selbstbestimmung voraus, sowohl bei der zeitlichen als auch der inhaltlichen Gestaltung. Durch die Nutzung der Dienstleistung Betreuung über einen längeren Zeitraum hinweg sowie deren unmittelbare Körperbezogenheit entwickelt sich eine intensive Beziehung zwischen Dienstleistungserbringern und mittelbaren und unmittelbaren Dienstleistungsnehmern. Die Orientierung am Kindeswohl lässt auf eine bewusste Wahrnehmung und aktive Beteiligung der Kinder und der Eltern auf der Nutzer/innenseite der Dienstleistung schließen. Die Tätigkeit der Erzieher/innen erfordert, personen- und körperbezogen das Kindeswohl zu fördern bzw. den Erziehungsauftrag konkret-situativ und in hohem Maße mit selbstbestimmten Engagement auszufüllen. Dies lässt hohe tätigkeitsbezogene Motivation der Erzieher/innen vermuten. Die ausgeprägte tätigkeitsbezogene Motivation der Beschäftigten dürfte sich zumindest unter bestimmten Rahmenbedingungen positiv auf deren Arbeitszufriedenheit und die Qualität der Dienstleistung auswirken. Sie verspricht damit zugleich lebensqualitätssteigernde Effekte für Beschäftigte und Nutzer/innen der Dienstleistung.

Im Unterschied zu der untersuchten Bürgerservice-Einrichtung (Fall F) wird der Umfang der Arbeitsbeziehung im Kindergarten bipolar festgesetzt durch Bedarfsformulierung der Nutzer/innen und Entscheidung des zuständigen Jugendamts. Die Arbeitsbeziehung zwischen Leitung und Beschäftigten innerhalb der

Einrichtung wird also entscheidend extern beeinflusst: Durch a) die Festlegung des Betreuungsumfangs zwischen dem Jugendamt und Eltern und b) die Abstimmung der Betreuungszeiten mit den vorgegebenen Öffnungszeiten durch die Eltern. Die Arbeitsbeziehung innerhalb der Einrichtung ist aber wesentlich durch die Arbeitszeitorganisation der Leitung und die Abstimmung der täglichen Betreuungszeiten zwischen Beschäftigten und Eltern gekennzeichnet. Zudem finden auf der Basis des vom Land verabschiedeten Bildungsprogramms und der Rahmenkonzeption des Trägers unter Qualitätsgesichtspunkten Abstimmungen über die Gestaltung der Kinderbetreuung zwischen Geschäftsführung, Leitung und Beschäftigten statt. Über die Elternvertretung wirken daran indirekt auch Nutzer/innen mit (E-L)[5]. Daraus resultiert ein komplexer multipolarer Typ der Arbeitsbeziehung, der im Hinblick auf zeitpolitische Interventionsspielräume und damit verbundene Lebensqualitätseffekte für die beteiligten Akteure (u.a. Kinder, Eltern und Beschäftigte) besonders interessant ist. Bislang sind dabei die Lebensqualitäteffekte für Kinder deutlich weniger thematisiert und untersucht als diejenigen für Eltern und für Beschäftigte.

4.1.3 Ausweitung der Öffnungszeiten zur Sicherung von Arbeitsplätzen

Evaluiert wird hier die Maßnahme der Erweiterung der Öffnungszeiten in den Abendstunden bis 19:30 Uhr und der damit einhergehenden Veränderung der Arbeitszeit in der Kindertagesstätte. Sie sollte gewandelten Bedarfsstrukturen, z.B. flexibilisierten Arbeits- und Alltagszeiten (potentieller) Nutzer/innen, Rechnung tragen. Mit der bedarfsorientierten Ausrichtung des Betreuungsumfangs veränderten sich auch der Gestaltungsrahmen der Arbeitszeiten der Beschäftigten sowie die Arbeitsorganisation. Die Maßnahme hat zeitliche Auswirkungen sowohl für Nutzer/innen als auch Beschäftigte der Einrichtung und erfüllt somit das erste Kriterium zur Einordnung zeitpolitischer Praxisfälle (siehe Kap. 3.3.1).

Wie bereits ausgeführt, geht die Maßnahme der erweiterten Öffnungszeiten einher mit einer veränderten Arbeitszeitgestaltung für die Beschäftigten der Einrichtung. Die Einführung von rotierenden Wechseldiensten beeinflusst neben den Arbeitszeiten unweigerlich auch die zeitliche Koordination des Alltags der betroffenen Beschäftigten und wirkt sich so auf deren Lebensqualität aus. Bei der Vorbereitung der Maßnahme wurden seitens der Leitung die Befürchtungen und Ängste der betroffenen Beschäftigten angehört, deren Interessen und zeitlichen Bedarfe jedoch im weiteren Verlauf der Maßnahme nicht bewusst berücksichtigt. Das Ziel der Leitung war, durch Anhörung der Beschäftigten deren Zustimmung für die Einführung erweiterter Öffnungszeiten in den Abendstunden

5 Die Belege aus den Interviews werden wie folgt gekennzeichnet: Experteninterview Leitung: E-L; Experteninterview betriebliche Interessenvertretung: E-B; Gruppendiskussion Beschäftigte: G-B; Gruppendiskussion Nutzer/innen: G-N.

als arbeitsplatzsichernde Maßnahme zu erreichen. Vor diesem Hintergrund kann das zweite Kriterium zur Einordnung zeitpolitischer Maßnahmen als nicht vollständig erfüllt angesehen werden, denn die Beschäftigten sind zwar gehört, ihre Interessen und Bedarfe im Hinblick auf die zeitlichen Bedingungen von Lebensqualität jedoch nicht explizit berücksichtigt worden.

Dem dritten Kriterium zufolge muss die Maßnahme die zeitlichen Bedingungen der Lebensqualität der betroffenen Nutzerinnen berücksichtigen, um als zeitpolitisch eingeordnet werden zu können. Die Eltern als mittelbare Nutzer der Dienstleistung sind jedoch nicht direkt an der Maßnahme beteiligt worden und hatten nur eingeschränkt die Möglichkeit, ihre Zeitbedarfe zu artikulieren. Da mit der unzureichenden bzw. fehlenden Beteiligung von Beschäftigten und Nutzer/inne/n zentrale Kriterien für die Einordnung als zeitpolitische Maßnahme nicht erfüllt sind, wird die Maßnahme entsprechend dem Kriterienkatalog als rein arbeitszeitpolitische eingeordnet.

Als *Ausgangslage* der Maßnahme geht eine Anfrage des zuständigen Jugendamtes voraus: Unter dem Gesichtspunkt der Verbesserung des Betreuungsangebotes für Kinder im Stadtteil wurde unter anderem bei dem Träger dieser Einrichtung angefragt, ob dieser in einer seiner Einrichtungen eine Spätbetreuung anbieten würde (E-L). Dieser Anfrage führte zu einem erweiterten Kinderbetreuungsangebot in der hier untersuchten Einrichtung durch den Träger, der damit zugleich auf rückläufige Betreuungszahlen seit Mitte der 1990er Jahre reagiert (G-B). Somit lassen sich die veränderten Öffnungszeiten sowohl als kommunal- wie auch als betriebspolitische Interessen identifizieren.

Zielsetzung war also zum einen die Sicherung des Standortes und eine damit verbundene Arbeitsplatzsicherung sowie zum anderen die Ausrichtung auf sich ändernde Bedarfsstrukturen der Nutzer/innen. Konkret wurde mit dem Angebot der Spätbetreuung, d.h. der Erweiterung der Öffnungszeiten in den Abendstunden, von der Kita das Ziel verfolgt, den Beschäftigten mit Kindern im nahe gelegenen Einkaufscenter die Möglichkeit zu geben, diese in Arbeitsnähe bis in den Abend qualifiziert betreuen zu lassen. Den Zielen der Maßnahme liegen somit neben der betrieblichen Verantwortung lediglich die (Arbeits-)Alltagserfahrungen der Geschäftsführung und Leiterin der Einrichtung zugrunde. Die im nahe liegenden Einkaufszentrum Beschäftigten wurden zwar wahrgenommen und auch als potentielle Nutzer/innen deklariert, doch erfolgte zu keinem Zeitpunkt eine Ermittlung der tatsächlichen Betreuungsbedarfe und zeitlichen Interessen von (potentiellen) Nutzer/inne/n des Dienstleistungsangebotes.

4.1.4 Informationen zur Maßnahme und Befragungen

Die arbeitszeitpolitischen Maßnahme in der Kindertagesstätte war ein Modellversuch im Rahmen der ver.di-Publikation „Zeitfragen sind Streitfragen“ (vgl.

Mönig-Raane 2005), deren Unterlagen genutzt werden konnten. Daher lagen dem Forscherteam neben der Dokumentation des Projektes auch Gesetze und Verordnungen, das Bildungsprogramm der Stadt, trägerspezifische Dokumente und Publikationen des Trägers vor, die zur Analyse herangezogen werden konnten. Auf dieser Grundlage wurden drei vorbereitende Experteninterviews durch das Projektteam durchgeführt. Interviewpartner waren die örtliche Geschäftsführerin des Trägers, die Leiterin der Einrichtung sowie ein Mitglied des Betriebsrates. Die gewonnenen Informationen bildeten die Grundlage für die zwei leitfadengestützten, problemzentrierten Gruppendiskussionen mit Beschäftigten der Einrichtung und Eltern. Beide Gruppendiskussionen begannen mit einer Videosequenz, in der eine im Schichtdienst arbeitende Frau die Schwierigkeit der Vereinbarkeit ihrer Arbeitszeit mit den relativ starren Kinderbetreuungszeiten schildert. Der Videobeitrag diente als Stimulus, um den Einstieg in die Thematik und die anschließende Diskussion zu vereinfachen.

Sechs weibliche Mitarbeiter der Kita erklärten sich zur Teilnahme an der Gruppendiskussion bereit. Fünf von ihnen sind mit 30 Stunden, eine mit 40 Stunden pro Woche beschäftigt. Am Gruppeninterview waren Beschäftigte mit langer und kurzer Beschäftigungsdauer vertreten. Auch die Altersstruktur war gemischt: zum Zeitpunkt der Interviewdurchführung sind die befragten Mitarbeiterinnen zwischen 23 und 45 Jahre alt.

Auch mit Eltern als mittelbaren Nutzer/inne/n der Einrichtung wurden Gruppendiskussionen durchgeführt. Die Ansprache gelang über Informationsmaterial zum Forschungsprojekt und Aushänge mit Interessensbekundung. Zudem wurde im Rahmen von Elternabenden sowie durch direkte Ansprache vor der Einrichtung für die Teilnahme am Gruppeninterview geworben. Drei Mütter konnten so als Gesprächspartnerinnen gewonnen werden. Die befragten Eltern repräsentieren mit ihrem jeweilig festgesetzten Betreuungsumfang von täglich fünf bis sieben Stunden Betreuungszeit (Teilzeitförderung) bis hin zu neun bis elf Stunden (erweiterte Ganztagsförderung) unterschiedliche Nutzer/innenbedarfe hinsichtlich der Bewältigung alltäglicher Zeitkonflikte. Zwei der drei befragten Mütter arbeiten in Teilzeit mit 20 Stunden pro Woche und haben eine tägliche Wegezeit von 20 bis 30 Minuten zwischen Wohn- und Arbeitsort. Die dritte Mutter ist vollzeitbeschäftigt mit 37,5 Stunden pro Woche und hat eine tägliche Wegezeit zwischen Wohn- und Arbeitsort von 60 Minuten. Im Gegensatz zu den anderen Interviewpartnerinnen nimmt sie die Früh- und Spätschichten (entsprechend ihrer Tätigkeit) sowie Wochenenddienste in Anspruch. Zwei der drei interviewten Eltern nutzen in unregelmäßigen Abständen das Angebot erweiterter Öffnungszeiten in den Abendstunden.

4.1.5 Die Planungsphase ist durch ein autoritäres Regelungsverständis geprägt

Das Motiv für die Planung der Maßnahme war die Sicherung des Standortes und der Arbeitsplätze für die Beschäftigten. Erreicht werden sollte dieses Ziel durch die Veränderung der Öffnungszeiten gemäß den (zeitlichen) Bedürfnissen der im nahe gelegenen Einkaufszentrum berufstätigen Eltern. Die betriebspolitisch motivierten Überlegungen der Geschäftsleitung zu der Änderung wurden verstärkt durch die Anfrage des örtlichen Jugendamtes zum Angebot einer Spätbetreuung im Stadtteil. Dabei sollte die Entscheidung über eine Ausweitung der Öffnungszeiten zwar durch die Leitungsebene getroffen werden, dieser war es in der ersten Planungsphase jedoch wichtig, die Beschäftigten der betroffenen Einrichtung vorab zu beteiligen. Diese Beteiligung geschah im Rahmen einer Anhörung, in der die Beschäftigten die Möglichkeit hatten, Ängste und Befürchtungen im Zusammenhang mit der Maßnahme zu äußern. Was jedoch nicht erfolgte, war ein Gespräch über die zeitlichen Bedarfe der Beschäftigen und die aus der Maßnahme resultierenden Konsequenzen für die alltägliche Lebensführung. Trotz dieses Vorgehens gaben die Beschäftigten – vor dem Hintergrund der Arbeitsplatzsicherung – ihr Einverständnis zur Erweiterung der Öffnungszeiten (G-B).

Der Maßnahme zugrunde liegt dabei ein *autoritäres Regelungsverständnis* seitens der Leitung, welches auf die Durchsetzung betrieblicher Interessen gerichtet ist. Die Beschäftigten hingegen werden an der Ausgestaltung der Maßnahme nicht beteiligt – zeitliche Bedarfe bleiben unberücksichtigt. Folglich waren insoweit keine lebensqualitätssteigernden Effekte für die Beschäftigten der Einrichtung zu erwarten.

Im Rahmen der durch das Forscherteam geführten Interviews mit den Beschäftigten ergaben sich einige Aussagen zu der *Beteiligung der Beschäftigten* vor dem Hintergrund des Regelungsverständnisses der Leitung. Diese Beteiligung war wie beschrieben auf das Instrument einer einmaligen Anhörung begrenzt, ohne dass die dabei geäußerten Sorgen der Beschäftigten um die Vereinbarkeit von Arbeits- und Alltagszeiten letztendlich bei der Planung und Umsetzung der Maßnahme berücksichtigt wurden. Eine der befragten Beschäftigten schildert die Form der Abstimmung – die zugleich das Interesse der Existenzsicherung vor Augen führt:

> „Wir haben ja damals aus der Not eine Tugend gemacht und haben da ja länger geöffnet und wir haben auch (...) alle abgestimmt, ob denn wirklich alle Erzieher damit einverstanden sind." (G-B)

Das autoritäre Regelungsverständnis der Leitung findet seinen Ausdruck in der Art und Weise der Beteiligung der Beschäftigten: Sie war einmalig und nur darauf ausgerichtet, dem Vorhaben der Geschäftsführung und Leitung der Einrichtung zur Zustimmung zu verhelfen. Von einer tatsächlicher Beteiligung im Sinne der Artikulation und Berücksichtigung der zeitlichen Interessen und Bedarfe der Beschäftigten sowie deren ergebnisrelevanter Partizipation kann hier nicht die Rede sein. Der nächste Schritt bestand darin, den Beschluss der Leitung umzusetzen, also die Öffnungszeiten der Kita zu erweitern. Die hierfür erforderlichen Vereinbarungen zur Regelung und Neuorganisation des Spätdienstes[6] wurden zwischen Leitung und betrieblicher Interessenvertretung der Einrichtung getroffen. Den Aussagen der Leitung zufolge konnte jedoch auf die Zeitinteressen der Beschäftigten im Zusammenhang mit dem Spätdienst keine Rücksicht genommen werden (E-L). Lediglich Beschäftigte mit Kindern, die zur Schule kommen, wurden für das erste halbe Jahr aus der Früh- und Spätdienstplanung herausgenommen – und brauchten nur den „normalen Mitteldienst abdecken“ (E-B). Die lebenslagenbezogenen Interessen der Beschäftigten finden nur indirekt eine Berücksichtigung: Durch die Mitarbeitervertretung bei den Regelungen zur Umsetzung der Maßnahme. Diese autoritäre Vorgehensweise steht im Gegensatz zum partizipativen Regelungsverständnis (etwa in Fall F) und äußert sich ebenfalls dadurch, dass die Beschäftigten selbst ihre differenten Interessen und Bedarfe im Rahmen der Planungsphase der Maßnahme nicht artikulieren konnten. Vor diesem Hintergrund ist davon auszugehen, dass sich aufgrund der fehlenden bzw. unzureichenden Berücksichtigung der Interessen der Beschäftigten deren Lebensqualität durch die Maßnahme bestenfalls nicht verschlechtert hat.

Auch Eltern als mittelbare Nutzer des Kinderbetreuungsangebotes waren in der Planungsphase der Maßnahme den Ausführungen der Geschäftsleitung zufolge nicht direkt beteiligt:

> „Also, Eltern hatten wir ja soweit nicht im Boot, das muss man ganz eindeutig sagen. Das war schon eine Geschichte, die in den Teams und die hier auf Leitungsebene besprochen wurde, (...) es war schon (...) auch eine Sensibilisierung auch für die Teams, die also auch ihre Bedenken zum Ausdruck bringen konnten.“ (E-L)

Die fehlende *Beteiligung* der Eltern verwundert insofern, als die Maßnahme mit der Ausweitung der Öffnungszeiten in den Abendstunden gerade auf deren Zeitkonflikte bei der Vereinbarkeit von Arbeits- und Betreuungszeiten ausgerichtet war. Die Leitung, aber auch Beschäftigte, erklärten ihr Vorgehen damit, dass sie die zeitlichen Bedarfe und Interessen der Eltern aufgrund ihrer alltäglichen Erfahrungen in der Einrichtung kennen. Eltern wurden nur indirekt beteiligt, indem ihre angenommenen Zeitkonflikte in der Einrichtung thematisiert und der Entscheidung über erweiterte Öffnungszeiten zugrunde gelegt wurden. Somit folgten insoweit auch die Planung und Ausgestaltung der Maßnahme einem eher

6 Die Spätdienstregelung besagt, dass im Turnus von acht bis zehn Wochen jede/r Beschäftigte/r im Wochenrhythmus den Spätdienst bis 19:30 Uhr übernimmt.

autoritär ausgerichteten *Regelungsverständnis* der Einrichtung, das Nutzer/innen in ihrer Funktion als Bestandteil der Dienstleistungsproduktion nicht wahrnimmt. Auch hier ist aufgrund der fehlenden direkten Artikulationsmöglichkeit der Interessen durch die mittelbaren Nutzer/innen davon auszugehen, dass die Maßnahme deren Lebensqualität nicht positiv beeinflussen wird.

Die Vorgehensweise der entscheidungsbefugten Akteure der Maßnahme (Geschäftsführung und Leitung der Kita) gibt Unterschiede zu erkennen. Das betriebspolitische Handeln der Geschäftsführung im Interesse der Mitarbeiter/innen mit dem Ziel der Arbeitsplatzsicherung drückt grundsätzlich Verantwortungsbewusstsein und *Reziprozitätsverständnis* aus. Darauf deutet auch der Anspruch der Geschäftsführung hin, die ‚betroffenen' Beschäftigten anzuhören und ihnen (einmalig) die Möglichkeit zu geben, ihre Bedenken bezüglich der Maßnahme im Team zu äußern. Im Unterschied dazu fehlt auf der Leitungsebene ein auf Zeitpolitik ausgerichtetes Reziprozitätsverständnis. Weder Beschäftigte noch mittelbare Nutzer/innen wurden bei der Planung der Maßnahme direkt beteiligt. Aufgrund dieser fehlenden Beteiligung kann davon ausgegangen werden, dass die Leitung der Einrichtung Kenntnis über die zeitlichen Bedingungen von Lebensqualität der Beschäftigen und der mittelbaren Nutzer/innen nicht erwerben konnte. Demzufolge blieben die Interessen beider Akteursgruppen bei der Planung der Maßnahme weitgehend unberücksichtigt. Trotz dieser fehlenden direkten Beteiligung kann eine indirekte Beteiligung festgestellt werden: bei der Ausformulierung der Maßnahme bezog die Leitung zeitliche Bedarfe der (potentiellen) Nutzer/innen, der Mitarbeiter/innen des nahen Einkaufszentrums, in die Planungsphase ein.

4.1.6 Aushandlung unterschiedlicher Zeitinteressen der beteiligten Akteure in der Umsetzungsphase

Mit der Einführung erweiterter Öffnungszeiten der Kita am Abend traten erhebliche Veränderungen für die Akteure ein. Arbeitszeitgestaltung und Arbeitszeitorganisation der Beschäftigen mussten modifiziert werden, dies ermöglichte zugleich den Nutzer/inne/n eine flexiblere Gestaltung der täglichen Betreuungszeiten. Die Veränderung der Arbeitszeiten der Beschäftigten wurde im Rahmen der Dienstplanung durch die Leitung der Einrichtung geregelt. Die Abstimmung der Bring- und Holzeiten der Kinder hingegen erfolgte individuell zwischen Beschäftigten und Eltern. Die divergenten Zeitinteressen der Akteure boten dabei Konfliktpotential: Wie lassen sich die individuellen Betreuungsbedarfe der Eltern mit einem Anspruch pädagogischer Kernzeiten auf Seiten der Beschäftigten vereinbaren?

Der Neugestaltung der Arbeitszeiten der Beschäftigten durch die Leitung lag in der Implementierungsphase ein *direktives Regelungsverständnis* zugrunde.

Grundlage war die zwischen den betrieblichen Sozialpartnern abgeschlossene Betriebsvereinbarung zur Flexibilisierung der Arbeitszeit – insbesondere die Regelung der Dienstplanung. Die Organisation der Arbeitszeiten erfolgt dabei allein durch die Leitung der Einrichtung – in wöchentlichem Rhythmus wurde der Dienstplan erstellt und den Beschäftigten bekanntgegeben. Die Probleme der Arbeits- und Alltagszeitgestaltung der Beschäftigten finden demnach keine Berücksichtigung. Während Vollzeitbeschäftigte ihre Arbeitszeiten jedoch über einen langen Zeitraum kennen, werden Teilzeitbeschäftigte nur kurzfristig informiert. Das direktive Regelungsverständnis der Leitung lässt vermuten, dass die Berücksichtigung der zeitlichen Interessen und Bedarfe der Beschäftigten fehlte bzw. unzureichend blieb und dies sich nachteilig auf deren Lebensqualität auswirken würde.

Anders gestaltete sich das Regelungsverständnis zwischen der Leitung und den Beschäftigten gegenüber den Nutzer/inne/n. Die Bring- und Holzeiten der Kinder wurden hauptsächlich zwischen Erzieher/inne/n und Eltern abgesprochen. Diese Vorgehensweise ermöglicht eine individuelle Abstimmung, wie sich die von Eltern gewünschten Betreuungszeiten mit den von Beschäftigten für erforderlich gehaltenen pädagogischen Kernzeiten vereinbaren lassen. Hierin kommt ein kooperatives und partizipatives Regelungsverständnis zum Ausdruck. In dem Gruppeninterview geben Beschäftigte darüber Aufschluss, wie dieser Abstimmungsprozess im Dienstalltag geschieht. Die jeweilige Erzieherin des zu betreuenden Kindes geht auf die Eltern zu und schlägt ihnen den Betreuungszeitraum (entsprechend dem vorher festgelegten Betreuungsumfang) vor (G-B).

An Arbeitszeitgestaltung und Dienstplanung der Einrichtung sind die Beschäftigten wie beschrieben nicht beteiligt. Dies hat negative Auswirkungen auf die zeitlichen Bedarfe der Teilzeitbeschäftigten: Diese haben nämlich keine Möglichkeit, auf die Lage ihrer täglichen bzw. wöchentlichen Arbeitszeit Einfluss zu nehmen. Da zeitliche Bedarfe und Interessen betroffener Beschäftigter bei der Regelungspraxis der Arbeitszeiten kaum Berücksichtigung finden, sind als Folge der Maßnahme nachteilige Lebensqualitätseffekte zu erwarten.

Auf der anderen Seite haben die Eltern als mittelbare Nutzer durch die Ausweitung der Öffnungszeiten in den Abendstunden die Möglichkeit erhalten, die Lage der Betreuungszeiten im Rahmen des bewilligten Betreuungsumfangs flexibler in Anspruch zu nehmen. Diese erhöhte Flexibilität kann aber, wie bereits unter dem Aspekt des Regelungsverständnisses ausgeführt, zum Konflikt mit den von Erzieher/inne/n als erforderlich eingestuften pädagogischen Zeiten führen. Von Beschäftigtenseite wird diese Aushandlungspraxis wie folgt beschrieben:

> „Wir sprechen es mit den Eltern ab, wie es wirklich für das Kind das Günstigste ist und wir wünschen uns immer, dass sie wirklich wenn es geht von acht bis sag ich mal zwölf, eins kommen, weil es einfach die beste Zeit ist fürs Kind." (G-B).

Hier kommt zum Ausdruck, dass Beschäftigte – trotz der Möglichkeit der flexibleren Zeitgestaltung der Eltern – versuchen, die von ihnen für erforderlich gehaltenen pädagogischen Kernzeiten zu realisieren. Dieses Verhalten wird von den Erzier/inne/n mit ihrer tätigkeitsbezogenen Motivation in Bezug auf Erziehung, Bildung und Betreuung der Kinder begründet:

> „Also (...) wenn die Eltern sagen, wir kommen um elf, was wir auch haben, dann bringen sie die Kinder um elf. Aber wenn es danach geht, was wir am Vormittag mit den Kindern gestalten wollen, oder überhaupt Aktivitäten planen wollen, dann wäre es uns lieber, wenn die Kinder morgens um neun alle versammelt da sind. (...) um überhaupt ein Gruppenzusammengehörigkeitsgefühl (...) praktizieren zu können, ist es natürlich günstiger, wenn die Kinder auch mal alle zusammen da sind (...)" (G-B)

Im Unterschied zu den Beschäftigten der Einrichtung äußerten sich die am Gruppeninterview beteiligten Eltern zur Abstimmung über die Betreuungszeiten mit der jeweiligen Erzieherin nicht. Dies ist möglicherweise darauf zurückzuführen, dass die befragten Mütter die täglichen Betreuungszeiten weniger als Aushandlungsgegenstand, sondern als Vorgabe durch die Kinderbetreuungseinrichtung wahrnehmen.

Die dargestellten Optionen der Beteiligung aller Akteure (Leitung, Betreuer/innen, Eltern) an der Festlegung der Lage der Betreuungszeiten der Kinder geben Hinweise dafür, inwiefern diese Akteure wechselseitig in die Lage versetzt werden bzw. sich in die Lage versetzen, die zeitlichen Interessen und Bedarfe des jeweiligen Gegenübers zu erkennen und entsprechend zu handeln. Dies wurde oben als zeitpolitische Reziprozität der beteiligten Akteure bezeichnet, die für uns einen entscheidenden Faktor für zeitpolitische Lebensqualitätsgewinne darstellt.

Die Reziprozität zwischen Dienstleistungsanbietern (Geschäftsleitung, Kita-Leitung und Beschäftigten der Kita) und den Nutzern (Eltern und Kinder) bietet ein differenziertes Bild. Es hängt damit zusammen, dass – im Unterschied zu anderen untersuchten Dienstleistungsbeziehungen – Kinderbetreuungseinrichtungen durch die Anwesenheit zweier Nutzergruppen (Kinder und Eltern) gekennzeichnet sind, wobei sich die unmittelbare Dienstleistungsbeziehung auf die Tätigkeit an und mit dem Kind konzentriert.

Diese Konzentration sowie das Reziprozitätsverständnis der Geschäftsleitung wird verdeutlicht anhand einer Aussage, die im Zusammenhang mit den sich ändernden Bedarfsstrukturen der Eltern gemacht wurde:

> „Es gibt zunehmend mehr Kinder, die kommen erst mittags (...). (...) wenn sie dann gegen Mittag kommen, dann können die nicht schlafen, weil die haben ausgeschlafen und die haben in Ruhe mit Mutti und Vati gefrühstückt, weil da ist letztendlich der familiäre Tagesablauf in den Nachmittagsstunden bis in den späten Abendstunden. So, und dann muss ich also a) natürlich Möglichkeiten schaf-

> fen, dass Kinder nicht, wie es früher klassisch war, also Mittagsruhe und dann kann man Pause und (...) Dienstberatung machen, also das geht nicht. Also, ich muss dann auch räumlich, organisatorisch Möglichkeiten haben, wo Kinder dann auch spielen können und (...) trotzdem die, die vielleicht schon früh um sieben da waren, auch eine Ruhephase einnehmen können. Ich muss auch gucken, wie alt die Kinder sind. Es gibt da Kinder, die brauchen vielleicht um elf schon ihre Ruhephase, weil sie sogar ab sechs da sind und noch so klein, dass sie gar nicht (...) bis zu dieser klassischen Mittagsruhezeit aushalten können." (E-L).

Die Aussage verdeutlicht Wissen und Verständnis der Geschäftsleitung über zeitliche Interessen und Bedarfe von Eltern und Kindern. Auf der Grundlage dieses Wissens werden beispielsweise räumliche Trennungen vorgenommen oder die Arbeitsorganisation verändert. Mit diesem Vorgehen werden (zeitpolitische) Handlungsmöglichkeiten vorgenommen, die spürbare Lebensqualitätseffekte für die Kinder als direkte Nutzer erwarten lassen. Bedarfe und Interessen der Nutzer/innen in die Maßnahme einzubeziehen, lässt auf starke Ausprägung von Reziprozität seitens der Geschäftsleitung schließen.[7]

Im Unterschied zur Geschäftsleitung lassen sich hingegen keine Aussagen der Kita-Leitung identifizieren, die Rückschlüsse auf ihr Reziprozitätsverständnis im Rahmen der Implementierung der Maßnahme erlauben.

Aus den Gruppeninterviews mit Beschäftigten und Eltern lässt sich entnehmen, dass beide Akteure – auf ähnliche persönliche Erfahrung gründend – ein Verständnis für die Perspektive der jeweils anderen Gruppe aufbringen. Dabei erfolgt jedoch keine explizite Auseinandersetzung mit den Zeitkonflikten und Interessenstandpunkten der jeweils anderen Akteursgruppe.

Diesen Mangel an direkter Auseinandersetzung lassen einige Aussagen unserer Gruppengespräche erkennen. Eine befragte Mutter, die sich in die Situation der Beschäftigten versetzt, die die Spätbetreuung der Einrichtung abdecken, führt aus, dass sie sich vorstellen könne, „dass die [Beschäftigten] eigentlich eher nach Hause gehen wollen." (G-N) Von einer befragten Beschäftigten wird auf die Frage nach der Zufriedenheit der Nutzer/innen mit dem Betreuungsangebot der Einrichtung geäußert:

> „(ich) denk (...) mal, dass viele Eltern zufrieden sind, dass wir so lange aufhaben, vor allem dass wir schon so früh aufhaben. (...) viele Eltern wünschen sich sicherlich, dass sie ihre Kinder länger bringen könnten wie ihre Verträge sind." (G-B)

Vor dem Hintergrund der dargestellten Beteiligung der Akteure und deren wechselseitiger Wahrnehmung von zeitlichen Interessen zeigt sich ein differenziertes Bild. Geschäftsführung, Leitung und Beschäftigte der Einrichtung machen zahl-

---

7 Zu berücksichtigen gilt hier jedoch die Intention der Leitung, die sich mit vordergründig betriebswirtschaftlich motivierten Interessen und dem Anspruch einer dauerhaften Qualitätssicherung begründen lässt (E-L).

reiche Äußerungen, die auf starke Ausprägung von Reziprozität gegenüber den Kindern als unmittelbaren Nutzern schließen lassen. Hingegen besteht kaum Reziprozitätsverständnis seitens der Eltern als mittelbaren Nutzern und der Geschäfts- und Kitaleitung gegenüber den zeitlichen Interessen Beschäftigter. Aufgrund unserer Hypothese ist zu vermuten, dass sich durch diese Nichtberücksichtigung der zeitlichen Interessen der Beschäftigten deren Lebensqualität verschlechtert hat.

4.1.7 Lebensqualitätsgewinne für Beschäftigte und Nutzer/innen

In der hier evaluierten Maßnahme liegt das Potential von Konflikten zwischen Lebensqualitätseffekten der Nutzer/innen und denjenigen der Beschäftigten angelegt. Dieses Konfliktpotential wird zunächst herausgearbeitet, um danach die Befunde unserer Untersuchung dazu darzustellen.

Die Öffnungszeit in der Kindertagesstätte bis 19:30 Uhr zu verlängern, zielte darauf ab, Arbeitsplätze der Beschäftigten am Standort langfristig zu sichern. Die Einrichtung sollte sich von den anderen Einrichtungen im Stadtteil abheben und so profilieren. Insbesondere sollte das Angebot Beschäftigte mit Kindern im nahe gelegenen Einkaufscenter ansprechen und ihnen die Möglichkeit geben, in Arbeitsnähe bis in den Abend qualifiziert betreuen zu lassen. Diese Zielgruppe konnte der Kita-Leitung zufolge nicht gewonnen werden. Vielmehr nehmen Nutzer/innen aus dem gesamten Stadtgebiet das Angebot erweiterter Öffnungszeiten bzw. Betreuungszeiten in Anspruch (E-B). Die am Gruppeninterview beteiligten Nutzerinnen äußern sogar, nicht der mögliche Betreuungszeitraum sei ausschlaggebend für die Wahl der Einrichtung gewesen, sondern die Tatsache, überhaupt einen Betreuungsplatz erhalten zu haben – insbesondere beim Bedarf einer Frühkindbetreuung:

> „das war eh auch Zufall, dass ich hier einen Platz bekommen habe. (...) Also (...) ich hab unsere Tochter schon (...) ziemlich früh in [die] Kita gegeben, sie war sechs Monate alt und das machen halt nicht so viele. Und hier haben wir einen Platz bekommen. Und das war eine ganz pragmatische Entscheidung eigentlich.“ (G-N)

Eine andere Nutzerin führt zur Wahl der Einrichtung aus:

> „Ich hab hier einen Platz gekriegt, also, ich hab da gar nicht so auf die Öffnungszeiten im ersten Augenblick geachtet. Mir war wichtig der Platz, weil ich wieder arbeiten wollte.“ (G-N)

Nach beiden Aussagen liegen der Entscheidung für die Kita Betreuungsbedarfe zugrunde, die nicht auf die Zielsetzung der Maßnahme zurückzuführen sind. Dennoch wurde mit der Maßnahme das Ziel erreicht, den Betreuungsstandort seit 1997 zu erhalten und die Arbeitsplätze der dort Beschäftigten langfristig zu sichern. Es bleibt jedoch fraglich, ob dieses Resultat tatsächlich auf die Erweiterung der Öffnungszeiten in den Abendstunden zurückzuführen ist. Möglicherweise hat sich aufgrund der positiven Geburtenentwicklung seit 1997 die Inanspruchnahme von Betreuungsangeboten durch die Einrichtung stabilisiert. Darauf verweisen zumindest die Motive der befragten Nutzerinnen.

Ein höherer Grad der Zielerreichung hätte sich wahrscheinlich durch direkte Beteiligung von im Einkaufscenter Beschäftigten bei der Konzeption, Planung und Implementierung der Maßnahme erreichen lassen. Es gab nämlich nur Mutmaßungen über das Bedürfnis von Beschäftigten im Verkauf, ihre betreuungsbedürftigen Kinder in der unmittelbaren Nähe ihres Arbeitsortes unterzubringen. Sinnvoll – auch im Sinne der Zielerreichung der Maßnahme – wären Gespräche und die direkte Berücksichtigung von zeitlichen Interessen dieser spezifischen Nutzer/innengruppe gewesen.

Interessant im Hinblick auf das Potential zwischen Beschäftigten und Nutzer/inne/n konfligierender Lebensqualitätseffekte ist folgender Befund. Die extern initiierte Maßnahme erweiterter Öffnungszeiten in den Abendstunden hatte für die Beschäftigten sicherlich rotierende Wechselschichten zur Konsequenz. Die Bewältigung von Früh- und Spätdiensten wurde jedoch von den Beschäftigten nicht grundsätzlich als Problem wahrgenommen. Bei der Übernahme bestimmter Dienste gab es nämlich – wie das weibliche Mitglied des Betriebsrats zum Ausdruck bringt – persönliche Präferenzen:

> „In jedem Arbeitskollektiv gibt es Leute, die sind Uhus oder Lerchen (...) und es gibt Leute, die kommen wesentlich besser mit dem Frühdienst zu Recht (...). Ich kann früh um vier aufstehen. Mir macht der Frühdienst überhaupt nichts und anderen Kollegen, die finden das schrecklich grauenvoll (...) und sind froh, wenn sie keinen haben und mit dem Spätdienst läufts genauso." (E-B)

Von allen befragten Beschäftigten wurde allerdings hervorgehoben, dass die kurzfristige Dienstplanung durch die Leitung für Teilzeitbeschäftigte besondere Schwierigkeiten in der Vereinbarkeit von Arbeits- und anderen Alltagszeiten hervorruft, weil sie die Flexibilität erhöht.

So führt die Maßnahme auf Seiten der Beschäftigten teilweise zu einer Erschwernis der Koordination der Arbeits- und Alltagszeiten, die Nutzer/innen hingegen profitieren von ihr. Denn mit den 1997 eingeführten erweiterten Öffnungszeiten am Abend sind die Nutzer/innen zeitlich flexibler, indem sie die Betreuungszeiten besser mit eigenen Arbeitszeiten abstimmen können. Die am Gruppeninterview beteiligten Eltern wissen um die Möglichkeit, die sich ihnen mit dem Angebot erweiterter Öffnungszeiten in den Abendstunden bieten, auch wenn sie die Betreuungszeiten bis in den Abend nicht ständig in Anspruch nehmen. Die Öffnungszeit stellt für sie eine Notlösung dar, auf die sie bei Bedarf zurückgreifen können. So formuliert eine Nutzerin: „für mich ist es einfach gut zu wissen, dass ich zeitlich einen Puffer habe." (G-N) Für die befragten Nutzer/innen stellt schon eine Erleichterung dar, das Kind bis 18 Uhr abholen zu können, dies schafft eine Entlastung bei der Vereinbarung mit anderen Alltagszeiten. Der für die Nutzer/innen erweiterte Optionsspielraum kommt besonders deutlich zum Ausdruck, wenn sie sich ihre Situation ohne das erweiterte Betreuungsangebot vorstellen.[8] Eine Nutzerin äußert:

> „Dann könnte ich nicht arbeiten gehen. (...) oder man müsste sich das wieder dazukaufen. Dann muss man aber auch das Geld verdienen erst mal, für einen Babysitter oder der Partner müsste da zurückstecken, und dann kann er wieder weniger arbeiten, verdient er wieder weniger." (G-N)

Erweiterte Betreuungszeiten können also unter Umständen dazu beitragen, dass Nutzer/innen einer Erwerbstätigkeit nachgehen können, weil die Betreuung des Kindes gewährleistet ist.

Erweiterte Öffnungszeiten in der Kita haben noch in anderer Hinsicht das Potential von Zeit- und Interessenkonflikten zwischen Bedarfen und zeitlichen Anforderungen der Einrichtung bzw. Beschäftigten und denjenigen der Nutzer/innen. Flexibilisierte Bring- und Holzeiten der Eltern können nämlich mit den pädagogischen Kernzeiten der Beschäftigten kollidieren. Diese Vereinbarkeitsproblematik wurde durch die Beschäftigten des Kindergartens bereits im Rahmen des Projektes ‚Zeitfragen sind Streitfragen' artikuliert. Die Geschäftsführung formulierte daraufhin nutzerorientierte Handlungsanweisungen. Demzufolge sind auf der Grundlage regelmäßiger Analysen der Hol- und Bringzeiten „einrichtungsspezifische pädagogische Kernzeiten in Abstimmung mit den Eltern bis zur nächsten Analyse festzulegen". Darüber hinaus soll der Rhythmus von Essens- und Schlafenszeiten der Kinder von den Beschäftigten so gestaltet werden, dass in einzelnen Fällen Eltern ihre Kinder auch am späteren Vormittag in den Kindergarten bringen können.

Vor dem Hintergrund der dargestellten Konfliktpotentiale wird nun der Frage nachgegangen, ob bei der evaluierten Maßnahme tatsächlich ein *trade-off* der Zeitinteressen Beschäftigter und Nutzer/innen zu verzeichnen ist. Ist die Lebensqualität der (mittelbaren) Nutzer/innen aufgrund der Maßnahme (erweiterte Öffnungszeit bis 19:30) Uhr gestiegen? Und ist diese Steigerung der Lebensqualität zulasten derjenigen von Beschäftigten gegangen? Die aus der Maßnahme resultierenden Lebensqualitätseffekte werden entsprechend den in Kapitel 2.6 und 2.8 definierten zeitlichen Bedingungen von Lebensqualität – vor allem der zeitlichen Selbstbestimmung – akteursspezifisch unterschieden. Bei den Beschäftigten richtet sich der Blick auf die Arbeitszeiten im Rahmen der erweiterten Öffnungszeiten sowie deren lebensqualitätsbezogene Effekte. Im Unterschied

8 Dies wurde im methodischen Teil dieser Studie als „kontrafaktische Annahme" bezeichnet.

dazu steht bei den Nutzer/inne/n die Betrachtung der Betreuungszeiten und deren Lebensqualitätseffekte im Mittelpunkt.

Wir betrachten zunächst den Grad der Selbstbestimmung des Zeitgebrauchs bei den Beschäftigten. Aus der Fallanalyse geht hervor, dass die Beschäftigten keinen direkten Einfluss auf die Lage ihrer täglichen bzw. wöchentlichen Arbeitszeit haben, diese wird vielmehr im Dienstplan durch die Leitung der Einrichtung direktiv festgelegt. Dabei ist weniger die aus der Maßnahme resultierende Spätdienstregelung problematisch, sondern die von der Leitung vorausgesetzte Arbeitszeitflexibilität. Im Unterschied zu den Vollzeitbeschäftigten mit festliegenden und längerfristig geplanten Arbeitszeiten wird bei einem ungeplanten Ausfall von Mitarbeiter/inne/n auf die Flexibilität der Teilzeitbeschäftigten rekurriert. Eine am Gruppeninterview teilnehmende Vollzeitbeschäftigte äußert, dass sie das „Glück" habe, „vierzig Stunden arbeiten zu dürfen" (G-B), sie führt weiter aus:

> „Ich habe also meinen festen Rhythmus, weiß genau, welche Woche ich welchen Dienst habe und kann dann dementsprechend auch planen. Was die Dreißig-Stunden-Kräfte leider nicht (...) können. Die kriegen dann einfach irgendwie donnerstags gesagt, ihr müsst dann und dann und dann noch mit so Plusstunden oder hier wird mal abgebummelt oder also es ist immer für die Dreißig-Stunden-Kräfte ist es sehr, sehr schwer." (G-B)

Die Arbeitszeiten sind also abhängig vom Umfang des Beschäftigungsverhältnisses. Teilzeitbeschäftigte erfahren sehr kurzfristig, wann und in welchem Umfang sie in der darauf folgenden Woche in der Einrichtung arbeiten. Daraus ergeben sich für sie – auch wenn die von § 12 des Teilzeit- und Befristungsgesetzes angeordneten Zeiträume eingehalten werden – unvorhersehbare Schwierigkeiten bei der Vereinbarkeit von Arbeits- und Alltagszeiten, die sich negativ auf ihre Lebensqualität auswirken. Im Unterschied dazu kennen Vollzeitbeschäftigte ihren Turnus genau, was ihnen eine genaue Planung außerberuflicher Termine ermöglicht. Vollzeitbeschäftigte sind demnach in ihrer Zeitsouveränität deutlich weniger eingeschränkt als Teilzeitbeschäftigte.

Der Grad der Selbstbestimmung über die eigene Zeit ist nicht nur abhängig von Umfang und Lage der Arbeitszeit, sondern auch der Lebenslage der Beschäftigten. Mitarbeiter/innen mit Kindern in betreuungsbedürftigem Alter sind in ihrer Zeitsouveränität (in sozial gebundenen und freien Zeiten) eingeschränkter als Beschäftigte ohne Kinder im eigenen Haushalt. Unter den Beschäftigten mit Kindern im betreuungsbedürftigen Alter sind nach Aussage aller befragten Beschäftigten die Teilzeitkräfte in ihrer Zeitsouveränität am stärksten eingeschränkt. Die zeitliche Organisation der Betreuung eigener Kinder lässt sich nur schwer mit kurzfristig geplanten Arbeitszeiten realisieren. Erschwerend wirkt der gesetzlich bestimmte Betreuungsumfang (G-B). Er hängt nämlich maßgeblich von der wöchentlichen Arbeitszeit ab. Teilzeitbeschäftigten erschwert dies zusätzlich die Vereinbarkeit von Arbeit und Betreuung eigener Kinder. Zur Organisation ihres Alltags haben sie unterschiedliche Strategien entwickelt. Eine Beschäftigte lässt ihre Tochter im betreuungspflichtigen Alter durch ihr soziales Netzwerk (Freunde, Familie) versorgen. Eine andere Beschäftigte lässt ihr Kind in derselben Einrichtung, in der sie arbeitet, betreuen (G-B).

Im Unterschied zur eingeschränkten Selbstbestimmung bei der Arbeitszeitgestaltung sind die Beschäftigten in der Gestaltung ihrer Tätigkeitsinhalte weitgehend zeitsouverän. Dies ist offenbar unabhängig vom Umfang ihres Beschäftigungsverhältnisses. Diese zeitliche Selbstbestimmung in ihrer Dienstleistungstätigkeit wird allerdings durch flexibilisierte Bring- und Holzeiten der Nutzer/innen beeinträchtigt (G-B), wie eine Beschäftigte bestätigt:

> „Ich kann mir meine Zeit so einteilen, wie ich es für richtig halte und wie die Kinder es brauchen. Allerdings (...) kommt es darauf an, also wenn manche Eltern ihre Kinder statt um neun, wie es eigentlich am Elternabend ausgemacht wurde, erst um elf bringen, dann geht dem Kind viel verloren." (G-B)

Für die Gruppe der Beschäftigten hat die Erweiterung der Öffnungszeiten die zeitliche Komponente von Lebensqualität nicht insgesamt verschlechtert – insbesondere vor dem Hintergrund eines drohenden Arbeitsplatzverlustes am Standort. Aus der Sicht einer dadurch möglich gewordenen ökonomischen und sozialen Sicherung der Beschäftigten kann die Maßnahme sogar als lebensqualitätssteigernd angesehen werden und daher als erfolgreich bewertet werden. Auch die Planbarkeit der Früh- und Spätdienste sowie die damit zusammenhängende Organisation des Alltags in Abhängigkeit der jeweiligen Lebenslage haben lebensqualitätssteigernde Effekte. Nachteiligen Einfluss auf die Lebensqualität der Beschäftigten, in herausragender Weise der Teilzeitbeschäftigten, hat jedoch die Regelungspraxis der Dienstplanung durch die Leitung.

Für die Eltern der betreuten Kinder bedeutet die verlängerte Öffnungszeit die Möglichkeit eines erweiterten Optionsspielraumes. Indem sie eigene Arbeits- und Alltagszeiten besser koordinieren können, erhalten die Eltern einen höheren Grad an Selbstbestimmung über ihre Zeit. Die Zunahme an Lebensqualität aus dem Angebot flexibilisierter Betreuungszeiten bis in die Abendstunden bestätigt eine Nutzerin:

> „Ich kann entspannter arbeiten. Das ist das A und O. Geht mir nicht um irgendwelche Einkäufe oder will ich halt mal bummeln gehen oder so, das ist mir relativ egal, das kann ich auch mit meinem Kind zusammen machen (...) aber es geht einfach darum, dass ich entspannt arbeiten kann. Das ist für mich Lebensqualität. Die wirkt sich auch dann definitiv aufs Kind oder auf den Mann aus." (G-N)

Eine andere Nutzerin bestätigt die Entlastung bei der Alltagskoordination und unterstreicht, dass sie durch dieses Angebot die eigenen Arbeitszeiten flexibler gestalten kann:

> „Also wenn ich irgendwann mal voll arbeite, dann wäre das natürlich schon schön, zu wissen, dass ich sie auch um sechs abholen kann. (...) es gibt ja auch Kindergärten, die um siebzehn Uhr schließen und da wäre das dann natürlich schon eine knappe Kiste (...). Zumal man sich ja auch ein bisschen nach den Gepflogenheiten in dem Unternehmen richten muss, wo man arbeitet. Also wenn man dann bis um sieben kommt und die anderen alle erst um neun, dann ist das auch eine Art von Verschiebung, die vielleicht nicht unbedingt gewünscht ist." (G-N)

Eine Nutzerin gibt zu bedenken, das zeitliche Betreuungsangebot reiche vor dem Hintergrund der Vereinbarkeit mit den eigenen Arbeitszeiten noch nicht aus:

> „Es kommt immer darauf an, was (...) man für Arbeitszeiten hat. Also, ich find 19.30 schon super, aber nicht ausreichend. Also ich hab (...) eine Tätigkeit, wo ich Öffnungszeiten habe, die definitiv bis 20 Uhr gehen und wenn ich nicht so flexible Mitarbeiter hätte, die da mit mir das alles regeln, dass wir die Personalplanung so hinbekommen, (...) dass es einigermaßen hinhaut und der Partner eben nicht da wäre, hätte ich ein Problem, weil ich auch noch eine Stunde Fahrweg habe." (G-N)

In beiden zuletzt genannten Fällen ist allerdings zu beobachten, dass der zeitliche Druck, dem die Nutzerinnen ausgesetzt sind, aus ihren eigenen Arbeitszeitregelungen resultiert – dass sozusagen die Flexibilisierung ihrer eigenen Arbeitszeit an die Kita-Öffnungszeiten „weitergereicht" wird. Gleichwohl ist für die an der Gruppendiskussion beteiligten Eltern die Erweiterung der Öffnungszeiten mit einer Erweiterung der Selbstbestimmung des Zeitgebrauchs verbunden. Im Hinblick auf die eigene Arbeitszeitgestaltung und Alltagskoordination leistet die Maßnahme einen entlastenden Beitrag und wirkt sich so positiv auf die Lebensqualität der Nutzer/innen aus. Erweiterte Öffnungszeiten des Kindergartens ermöglichen den Eltern eine bessere Koordination von Arbeits-, Betreuungs- und anderen Alltagszeiten.

Auch wenn hierzu im vorliegenden Untersuchung keine gesonderte Erhebung stattfinden konnte, sei noch einmal hervorgehoben, dass Betreuungszeiten bei ungünstiger Zeitorganisation für die Kinder eine Belastung darstellen können. Das wurde oben bereits an dem Erfordernis pädagogischer Kernzeiten in Kitas erwähnt, die mit flexiblen Bring- und Holzeiten kollidieren können. Auch wurde in allen Interviews die zum Teil schwierige Bewältigung des langen ‚Kindergartentages' für die Kinder thematisiert – vergleichbar mit einem Arbeitstag Erwachsener. Eine Beschäftigte schildert dazu ihre Erfahrung:

> „Die [Kinder] sind dann meist frühmorgens um sieben denn schon hier, bis abends 19.30 und das [ist] echt für so einen kleinen Krümel doch ganz schön lang. Ist ja auch ein Arbeitstag für die Kinder." (G-B)

In ähnlicher Weise äußert sich eine Mutter, die aufgrund der eigenen beruflichen Tätigkeit ihr Kind sehr lange in der Einrichtung betreuen lässt:

> „Die [Probleme] spielen sich aber für die Familie ab, die haben also (...) primär mit dem Kindergarten und der Tatsache, dass sie so lange offen haben eigentlich gar nichts zu tun (...) sondern mit der Tatsache, dass man sicherlich (...) manchmal in die Situation kommt, sein Kind früh morgens zu bringen und (...) abends so halb pennend abzuholen (...) und ins Bett zu legen." (G-N)

Im Rahmen der durchgeführten Gruppeninterviews ist dieses Problem von beiden Akteursgruppen (Eltern und Betreuer/innen) angesprochen worden. Von keiner der beiden Seiten wurden Überlegungen vorgestellt, durch welche Handlungsmöglichkeiten dem Konflikt begegnet werden kann.

4.1.8 Resümee: Zeitpolitische Nutzerorientierung wegen oder gerade trotz hierarchischer Organisation?

Der Einrichtung liegt ein autoritäres Führungsverständnis zugrunde. Die Vorgaben kommen von oben – durch Gesetze, Ämter, Leitung. Es gab zwar eine Art Urabstimmung über die verlängerte Öffnungszeit.[9] Aber es entsteht der Eindruck, diese Beschäftigtenpartizipation ersetze den Einfluss betrieblicher Mitbestimmung und von kollektiver Beteiligung in der Implementierungsphase. Und die Beschäftigten handelten dabei aus der puren Not, ihren Arbeitsplatz (jedenfalls diesen konkreten) zu verlieren.

Gleichwohl führt die Nutzerorientierung hier weiter und nimmt andere Formen an als beispielsweise im Fall D, dem Warenhaus. Nicht unbedingt überraschend (siehe Bonfiglioli/Mareggi 1997; Mückenberger 2004; Heitkötter 2006) hängt dies wesentlich mit zwei Umständen zusammen. Die Dienstleistungserbringer/innen sind klar tätigkeitsbezogen motiviert – was sie übrigens zu einer interessanten Differenzierung der Zeitinteressen innerhalb der Dienstleistungsnehmer (Eltern als mittelbare und Kinder als unmittelbare Dienstleistungsnehmer) bringt. Und die Dienstleistungsnehmer/innen stellen sozusagen eine agglomerierte – persönlich identifizierbare und täglich anwesende – Klientel dar, die *„voice"* hat, zumal sie aufgrund des Vorhandenseins anderer Betreuungsangebote mit *„exit"* drohen kann (siehe Hirschman 1970).

---

9 Solche Plebiszite gibt es im geltenden Betriebsverfassungs- und Personalvertretungsrecht gar nicht, sie gehen bereits am überkommenen System industrieller Beziehungen vorbei – siehe Matthies et al. 1994.

Zeitpolitik ist hier keine unabhängige Variable. Es gab auch keine systematische Nutzereinbeziehung bei der hier untersuchten Maßnahme. Aber Zeitpolitik schlich sich sozusagen hinterrücks in das Geschehen ein – und erzeugte nachweisbare Lebensqualitätseffekte. Dabei spielten die tätigkeitsbezogene Motivation der Erzieher/innen und die Stimme der Eltern eine Hauptrolle. Wir können an dem Fall ein Spektrum fließender Übergänge von traditioneller Arbeitszeit- hin zu (zumindest potenzieller) Zeitpolitik aufzeigen.

1. Da ist zunächst der Konflikt der Planbarkeit der Arbeitszeiten zwischen Vollzeit- und Teilzeitbeschäftigten; letztere haben ein harsches – autoritäres und kurzfristiges – Regime der Arbeitszeitflexibilität, das hart an gesetzlichen Vorgaben vorbeischrammt. Referenzpunkt ihrer Klage darüber sind lebensweltliche Belange – allerdings eben der Beschäftigten.

2. Interessant in der Fallanlage (wenn auch nicht in der Implementation) ist die Orientierung der Zeitorganisation der Dienstleistungserbringer/innen an Zeitlagen und damit Lebenszusammenhängen der Beschäftigten anderer Betriebe im Umfeld. Damit ist der Blick bereits über die eigene Beschäftigungssituation hinaus ausgeweitet – was zumindest die Chancen gesamtgewerkschaftlicher Zeitpolitik andeutet. Aber dies war wie ausgeführt nur eine Idee, aus der nichts wurde.

3. Ein ungewöhnlicher Blick auf Nutzerinteressen zeigte sich bei der Entscheidung über längere Öffnungszeiten. Darüber stimmten alle Beschäftigten ab. Sie hatten dabei Elterninteressen im Blick – wenn auch lediglich als „Kunden“interesse im Sinne der betriebswirtschaftlichen Maßgaben der Leitung (und der drohenden exit-Option der Eltern).

4. Bei der Implementierung der Maßnahme folgte eine zeitpolitische Eigenaktivität der Erzieher/innen, die bei der Planung der Maßnahme ganz fehlte. Sie hängt mit dem Uno-actu-Charakter der Dienstleistung und ihren weiteren Besonderheiten (tätigkeitsbezogene Motivation der Beschäftigten, ‚voice' der Eltern) zusammen. Durch die Entstandardisierung der Betreuungszeiten für Kinder im Rahmen der erweiterten Öffnungszeiten der Kita entstand die Notwendigkeit individueller Aushandlung von Bring- und Holzeiten zwischen Erzieher/inne/n und den jeweiligen Eltern. Durch diesen Aushandlungszwang wurden Personen mit unterschiedlicher Lebens- und Interessenlagen miteinander in Berührung gebracht. Es entstanden Chancen von Reziprozität in zeitpolitischer Hinsicht.

5. Hier findet – obwohl nicht formell geregelt – eine Beschäftigtenmitwirkung bei der Erfassung der Hol- und Bringzeiten der Eltern statt. Die Beschäftigten begeben sich bezüglich der Betreuungszeiten mit den Nutzer/innen in einen Prozess der Aushandlung, bei dem die zeitlichen Parameter des Betreuungsangebots zum Gegenstand von Aushandlung und Reziprozität werden. Hier deutet sich Zeitpolitik in ihrer gesamten Tragweite an.

6. Wie zur Bestätigung davon wird aufgrund der Auseinandersetzung mit den Lebenslagen und der Lebensqualität der Nutzer/innen den Beschäftigten eine Differenzierung in der Dienstleistungsnachfrage zugänglich, die traditionellen Arbeitszeitverhandlungen völlig fremd ist und die selbst dem aktuellen Vereinbarkeits-Diskurs oft entgeht. Die Beschäftigten können nämlich – aufgrund ihrer alltäglichen Erfahrung mit den Kindern – die Kinder als unmittelbare Empfänger der Dienstleistung unter pädagogischen und erzieherischen Gesichtspunkten berücksichtigen und in ihre Zeitgestaltungsüberlegungen im Rahmen ihrer Tätigkeit aufnehmen.

7. Aufgrund ihrer Doppelerfahrung des alltäglichen Lebenszusammenhanges der Kinder und ihrer Eltern können die Beschäftigten potenzielle Zeitkonflikte zwischen den Dienstleistungsinteressen der Eltern (als mittelbaren Dienstleistungsnehmern, aber Auftrag- und Geldgebern) und der Kinder (als unmittelbaren Dienstleistungsnehmern und Nicht-Auftrag- und Geldgebern) identifizieren. Diese Konflikte können sie zum Gegenstand der eigenen Dienstleistung machen und in Kooperation mit den Eltern zu schlichten versuchen. Der heutige Vereinbarkeitsdiskurs lässt „Vereinbarkeit" oft auf die „Anpassung" der Betreuungszeiten der Kinder an die Arbeits- und Wegezeiten der Eltern zusammenschrumpfen. Das Kindeswohl und seine zeitpolitischen Voraussetzungen geraten da bisweilen zum Fremdkörper (man denke etwa an die vordringende Praxis von „Nachtkindergärten" – Boulin/Mückenberger 1999; Rinderspacher 2000). Dem kann Zeitpolitik in gewissem Umfang entgegenarbeiten. Diese Dimension von Zeitpolitik deutet sich im Fallbeispiel zumindest an.

Ohne Zweifel haben diese gestalterischen Freiräume positive Lebensqualitätseffekte sowohl für Beschäftigte als auch für Nutzer/innen (im doppelten Sinne – Eltern und Kinder) nach sich gezogen. Fragt sich nur: Hat hier Zeitpolitik auch Einfluss auf die Struktur industrieller Beziehungen gewonnen? Es scheint, nein: Da ist Alles beim Alten geblieben. Ein staats- und amtsautoritäres Regime der Zeitgestaltung, Beteiligung weder bei Soll-Vorgaben noch bei Dienstplangestaltungen. Nicht mal das fordistische bipolare Beteiligungsregime hat hier Einzug gehalten. Und die Zeitpolitik – als eine nachfordistische multipolare Erweiterung der industriellen Beziehungen – spielt eine nur stiefkindliche Rolle: Sie schleicht sich – immer über erhöhte Einflussspielräume der beschäftigten Erzieher/innen vermittelt, aber ohne Beteiligung kollektiver Interessenvertretung – in das tradierte System hinein oder auch an ihm vorbei. Sie eröffnet Chancen von Lebensqualitätsgewinnen. Sie eröffnet auch Chancen fairer Interessenausgleiche zwischen Beschäftigten und Nutzer/innen. Aber sie umgeht sozusagen das System industrieller Beziehungen, ohne an ihm Spuren zu hinterlassen.

Man muss sich sogar eine ketzerische Frage stellen: Wäre diese heimliche Zeitpolitik überhaupt zum Tragen gekommen, wenn kollektive Interessenvertretung in diesem Falle funktioniert hätte, wenn es hier also ein ordentliches System bipolarer fordistischer industrieller Beziehungen gegeben hätte? Hat möglicherweise gerade die Tatsache, dass die Erweiterung der Öffnungszeiten autoritär diktiert wurde, hier zu Chancen von Zeitpolitik geführt? Schließlich ist erst durch diese Anordnung die Notwendigkeit für Aushandlungsprozesse zwischen unmittelbaren Dienstleistungserbringern und -abnehmern eröffnet worden, und den so geschaffenen Kommunikationsspielraum konnten erstere dann – aufgrund ihre Berufsmotivation und der Häufigkeit der Eltern- und Kindkontakte – als Raum für Gestaltungen in einem zeitpolitisch zu nennenden Sinne nutzen.

4.2 Fall B – Nutzerorientierte ‚Spätdienstkita'

Die Einrichtung, die sich selbst als Spätdienstkita bezeichnet, zielt eine kontinuierliche Kinderbetreuung an und trägt damit veränderten Arbeitszeitstrukturen der Eltern Rechnung. Zeitliche Anforderungen der Beschäftigten werden den Interessen der Nutzer/innen untergeordnet. Trotz dieser Nutzerorientierung mangelt es an systematischer Einbeziehung der Eltern und Aushandlungsräumen mit den Beschäftigten. Dass die Lebensqualität der Nutzer/innen spürbar verbessert wurde, ist somit nicht auf originär zeitpolitisches Handeln zurückzuführen. Die Arbeitszeitgestaltung ist zwar Angelegenheit aller betrieblichen Akteure, orientiert sich aber ausschließlich an den zeitlichen Anforderungen der unbeteiligten Dritten.

4.2.1 ‚Spätdienstkita' mit kontinuierlicher Betreuung der Kinder

Die Kindertageseinrichtung in derselben Großstadt wie Fall A wurde ausgewählt, weil durch eine Maßnahme von 2005 die Öffnungszeiten auf 20:00 Uhr ausgeweitet wurden. Den Nutzer/inne/n wurde damit ein täglicher Betreuungszeitraum von 06:00 bis 20:00 Uhr zur Verfügung gestellt. Anders als Fall A handelt es sich bei Fall B um eine Einrichtung eines städtischen Eigenbetriebes, der 60 Kindertagesstätten umfasst. Die ausgewählte Kita betreut Kinder zwischen 0 und sechs Jahren. Die Betreuungszeiten richten sich nach dem bewilligten Betreuungsumfang und werden nach Bedarf der Eltern individuell zwischen 6 und 20 Uhr festgelegt.

Zum Zeitpunkt der Erhebung (Juli 2009) besuchen 178 Kinder[10] die Einrichtung, 96 Jungen und 82 Mädchen. Lediglich ein Drittel der Kinder wird nach be-

10 Anzahl der Kinder in der Kita nach Altersgruppen (N = 178): unter 1 Jahr (1); 1 Jahr (11); 2 Jahre (32); 3 Jahre (25); 4 Jahre (40); 5 Jahre (34); 6 Jahre (35), Stand Juli 2009.

willigtem Betreuungsumfang in Ganztags- und erweiterten Ganztagsförderung betreut.[11] 15 Kinder nehmen täglich an der Spätbetreuung teil. Betreut werden die Kinder in 13 teilweise altersgemischten Gruppen.[12] In der Einrichtung sind 19 Erzieherinnen beschäftigt, 16 in Vollzeit, drei in Teilzeit. Das Alter der Beschäftigten variiert zwischen 31 bis 60 Jahren. Die Arbeitszeiten sind in Schichtdiensten festgelegt. Der Frühdienst ab 6:00 Uhr wird stets von derselben Erzieherin übernommen. Damit soll nach Aussage der Kita-Leitung gewährleistet werden, dass Kinder, aber auch Eltern, morgens immer von derselben Person begrüßt werden. Bis auf zwei Beschäftigte arbeiten alle Mitarbeiter/innen im ‚normalen' Dienst, der zwischen 8:00 und 10:00 Uhr beginnt. Eine Beschäftigte gewährleistet die Spätbetreuung. Ihre Tätigkeit beginnt täglich um 10:30 Uhr. Kontinuität bei der Kinderbetreuung ist der Leitung dieser Kita besonders wichtig, was nicht bei allen von uns untersuchten Kitas der Fall war. Vier der 19 Beschäftigten haben Kinder im Alter von sieben bis 18 Jahren, zwei als Alleinerziehende. Diese Struktur der Beschäftigungsverhältnisse und der familiären Kontexte drückt unterschiedliche Lebenslagen der Beschäftigten aus, was unterschiedliche Lebensqualitätseffekte der untersuchten Maßnahme annehmen lässt.

4.2.2 Eine um das Kind zentrierte vertrauensgetragene Dienstleistungsbeziehung

Wie beim Fall A sind die Dienstleistungen dieser Einrichtung auf die Erziehung, Bildung und Betreuung der Kinder als unmittelbarer Nutzer/innen gerichtet. Für diese längerfristige, personen- und körperbezogene Dienstleistungsbeziehung ist erneut die doppelte Nutzerstruktur (Kind/Elternteil) charakteristisch. Auch hier lässt die hohe Intensität der Dienstleistungsbeziehung eine starke Ausprägung des wechselseitigen Reziprozitätsverständnisses erwarten. Das Uno-actu-Prinzip trifft mit der Besonderheit der doppelten Nutzerstruktur zusammen. Die Dienstleistung richtet sich an Kinder als unmittelbar an der Dienstleistungsbeziehung beteiligte Nutzer und an die Eltern als die mittelbaren Nutzer/innen.

Die Typik der Tätigkeitsbeziehung unterscheidet sich also nicht von Fall A. Vor diesem Hintergrund ist auch im Fall B hohe tätigkeitsbezogene Motivation der Beschäftigten zu erwarten – und mit ihr entsprechend unserer Hypothese H2 wegen des Vorhandenseins von Zufriedenheit mit der Tätigkeit und hoher

11 Betreuungsumfang nach Förderungskategorien (N = 178): Halbtagsförderung (21), Teilzeitförderung (89), Ganztagsförderung (57), erweiterte Ganztagsförderung (11), Stand Juli 2009.

12 In der Einrichtung gibt es insgesamt sechs altershomogene Gruppen: drei Gruppen mit jeweils Kindern im Alter von drei Monaten bis zwei Jahren, eine Gruppe im Alter von zwei bis vier Jahren sowie zwei Gruppen mit jeweils Kindern im Alter von neun Monaten bis zwei Jahren. Sieben weitere Gruppen mit jeweils Kindern zwischen zwei Jahren und dem Zeitpunkt des Schuleintritts sind altersgemischt angelegt.

Dienstleistungsqualität positive Lebensqualitätseffekte für Nutzer/innen und Beschäftigte. Die Arbeitsbeziehungen innerhalb der Einrichtung werden bipolar ausgehandelt, jedoch auf der Grundlage von extern strukturierten Parametern. Vorgaben des Jugendamtes und zeitliche Ansprüche der Nutzer/innen nehmen auf Arbeitsorganisation und Arbeitszeiten Einfluss. Die externen Vorgaben werden durch die Leitung der Kita aufgegriffen und von den Beschäftigten im Rahmen der angeordneten Arbeitsorganisation umgesetzt. Die Leitung ergänzt die externen Bestimmungen durch eigene Regelungen – wie beispielsweise diejenige, dass Früh- und Spätdienst durch jeweils eine Beschäftigte wahrzunehmen seien. Aber auch da, wo die Leitung den Beschäftigten Vorgaben macht, sind es die Beschäftigten, denen die genaue Umsetzung der Arbeitsgestaltung obliegt.

4.2.3 Erweiterte Öffnungszeiten – realisiert mit kontinuierlichen Arbeitszeiten

Zum Zwecke der Vergleichbarkeit mit den anderen Kindertageseinrichtungen haben wir auch in Fall B eine Maßnahme ausgewählt, die die *Öffnungszeiten am Abend* erweitert. Bis 2005 war die Kita montags bis donnerstags bis 17:00 Uhr, freitags bis 16:00 Uhr geöffnet. Seit 2005 steht den Nutzer/inne/n ein Betreuungszeitraum von 6:00 bis 20:00, maximal 20:30 Uhr zur Verfügung. In der Umsetzung passt sich die Einrichtung den tatsächlichen Zeitbedarfen der Nutzer/innen an. Zum Zeitpunkt der Untersuchung wurde das Betreuungsangebot nur bis 19:00 Uhr, montags bis 19:30 Uhr, in Anspruch genommen (E-L).[13]

Die Maßnahme ist primär auf die Zeitgestaltung der mittelbaren Nutzer/innen ausgerichtet, beeinflusst aber auch diejenige der Beschäftigten. Wie in Fall A zieht die Erweiterung der Öffnungszeiten eine Veränderung der Arbeitszeiten nach sich. Anders als im Fall A jedoch, wo alle Beschäftigte in wöchentlichem Turnus Früh- und Spätdienst abdecken, wurde in dieser Einrichtung eine konstante Arbeitszeitregelung eingeführt: jeweils eine Beschäftigte übernimmt den Frühdienst, eine andere den Spätdienst. Die Vollzeitbeschäftigten im normalen Dienst stimmen untereinander ab, wer wann unterstützend im Spätdienst bis 18:00 Uhr arbeitet. Zwei Beschäftigte waren also zu finden, die bei dem ausgedehnten Betreuungsangebot zur Wahrung der Kontinuität für die Kinder den Früh- bzw. Spätdienst abdecken. Auch in diesem Fall hatte die Maßnahme sowohl für Nutzer/innen wie Beschäftigten der Einrichtung zeitliche Auswirkungen – erstes Kriterium zur Einordnung als zeitpolitische Maßnahme.

---

13 Die Angaben stammen von der Leitung der Einrichtung. Die zeitliche Inanspruchnahme bis 19:00 bzw. 19:30 Uhr ist für die Leitung ein Indiz dafür, dass kein darüber hinausreichendes Kinderbetreuungsangebot bereitgestellt werden muss. Dies steht jedoch im Widerspruch zu den Aussagen der beteiligten Nutzer/innen am Gruppeninterview, die einen Betreuungsbedarf ‚rund um die Uhr' artikuliert haben.

Zweites und drittes Kriterium war, dass die jeweilige Maßnahme mit Wissen und Wollen der Beschäftigten bzw. Nutzer/innen deren zeitliche Bedingungen der Lebensqualität berücksichtigt. Damit ist die Frage stellt, ob und inwieweit Beschäftigte und Nutzer/innen bei der Planung und Einführung erweiterter Öffnungszeiten einbezogen und ihre gegebenenfalls divergierenden zeitlichen Interessen bei der Maßnahme berücksichtigt wurden? Im Rahmen der Prozessanalyse wird zu zeigen sein, dass diese betroffenen Akteure nicht in allen Phasen in der Weise beteiligt wurden, dass sie ihre individuellen Zeitkonflikte hätten artikulieren und zum Aushandlungsgegenstand der Maßnahme machen können. Die Begründung für die Einordnung des Praxisfalls entsprechend den formulierten Kriterien zeitpolitischer Maßnahmen erfolgt deshalb im Anschluss an die Prozessanalyse.

Die *Ausgangslage* der Maßnahme weist Ähnlichkeiten zu Fall A auf. Mit der Begründung der notwendigen Konsolidierung des Landeshaushalts und der rückläufigen Zahl zu betreuender Kinder wurde politisch entschieden, mehrere städtische Kindertagesstätten zu schließen. Im nahen Umfeld der Einrichtung wurde 2005 eine ‚Spätdienstkita' geschlossen, gefunden werden musste also eine Regelung für die dortigen Nutzer/innen der Spätbetreuung. Die Geschäftsführung des Eigenbetriebs ging auf die Einrichtung zu und fragte an, ob sie die Kinder der geschlossenen Spätdienstkita übernehmen und die Öffnungszeiten entsprechend erweitern würden (E-L, E-B)[14]. Im Einvernehmen mit der Arbeitnehmervertretung entschied die Leitung, die Öffnungszeiten der Kita auszuweiten. *Zielsetzung der Maßnahme* war somit die Einrichtung einer Spätbetreuung für Nutzer/innen mit entsprechendem Betreuungsbedarf. Die Maßnahme sollte zugleich den Standort der Kita und die Arbeitsplätze der dort Beschäftigten längerfristig sichern. Während in Fall A das zuständige Jugendamt Initiator war, setzte hier die Leitung die Erweiterung der Öffnungszeiten der Einrichtung durch. Die Zustimmung der betrieblichen Interessenvertretung erfolgte mit Hinweis darauf, dass die Beschäftigten keine grundlegenden Einwände erhoben hätten (E-B). Die Beschäftigten waren zuvor durch die Leitung über die betriebliche Situation und das beabsichtigte Vorhaben informiert worden.

4.2.4 Informationen zur Maßnahme und Befragungen

Wie in den anderen untersuchten Praxisfällen wurden leitfadengestützte und problemzentrierte Experteninterviews mit Leitung und Arbeiternehmervertretung der Einrichtung geführt. Diese Interviews gaben Aufschluss über die Rah-

---

14 Die Belege aus den Interviews werden wie folgt gekennzeichnet: Experteninterview Leitung: E-L; Experteninterview betriebliche Interessenvertretung: E-B; Gruppendiskussion Beschäftigte: G-B; Gruppendiskussion Nutzer/innen: G-N.

menbedingungen und Zielsetzung der Maßnahme, über ihre Planungs- und Implementierungsphase und über Reziprozität aus der Perspektive der Leitung. Daran anschließend wurden mit Unterstützung der Geschäftsleitung Beschäftigte und Nutzer/innen für Gruppendiskussionen ausgewählt. Die Gruppe der Beschäftigten sollte möglichst genau die Struktur der Belegschaft des Kindergartens abbilden. In besonderer Weise wurden daher Arbeitszeit und Familienstand berücksichtigt. Dem Projektteam war die Teilnahme der Beschäftigten im Spätdienst besonders wichtig, um mögliche Zeitkonflikte im Zusammenhang mit der Arbeits- und Alltagszeitgestaltung zu ermitteln. Vier Frauen erklärten sich zur Teilnahme an der Gruppendiskussion bereit erklärt. Eine arbeitete in Teilzeit (34,5 Stunden), alle anderen 38 Stunden pro Woche. Sie verfügten über mindestens 19 Jahre Berufserfahrung im öffentlichen Dienst, innerhalb der Einrichtung waren sie zwischen drei und acht Jahren beruflich tätig. Zwei Befragte erlebten bereits die Einführung der verlängerten Öffnungszeiten, die beiden übrigen traten erst zu einem späteren Zeitpunkt der Einrichtung bei.

An der Gruppendiskussion der Nutzer/innen nahmen fünf Elternteile – drei Frauen und zwei Männer – mit gewissen Besonderheiten teil. Ihre Kinder nahmen durchweg die Spätbetreuung in Anspruch, allen war der Betreuungsumfang der Ganztagsförderung bzw. erweiterten Ganztagsförderung bewilligt worden. Grund waren Vollzeitbeschäftigung der Nutzer/innen oder lange Wegezeiten zwischen Arbeits- und Wohnort. Befragt wurde hier also eine Gruppe von Nutzer/inne/n, die spezifische zeitliche Anforderungen an die Kinderbetreuung haben. Darunter befanden sich Selbständige wie Alleinerziehende. Mit der Beteiligung von Männern und Frauen konnte dem Aspekt geschlechterspezifischer Alltagszeitgestaltungen bei der Ermittlung von Lebensqualitätseffekten Rechnung getragen werden. Die Beteiligten hatten Kinder im Alter unter drei Jahren, nur eine Nutzerin hatte mehr als ein Kind.

Die Gruppendiskussionen mit Eltern und Beschäftigten wurden mit derselben Videosequenz eingeleitet wie in Fällen A und C. Nach dem Abspielen der Sequenz wurden die Befragten gebeten, zum Inhalt des Videoclips Stellung zu nehmen und die Situation in der Kita B im Verhältnis dazu zu reflektieren. Im Diskussionsverlauf erfolgten von den Interviewer/inne/n Nachfragen aus dem Leitfaden gestellt, die Aufschluss über Beteiligung, Reziprozität und Lebensqualität der Beschäftigten und Nutzer/innen geben sollten.

4.2.5 Planung der Erweiterung der Öffnungszeiten bei schwacher Mitwirkung der Beschäftigten, ohne Mitwirkung der Nutzer/innen

Die Erweiterung der abendlichen Öffnungszeiten wurde maßgeblich von der Leitung geplant und den Beschäftigten vermittelt. Ihrem Handeln liegt ein eher autoritäres *Regelungsverständnis* zugrunde. Die Entscheidung wurde von der

Leitung getroffen, die Beschäftigten wurden zwar über die betriebliche Notwendigkeit erweiterter Öffnungszeiten informiert, hinsichtlich der zu treffenden Maßnahme aber vor vollendete Tatsachen gesetzt. Auf mögliche Zeitkonflikte der betroffenen Beschäftigten ging die Leitung nicht ein. Ihr Anliegen war, dass die Beschäftigten die Konsequenzen erweiterter Öffnungszeiten mittragen, sie hätte die Maßnahme aber auch ohne deren Zustimmung durchgesetzt (vgl. E-L). Die Rolle der Arbeitnehmervertretung war in der Planungsphase unauffällig. Sie ging aufgrund bisheriger betrieblicher Erfahrungen davon aus, dass die Leitung die zeitlichen Interessen der Beschäftigten bei ihrer Entscheidung über die Maßnahme berücksichtigt werde (E-B).

Der Anspruch der Kontinuität in der Spätbetreuung zur Ermöglichung erweiterter Öffnungszeiten am Abend erforderte Überzeugungskraft seitens der Leitung gegenüber den Beschäftigten:

> „Das war erst mal gar nicht so einfach [jemanden für den Spätdienst zu finden], weil wenn man denn sagt, ja wir haben die Idee bis 19 Uhr zu öffnen, vielleicht sogar bis 20:30, [es] wäre jetzt eine Lüge, wenn ich sagen würde, die Kollegen haben alle ‚Hurra!' [gesagt]." (E-L)

Ohne Skepsis und Zeitkonflikte der Beschäftigten zum Thema zu machen, verfolgte die Leitung das Ziel, eine kontinuierliche personelle Besetzung für den Spätdienst zu finden. Darin unterscheidet sich beispielsweise die Leitung im untersuchten Fall D (Warenhaus), die den Anspruch hatte, auf zeitliche Interessen der Beschäftigten einzugehen und deren Bedarfe explizit zu berücksichtigen. In Fall B blieb Partizipation ist hier auf bloß affirmative Einbeziehung der Beschäftigten begrenzt: Sie sollten für veränderte Öffnungszeiten, Flexibilität und zusätzliche Betreuungsangebote sensibilisiert werden.

> „Für mich ist wichtig, dass die Kollegen einsehen, dass sie wachgerüttelt werden und sehen, aha (...) der Bedarf ist da oder wir müssen die Kita voll kriegen – noch ein zusätzliches Angebot. Also ich versuche schon, das Interesse zu wecken und die Kollegen irgendwo ein bisschen neugierig zu machen und (...) mal ein bisschen was umstellen, flexibel werden. (...) wir denken es tut unser Kita gut, wir brauchen die Kinder." (E-L)

Dass sich die Leitung mit der Aufrechterhaltung des Standortes zugleich für die Sicherung der Arbeitsplätze der Mitarbeiter/innen engagierte, war letztlich ausschlaggebend dafür, dass auch die Beschäftigten der Maßnahme vorbehaltlos zustimmten. In diesem Ziel kamen zeitliche Bedingungen der Lebensqualität der Beschäftigten nicht vor.

Zum *Regelungsverständnis der Leitung gegenüber den Nutzer/inne/n* der Einrichtung fehlen konkrete Aussagen. Die Leitung ergriff ihre Initiative, ohne zeitliche Bedarfe und Vereinbarkeitskonflikte der Nutzer/innen zu ermitteln. Ein Grund dafür war sicher die Vorgeschichte der Maßnahme: Die Leitung wollte den Nutzer/inne/n der geschlossenen Kita eine Alternative bieten. Dem Regelungsverständnis der Leitung – auf Beschäftigte wie auf Nutzer/innen gerichtet – liegen somit nicht partizipatorische, sondern unternehmerische und betriebswirtschaftliche Prinzipien zugrunde. Deren Ansprüche auf Vereinbarkeit verschiedener Alltagszeiten werden nicht explizit berücksichtigt oder zum Gegenstand der Zeitgestaltungsmaßnahme gemacht. Nach Hypothese H3b waren somit – die Planungsphase betreffend – keine positiven Effekte für Lebensqualität von Beschäftigten und Nutzer/inne/n der Kita zu erwarten.

Das umrissene Regelungsverständnis der Leitung drückte sich denn auch in der *Beteiligung von Beschäftigten wie Nutzer/inne/n* aus. Zeitliche Anforderungen betroffener Beschäftigter (u.a. Spätbetreuung) und Betreuungsbedarfe der Nutzer/innen wurden nicht explizit ermittelt und berücksichtigt. In dieser Phase waren Möglichkeiten zur Artikulation zeitlicher Interessen und Anforderungen nicht gegeben.

> „Wir haben keine Abstimmung unter den Kollegen gemacht, also (...) dass wir jetzt Stimmzettel verteilt haben. (...) Wir haben unser Vorhaben kundgetan und haben gesagt, das haben wir vor und das werden wir auch so umsetzen." (E-L)

Die Gruppe der Beschäftigten war schwach, „passiv" beteiligt – sie konnten die verlängerten Öffnungs- und entsprechend veränderten Arbeitszeiten lediglich noch akzeptieren. Wir nennen dies eine zwar direkte, aber ineffektive Beteiligung, da die Beschäftigten nach eigener Aussage „nichts beeinflussen" (G-B) konnten. Das zweite Kriterium zur Einordnung zeitpolitischer Praxisfälle – ergebnisrelevante wirkungsvolle Partizipation – ist nicht erfüllt.

Ähnlich wie in Fall A waren auch hier zeitliche Anforderungen der Nutzer/innen das Motiv für die Erweiterung der Öffnungszeiten. Aufgrund der Vorgeschichte der Maßnahme begnügten sich die Akteure jedoch mit Mutmaßungen über zeitliche Bedarfe – die Nutzer/innen selbst konnten zeitliche Anforderungen und Vereinbarkeitskonflikte nicht artikulieren. Auf die Frage, ob Eltern in der Planungsphase der Maßnahme einbezogen und beteiligt wurden, führte die Leitung aus:

> „Eigentlich nicht. (...) wir haben uns entschieden dafür und haben gesagt, ja, Mensch, die Geschäfte, die haben ja alle länger (...) auf (...) und (...) dann haben wir gesagt, naja, wir müssen gucken, dass wir auch unser Angebot einfach erweitern. Es macht ja keiner im Bezirk. Und deshalb haben wir gesagt, (...) ein Bedarf wird sicherlich da sein. Ohne jetzt so genau zu wissen, ob der Bedarf im Haus ist." (E-L)

Auch eine Kommunikation zwischen Beschäftigten und Nutzer/inne/n, wie sie zeitpolitisch vorgesehen ist, bestand in der Planungsphase nicht. Damit war weder für Beschäftigte noch für Nutzer/innen möglich, einen Eindruck über die zeitlichen Bedarfe der jeweils Anderen zu gewinnen. Daher ist nicht verwunderlich, dass keines der beiden Gruppeninterviews Aufschlüsse über *Reziprozität* verschafft. Davon unterscheidet sich allerdings das Reziprozitätsverständnis der Leitung. Diese nahm die Perspektiven sowohl der Beschäftigten als auch der Nutzer/innen ein. Sie vermutete Bedarfe, ohne in einen unmittelbaren Erfahrungsaustausch mit Eltern einzutreten. Allerdings lag die Leitung mit in ihrer Vermutung wohl richtig. Die etablierte Spätbetreuung wurde tatsächlich in Anspruch genommen – auch von Eltern aus anderen Bezirken, die danach gezielt diese Kita aussuchen (E-L). Die Leitung hat sich insofern bei der Entscheidung über die Maßnahme auf vorhandene Zeitbedarfe der Nutzer/innen bezogen, wobei sie die Erfahrungen der geschlossenen ‚Spätdienstkita' nutzte.

Anders steht es mit der Reziprozität gegenüber den Beschäftigten. Die Leitung ahnte, wie die Beschäftigten reagieren würden. Sie vermutete zurecht, dass diese bei einer Erweiterung der Öffnungszeiten nicht „Hurra schreien" (E-L) würden. Der Leitung war wichtig, dass die Beschäftigten die Entscheidung über die verlängerten Öffnungszeiten mittragen. Es gelang ihr schließlich auch, die Beschäftigten von der Maßnahme zu überzeugen. Gleichwohl ist dies nicht Ausdruck zeitpolitischer Reziprozität. Diese setzt voraus, dass die Leitung die zeitlichen Bedingungen von Lebensqualität der Beschäftigten erkannt und unter Beteiligung der Beschäftigten bei der Entscheidung über die Maßnahme berücksichtigt hätte. Dann nur hätte es sich in Fall B um ein originär zeitpolitisches Projekt gehandelt.

4.2.6 Partizipative Abstimmung flexibler Bring- und Holzeiten bei der Umsetzung

Bei der Implementierung der Erweiterung von Öffnungszeiten am Abend mussten sowohl der Betreuungszeitraum als auch die Arbeitszeitlagen neu geregelt. Die Lage der Betreuungszeiten wird seit Einführung der Maßnahme individuell zwischen den Eltern und der Leitung besprochen. Während die Lage der täglichen Betreuungszeit individuell gestaltbar ist, wird der Betreuungsumfang – wie in Fall A – unter Einbeziehung der Arbeits- und Wegezeiten der Eltern durch das Jugendamt vorgegeben. Die Eltern bringen die meisten Kinder zwischen 8:00 und 9:00 Uhr in die Einrichtung, können dies aber auch bis 10:30 Uhr tun. Eltern, die im Schichtdienst arbeiten, können die Lage der Betreuungszeiten entsprechend flexibel gestalten. Die Kinder können beispielsweise in einer Woche ab 9:00 Uhr, in der anderen Woche ab 6:00 Uhr betreut werden. Der Leitung ist dabei die Absprache zwischen Eltern und Erzieher/inne/n entscheidend:

> „Wichtig ist uns, dass man einfach mal abspricht, dass die Kollegen wissen, ja, also das ist ein Kind, was häufig später kommt oder einmal in der Woche ... Wir müssen ja auch das Essen ansagen, in der Küche bestellen." (E-L)

Dabei erweisen sich die Beschäftigten als grundsätzlich flexibilitätsbereit. Eine zusätzliche Nuance des Aushandlungsprozesse wird im Gruppeninterview wiederholt geschildert und problematisiert. Eine Beschäftigte führt aus:

> „Wir zwingen nicht die Eltern, dass die um neun hier sind. (...) Es geht immer nach dem Interesse des Kindes, und dann geht's auch nach den Wünschen der Eltern, und wir versuchen, den Eltern zu vermitteln, was wir wünschen. Aber nicht ‚Ihr müsst oder so, sondern für uns wär's gut, für Ihr Kind wäre gut, so könnten wir dann besser arbeiten' – so versuchen wir, das den Eltern zu vermitteln." (G-B)

Hier beziehen sich die Beschäftigten nicht auf eigene zeitliche Anliegen, sondern diejenigen der unmittelbaren Nutzer/innen, der Kinder – unter Umständen sogar kontrastierend zu den zeitlicher Anliegen ihrer Eltern, der mittelbaren Nutzer/innen. So sehr die Einrichtung versucht, den zeitlichen Bedarfen der mittelbaren Nutzer/innen zu entsprechen, tritt wie in Fall A der Konflikt zwischen pädagogischen Kernzeiten in der Einrichtung und den Bring- und Holzeiten der Eltern zutage – zumindest bei den höheren Altersgruppen, wie eine Beschäftigte im Interview feststellte:

> „Wir arbeiten ja eher mit kleinen Kindern. Ich denke, da ist es noch nicht so wichtig, ob das Kind nun wirklich um elf da ist oder (...) um neun schon kommt. Aber ich denke, Kinder, die älter sind, die ein Programm haben wie Musikpädagoge, Sportunterricht, die Vorschularbeit ... ich denke, dort wird es dann eher (...) wichtig, dass sie schon so einen Rhythmus rein bekommen, der auch ähnlich der Schule ist." (G-B)

Bezüglich der Arbeitszeitregelung war entschieden worden, dass jeweils eine Beschäftigte kontinuierlich den Frühdienst und eine andere die Spätschicht übernimmt. Letztere arbeitet täglich von 11:00 bis 19:00 Uhr. Die Abstimmung der die Lage der Arbeitszeit im normalen Dienst obliegt allein den Beschäftigten – diese „bestimmen den Dienstplan" (G-B). Von der Leitung wird lediglich die Einhaltung der vertraglich festgelegten Arbeitszeit geprüft. Als Rahmen für die Spätdienstregelung wurde durch alle Beteiligten der Einrichtung festgelegt, dass sich monatlich beide Abteilungen der Kita beim Spätdienst bis 18:00 Uhr abwechseln. Damit erfährt die für den Spätdienst verantwortliche Beschäftigte personelle Unterstützung.

> „Die Abteilung[en] (...) machen jeweils natürlich einen extra Dienstplan und das ist vollkommen unkompliziert. Also wie gesagt, dadurch dass wir ein gutes Team sind, ist durch Absprache alles möglich." (E-L)

Die Arbeitszeitgestaltung wird zwischen den Kolleginnen informell und kurzfristig vereinbart. Hier mischt sich die Leitung nach eigener Aussage nicht ein. Insoweit besteht also ein partizipatives Regelungsverständnis der Leitung gegenüber den Beschäftigten. Die Dienstpläne werden in den jeweiligen Gruppen bzw. Abteilungen selbst gestaltet. Wichtig für die Leitung ist die Absprache unter den Kolleginnen. Im Unterschied zum autoritären Regelungsverständnis in der Planungsphase geht es der Leitung jetzt um teamorientierte Arbeitszeitgestaltung ‚auf Augenhöhe'.

Die Interessen und Ansprüche der Kinder als unmittelbare Nutzer/innen sind entscheidend in der Dienstleistungsbeziehung und stehen für die Leitung im Vordergrund. Die Dienstplanung kann von den Beschäftigten nach ihren Interessen geregelt werden – es darf nur nicht zu Lasten der Kinder gehen. Dies belegt die tätigkeitsbezogene Motivation auch der Leitung. Die Bedarfe der Kinder wurden denn auch mehrfach im Experteninterview formuliert. Als die Leitung bat, eine Mitarbeiterin für die Spätbetreuung auszuwählen, war ihr bewusst, dass die Übernahme der Spätbetreuung nicht positiv von den Beschäftigten aufgenommen werden würde. Trotzdem gelang es der Leitung, ihre Mitarbeiterinnen mit dem Argument zu überzeugen, für die Kinder sei die Aufrechterhaltung von Kontinuität die beste Regelung sei. Die positive Reaktion der Beschäftigten deutet auf deren tätigkeitsbezogene Motivation hin – letztendlich ihre Arbeitszeit im Interesse und zum Wohle der Kinder zu gestalten. Dieses partizipative Regelungsverständnis ließ positive Auswirkungen auf die Lebensqualität von Beschäftigten und Nutzer/inne/n erwarten.

Dass die Dienstplangestaltung für den normalen Dienst durch die Beschäftigten selbst erfolgt, stellt eine direkte Beteiligung der Beschäftigten dar. Diese war auch effektiv, da die Beschäftigten der Gestaltung der Arbeitszeiten ihre Interessen und Zeitbedarfe zugrunde legen konnten:

> „Wir versuchen, jedem Kollegen möglich zu machen, wenn er irgendwie Termine hat oder irgendeinen Wunsch hat, dienstplanmäßig und arbeitszeitmäßig das ihm zu erfüllen." (G-B)

Die Arbeitszeitgestaltung der Beschäftigten in der Kita ist durch hohe Selbstbestimmung gekennzeichnet, wird allerdings in der Praxis von den zeitlichen Bedarfen der Kinder und den Eltern geprägt. Zum Ausdruck kommt dies bei den Absprachen zu den Bring- und Holzeiten. Die Erweiterung der Öffnungszeiten ermöglicht es den vorwiegend berufstätigen Eltern, ihre Kinder länger bzw. flexibler betreuen zu lassen. In der Einrichtung wird zwischen den Eltern und den Beschäftigten relativ frei ausgehandelt, wann die Kinder gebracht und wieder abgeholt werden. Im Fokus stehen dabei die zeitlichen Anforderungen der Eltern und Bedarfe der Kinder.

Bei der Gestaltung der tatsächlichen Öffnungszeiten sind die Nutzer/innen nicht direkt beteiligt. Den Aussagen der Leitung zufolge bestehe für die grundsätzlich mögliche Öffnungszeiten täglich bis 20:30 Uhr seitens der Eltern kein Bedarf (E-L). Die am Gruppeninterview beteiligten Nutzer/innen äußerten sich allerdings ganz anders: Sie gingen davon aus, wenig bis gar keinen Einfluss auf die Lage der Öffnungszeiten zu haben. Am Rande der Diskussion wurde von einem Nutzer thematisiert, dass die Öffnungszeiten verändert werden könnten, wenn mehrere Eltern den Bedarf an veränderten Öffnungszeiten artikulieren würden. Diese eher beiläufige Äußerung bringt um Ausdruck, dass bei diesem arbeitszeitpolitischen Praxisfall den Nutzer/inne/n ihre Möglichkeiten zur Artikulation zeitlicher Interessen gar nicht bekannt sind. Das ist durchaus paradox: Da die Leitung und Beschäftigten aufgrund ihres Dienstleistungs- und Tätigkeitsverständnisses durchaus auf zeitliche Anforderungen der Eltern einzugehen bereit gewesen wären, hätte deren Stimme eine differenziertere und effektive Berücksichtigung ihrer zeitlichen Bedingungen von Lebensqualität zur Konsequenz haben können, als sie selbst annahmen.

Im Kindergarten werden die Bedarfe zweier Nutzergruppen berücksichtigt. Die Beschäftigten orientieren sich an den zeitlichen Bedarfen des Kindes und müssen zugleich die zeitlichen Interessen der Eltern berücksichtigen. Dieser potentielle Zeitkonflikt muss zuweilen ausgetragen werden, ohne dass die Kinder als unmittelbar an der Dienstleistung Beteiligte ihre Bedarfe selbst äußern können. Die Interessen der Kinder werden indirekt von Eltern oder auch Erzieher/inne/n artikuliert. Die Wahrnehmung von Bedarfen der Kinder seitens der Leitung und der Beschäftigten verweisen auf ausgeprägte Reziprozität gegenüber den Kindern; sie steht im Zusammenhang mit dem Dienstleistungscharakter und der tätigkeitsbezogenen Motivation. Eng ist die Dienstleistungsbeziehung aber nicht nur zu den Kindern, sondern auch zu deren Eltern. Verdeutlicht sei dies anhand der Schilderungen zum Umgang mit den so genannten ‚Spätdiensteltern', die alternativ zum klassischen Elternabend alle sechs bis acht Wochen zum gemeinsamen Kochen von der Spätdienstbetreuerin eingeladen werden.

> „Die kochen dann gemeinsam mit den Erziehern und den Kindern Abendbrot, also, machen meistens was Warmes, und dann sitzt man noch gemütlich, tauscht sich untereinander aus und es ist eine gemütliche Runde, und das finden die Eltern ganz toll. Die lernen sich auch besser kennen ... dann kommt irgendwann auch mal die Kollegin dran, die dann auch kocht." (E-L)

Aufgrund solcher gemeinschaftlicher Aktivität überrascht nicht, dass Leitung und Beschäftigte die Situation der Eltern kennen und verstehen und sich in deren zeitliche Vereinbarkeitskonflikte hineinversetzen können. Im Zusammenhang mit Bring- und Holzeiten bringt eine Beschäftigte stellvertretend für die anderen zum Ausdruck:

> „Wir verstehen natürlich die Eltern, wenn sie jetzt arbeiten müssen bis um sieben und müssen früh ihr Kind schon herbringen. Dann haben sie natürlich auch das Defizit, dass sie ihr Kind wenig sehen, dass sie aber sagen ‚okay ich hab aber früh Zeit, ich muss erst ab Mittag arbeiten. Da will ich mein Kind ja früh behalten', und da haben wir natürlich Verständnis." (G-B)

Zeitliche Bedingungen der Lebensqualität von Nutzer/inne/n finden so bei Gestaltungsansätzen der Einrichtung Berücksichtigung. Damit ist aber noch nicht gesagt, dass alle Akteure der Kinderbetreuung die Sensibilität hätten, Zeitgestaltung zum Thema zu machen. Im Unterschied zum Erfahrungswissen der Dienstleistungserbringer haben die Eltern kein eindeutiges Wissen oder Verständnis der zeitlichen Bedarfe der Erzieherinnen. In den Interviews machen sich die Eltern wenig Gedanken über die Arbeitsbedingungen und deren Konsequenzen in der Kita. Ein befragter Nutzer formuliert, alles sei ganz gut für die Beschäftigten geregelt – ohne jedoch wirklich sicher zu sein. Eine Nutzerin betont, als Eltern könne man gar nicht wissen, wie die Situation für die Erzieherinnen sei. Die intensive Dienstleistungsbeziehung zwischen Beschäftigten und Nutzer/inne/n hat in Fall B zwar zu hoher Reziprozität der Beschäftigten gegenüber den Eltern geführt. Allerdings ist diese Reziprozitätsbeziehung einseitig geblieben. Ein Aushandlungsprozess im zeitpolitischen Sinne wie in Fall F (Bürgerservicecentrum) hätte zu deutlich stärkerer Reziprozität der Nutzer/innen gegenüber Beschäftigten führen können.

Fall B stellt entsprechend den zeitpolitischen Kriterien zur Einordnung der Praxisfälle eine arbeitszeitpolitische Maßnahme mit Ausprägungen zeitpolitischer Aktivität dar. Während für die Planungsphase der Maßnahme nur das erste der vier Kriterien erfüllt wurde, gestaltete sich die Maßnahme in ihrer Implementierung deutlich zeitpolitischer – wenn auch nicht immer bewusst und systematisch. Die Beschäftigten gestalten ihre Arbeitszeit teamartig – ausgenommen sind Früh- und Spätdienst – und finden dabei ihre zeitlichen Bedingungen von Lebensqualität berücksichtigt. Für die Implementierungsphase kann ebenfalls das dritte Kriterium als erfüllt angesehen werden: Nutzer/innen werden in die Aushandlung über die Betreuungszeiten einbezogen, können ihre Zeitinteressen formulieren und nehmen so direkt Einfluss auf ihre zeitlichen Bedingungen von Lebensqualität. Auch wenn entsprechend dem vierten Kriterium eine wechselseitige Kenntnis über die jeweils anderen Lebensqualitätsbedingungen – wenn auch nach Gruppen unterschiedlich intensiv – besteht, kann bei dieser Maßnahme nicht von planvollem und gezieltem Austausch im Sinne eines nachhaltigen und kollektiven Aushandlungsprozesses gesprochen werden.

4.2.7 Verbesserte Lebensqualität für (‚Spätdienst'-)Eltern durch flexibilisierte Betreuung zum Nachteil der Lebensqualität einer Beschäftigten

Das Angebot der Spätbetreuung richtete sich an Nutzer/innen, die in einer anderen Kita bereits die Spätbetreuung in Anspruch nahmen. Beabsichtigt war aber auch, mit dem flexiblen Betreuungsangebot weitere Nutzer/innen zu gewinnen und durch hohe Auslastung der Kita den Standort und Arbeitsplätze der Beschäftigten längerfristig zu sichern. Die Zielsetzung der Maßnahme wurde grundsätzlich erreicht, auch wenn die Kita als Ersatz für die geschlossene ‚Spätdienstkita' nicht wahrgenommen wurde:

> „Die Eltern sind gar nicht gekommen, weil (...) es hat ihnen alles nicht gefallen, alles nicht gepasst. Die wollten so bleiben, wie sie sind, in dieser Kita. Und wir haben aber trotz allem gesagt, ja, die Idee (...) verlängerte Öffnungszeiten anzubieten, wir machen's trotzdem." (E-L)

Eltern aus anderen Bezirken suchten die Einrichtung auf, weil die Kita für sie geeignete Öffnungszeiten anbot. Hauptsächlich Alleinerziehende oder Selbständige mit längerem Arbeitsweg oder aufwändiger beruflicher Tätigkeit waren auf den ausgedehnten Öffnungszeitenrahmen angewiesen. Zusätzlich beobachteten die Beschäftigten, dass Frauen kurz nach dem Mutterschutz wieder in das Erwerbsleben einsteigen wollten und daher auf Angebote frühkindlicher Betreuung angewiesen waren. Die Einrichtung reagierte darauf durch Erweiterung des Betreuungsangebots für Kleinkinder – bei Aufrechterhaltung der verlängerten Öffnungszeiten. Durch die tatsächliche Inanspruchnahme des Betreuungsangebotes bis 19:00 bzw. 19:30 Uhr sieht sich die Leitung der Einrichtung in der Richtigkeit der umgesetzten Maßnahme erweiterter Öffnungszeiten in den Abendstunden bestätigt.

Die Einführung erweiterter Öffnungszeiten bedeutete eine veränderte Gestaltung der Arbeitszeiten, denn das Spätbetreuungsangebot musste ohne zusätzliches Personal realisiert werden. Eine kontinuierlich für die Spätbetreuung Verantwortliche bei wechselnden Spätdiensten anderer Beschäftigter bis 18:00 Uhr wurde hierfür als beste Lösung erachtet. Von den befragten Beschäftigten wird diese Regelung sehr unterschiedlich aufgenommen. Einige formulieren eher eine Verschlechterung ihrer Situation, da zunehmende Anforderungen nach inhaltlicher wie zeitlicher Flexibilität zugleich eigene längerfristige Planungen unmöglich machen (G-B). Eine Mitarbeiterin erachtet die Arbeitszeitregelung als weniger problematisch und schildert ihre persönliche Bewältigungsstrategie: Sie hat bisher immer eine Möglichkeit gefunden, mit ihren Kolleginnen die Schichten so zu tauschen, dass sich Erwerbstätigkeit und Freizeitgestaltung miteinander vereinbaren lassen. Bedeutsam bei der Einstellung zu flexiblen Arbeitszeiten und Schichtdiensten scheinen bisherige berufliche Erfahrungen zu sein. So hat eine befragte Beschäftigte zuvor als Kinderkrankenschwester im Schichtdienst gearbeitet und empfindet die Arbeitszeitgestaltungspraxis der Kita deshalb nicht besonders problematisch. Gravierende Konsequenzen hat die Umsetzung erweiterter Öffnungszeiten am Abend für die Beschäftigte des Spätdienstes. Für sie ist deutlich schwieriger, ihre Arbeitszeit mit anderen zeitlichen Anforderungen zu vereinbaren, Dienste zu tauschen oder auch an Teambesprechungen teilzunehmen (G-B). Darauf wird im Zusammenhang mit der Lebensqualität näher eingegangen.

Die befragten Nutzer/innen haben die Veränderung des Öffnungszeitenrahmens nicht wahrgenommen. Da diese bereits 2005 erweitert worden waren, hat kaum ein Nutzer bzw. eine Nutzerin andere Betreuungszeiten kennen gelernt. Im Vergleich zu anderen Kindertagesstätten werden die Öffnungszeiten und flexiblen Betreuungszeiten positiv hervorgehoben. Dies erfahren die Beschäftigten in ihrer Arbeit immer wieder von Nutzer/inne/n:

> „Wir haben eine Mutti kennen gelernt, die auch schon in anderen Tagesstätten ihr Kind anmelden wollte, und sie wollte auch eine sehr flexible Öffnungszeit haben, so dass sie am Vormittag noch bei ihrem Kind sein kann und erst mittags bringt. Das ist in einigen Kindertagesstätten nicht erwünscht. Da hatte sie sehr große Probleme, ihr Kind unterzubringen." (G-B)

Am Gruppeninterview teilnehmende Eltern haben zwar den Prozess der Erweiterung nicht unmittelbar erfahren, thematisieren jedoch erweiterte Möglichkeiten der Kinderbetreuung. Auf die kontrafaktische Frage, was für sie bedeuten würde, wenn die Einrichtung anstatt bis 19:00 nur bis 16:00 Uhr öffnete, artikulieren sie verschiedene Lösungsmöglichkeiten. In jedem Fall handelt es sich um individuelle Bewältigungsstrategien, von denen die Nutzer/innen jeweils unterschiedlich betroffen würden. Eine studierende Mutter erklärt, bei deutlich eingeschränkten Öffnungszeiten müsse sie eventuell ihre Vorlesung oder Seminare ausfallen lassen und könne sich weniger um Behördengänge kümmern. Eine andere Befragte sieht sich dann vor der Alternative, entweder den Arbeitsplatz zu wechseln oder mehr Geld für die Kinderbetreuung auszugeben. Gravierend wären die Auswirkungen für Alleinerziehende, wie die Antwort einer allein erziehenden Mutter verdeutlicht:

> „Ich wäre dann arbeitslos. Ganz einfach. Also, es gäbe keine andere Möglichkeit, ich müsste mich dann auf den Staat verlassen." (G-N)

Auch wenn das zeitliche Betreuungsangebot der Kita von den befragten Nutzer/inne/n positiv wahrgenommen wird, scheinen die vorhandenen Öffnungszeiten für die Nutzer/innen noch nicht ausreichend zu sein; dies gilt insbesondere für Alleinerziehende im Schichtdienst. Vor diesem Erfahrungshintergrund wird für eine so genannte ‚Nacht-Kita' plädiert. Die Gruppendiskussion mit den ‚Spätdiensteltern' verdeutlicht, dass ihre konstruktive Beteiligung bei der Planung und Umsetzung der Maßnahme zum gegenseitigen Verständnis und dem Austausch über unterschiedliche Handlungsoptionen beigetragen und zeitpolitische Reziprozität begünstigt habe.

Die Durchführung der Gruppendiskussionen mit Beschäftigten und mittelbaren Nutzer/inne/n diente dazu, Lebensqualitätseffekte zu identifizieren. Diese beziehen sich bei den Beschäftigten auf den Grad an Selbstbestimmung in Arbeits-, Alltags- und gemeinsamen Zeiten sowie die Komponente einer Gleichverteilung zeitlicher Verwirklichungschancen. Die Aussagen der Nutzer/innen zu ihren Lebensqualitätsgewinnen bezogen sich insbesondere auf deren zeitliche Selbstbestimmung in Arbeitszeiten. Wie sich die Erweiterung der Öffnungszeiten auf die Lebensqualität von Nutzer/inne/n wie zugleich Beschäftigten ausgewirkt hat, verdeutlicht der Blick auf die alte Öffnungszeitenregelung:

> „Früher war immer so die Situation, wenn man dann um 17 Uhr geschlossen hat als Beispiel, (...) irgendwie war immer so die Situation irgendwo, naja, die Kinder fühlten sich vielleicht (...) auch nicht so wohl. Die Eltern kamen dann angerast, (...) es war immer keine schöne Situation. Und jetzt ist es natürlich so, wenn man sowieso weiß, wir haben bis 19 Uhr auf, haben [die Eltern] nicht so den Stress. Und auch die Eltern, (...) die diesen Bedarf gar nicht so haben, aber sie wissen auch unter anderem, man kann mal anrufen und sagen, ich muss meinen Mann ins Krankenhaus [bringen] oder ich habe da noch einen Termin, es kann später werden." (E-L)

Deutlich offenbart sich hier der Zeitkonflikt zwischen Beschäftigten, die ‚Feierabend' machen wollen, und Eltern, die aufgrund eigener Arbeitszeitregelungen nur unter Anstrengung eine Abholung der Kinder bis 17:00 Uhr realisieren können. Nach Aussage der Leitung wurde durch die Einführung der erweiterten Öffnungszeiten für alle Beteiligten die Situation deutlich entspannt. Dadurch dass die Kita unabhängig von individuellen Arbeitszeiten der Beschäftigten für die Kinder ein Betreuungsangebot bis 19:00 Uhr gewährleistet, ermöglicht sie den Eltern einen zeitlichen Spielraum, die Kinder mit mehr Gelassenheit von der Einrichtung abzuholen.

Zwar sind die Beschäftigten in ihrer *Selbstbestimmung des Zeitgebrauchs* durch das flexible Betreuungsangebot eingeschränkt. Die verlängerten Öffnungszeiten machen die Betreuungszeiten flexibler. Für die Beschäftigten bedeutet dies eine erhöhte Anforderung an Flexibilität in ihrer Tätigkeit. Das führt teilweise zu Unzufriedenheit bei den Beschäftigten. Sie begründet sich aber nicht in einen zeitlichen Interessen der Beschäftigten, sondern darin, dass diese durch die flexiblen Betreuungszeiten ihr Ziel, für qualitative Betreuung zu sorgen, nicht erreichen können. Die tätigkeitsbezogene Motivation, qualitativ hochwertige Kinderbetreuung leisten zu wollen, kann also zu Unzufriedenheit führen, wenn das Gefühl aufkommt, das selbst gesetzte Ziel nicht erreichen zu können. In der Gruppendiskussion äußern die Beschäftigten mehrmals, wie durch das „Kommen und Gehen" (G-B) der Kinder ihr pädagogisches Konzept nicht vollständig realisiert werden kann. Diese Aussage einer teilnehmenden Beschäftigten erhält besonders viel Zustimmung von ihren Kolleginnen:

> „Ich will mal sagen, es zieht sich alles in die Länge durch diese Öffnungszeiten [Zustimmung mehrerer Frauen]. Man hat ein paar Kinder, die sind ganz früh schon da, um sechs, um sieben, die gehen dann natürlich auch früher. Dann hat man Kinder, die eben erst viel später kommen und bis zum Abend [da] sind, und da-

> durch zieht sich die ganze pädagogische Arbeit eigentlich vom Frühdienst an bis zum späten Nachmittag, und es ist schwierig, dann allen gerecht zu werden." (G-B)

Die Beschäftigten fühlen sich durch die verlängerte Öffnungszeit und die damit einhergehenden flexibleren Hol- und Bringezeiten in ihrer zeitlichen Selbstbestimmung bei der Arbeitsgestaltung eingeschränkt, weil sie ihr pädagogisches Konzept nicht verwirklichen können. Für alle Beschäftigte der Einrichtung, wie in Fall A, stellt die unzureichende Vereinbarkeit von Bring- und Holzeiten mit den pädagogischen Kernzeiten ein Problem dar. Die Lösung für dieses Problem sehen die befragten Beschäftigten allerdings nicht in erneuter Verkürzung der Betreuungszeiten, sondern in der Notwendigkeit, weitere Mitarbeiter/innen einzustellen. Die damit verbundene Erleichterung wird so beschrieben:

> „Mir fällt ein, wenn wir jetzt auch mehr Personal hätten (...), dann könnte man kleinere Gruppen machen, dann könnte man einfach auch sagen, okay die jetzt da sind, mit denen gehe ich in einen andern Raum und mache das, und die Kollegin ist da und fängt die auf, die jetzt noch kommen, und (...) da wäre das was anderes. Also man könnte zum Beispiel auch die Gruppen teilen in die Kinder, die vielleicht früher abgeholt werden, und die, die später abgeholt werden, dass da auch nicht dann immer dieser Störfaktor ist von dieser Abhol- und Bringesituation. Vormittag, wenn alle kommen (...), gibt's einen Störfaktor, Nachmittag, wenn abgeholt wird, das würde sicherlich was bringen. Könnte ich mir vorstellen." (G-B)

Eine andere Beschäftigte bringt es mit der Aussage auf den Punkt: „es liegt und fällt mit dem Personal." (G-B). Dem Problem, das pädagogische Konzept nicht verwirklichen zu können, liegt eine andere Art von Selbstbestimmung in der Zeitgestaltung zugrunde als z.B. bei der Selbstbestimmung bei der Vereinbarkeit zwischen Arbeits- und Familienzeiten. Die Souveränität bei der Arbeitsgestaltung verweist auf einen zeitpolitisch relevanten Aspekt, der auch die Kinder als unmittelbare Nutzer/innen betrifft, die jedoch in dieser Konstellation über keine Stimme verfügen.

Verlängerte Öffnungszeiten und flexible Arbeitszeitgestaltung führen auch in der Alltagsgestaltung der Beschäftigten zu Koordinationsproblemen. Diese treten individualisiert auf und werden entsprechend gelöst. Eine Beschäftigte führt aus, dass sie keine wöchentlich stattfindenden Kurse (z.B. Weiterbildungskurse) besuchen könne, da die übernommenen Spätdienste wöchentlich variieren.

> „Es ist ja nicht so, dass ich immer Montag, Dienstag, mittwochs Spätdienst habe, sondern es wird so nach den Bedürfnissen der Kita oder nach den anderen Kollegen muss man sich richten, wann der Tag ist, wann du Spätdienst hast." (G-B)

Ihre Kolleginnen empfinden den Umgang mit Spätdienst weniger problematisch, da man ja gar nicht so häufig Spätdienste bis 18:00 Uhr leisten müsse. Die eigene Alltagszeitgestaltung wird unterschiedlich gelöst. Eine Beschäftigte erledigt ihre Einkäufe auf dem Weg zur Arbeit. Zwei Beschäftigte können mithilfe anderer Kolleginnen ihre Arbeitszeiten mit ihren zeitlichen Anforderungen abstimmen. Dies ist die Folge der Regelungspraxis, direkt und individuell die Arbeitszeitgestaltung unter den Kollegen absprechen zu können.

Eine der zeitpolitischen Lebensqualitätskomponenten ist die Gleichberechtigung bei zeitlichen Verwirklichungschancen. Im vorliegenden Fall führt die Regelung zur Übernahme des Spätdienstes eine ungleiche Verteilung der Möglichkeiten zur individuellen zeitlichen Koordination. Sie wirkt sich für die betroffene Beschäftigte auf die Beteiligung an der Arbeitsorganisation und auf die zeitliche Vereinbarkeit mit anderen Alltagszeiten aus. So artikuliert die Spätbetreuerin, sie werde aufgrund ihrer Arbeitszeiten grundsätzlich von Teambesprechungen ausgeschlossen. Sie kann so keinen Einfluss auf die Entscheidungen nehmen, die in den Teambesprechungen kollektiv getroffen werden. Die Aufrechterhaltung der Spätbetreuung durch eine einzige Beschäftigte und damit der Kontinuität für die Kinder erleichtert – so äußern es die befragten Beschäftigten – die Arbeit aller anderen in der Einrichtung. Sie geht aber zu Lasten der zeitlichen Verwirklichungschancen der für den Spätdienst zuständigen Beschäftigten. Nach Aussage der Beschäftigten hat die Arbeitszeitregelung negativen Einfluss auf ihre Lebensqualität, besonders unter dem zeitpolitischen Lebensqualitätskriterium ‚Spielräume für gemeinsame Zeiten'. Sie beschreibt die Konsequenzen der Spätbetreuung wie folgt:

> „Na zum einen, dass ich ja auch nicht mehr so viel Freizeit mit meiner eigenen Familie habe. Also ich bin verheiratet und habe ja zwei Kinder. Die sind zwar schon groß, aber (...) es ist halt abends, wenn ich gegen acht erst zu Hause bin so, dass ja eben die Kinder auch nicht immer zu Hause sind." (G-B)

> „Da gibt es keine Zeit, wo wir [...zusammen mit meinem Mann...] mal sagen, wir gehen gemeinsam ins Kino oder wir gehen zum Sport oder so und das fängt jetzt schon an (...), dass wir das vermissen. Das ist immer nur so am Wochenende (hebt stimme) so da glucken wir (lacht) dann so aufeinander und versuchen so viel Gemeinsamkeit wie möglich zu entwickeln für unsere Beziehung auch." (G-B)

Diese Aussage veranschaulicht die generelle Problematik der Vereinbarkeit unterschiedlicher Alltagszeiten. Die Arbeitszeiten und die daran gebundenen Möglichkeiten der zeitlichen Verwirklichung können in Konflikt geraten mit den Zeitgestaltungen anderer Familienmitglieder oder von Freunden, dass es schwierig wird, gemeinsame Zeiten zu ermöglichen. Obwohl die kollektiv vereinbarte Arbeitszeitgestaltung zulasten der Spätdienstbeschäftigten geht, betont diese wiederholt, sie habe sich freiwillig für die Spätschicht gemeldet und sei mit der Entscheidung zufrieden gewesen.

Die Maßnahme hat also die Lebensqualität der Beschäftigten insgesamt – wenn man von der Ungleichbehandlung der Spätdienstbeschäftigten absieht – eher gesteigert. Dies trifft insbesondere für den Tätigkeitsinhalt der Beschäftigten, nämlich die Möglichkeit, die pädagogische Arbeit mit den Kindern nach eigenen Vorstellungen zu gestalten, zu. Aber auch die Möglichkeit individueller Absprachen über die Gestaltung der Arbeitszeit eröffnet die Berücksichtigung von Alltagsinteressen. Die Situation der Beschäftigten wird durch die Einführung der Maßnahme nicht erheblich verschlechtert. Die größte mit der Einführung der Maßnahme einhergehende Verschlechterung sehen die Beschäftigten in der Qualität der Betreuung, dies beeinflusst aber nur indirekt ihre Lebensqualität.

Bei den Lebensqualitätseffekten für die Nutzer/innen fallen besonders diejenigen auf, die auf die kontrafaktische Frage mitgeteilt wurden, was es für die Nutzer/innen bedeuten würde, wären die Öffnungszeiten nicht erweitert worden. Als besonders gravierende Auswirkungen werden finanzielle Einbußen, der Wegfall der Möglichkeit, Behördengänge zu erledigen, bis hin zum Arbeitsplatzverlust ersichtlich. Dies ist ein klares Indiz dafür, dass das Angebot erweiterter Öffnungszeiten am Abend die Lebensqualität der Nutzer/innen erhöhte. Freilich deuten die Aussagen der Nutzer/innen auch Unmut über eingeschränkte Selbstbestimmung im Zeitgebrauch. Besonders Alleinerziehende sind auf zeitlich ausgedehnte Betreuungsangebote angewiesen. Wie eine beteiligte Nutzerin schildert, sind selbst Öffnungszeiten bis 19:00 Uhr zum Teil nicht ausreichend. Von ihr wird vor diesem Hintergrund das Konzept von so genannten Nachtkitas im Gruppeninterview thematisiert:

> „Ich würde mir zum Beispiel wünschen, und das gibt es ja schon (...), auch diese Nachtplätze (...), dass ich halt mein Kind dort abgeben kann, wenn ich arbeiten gehe, um 17 Uhr, und es dann morgens wieder abhole. Das hört sich jetzt böse an, aber eigentlich hab ich dann mehr Zeit für mein Kind, weil, wenn ich morgens aufstehe, hole ich mein Kind ab, kann den ganzen Tag mit ihm verbringen und bring ihn dann zu 17 Uhr wieder hin. So bin ich immer auf Familie oder Freunde angewiesen.“ (G-N).

Diese Aussage löst in der Gruppe eine allgemeine Diskussion über die Betreuung von Kindern. Einige stimmen der Alleinerziehenden zu, gleichzeitig sind sie aber froh, nicht in ihrer Situation zu sein und damit nicht über ein Betreuung ‚rund um die Uhr' nachdenken zu müssen. Die Diskussion nimmt eine interessante Wendung, eine Debatte darüber wird begonnen, was eine ‚rund um die Uhr Betreuung' von Kindern für die Gesellschaft bedeuten würde. Nachgedacht wurde dabei auch über eine Erweiterung der Öffnungszeiten von Kitas auf das Wochenende.

> „Ich finde die Frage auch sehr schwer zu beantworten, weil (...) für mich [ist es] ein (...) Paradoxon, weil (...) dadurch, dass die Kita länger offen ist, (...) wenn ich dadurch an Lebensqualität gewinne, (...) würde es heißen, dass ich auch Lebenszeit dadurch verbringe, dass (...) ich weniger Zeit mit meinem Kind verbringe. (...) Mir fällt auf, dass ich (...) (lacht) viel gewinnen würde, sag ich mal, also, meine neue Maximalforderung ist jetzt, wo ich mich das erste Mal mit dem

Thema so intensiv eigentlich gedanklich auseinandersetze, wenn Kitas auch an Wochenenden offen wären. Weil ich arbeite viel am Wochenende (...).“ (G-N).

Die befragten Nutzer/innen haben sich mit dieser Thematik noch nicht befasst und werden zum ersten Mal in der Gruppendiskussion damit konfrontiert darüber nachzudenken, wie die ideale Betreuung aussehen solle. Für die Gruppe der Nutzer/innen kann zusammenfassend festgehalten werden, dass befragten Eltern erheblich von der Maßnahme verlängerter Öffnungszeiten profitierten, ohne dass ihnen dies vor dem Gruppeninterview bewusst gewesen wäre. Allerdings verdeutlicht die Diskussion über weiterreichende Öffnungszeiten auch einen weiteren zeitpolitischen Handlungs- und Reflexionsbedarf.

4.2.8 Ausgeprägte Nutzerorientierung zu Lasten einer Beschäftigten

Bei der Kindertagesstätte in Fall B stehen die Interessen der Nutzer/innen – sowohl der Kinder als auch ihrer Eltern – im Vordergrund. Deren Identifikation beruht allerdings auf Erfahrung und Intuition der Dienstleistungserbringer/innen, nicht auf tatsächlicher Artikulation der Nutzer/innen über ihre (zeitlichen) Bedarfe und Interessen. An den angenommenen Nutzerinteressen orientiert sich das gesamte Handeln der Einrichtung – der Leitung und der Beschäftigten. Das Führungsverständnis der Leitung ist gegenüber den Beschäftigten der Einrichtung kooperativ ausgerichtet, wobei Vorgaben wie die geplante Erweiterung der Öffnungszeiten direktiv gesetzt werden.

Bei der betrieblichen Arbeitszeitpolitik lässt die Leitung – im Rahmen der bipolaren Arbeitsbeziehung – den Beschäftigten hohe Regelungsautonomie bezüglich der Gestaltung von Arbeitszeiten und Dienstplanung im Team. Das Alltagsgeschäft der Einrichtung überlässt die Leitung den Erzieherinnen, die im Rahmen ihrer Tätigkeit dauerhaft Aushandlungen untereinander und mit den Nutzer/inne/n vornehmen. Die Aushandlungen beziehen sich auf Abstimmung der Schichtdienste und Arbeitszeiten und auf die Vereinbarkeit zwischen Bring- und Holzeiten und pädagogischen Kernzeiten der Einrichtung.

Die Maßnahme geht zulasten der Beschäftigten, die die Spätbetreuung gewährleistet. Deren deutliche Beschränkung der Selbstbestimmung im Zeitgebrauch ermöglicht erst die höhere Zeitsouveränität und ‚Entlastung' anderer Beschäftigter in ihrem (Arbeits-)Alltag. Der Funktion und Bedeutung dieser Beschäftigten ist letztlich auch zuzuschreiben, dass Standort und Arbeitsplätze nachhaltig gesichert wurden. Doch es stellt sich die Frage, wie lange diese Konstruktion personal-, aber auch arbeitnehmer/innenpolitisch weiter aufrecht zu erhalten ist. Zieht man die Regelungspraxis zur Spätbetreuung des Kindergartens in Fall A heran, stellt sich die Frage, ob nicht ein rotierendes Wechselschichtsystem innerhalb der Einrichtung dem Gedanken der Ermöglichung gleicher Verteilung von zeitlichen Verwirklichungschancen aller Beschäftigten gerechter wird.

Wie in Fall A ist die ausgeprägte Nutzerorientierung für dieses Fallbeispiel charakteristisch. Ursächlich dafür ist einmal die tätigkeitsbezogene Motivation der Beschäftigten als Dienstleistungserbringer. Zum anderen sind – im Gegensatz zu den Serviceeinrichtungen der Fälle D, E und F – die Nutzer/innen als mittelbare wie unmittelbare Dienstleistungsnehmer persönlich bekannt, was eine ausgesprochen intensive Dienstleistungsbeziehung begründet. Die tägliche Anwesenheit der Nutzer/innen veranschaulicht den Beschäftigten deren Bedarfe und zeitliche Interessen, denen die Beschäftigten im Alltag Rechnung zu tragen versuchen. Ein Beispiel dafür bildet die Bereitschaft der Kita, Betreuungszeiten am Schichtdienst der Eltern auszurichten.

In diesem Fallbeispiel kommt zum Ausdruck, dass Zeitpolitik sich längst in den Alltag der Beschäftigten und Nutzer/innen eingeschlichen und nachweislich die Lebensqualität beider Akteursgruppen erhöht hat. Doch weder dieser Lebensqualitätseffekte noch der Handlungsalternativen, die sich durch eine bewusste und systematische Zeitpolitik einstellen, sind sich die die am Fallbeispiel Beteiligten – Leitung und Beschäftigten der Einrichtung sowie die Eltern als Nutzer – bewusst.

Die Analyse der Planung und Implementierung der Maßnahme in Fall B verdeutlicht das Potential erweiterter zeitpolitischer Handlungsoptionen und daraus resultierender Lebensqualitätseffekte der beteiligten und betroffenen Akteure. Weder wurden von der Leitung die Bedarfe und Interessen von Beschäftigten und Nutzer/innen systematisch in die Planung der Maßnahme einbezogen noch hatten Beschäftigte und Nutzer/innen die Möglichkeit, sich über ihre zeitlichen Bedingungen von Lebensqualität ‚am runden Tisch' auszutauschen. Gerade darin besteht aber das zeitpolitische Potential. Die Artikulation und Berücksichtigung von Nutzerbedarfen hätte bedeuten können, differenziertere Betreuungsangebote unter zeitlichen, aber auch inhaltlichen Aspekten zu entwickeln. Auch hätte möglicherweise ein gemeinsamer Austausch über die Konflikte im Zusammenhang mit Hol- und Bringezeiten und pädagogischen Kernzeiten zum wechselseitigen Verständnis und einer kollektiv getroffenen Regelung zur Vereinbarkeit helfen können. So bleibt es der ‚Aushandlungskompetenz' jedes Einzelnen überlassen, wie sich Betreuungszeiten mit den Tätigkeitsinhalten der Beschäftigten vereinbaren lassen.

4.3 Fall C – Flexible Kinderbetreuung

In Fall C – einem Kindergarten in einer norddeutschen Kleinstadt – handelt es sich um ein von der Gleichstellungsbeauftragten der Stadt entwickeltes neues Kindergartenkonzept. Es soll sich an den Bedürfnissen sowohl der Nutzer als auch der Unternehmen vor Ort orientieren und insbesondere die Situation der berufstätigen Eltern verbessern. Der Fall stellt ein gelungenes Beispiel für ein Angebot an bedarfsgerechter Kinderbetreuung dar. Hier wird deutlich, wie es möglich ist, die Interessen und Bedürfnisse unterschiedlicher Akteure zu koordinieren und ein Angebot zu schaffen, das für alle Beteiligten Vorteile bringt. Der Fall veranschaulicht zudem die Auswirkungen fester Arbeitszeiten auf die Lebensqualität der Beschäftigten.

4.3.1 Kinderbetreuung zur Verbesserung der Lebensqualität berufstätiger Eltern

Zwischen 2001 und 2004 wurde in einer norddeutschen Region das Projekt „Zeiten im ländlichen Raum und in der Stadt“ durchgeführt, das sich mit der Frage auseinandersetzte, wie die Lebensqualität von Frauen und Männern nachhaltig verbessert werden kann. Im Rahmen dieser Veranstaltung wurde das Konzept ‚Kindergarten für Betriebe e.V.’ vorgestellt. Ziel des Kindergartenkonzeptes war, die Betreuungszeiten an die Zeitbedürfnisse von berufstätigen Eltern anzupassen, ohne jedoch die Bedürfnisse der Kinder außer Acht zu lassen. Zentraler Bestandteil war zudem, Betriebe einzubeziehen, die Belegrechte anmieten und dadurch die Betreuung mitfinanzieren.

Das Konzept von der Gleichstellungsbeauftragten der norddeutschen Kleinstadt entwickelt. Diese ging schon zu Beginn der 90er Jahre der Frage nach, was berufstätigen Eltern zur Vereinbarkeit von Erwerbsarbeit und Familie bei der Kinderbetreuung verhelfen könnte. Daraus entwickelte sich das Modell eines flexiblen Kinderbetreuungsangebotes, das zugleich die Bedürfnisse der Kinder, ihrer berufstätigen Eltern und lokale Betriebe berücksichtigte. Weiterentwickelt wurde die Idee in Zusammenarbeit mit dem Jugendamt und der Wirtschaftsförderung der Stadt. Aus dieser Kooperation heraus wurde wenig später der Verein „Kindergarten für Betriebe e.V.“ gegründet. Den Ausschlag für die praktische Umsetzung der Idee und für die Einrichtung eines Kindergartens gab ein Betrieb, der mit Zuschüssen der Stadt einen Betriebskindergarten einrichten wollte und an den Verein verwiesen wurde.

Der Verein errichtete eine neue Kindertagesstätte. In der Einrichtung wurden 74 Kinder, davon 36 Jungen und 38 Mädchen im Alter von neun Monaten bis maximal 14 Jahren betreut. Beschäftigt waren 13 Mitarbeiter/innen – zehn als Erzieher/innen (davon neun weiblich), ein Mitarbeiter in der Verwaltung und je eine Auszubildende und eine Zivildienstleistende. Sieben der dreizehn Mitarbeiter/innen arbeiteten in Vollzeit (40 Stunden pro Woche), sechs Mitarbeiter/innen in unterschiedlichem Umfang in Teilzeit (eine mit 20, zwei mit 26 und drei mit 30 Wochenstunden.[15] Ein/e Beschäftigte/r war 15 bis 20 Jahre alt, vier 21 bis 30 Jahre, drei 31 bis 40 Jahre, fünf 41 bis 50 Jahre alt. Vier Beschäftigte hatten Kinder im Alter von sieben bis unter 18 Jahren, davon zwei alleinerziehend. Die Unterschiedlichkeit in Beschäftigungsarten und Lebenslagen der Mitarbeiter ließ erwarten, dass Maßnahmen der Veränderung von Öffnungs- und Betreuungszeiten entsprechend vielgestaltige Auswirkungen auf deren Lebensqualität haben würde.

Der Verein als Träger der Einrichtung verfolgte die Zielsetzung, berufstätige Eltern bei der Vereinbarkeit von Familie und Beruf zu unterstützen. Dementsprechend wurden in der Kindertageseinrichtung zwei Maßnahmen herbeigeführt. Die Öffnungszeiten sollten sich an den Bedarfen der berufstätigen Eltern orientieren, und die Betreuungszeiten der 74 Krippen-, Kindergarten- und Hortkinder sollten innerhalb der Öffnungszeiten flexibel gestaltbar sein. Der Kindergarten bot von Montag bis Freitag in der Zeit von 6:30 bis 18:00 Uhr, also wöchentlich 57,5 Stunden, Betreuung an.

Dem Ansatz folgend, die Lebensqualität von berufstätigen Eltern zu verbessern, wurden den Nutzern weitere Dienstleistungen angeboten. So bestanden ein *Fahrdienst,* die Möglichkeit des *Platz-Sharings* und die *Anmietung von Belegrechten durch Betriebe.* Die vielfältigen Angebote des Kindergartens sowie die Arbeitszeiten und Arbeitsorganisationen der Mitarbeiter wurden durch die Leitung koordiniert. Diese orientierte sich an dem Grundsatz, dass, wenn schon für die Kinder viel Flexibilität bestehe, dann zumindest die betreuenden Personen konstant sein müssten. Grundlage für die Gestaltung der Arbeitszeit waren Arbeitszeitkonten und ein Dienstplan, der wöchentlich aktualisiert und entsprechend der Personalsituation durch die Leitung der Einrichtung angepasst wurde. Grundsätzlich hatten alle Beschäftigten feste und damit planbare Arbeitszeiten, die sich jedoch bei Ausfällen von Mitarbeiter/inne/n verändern konnten. Im Rahmen der Leitungsvorgaben organisierten die Mitarbeiter ihre Tätigkeiten eigenverantwortlich, sodass kurzfristige Änderungswünsche in der Arbeitszeit unter den Mitarbeitern selbst geregelt werden konnten. Diese Regelungspraxis der Arbeitszeiten bot für die Beschäftigten des Kindergartens eine gute Planungsgrundlage und damit eine starke Autonomie in der Zeitgestaltung. Wie die Analyse dieses Falles zeigen wird, wirkte sich diese Vorgehensweise positiv auf deren Lebensqualität aus.

4.3.2 Eine Dienstleistung zur Vereinbarkeit von Beruf und Familie

Die hier untersuchte soziale Dienstleistung folgt dem Uno-actu-Prinzip folgt (im theoretischen Teil des Buches dargestellt). Sie wird zwar freiwillig in Anspruch

---

15 Stand jeweils November 2009.

genommen, ist aber für viele Eltern eine wichtige Voraussetzung, um Beruf und Familie vereinbaren zu können. Die Charakterista dieses Dienstleistungstyps sind dieselben wie in den Fällen A und B. – nämlich eine regelmäßige Nutzung über einen längeren Zeitraum und eine intensive individuelle Beziehung, die sich aus der Art der Dienstleistung und ihrer Längerfristigkeit ergibt. Durch ihre starke Personen- sowie Körperbezogenheit, ihre Kommunikationsintensität, ihre Langfristig- und Zeitaufwändigkeit führt die Dienstleistung in der Regel zu einer intensiven Beziehung zwischen den Dienstleistungserbringern (betreuenden Personen) und unmittelbaren und mittelbaren Dienstleistungsnehmern (Kindern und Eltern). Wir vermuteten daher eine stark ausgeprägt Reziprozität zwischen den Beschäftigten und den Nutzer/inne/n.

Vorhandensein und Ausprägung tätigkeitsbezogener Motivation der Beschäftigten folgt hypothetisch aus dem Charakter der Tätigkeitsbeziehung. Wie in den Fällen A und B handelt es sich hier um eine Dienstleistung, die geprägt ist von der Erziehung, Bildung und Betreuung jedes einzelnen Kindes. Die Betreuer müssen sich in der Ausgestaltung ihrer Tätigkeiten am pädagogischen Handlungskonzept und den Rahmenbedingungen der Einrichtung orientieren – ohne dabei die je besonderen Bedürfnisse der Kinder zu vernachlässigen. Es müssen also sowohl der Fürsorgeanspruch als auch die Interessen der Kinder berücksichtigt werden. Diese Tätigkeitsbeziehung setzt einen hohen Grad an Selbstbestimmung bei der Gestaltung der Tätigkeiten voraus und führt zu hoher Interaktion zwischen den Dienstleistungsanbietern (Betreuer/inne/n) und den unmittelbaren und mittelbaren Nutzer/inne/n. Diese Interaktion ist auch im Interesse der Beschäftigten der Kindertagesstätte. Eine selbstbestimmte und pädagogischen Anforderungen genügende Tätigkeit der Betreuer/innen ist nur möglich, wenn die Abläufe und Handlungen der Betreuung zwischen den Akteuren gut und genau abgesprochen sind. Durch diese Kommunikation werden die Betreuer/innen in die Lage versetzt, die Bedürfnisse der unmittelbaren wie mittelbaren Nutzer/innen wahrzunehmen und so eine individuelle Dienstleistung anbieten zu können.

Da die Kindertagesstätte keine öffentliche Einrichtung ist, unterliegt sie (wie die Einrichtungen in Fällen A und B) den Marktregeln. Die Kindertagesstätte ist auf eine kontinuierliche Nutzung ihrer Dienstleistung angewiesen. Die Betreuer haben so mit der Ausgestaltung ihrer Tätigkeit Einfluss auf die Nachfrage nach der Dienstleistung und können so zur Sicherung ihrer Beschäftigung beitragen. Von Seiten der Leitung der Kindertagesstätte lässt ein Interesse an Personal- und Zeiteinsparung vermuten, um marktbezogen einen Konkurrenzvorteil zu erhalten. Dieses Vorgehen birgt die Gefahr, dass Betreuungsprozesse verschlankt und standardisiert werden. Das hätte wiederum weitreichende Konsequenzen für die tätigkeitsbezogene Motivation. Sind die Vorgaben rigide, ist die Selbstbestimmung der Beschäftigten gering, ist auch eine Verringerung der tätigkeitsbezogenen Motivation und damit der Qualität der Dienstleistung zu erwarten. Tätigkeitsbezogene Motivation hat also Vorbedingungen, auf die an späterer Stelle eingegangen wird.

Im Fall der Kindertagesstätte handelt es sich um eine im Arbeitsrecht übliche bipolare Arbeitsbeziehung zwischen der Leitung der Einrichtung und den Beschäftigten. Doch wird auch hier – ähnlich wie in den Fällen A und B – die Arbeitsbeziehung entscheidend durch Ansprüche und zeitliche Bedarfe der mittelbaren Nutzer/innen strukturiert. Im Unterschied zu den anderen Kindertageseinrichtungen wird der Bedarfsumfang im Falle C nicht durch das zuständige Jugendamt festgesetzt, sondern entsprechend den zeitlichen Ansprüchen der Eltern individuell mit der Leitung der Einrichtung ausgehandelt. Dabei gilt seitens der Einrichtung der Grundsatz, sich mit dem Angebot flexibler Kinderbetreuung praxisnah an den Problemen berufstätiger Eltern zu orientieren.

Ein Beispiel für diese Herangehensweise ist der Umgang mit Betreuungszeiten. Gemäß dem einschlägigen Kindertagesstättengesetz hat jedes Kind über drei Jahren Anspruch auf Betreuung von mindestens 20 Stunden in der Woche – entweder in einer Vor- oder Nachmittagsgruppe. Die Einrichtung ist der Meinung, dass der Betreuungsumfang von 20 Stunden in der Woche nicht automatisch die Inanspruchnahme eines ‚Halbtagsplatzes' bedeutet, sondern dass die Lage der wöchentlichen Betreuungszeiten individuell gestaltet werden kann (z.B. vormittags, nachmittags, zwei Drittel, ganztags zweieinhalb Tage in der Woche).

Arbeitsorganisatorisch wird dieses Verständnis durch die Dienstplanung der Leitung, das Konzept der offenen Arbeit und Absprachen zwischen den Beschäftigten je nach Betreuungsbedarf der Kinder realisiert. Grundlage für die Gestaltung der Arbeitszeit in der Einrichtung sind Arbeitszeitkonten und ein Dienstplan, der wöchentlich aktualisiert und entsprechend der Personalsituation durch die Leitung der Einrichtung angepasst wird. Grundsätzlich haben alle Beschäftigten feste und damit planbare Arbeitszeiten, die sich jedoch bei Ausfällen von Mitarbeiter/inne/n verändern können. Ein/e Mitarbeiter/in ist mit einer Arbeitszeit von 6:30 bis 15:00 Uhr im Frühdienst beschäftigt. Andere beginnen um 8:00 Uhr und arbeiten bis 17:00 Uhr (einschließlich Pausen). Für alle Beschäftigten sind entsprechend ihren Arbeitszeiten Kernzeiten mit Anwesenheitspflicht festgelegt – Randzeiten können flexibel und entsprechend dem Betreuungsbedarf gestaltet werden. Ist beispielsweise kein Kind im Frühdienst angemeldet, beginnt die Arbeitszeit der/des Beschäftigten erst um 7:30 Uhr. Die Stunde wird als ‚Plusstunde' notiert und zu einem anderen Zeitpunkt erbracht. Ebenso verhält es sich, wenn noch drei Beschäftigte um 16 Uhr anwesend, jedoch nur noch zehn Kinder in der Einrichtung sind. Der flexible Betreuungsanspruch der Einrichtung setzt keine hohe Arbeitszeitflexibilität der Mitarbeiter/innen voraus, da alle Zeiten durch die garantierte Anwesenheit mindestens einer/eines Beschäftigten abgedeckt werden. Mit dieser Form der Arbeitszeitgestaltung wird zugleich dem pädagogischen Konzept der offenen Arbeit – also einer Erziehungsverständnis, das nicht auf geschlossene Curricula setzt, sondern sich für individuelle Entwicklungs- und Lernbedarfe von Kindern offen zeigt – in der Einrichtung Rechnung getragen (vgl. Becker-Textor/Textor 1997).

Nach dieser Ausgangslage war für die untersuchte Einrichtung eine hohe tätigkeitsbezogenen Motivation der Erzieher/innen als Dienstleistungserbringer/innen zu erwarten. Zu vermuten war, dass die hohe tätigkeitsbezogene Motivation der Beschäftigten positiven Einfluss auf die Arbeitszufriedenheit und die Qualität der Dienstleistung hat. Zugleich waren die Lebensqualität von Beschäftigten und Nutzer/inne/n steigernde Effekte der Dienstleistung zu erwarten.

4.3.3 Die gelungene Vereinbarkeit individueller Zeitinteressen

Die hier evaluierte Maßnahme ist die Eröffnung eines Kindergartens mit in Umfang und Lage flexibler Kinderbetreuung anbietet. Die Möglichkeit flexibler Betreuung im Früh- oder Spätdienst wird von Nutzer/inne/n unterschiedlich beansprucht. Fest angemeldet und täglich kommen vier Kinder in den Frühdienst, sechs Kinder in den Spätdienst der ‚Zweidrittelgruppe' bis 15 Uhr und zwei Kinder in den Spätdienst bis 18:00 Uhr. Darüber hinaus wird von etwa sechs Eltern regelmäßig eine zusätzliche stundenweise Betreuung am Nachmittag in Anspruch genommen. Zumeist sind das Kinder der ‚Zweidrittelgruppe' die gelegentlich bis 16:00 oder 17:00 Uhr in der Kita bleiben. Diese Betreuungsflexibilität wird durch Zukauf von Stunden von den Eltern privat finanziert und durch die Einrichtung über zusätzliche Kräfte (Praktikant/inn/en, Honorarkräfte etc.) organisiert. Mit dem Bedarfsumfang von 20 Stunden in der Woche geht also nicht automatisch eine tägliche Halbtagsbetreuung am Vor- oder Nachmittag einher; das Stundenkontingent kann individuell verteilt werden. Die individuelle Festlegung der Betreuungszeiten hat zur Folge, dass in diesem Fall die Gruppenzugehörigkeit der Kinder im Unterschied zu den Kindertagesstätten in Fällen A und B nicht über das Alter der Kinder, sondern über den Betreuungsumfang organisiert wird. Neben der Zweidrittelgruppe gibt es in der Einrichtung noch eine Ganztags- und Hortgruppe.

Die zusätzlichen Dienstleistungen – Anmietung von Belegrechten durch Betriebe, Fahrdienst sowie Platz-Sharing – lassen sich wie folgt beschreiben.

1. Das Konzept des Trägers und der Einrichtung beinhaltet die Einbeziehung lokaler Wirtschaftsbetriebe und Verwaltungen, die durch die Anmietung von *Belegrechten* die Kindertagesstätte mitfinanzieren. Derzeit nehmen sechs Betriebe teil. Diese zahlen eine Belegmiete, wenn eine oder einer ihrer Mitarbeiter/innen einen Betreuungsplatz in Anspruch nimmt. Über diese Belegmiete wird durch die beteiligten Unternehmen die Arbeitszeitflexibilität der Mitarbeiter/innen mit Kindern mitfinanziert, wenn beispielsweise kurzfris-

tiger Mehrarbeit, Besprechungen oder Fortbildungen anliegen. 28 der 74 Kinder werden in der Einrichtung im Rahmen angemieteter Belegrechte der Betriebe betreut. Die durch die beteiligten Betriebe finanzierte Flexibilität der Kinderbetreuung kommt allen Nutzer/inne/n des Dienstleistungsangebotes zugute. Zudem ist geregelt, dass Kinder über Belegrechte die Einrichtung nicht verlassen müssen, wenn die Betriebe nicht mehr zahlen sollten (vgl. I-B).[16]

2. *Platz-Sharing* meint, dass sich zwei Kinder einen ganztägigen Kita-Platz stunden- oder tageweise teilen. Damit wird den mittelbaren Nutzer/inne/n die Möglichkeit gegeben, die Arbeitszeiten als Teilzeitbeschäftigte flexibel zu gestalten und dementsprechend einen ‚passgenauen' Betreuungsplatz zu nutzen. Das Platz-Sharing wurde später (ab dem Kindergartenjahr 2006/2007) für alle Einrichtungen im Bundesland zu einer gültigen Regelung. An der vorangegangenen zweijährigen Modellprojektphase waren die Einrichtung und der sie tragende Verein maßgeblich beteiligt (vgl. Klinkhammer 2008: 257).
3. Weiterhin bietet die Einrichtung einen *Fahrdienst* an, der Kinder von der Schule in die Einrichtung sowie am Nachmittag zu Freizeitaktivitäten bringt.

Alle von der Einrichtung unterbreiteten Angebote sind auf den Anspruch der Vereinbarkeit unterschiedlicher Zeitinteressen von berufstätigen Eltern ausgerichtet, ohne dabei die Bedürfnisse der Kinder zu vernachlässigen. Insbesondere zielt das flexibel gestaltbare Betreuungsangebot der Einrichtung darauf ab, den berufstätigen Eltern eine Teilzeitbeschäftigung auch im Einvernehmen mit den Arbeitszeitinteressen des jeweiligen Arbeitgebers zu ermöglichen.

Da die evaluierte Maßnahme in der Neueinrichtung eines Kindergartens besteht, nicht in der Umgestaltung der Angebote, betrifft sie nicht unmittelbar die Zeitgestaltung der Nutzer/innen und der Dienstleistungsanbieter. Das Angebot flexibler Kinderbetreuung orientiert sich aber an zeitlichen Interessen und Bedarfen zukünftiger Nutzer/innen. Von neu eingestellten Beschäftigten wird die Bereitschaft verlangt, ihre zukünftigen Arbeitszeiten und Arbeitsorganisation diesen Bedarfen anzupassen. Die Maßnahme hat demzufolge zeitliche Auswirkungen für die Nutzer/innen, die ihre Kinder in der neuen Kindertagesstätte anmelden (unabhängig ob schon eine Betreuung in einer anderen Einrichtung mit anderen Dienstleistungen bestand oder nicht), als auch für die neuen Beschäftigten. Somit ist das *erste Kriterium zur Einordnung zeitpolitischer Maßnahmen* erfüllt.

---

16 Die Belege aus den Interviews werden wie folgt gekennzeichnet: Experteninterview Gleichstellungsbeauftragte der Stadt: E-GB; Experteninterview Leitung: E-L; Interview Beschäftigte I-B; Gruppendiskussion Nutzer/innen: G-N.

Die weiteren zwei Kriterien müssen jedoch differenziert betrachtet werden. Es würde sich dann um eine zeitpolitische Maßnahme handeln, wenn (mit Wissen und Wollen der betrieblichen Beteiligten) die zeitlichen Bedingungen der Lebensqualität der betroffenen Beschäftigten (zweites Kriterium) wie der Nutzer/innen (drittes Kriterium) berücksichtigt werden. Die Maßnahme der flexiblen Kinderbetreuung hat zwar den Anspruch, die zeitlichen Bedingungen der Lebensqualität der zukünftigen Nutzer/innen zu berücksichtigen; deren Interessen werden auch zum Motiv der Maßnahme erklärt. Jedoch wurden potentielle Nutzer/innen und Beschäftige bei der Ausgestaltung der Maßnahme nicht nach ihren Bedarfen befragt. Erst bei der Implementierung der Maßnahme wurden die Nutzer/innen in die Gestaltung der Maßnahme einbezogen und konnten ihre zeitlichen Interessen und Bedarfe direkt artikulieren.

Die Kinderbetreuung unterliegt den rechtlichen Vorgaben des Bundeslandes, die vorsehen, dass die Betreuung in Tageseinrichtungen mit einem Betreuungsumfang von mindestens täglich vier Stunden vor- oder nachmittags an fünf Tagen in der Woche stattfindet. Darüber hinaus sollen durch örtliche Träger und die Gemeinde Betreuungsangebote geschaffen werden, die eine Ganztagsbetreuung oder zumindest eine tägliche Betreuungszeit von wenigstens sechs Stunden an fünf Tagen in der Woche ermöglichen. Damit wird zwar dem steigenden Bedarf nach außerfamiliärer Kinderbetreuung entsprochen, jedoch lässt sich die Lage der Betreuungszeiten gerade bei Teilzeitbeschäftigten schwer mit den Anforderungen an deren Arbeitszeiten vereinbaren. Vor diesem Hintergrund suchte die Gleichstellungsbeauftragte der Stadt nach einer Lösung, um berufstätige Eltern bei der Vereinbarkeit von Erwerbsarbeit und Familie zu unterstützen.

Die Maßnahme verfolgte das *Ziel,* ein Kinderbetreuungsangebot zu schaffen, das auf Zeitbedürfnisse der berufstätigen Eltern abgestimmt ist, ohne Bedürfnisse der Kinder außer Acht zu lassen. Die Betriebe sollten durch Anmietung von Belegrechten das Betreuungskonzept mitfinanzieren. Neben flexiblen Betreuungszeiten waren der Fahrdienst, das Modell des Platz-Sharing und der Anspruch, alle Altersgruppen von 0 bis 14 Jahren unter einem Dach betreuen zu können, vorgesehen. Alle von der Einrichtung unterbreiteten Angebote zielten darauf ab, Problemlösungen bei der Vereinbarkeit von Erwerbsarbeit und Familie anzubieten, die zur Steigerung der Lebensqualität mittelbarer (Eltern) wie unmittelbarer Nutzer/innen (Kinder) beitragen.

Die Initiative für diese Maßnahme ging zu Beginn der 1990er Jahre von der Gleichstellungsbeauftragten der Stadt aus, an die Zeit- und Vereinbarkeitsprobleme Betroffener herangetragen wurden. Erste Überlegungen, an denen auch das Jugendamt, der Wirtschaftsförderungsverein und örtliche Betriebe beteiligt waren, sahen noch eine von verschiedenen Betrieben getragene Kindertagesstätte vor (Poolfinanzierung). Später wurde die Trägerschaft einem freien Träger, dem Verein ‚Kindergarten für Betriebe e.V.' übertragen. Entsprechend der Zielsetzung, die Lebensqualität der berufstätigen Eltern zu verbessern, arbeitete der freie Träger mit der Gleichstellungsbeauftragten, dem Jugendamt und der Wirtschaftsförderung eng zusammen und sich mit ihnen einvernehmlich über Ziele und Rahmenbedingungen ab. Die Planungsphase der Maßnahme ist demnach geprägt von gleichen Interessenlagen der beteiligten Akteure und Übereinstimmung darin, die Umsetzungsideen der Gleichstellungsbeauftragte zu realisieren.

4.3.4 Die nachträgliche Aufnahme als Praxisfall

Zu Beginn dieser Untersuchung war nicht vorgesehen, diese Maßnahme als Praxisfall aufzunehmen. Vielmehr sollte die Recherche die bereits ausgewählten Fälle ergänzen und zur Veranschaulichung beitragen. Aus diesem Grund wurde der Fall mit geringeren Mitteln erhoben als die übrigen Fälle. Das Forscherteam nahm eine Analyse der Projektdokumente vor. Im Experteninterview ging die Gleichstellungsbeauftragten der Stadt – neben Ausführungen zu Projektansatz und -verlauf, Beteiligungsverständnis und -ergebnis – inhaltlich auf erarbeitete Schwerpunkte ein und hob dabei den Anspruch flexibler Kinderbetreuung hervor. Deshalb entschied das Forscherteam, das Projekt zu einem weiteren zu evaluierenden Praxisfall zu machen und den Kontakt zur Leitung der Einrichtung aufzunehmen. Eine Gruppendiskussion mit Beschäftigten konnte nicht durchgeführt werden. Genügen mussten ausführliche Interviews mit einer der 13 Beschäftigten und der Leiterin der Kindertagesstätte sowie ein Gruppeninterview mit Nutzer/inne/n.[17]

4.3.5 Ein partizipativer Ansatz in der Planungsphase

Bei der Planung der Maßnahme durch die Gleichstellungsbeauftragte mussten die rechtlichen Rahmenbedingungen des Bundeslandes beachtet werden. Bedeutsam für die Ausgestaltung waren die Bedürfnisse der betroffenen Akteure, also der mittelbaren und unmittelbaren Nutzer/innen (Eltern und Kinder) sowie die

17 Durch Ansprache der Leiterin der Kita erklärten sich dann fünf mittelbare Nutzerinnen bereit, am leitfadengestützten, problemzentrierten Gruppeninterview teilzunehmen. Dabei handelt es sich durchweg um Frauen, die gegenwärtig eines ihrer Kinder in einem Umfang von maximal 30 Stunden pro Woche in der sogenannten Zweidrittelgruppe betreuen lassen. Alle beteiligten Nutzerinnen sind Teilzeitbeschäftigte mit unterschiedlichen wöchentlichen Arbeitszeiten im Umfang von 16 bis 30 Stunden. Vier der fünf beteiligten Nutzerinnen nehmen die Betreuungsplätze über angemietete Belegrechte ihres Betriebes in Anspruch. Zudem wird das Kind einer befragten Nutzerin im Rahmen des Modells ‚Platz-Sharing' in der Einrichtung betreut. Auch dieses Gruppeninterview wurde so konzipiert, dass eine Videosequenz als Stimulus und Einstieg in die Thematik verwandt wurde, in der eine im Schichtdienst arbeitende Frau die Schwierigkeit der Vereinbarkeit ihrer Arbeitszeit mit den relativ starren Kinderbetreuungszeiten schilderte.

Interessen der Arbeitgeber der Eltern. In diesem Stadium der Planung wurden die Interessenlagen der potentiellen Beschäftigten der Maßnahme weitgehend unbeachtet gelassen. Auf deren (potentielle) Belange hinsichtlich Arbeitszeit, Arbeitsstrukturen und -inhalten wurde erst in einer späteren Phase eingegangen. Zielsetzung war zu diesem Zeitpunkt lediglich die Verbesserung der Lage der Berufstätigen mit Kindern.

Dem Vorgehen der Gleichstellungsbeauftragten im ersten Abschnitt der Planungsphase (Phase der ersten Abstimmung und Vereinbarungen) lag grundsätzlich ein bezogen auf die Nutzer/innen partizipativer Ansatz zugrunde. Dieser zielte darauf ab, Lösungen für die Probleme der Betroffenen herbeizuführen. Ihre Herangehensweise folgte dabei der Fragestellung:

> „Kann ich in dieser Stadt eine Lösung hinbekommen. Eine Einzellösung? Oder schaffe ich etwas, was [sich] strukturell ändert?“ (E-GB)

Die Beteiligungskultur in dieser Phase der Planung äußerte sich auch im Vorgehen. Um zugunsten der Vereinbarkeit von Beruf und Familie eine strukturelle Veränderung herbeizuführen, wurden verschiedene Akteure der Stadt in den Planungsprozess der Maßnahme mit einbezogen. Die Gleichstellungsbeauftragte erklärt ihr Vorgehen rückblickend folgendermaßen:

> „Aber sonst denke ich, dass die Vorgehensweise (...), von Anfang an zu sagen, wir holen erst mal alle an einen Tisch, die irgendwie davon profitieren, das war auf jeden Fall richtig (...) einfach, wessen Belange sind betroffen. Also die der Kinder, also muss das Jugendamt an den Tisch, die der Frauen, also bin ich am Tisch, und der Wirtschaft ist der Wirtschaftsförderungsverein und ein Vertreter von einer anderen Firma, so das ist so der Grundstock. (...) die haben da was mit zu tun und die müssen jetzt gemeinsam überlegen.“ (E-GB)

Diese Aussage verdeutlicht ein Regelungsverständnis, das auf die Beteiligung wirkmächtiger lokaler Akteure gerichtet ist. Wie schon beschrieben, bleiben die (potentiellen) Nutzer/innen als von der Maßnahme ‚Betroffene‘ weitgehend unberücksichtigt und nehmen an der Gestaltung nicht teil. Die Beteiligung der potentiellen Nutzer/innen fand nur im Rahmen persönlicher Gespräche statt. Zudem konnten einige Mitarbeiter/innen der Stadtverwaltung und eines SB-Warenhauses in einer Umfrage ihr Interesse an einem Betriebskindergarten kundtun. Hier kann von einer einmaligen Beteiligung gesprochen werden. Diese Gespräche dienten als Vorbereitung zur Konzipierung und Planung der Maßnahme – die aus ihnen gezogenen Schlussfolgerungen für die Konkretisierung der Maßnahme erfolgten ohne unmittelbare Mitwirkung der befragten potentiellen Nutzer/innen. Ihre artikulierten Probleme und zeitlichen Interessen wurden nur indirekt, quasi stellvertretend, über die tatsächlich beteiligten Akteure (Jugendamt, Gleichstellungsbeauftragte, Wirtschaftsförderungsverein und Wirtschaft) berücksichtigt. Erst später erlangte die Nutzer/innengruppe die Möglichkeit, ihre dispersen zeitlichen Interessen und Bedarfe direkt in den Prozess mit einzubringen. Der Gleichstellungsbeauftragten als initiierender Akteurin kann für die Planungsphase der Maßnahme daher grundsätzlich zwar ein partizipativ ausgerichtetes Regelungsverständnis zugeschrieben werden. Diese blieb jedoch auf die Einbeziehung institutioneller lokaler Stakeholder begrenzt. Dem Regelungsverständnis lag das gemeinsame Motiv der Problemlösung bei der Vereinbarkeit von Beruf und Familie zugrunde, die daraus resultierende Maßnahme einer flexiblen Kinderbetreuung wurde letztlich auf institutioneller Ebene konzipiert.

Die Maßnahme ist somit zwar auf die zeitlichen Bedingungen der Lebensqualität von (potentiellen) Nutzer/inne/n gerichtet. Jedoch ist aufgrund der fehlenden direkten Beteiligung der Nutzer/innen in der Planungsphase zu vermuten, dass deren Lebensqualität nicht in demselben Maße gesteigert wird wie bei einer effektiven Berücksichtigung ihrer Interessen.

Die dargestellte unterschiedlich stark ausgeprägte Beteiligung einer Vielzahl von Akteuren bringt dennoch eine erstaunlich homogene Interessenlage der zeitpolitischen Handlungsoptionen zum Ausdruck. Die Akteure wurden durch die Beteiligung an der Planungsphase in die Lage versetzt, die Interessen und Bedarfe der anderen beteiligten Akteure wahrzunehmen und in das eigene Handeln einzubeziehen. Gemeint ist hier die Reziprozität zwischen den Akteuren, die in unseren Hypothesen als wesentlich für die Erzielung zeitpolitischer Lebensqualität angenommen wird. Speziell bei der der Gleichstellungsbeauftragten mag Reziprozität gegenüber Nutzer/inne/n der Maßnahme aus der Erfahrung von deren beruflichen Alltag resultieren. Aber auch die Initiative zur Verbesserung der Lebensqualität von Berufstätigen mit Kindern setzt Wissen und Verständnis der initiierenden Akteurin über die spezifischen zeitlichen Bedarfe und Alltagsorganisationen berufstätiger Eltern voraus. Ihr Wissen und Verständnis, generiert durch zahlreiche persönliche Gespräche mit betroffenen Nutzer/inne/n, führte zur Formulierung und Durchsetzung der Maßnahme. Ihr Vermögen, die Perspektive der Nutzer/innen zu übernehmen und deren Zeitprobleme zu artikulieren, formulierte die Gleichstellungsbeauftragte so:

> „In dem Moment, (...) wo ich nicht mehr (...) meine ganzen Gedanken darauf richten muss, (...) dieses Zeitproblem in den Griff zu kriegen, nämlich genau zu wissen, der Kindergarten macht dann zu und da gibt es kein fünf Minuten überschreiten (...). Dann beeinflusst das doch meine ganze Zeit, die ich bei der Arbeit sitze, weil ich immer Angst habe, es könnte sich irgendwas verschieben.“ (E-GB)

Sie erkannte die zeitlichen Vereinbarkeitsprobleme – gerade die Schwierigkeit der Diskrepanz zwischen Arbeitswelt und vorgegebenen Bedingungen der Kinderbetreuung – als existent und – mit dem Angebot flexibler Betreuung – zugleich als gestaltungsbedürftig und gestaltbar. Für die Nutzer/innen würde sich aus ihrer Sicht mit der Inanspruchnahme des flexiblen Betreuungsangebotes eine zeitliche Entlastung bei der Berufstätigkeit ergeben – so könnten beispielsweise Vertretungen oder auch kurzfristige Aufgaben nach dem eigentlichen Arbeitsende wahrgenommen werden. Sie versetzte sich in die Perspektive der potentiellen mittelbaren wie unmittelbaren Nutzer/innen und führt in ihrem Sinne weiter aus:

> „wenn ich dieses [schlechte] Gefühl nicht (...) mehr haben muss, einfach weiß, da gibt es einen Kindergarten, da sind Erzieherinnen, die verstehen mein Problem. (...) Und dem Kind geht's natürlich auch wieder gut, weil es merkt, die Mutter kommt nicht angehetzt." (E-GB)

Beide Aussagen bringen ausgeprägte Reziprozität der Gleichstellungsbeauftragten gegenüber potentiellen Nutzer/inne/n zum Ausdruck. Diese bezieht sich jedoch nur auf die Wahrnehmung und Berücksichtigung der Probleme und zeitlichen Interessen der Nutzer/innen bei der Konzeption der Maßnahme – gewissermaßen eine der Zeitpolitik vorgeschaltete Reziprozität. Zum Ausdruck kommt dabei hohes Verantwortungsbewusstsein und Wissen über die zeitlichen Bedingungen von Lebensqualität der Nutzer/innen. Zeitpolitische Reziprozität bei der Maßnahme selbst würde allerdings voraussetzen, dass neben den in den Prozess einbezogenen Akteuren auch Nutzer/innen und Beschäftigte an der Planungsphase der Maßnahme direkt beteiligt gewesen wären. Denn erst die direkte Beteiligung ermöglicht das Artikulieren möglicherweise widersprüchlicher Interessen der beteiligten Akteure und eine aus der Kenntnis resultierende wechselseitige Bereitschaft, die Interessen anderer wahrzunehmen und ihnen Rechnung zu tragen versuchen. Dieser für Zeitpolitik notwendige Aushandlungsprozess hat hier bei der Planungsphase der Maßnahme nicht stattgefunden.

4.3.6 Ausgeprägte Beteiligung in der Durchführungsphase

Die Phase der Planung der Maßnahme erfolgte zwar allein durch die institutionellen Akteure, die die finanziellen Rahmenbedingungen schufen. Die Phase der Implementierung und der Ausgestaltung der flexiblen Kinderbetreuung wurde jedoch durch die Leitung und die neuen Beschäftigten der Einrichtung mit Beteiligung der (potentiellen) Eltern vorgenommen (vgl. E-GB).

In dieser Konstellation wurde die Kindertagesstätte im August 2001 eröffnet und bot 50 Betreuungsplätze in einer bis dahin leer stehenden Villa an. Von Beginn an beinhaltete das flexible Betreuungsangebot die Möglichkeit der Belegrechte für Betriebe, die flexible Lage der wöchentlichen Betreuungszeiten, das Prinzip des Platz-Sharings und den Fahrdienst. Durch die Finanzierung eines Betriebes eröffnete sich 2008 die Möglichkeit eines Kindergartenneubaus, in dem insgesamt 70 Kinder im Alter von 0 bis 14 Jahren betreut werden.

Das Regelungsverständnis der Leitung gegenüber den Beschäftigten bezieht sich im Weiteren auf die Abstimmung von Arbeitszeiten und Arbeitsorganisation innerhalb der Einrichtung. Die Arbeitszeiten sind für die einzelnen Beschäftigten festgelegt, wobei jedoch Flexibilität in den Randzeiten gewährleistet ist. Dieser Arbeitszeitgestaltung liegt nach Auffassung der Leitung der Ansatz zugrunde, dass

> „wenn für die Kinder schon so viel (...) Flexibilität da ist, dann müssen zumindest die Personen immer die festen sein." (E-L)

Auf der Grundlage dieser Festlegungen wird in einem wöchentlichen Rhythmus der Dienstplan durch die Leitung entsprechend den An- und Abwesenheitszeiten der Beschäftigten aktualisiert. Dabei finden zeitliche Interessen und Bedarfe der Beschäftigten soweit möglich Berücksichtigung.

Dieses Vorgehen in der Gestaltung der Arbeitszeiten verweist auf ein partizipativ ausgerichtetes Regelungsverständnis der Leitung. Daraus lässt sich die Annahme herleiten, dass aus der Maßnahme für die Beschäftigten lebensqualitätsteigernde Effekte resultieren.

Auch gegenüber den Nutzerinnen besteht seitens der Leitung bzw. der Beschäftigten ein partizipatives Regelungsverständnis. Dieses schlägt sich in der Maßnahme eines flexiblen Betreuungsangebotes nieder. Zeitliche Bedarfe und Interessen der Nutzer/innen sind bei der Abstimmung über die Lage der Betreuungszeiten der Kinder ausschlaggebend – wie die Leiterin betont:

> „Also wenn die [Eltern] (...) Notwendigkeiten haben, dass man dann eben sagt, ja da gucken wir, ob das geht. Wenn ein Kind jetzt (...) zwei Mal bis 16 Uhr (...), die anderen Tage nur bis 14 Uhr oder (...) mal eine Woche lang länger bleibt." (E-L)

Das partizipative Regelungsverständnis kommt ebenfalls bei dem für Leitung wie Beschäftigte gleichermaßen anerkannten Verständnis von Betreuung und Dienstleistung zum Ausdruck:

> „Klar, dass wir die Schulkinder abholen oder nachmittags auch irgendwo hinbringen zu Vereinen oder Kindergeburtstagen oder wo auch immer die hin müssen (...) oder dass die Eltern eben auch mal so etwas später kommen können oder dass es kein Drama ist, wenn sie ihr Kind mal 20 Minuten später abholen." (E-L)

Akteursbeteiligung bei der Fixierung des flexiblen Betreuungsangebots bezieht sich in erster Linie auf die Abstimmungen der Betreuungszeiten mit den Nutzer/inne/n. Sie hat jedoch auch Auswirkungen auf die Arbeitszeiten der Beschäftigten. Dabei bietet der jeweilige Zeitraum der Randzeiten Möglichkeiten der Arbeitszeitregelung durch die Beschäftigten, die entweder eine Ausdehnung oder ein Kürzung der Arbeitszeit bedeuten kann. Die Gruppe der Beschäftigten stimmt dann die Arbeitszeiten situativ ab, wie die zwei Aussagen der Erzieherin beschreiben:

> „also, wenn dann jetzt wirklich nochmal drei Kinder mehr da sind, dass man sagt: du, ich bleib einfach noch eine halbe Stunde." (I-B)

> „Es wird halt gesagt: ‚Du pass auf, du stehst zwar drin, guck einfach mal! Müssten eigentlich viele [Kinder] weg sein, aber guck mal' und dann guckt man halt gemeinsam mit den Kollegen [und bespricht]: ‚(...) was glaubst du, wie lange, jetzt ist es halb drei, meinst du, ist es jetzt okay, wenn ich noch das und das vorbereite für euch und dann gehe?'" (I-B)

Die Gruppe der Beschäftigten ist also direkt und kontinuierlich an der Abstimmung über Beginn und Ende der Arbeitszeiten – entsprechend den Betreuungsbedarfen der Nutzer/innen – beteiligt. Die feste Lage der täglichen Arbeitszeiten in Verbindung mit der Flexibilität in den Randzeiten ermöglicht den Beschäftigten Planungssicherheit. Gleichzeitig gewährleistet die Einrichtung den Nutzer/inne/n bei Bedarf ein entsprechend flexibles Betreuungsangebot. Die Berücksichtigung der zeitlichen Interessen der Beschäftigten durch die Leitung und ihre direkte Beteiligung beim Umfang der Randzeiten deuten darauf hin, dass die mit der Maßnahme verbundene Arbeitszeitgestaltung die Lebensqualität der Beschäftigten steigert.

Bei der Maßnahme flexibler Kinderbetreuung sind die Nutzer/innen an der Abstimmung über die Lage der täglichen Betreuungszeiten direkt beteiligt. Das bedeutet, dass sie entsprechend ihren zeitlichen Anforderungen ihre Betreuungsbedarfe formulieren können, die bei der Gestaltung des ‚Kindergartenalltages' berücksichtigt werden. Die direkte und wirkungsvolle Beteiligung der mittelbaren Nutzer/innen zeigt sich in der nachfolgenden einer an der Gruppendiskussion beteiligten Nutzerin:

> „Wenn mein Mann (...) [die Kinder] morgens hinbringt und das ankündigt, heute eine Stunde mehr oder zwei Stunden mehr wahrscheinlich, oder ich habe auch schon mal angerufen von der Arbeit, habe gesagt, ich schaffe es nicht, ich komme eine Stunde später. Also, es wird eigentlich immer: Kein Problem. Die Kinder sind gut versorgt. Mach dir keine Sorgen." (G-N)

Die Eltern haben also im Rahmen der Maßnahme die Möglichkeit, ihre zeitlichen Interessen zu artikulieren und wissen, dass diesen mit der flexiblen Betreuung der Kinder entsprochen wird. Die mit der Maßnahme verbundene zeitliche Entlastung beim Arrangement von eigenen Arbeits- und Betreuungszeiten – zu der das Beteiligungsverständnis der Einrichtung beiträgt – lässt eine Steigerung der Lebensqualität von Nutzer/inne/n vermuten.

Im Unterschied zu den anderen beiden untersuchten Kinderbetreuungseinrichtungen (Fälle A und B) handelt es sich bei diesem Praxisfall um eine Maßnahme, die eine ausgeprägte zeitpolitische *Reziprozität* der beteiligten Akteure aufweist – denn das Modell flexibler Kinderbetreuung lässt sich nur realisieren, weil die teilweise differierenden zeitlichen Interessen der beteiligten Akteure bzw. Akteursgruppen wechselseitig wahrgenommen und ihnen Rechnung zu tragen versucht wird. Von der Leitung der Einrichtung wird wahrgenommen, dass die Maßnahme den Beschäftigten bei der Ausübung ihrer Tätigkeit einen hohen Grad an Flexibilität im Denken und Handeln abverlangt. Vor dem Hintergrund sehr unterschiedlicher Anwesenheitszeiten der Kinder sind die Beschäftigten dazu herausgefordert, sich im Tagesverlauf und Betreuungsinhalten auf verschiedene Kinder einzustellen, wie folgende Aussage der Leitung aufzeigt:

> „Die Erzieherinnen müssen sich einfach nochmal so darauf einstellen, so nach dem Mittag, das dann vielleicht nochmal (...) zwei neue [Kinder] kommen, (...) die eben halt vormittags nicht da waren und andere schon abgeholt sind.“ (E-L)

Flexible Kinderbetreuung setzt aber nicht nur die Bereitschaft der Beschäftigten voraus, sich auf die unterschiedlichen zeitlichen Anforderungen der Kinder einzustellen, sondern ermöglicht es auch, ihre Tätigkeitsinhalte selbstbestimmt gestalten zu können, so die Leitung (E-L).

Diese Ansichten der Leitung bringen wiederum ihr Vermögen zum Ausdruck, sich in die Perspektive der Beschäftigten zu versetzen. Diese Fähigkeit zu zeitpolitischer Reziprozität ermöglicht ihr, die zeitlichen Bedarfe und maßnahmenbezogenen Interessen zu kennen und diesen bei der Implementierung in der Einrichtung Rechnung zu tragen.

Ähnlich gestalten sich Wahrnehmung und Wissen der Leitung um die Effekte der Maßnahme für die berufstätigen Eltern. Die Kenntnis und das Verständnis der Leitung bezüglich der alltagszeitlichen Arrangements der Nutzer/innen lassen auf ausgeprägte Reziprozität schließen. So schildert beispielsweise die Leitung, welche Entlastung das Betreuungsangebot beim Wiedereinstieg in den Beruf bedeuteten kann:

> „Viel Erleichterung merke ich immer so bei Müttern, die wieder anfangen zu arbeiten (1) und wenn die sehen, dass das alles möglich ist oder wenn die da nochmal ein paar Stunden aufstocken wollen und wenn das dann auch geht (...) die können sagen (...) ich hab eine flexible Betreuung, ich könnte entweder drei Vormittage, ich kann aber auch zwei ganze Tage [arbeiten].“ (E-L)

In diesem Verständnis der Leitung finden die zeitlichen Interessen der Nutzer/innen, aber auch der Beschäftigten Berücksichtigung. Ermöglicht wird dies durch die Beteiligung der Beschäftigten und mittelbaren Nutzer/innen bei der Implementierung der Maßnahme. Aber auch die Beschäftigten verfügen über dieses reziproke Wissen gegenüber den Nutzerinnen. Dies wird aus der folgenden Erklärung der befragten Beschäftigten zu der zeitlichen Entlastung der Eltern durch die flexible Kinderbetreuung erkennbar:

> „Also für die Eltern ist es gerade für Alleinerziehende oder wenn beide arbeiten (...) also für die ist es schon eine große Hilfe, weil sie einfach auch wirklich Ganztagsfortbildungen in Anspruch nehmen können, auch wenn das Kind hier

> nur bis halb drei eigentlich betreut wird (...). Also von den Eltern her ist das schon sehr beliebt. Allein auch dieses Gefühl, es ist auch nicht so schlimm, wenn ich mal [im Betrieb] (...) länger bleiben muss (...), dann wird angerufen und dann wird das gesagt und dann ist es auch in Ordnung.“ (I-B)

Die Maßnahme unterstützt den Beschäftigten zufolge die berufstätigen Eltern auch dabei, auf anderes Betreuungspersonal (Babysitter, Tagesmutter) verzichten zu können. Dieses müsste – so die Erfahrung der Beschäftigten – durch die Nutzer/innen in Anspruch genommen werden, würden nicht von der Einrichtung die flexiblen Betreuungszeiten angeboten (vgl. I-B).

Im Gegensatz zu den Fällen A und B liegt das in dieser Kindertagesstätte ausgeprägte Reziprozitätsverständnis auch zwischen befragten Nutzer/inne/n und Beschäftigten der Einrichtung vor. So verweisen die Eltern in dem Interview auf ihr Wissen um Arbeitsorganisation und Arbeitszeitgestaltung der Einrichtung. Eine befragte Nutzerin geht davon aus,

> „dass die [Beschäftigten] einen (...) festen Dienstplan haben, aber dass sie im Prinzip in Schichten arbeiten und die Kinder dann einfach mit übernehmen aus der Gruppe, wenn es länger dauern sollte. (...)Sie haben vielleicht mal vier (...) statt drei (...) oder zehn (...) statt acht [Kindern].“ (G-N)

Die Nutzer/innen nehmen auch die physische wie psychische Beanspruchung wahr, die mit der Maßnahme flexibler Kinderbetreuung für die Beschäftigten der Einrichtung verbunden sein kann:

> „Ich glaube, diese hohe Flexibilität der Betreuungszeiten erfordert bei den Erziehern eine inhaltliche Flexibilität, auch sich auf verschiedene Zeiten, auf verschiedene Kinder einzustellen, verschiedene Tagesabläufe, verschiedene Bedürfnisse der Kinder, von Anderthalbjährigen, Sechsjährigen (...) das erfordert ein hohes Maß und ich glaube, nicht ohne Grund sind hier so viele Erzieher [beschäftigt].“ (G-N)

Im Rahmen der Analyse des Prozesses wurde deutlich, dass Leitung, Beschäftigte und Nutzer/innen gleichermaßen die Interessen des jeweiligen Gegenübers wahrnehmen. Ermöglicht wird diese ausgeprägte Reziprozität durch die ausgewogene Berücksichtigung der zeitlichen Bedarfe aller Akteure – jedenfalls bei der Implementierung der Maßnahme. Das Beteiligungsverhalten ermöglicht eine Atmosphäre, in der die Akteure sensibilisiert werden für gegenseitige Bedarfe. Zeitkonflikte der Nutzer/innen und der Beschäftigten werden in dieser Kindertagesstätte durch die reziproke Regelungskultur der Leitung wahrgenommen und berücksichtigt. Dies ist, wie in der Einleitung dieses Buches formuliert, eine Vorbedingung für den fairen Umgang mit Zeitkonflikten. Somit erachten wir das vierte Kriterium zeitpolitischer Maßnahmen als erfüllt.

4.3.7 Zeitpolitische Selbstbestimmung und Lebensqualität für alle Akteure

Die Maßnahme wurde eingeführt, mit dem Ziel ein Kinderbetreuungsangebot zu schaffen, das auf die zeitlichen Bedarfe berufstätigen Eltern abgestimmt ist, ohne dabei die Bedürfnisse der Kinder zu vernachlässigen. Gerade die Möglichkeit der Inanspruchnahme des Fahrdienstes oder auch des Platz-Sharings sollte zu einer deutlich entspannteren Alltagsgestaltung der Nutzer/innen beitragen. Darüber hinaus ist über die angemieteten Belegrechte der Betriebe die Möglichkeit geschaffen worden, Erwerbstätigkeit und Kinderbetreuung miteinander vereinbaren zu können. Die Zielerreichung der Maßnahme kommt am deutlichsten in der Aussage einer befragten Nutzerin zum Ausdruck:

> „Ich wäre schon aufgeschmissen, wenn ich hier die längeren Öffnungszeiten, also diese flexiblen Betreuungszeiten nicht in Anspruch nehmen könnte. (...) Wenn ich dann halt bis zwölf Uhr nur (...) den Kindergartenplatz hätte, würde ich (...) mit meiner Arbeitszeit nicht auskommen.“ (G-N)

Die Ausgestaltung der Maßnahme wird von allen Akteuren zum großen Teil positiv bewertet – mit wenigen Ausnahmen. Die befragten Nutzerinnen artikulieren eine hohe Zufriedenheit mit dem flexiblen Betreuungsangebot der Einrichtung (G-N). Die Abstimmung über die Lage der Betreuungszeiten und Aufteilung der Stunden ermöglicht ihnen zudem eine Entlastung bei der Koordination ihres Alltags. Erwerbstätigkeit und Kinderbetreuung lassen sich ohne Inanspruchnahme von Freunden, Verwandten oder Babysittern miteinander vereinbaren:

> „Diese ganze private Logistik, möchte ich mal sagen, entfällt (...) durch die Flexibilität hier. Also ich weiß, früher als Alleinerziehende mit einem Kind, also ich war auch nur am hin und her telefonieren, wer wann was wie erledigen und ich konnte immer nur reagieren, wann hat meine Mutter Urlaub, wann ist sie nicht da, wann sind Ferien (...). Im Prinzip musste (ich) mich grundsätzlich nach Gott und der Welt richten.“ (G-N)

Durch den sicheren Transport der Kinder von der Schule zum Hort oder Freizeitaktivitäten – der das flexible Betreuungsangebot ergänzt – fühlen sich die Nutzer/innen zeitlich entlastet und wissen ihr Kind zugleich in Sicherheit. Zum Ausdruck kommt dies gerade dann, wenn das Betreuungsangebot mit Lösungen anderer (Hort-) Einrichtungen verglichen wird:

> „Die Kinder werden wirklich mit dem Auto abgeholt und dann in den Hort gebracht. (...) ich kenne das von anderen Kindern, die wirklich da als kleine Sechsjährige (...) alleine durch die Stadt laufen mussten, um in ihre Betreuung zu kommen. Da hätte ich kein gutes Gefühl und ich würde da auch nicht ruhig am Arbeitsplatz sitzen.“ (G-N)

Die Flexibilität und damit langen Betreuungszeiten pro Tag haben zur Folge, dass die Erzieher/innen teilweise im Laufe des Tages wechseln. Die damit einhergehende wechselnde Ansprechbarkeit wird von einer Nutzerin als nachteilig formuliert. Beim Bringen der Kinder sind andere Erzieher/innen anwesend als beim Abholen der Kinder:

> „das ist natürlich manchmal insofern ein bisschen (...) ungünstig, weil man dann unter Umständen nicht mitkriegt, was ist gelaufen. Also die, [mit] denen ich morgens spreche, das sind dann eben andere, als wenn ich ihn dann nach 15 Uhr abhole, die ihn dann vielleicht seit 14 Uhr 30 haben." (G-N)

> „In ähnlicher Weise stellen sich die verschiedenen Arbeitszeiten der Beschäftigten für die Leitung unter arbeitsorganisatorischen Gesichtspunkten als eine Schwierigkeit dar. Denn nur schwer können kollektive Absprachen im Team getroffen werden, wenn ... viele doch so (...) für sich arbeiten." (E-L)

Von der Leitung wird betont, es sei trotz einiger Schwierigkeiten interessant, die Tätigkeitsinhalte selbstbestimmt und kreativ entsprechend den Bedürfnissen der Kinder gestalten zu können.

Inwieweit das Ziel der Maßnahme, die Lebensqualität berufstätiger Eltern zu steigern und dabei die Lebensqualität der Beschäftigten nicht zu senken, wird im Folgenden betrachtet und anhand der theoretischen Kriterien dieser Untersuchung bewertet. Die Beschäftigten betonen ihre Flexibilität in der Arbeitszeitgestaltung, weil sie im Vergleich zu anderen Einrichtungen die Möglichkeit haben, Beginn oder Ende der Arbeitszeit im Einklang mit dem Betreuungsbedarf gestalten zu können. Eine Beschäftigte führt aus:

> „Es gibt ja Leute, die können besser damit leben, wenn sie ganz klar wissen so und so. (....) aber so hier hab ich das Gefühl, es ist sehr angenehm, weil man wirklich auch mal gucken kann, so heute kann man eine Stunde früher gehen, dafür (...) bleibe ich in zwei Tagen länger (...). Man hat (auch) nicht mehr immer das Gefühl, ich muss jetzt hier länger bleiben, sondern man weiß halt auch, irgendwann (...) geht man mal eine Stunde früher dafür." (I-B)

Die flexible Gestaltung der Randarbeitszeiten hat nach den Ausführungen der befragten Beschäftigten positive Rückwirkungen auf ihre anderen Alltagszeiten. So vereinbart sie nach Möglichkeit nach dem Ende ihrer regulären Arbeitszeit keine festen Termine, sondern gestaltet ihre Freizeit situativ (vgl. I-B). Die Maßnahme hat für die befragte Beschäftigte einen weiteren Lebensqualitätseffekt, der sich in ihrer Arbeitszufriedenheit ausdrückt:

> „Ich finde es auch ein gutes Gefühl, es diesen Eltern sagen zu können: machen sie sich keinen Stress, wenn sie Zahnschmerzen haben, gehen sie zum Zahnarzt, Ihr Kind [kann] einfach länger hier bleiben, es ist überhaupt kein Problem." (I-B)

Die Aussagen verdeutlichen, dass das Angebot einer flexiblen Kinderbetreuung für die Gruppe der Beschäftigten nicht automatisch eine Einschränkung ihrer Lebensqualität bedeutet. Vielmehr sind durch die wechselseitige Kenntnis und das Verständnis über zeitliche Interessen und Bedarfe innerhalb der Einrichtung Gestaltungsspielräume geschaffen worden, die auf positive Lebensqualitätseffekte hindeuten.

Auch die Aussagen der befragten Nutzerinnen zum Angebot flexibler Kinderbetreuung durch die Einrichtung weisen unterschiedliche positive Lebensqualitätseffekte auf. Der hohe Grad an Selbstbestimmung im Zeitgebrauch – zentraler zeitpolitischer Indikator von Lebensqualität – wird von allen befragten Nutzerinnen herausgestellt. Wahrgenommen und positiv bekräftigt wird von ihnen,

> „dass man hier eben die Möglichkeit hat, das Kind früher oder länger auch mal da zu lassen“ (G-N)

Die flexible Lage der Betreuungszeiten ermöglicht den Nutzer/inne/n der Dienstleistung einen erweiterten Gestaltungsspielraum hinsichtlich der Lage der eigenen Arbeitszeiten. Ausgehend vom Betreuungsumfang eines Zweidrittelplatzes schildert eine Nutzerin:

> „Ich konnte (...) diesen Zweidrittelplatz zeitlich so einplanen, wie (...) ich mir das vorgestellt habe. Die Stundenzahl ist zwar vorgegeben, (....) aber ich kann jetzt sagen, (...) montags von bis, dienstags von bis und so weiter.“ (G-N)

Diese Regelung ermöglicht den Nutzer/inne/n die Vereinbarkeit von Erwerbstätigkeit und Kinderbetreuung, ohne betriebliche Anforderungen vernachlässigen zu müssen:

> „Ich glaube (...), der Arbeitgeber merkt das auch. (...) Es gibt weitaus weniger Reibungspunkte. Diskussionen finden einfach nicht statt über die Arbeitszeit. Wenn eben dringlich was anliegt, ich habe auch wirklich schon 14 Uhr angerufen, ich schaffe das mit 14 Uhr 30 nicht, da, das war hier überhaupt kein Thema. Und man kann dann loslassen und kann wirklich seinen Job erledigen, ohne mit dem Zeitdruck im Nacken und man kann ihn gut erledigen. Also, man wird nicht nervös oder hektisch, (...) weiß, das Kind [ist] gut aufgehoben. Und (...) das Arbeiten, (...) die Arbeitsqualität ist dadurch auch eine ganz andere und das Arbeitsklima, auch unter den Kollegen.“ (G-N)

Gerade für Teilzeitbeschäftigte ist oft schwer, die eigene Erwerbstätigkeit mit den Zeiten der Kinderbetreuung zu vereinbaren. Dies gilt insbesondere, wenn dringliche Aufgaben über das Ende der vereinbarten Arbeitszeit hinaus erledigt werden müssen. Auch die Teilnahme an Fortbildungen oder die Vertretung von Kolleg/inn/en können zu struktureller Benachteiligung führen. Die Einrichtung leistet mit ihrer auf den beruflichen Alltag der Nutzer/innen abgestimmten Maßnahme einen Beitrag, dieser strukturellen Benachteiligung entgegenzuwirken.

Auch ein Lebensqualitätseffekt bezogen auf Arbeitsqualität, -zufriedenheit und -klima lässt sich den Aussagen der Nutzerinnen entnehmen. Somit werden mit der untersuchten Maßnahme teil- bzw. vollzeitbeschäftigten Nutzer/innen ‚gleiche (individuelle) zeitliche Verwirklichungschancen' bei der Vereinbarkeit von Kinderbetreuung und eigener Erwerbstätigkeit geboten. Für diese benachteiligte Personengruppe geht damit einer Erhöhung ihrer Lebensqualität einher.

Neben einer Erhöhung der Vereinbarkeit mit Zeiten der Erwerbstätigkeit führt die Maßnahme bei einer befragten Nutzerin auch zur weiteren Entfaltung von Selbstbestimmung im Zeitgebrauch:

> „Ich habe mir die Freiheit genommen, einen 20-Stunden-Platz hier anzumieten (...) aber nur 16 Stunden zu arbeiten, so dass ich wirklich auch Zeit habe, mein Kind in Ruhe abzugeben und auch nochmal ein zwischenmenschliches Gespräch eventuell zu führen, trotz der flexiblen Zeiten (...). Es ist wirklich ein stressfreies, bequemes Auskommen, so dass weder die Kinder noch die Familie zu Haus, insgesamt das Ganze nicht darunter leidet. Also ich muss sagen, (...) ich genieße das als absoluten Luxus und Privileg." (G-N)

Die Aussage der Nutzerin drückt einen bewussten und selbstbestimmten Zeitgebrauch aus, mit dem Achtsamkeit im Umgang mit Zeit einhergeht. Die Möglichkeit zu und Wahrnehmung von selbstbestimmter Zeitgestaltung – im Sinne zeitlicher Sinngebung und Zeitkultur – ist Ausdruck einer durch die Maßnahme erweiterten Lebensqualität. Auch bei anderen Nutzerinnen wirken sich der selbstbestimmte Zeitgebrauch und der dadurch stressfreie und entspannte Alltag positiv auf das Zusammenleben in der Familie aus. Hervorgehoben wird, dass gerade das Angebot der Mittagsversorgung und der Hortbetreuung den Familienalltag entlastet. Dieser durch die untersuchte Maßnahme geschaffene Freiraum verschafft den Familienangehörigen Spielräume für gemeinsame Zeiten.

Das Angebot flexibler Kinderbetreuung hat somit positiven Einfluss auf zeitliche Bedingungen der Lebensqualität sowohl der Beschäftigten als auch der Nutzer/innen der Dienstleistung. Zwar war die Maßnahme nicht direkt auf die Berücksichtigung der Beschäftigteninteressen ausgerichtet – dennoch verweisen die Aussagen der befragten Beschäftigten auf positive Lebensqualitätseffekte. Diese bestehen einmal in ihrer Selbstbestimmung im Zeitgebrauch, zum anderen in der durch die Maßnahme bewirkten Erhöhung tätigkeitsbezogener Motivation.

4.3.8 In dieser Einrichtung wird Zeitpolitik gelebt

Der Fall stellt in seiner Konstellation im Unterschied zu den fünf anderen Praxisfällen eine Besonderheit dar. Es handelt sich hier nicht um einen klassischen Konflikt zwischen den zeitlichen Bedingungen von Lebensqualität der betrieblichen Sozialpartner. Vielmehr wird der Zeitkonflikt Vereinbarkeit extern durch institutionelle Akteure aufgegriffen. Das Problem der Vereinbarkeit von Erwerbstätigkeit und Kinderbetreuung wird weder in den Betrieben der mittelbaren Nutzer/innen noch in der betreuenden Kindertageseinrichtung als Zeit- und Interessenkonflikt problematisiert und behandelt. Als Folge davon wenden sich die Betroffenen an die Gleichstellungsbeauftragte der Stadt, die sich des Problems annimmt.

Die Gleichstellungsbeauftragte erkennt den Zeitkonflikt als regulierungsbedürftig und regt innerhalb der Kommune die hier untersuchte Maßnahme an: die Einrichtung eines Modells flexibler Kinderbetreuung für berufstätige Eltern. Sie bringt in ihrer Funktion hierzu jene institutionellen Akteure ‚an einen Tisch', deren Belange von der Maßnahme betroffen sind; dazu gehören das Jugendamt und der Wirtschaftsförderungsverein bzw. Vertreter/innen aus der Wirtschaft. Ausgehend von der Frage, was berufstätigen Eltern bei der Kinderbetreuung zur Vereinbarkeit von Erwerbsarbeit und Familie verhelfen könnte, entwickeln die beteiligten Akteure institutionelle Lösungsansätze. Sie greifen unter anderem auf das Instrumentarium der Umfrage zurück und befragen Mitarbeiter/innen aus der Stadtverwaltung und eines SB-Warenhauses zu ihrem Interesse an Kinderbetreuungsangeboten. Darüber hinaus wurde nicht als notwendig erachtet, potentielle Nutzer/innen als betroffene Akteursgruppe aktiv zu beteiligen. Mit der Begrenzung der Beteiligung auf die Umfrage ist für diese Akteursgruppe verbunden, keinen Einfluss auf die Implementierung ihrer Beurteilung und Vorschläge zu haben (vgl. Buggeln/Mückenberger 2005). Von einer systematischen Einbeziehung der Nutzer/innen während der Planungsphase der Maßnahme kann hier folglich keine Rede sein. Zwar lässt sich bei dem Vorgehen der Initiatorin ein zeitpolitischer Ansatz identifizieren, dieser verharrt aber auf der institutionellen Ebene. Die Verbesserung zeitlicher Bedingungen der Lebensqualität der Berufstätigen erfolgt hier in Stellvertretung – verbunden mit dem Anspruch, etwas Nützliches für die betroffenen Nutzer/innen zu tun. Unbeantwortbar bleibt somit die Frage, ob effektive Beteiligung der betroffenen Dritten zu einer Maßnahme geführt hätte, die weitere Aspekte und Notwendigkeiten eines flexiblen Kinderbetreuungsangebots berücksichtigt.

Dass sich institutionelle Akteure auf kommunaler Ebene der Vereinbarkeitsproblematik angenommen haben, verdeutlicht das Ausmaß des zu Grunde liegenden Zeitkonfliktes. Zum Ausdruck kommen darin sowohl der Interessenkonflikt über die Dauer und Lage der täglichen Betreuungszeiten zwischen Beschäftigten und Nutzer/inne/n der Kindertageseinrichtung als auch derjenige über Dauer und Lage der Arbeitszeit der Nutzerinnen. Mit Blick auf beide Interessenkonflikte gilt es, die Zeiten der Kinderbetreuung mit den betrieblichen Zeitanforderungen in Übereinstimmung zu bringen.

Somit bezieht sich der Anspruch flexibler Kinderbetreuung nicht nur auf die dem Arbeitsverhältnis innewohnende Konflikte zweier Interessen. Er setzt vielmehr die Einbeziehung *aller* betroffenen Akteure voraus, um mehrseitige Lösungsansätze zu entwickeln und umzusetzen.

Die Planung der Angebote flexibler Kinderbetreuung erfolgte in diesem Praxisfall nur aus der Perspektive institutioneller Akteure heraus. Demgegenüber beinhaltet die Umsetzung der Maßnahme in der – zwischenzeitlich neu geschaffenen – Einrichtung Möglichkeiten zur Abstimmung über die Lage der Betreuungszeiten. Damit werden Aushandlungsmechanismen aktiviert, die zur Verbesserung der zeitlichen Bedingungen der Lebensqualität von Nutzer/inne/n beitragen. Im Unterschied zur Planungsphase haben die Nutzer/innen hier eine entscheidungswirksame Stimme, die bei der Zeitgestaltung in der Einrichtung Gehör finden kann und findet. Damit lässt sich eine Zeitpolitik identifizieren, die letztendlich zur Steigerung der Lebensqualität der Nutzer/innen beiträgt.

Die unterschiedlichen zeitlichen Interessen von Beschäftigten und Nutzer/inne/n finden bei dieser Maßnahme einen fairen Ausgleich. Dem Anspruch flexibler Kinderbetreuung wird Rechnung getragen, ohne dass von der Arbeitszeitgestaltung der Beschäftigten eine erhöhte Flexibilitätsbereitschaft erwartet wird. Entsprechend den zeitlichen Anforderungen seitens der Nutzer/innen erfolgen Abstimmungen im Team der Beschäftigten. Das Vorhandensein eines erweiterten Handlungsspielraums bei der zeitlichen Gestaltung des Kindergartenalltags und diese relative Regelungsautonomie der Beschäftigten erhöhen die Chancen zeitlicher Lebensqualität für Beschäftigte wie Nutzer/innen.

4.4 Fall D – Zeitsouveränität – nur für Dienstleister/innen, nicht für Nutzer/innen

Fall D handelt von einem Warenhaus in einer ostdeutschen Großstadt. Im Rahmen des gewerkschaftlich getragenen Projekts Zeitfragen sind Streitfragen wurde die Arbeitszeitgestaltungs-Maßnahme Personaleinsatzplanung (PEP) im Team entwickelt. Dabei werden von der Leitung für den Personaleinsatz nur zeitliche und qualifikatorische Soll-Vorgaben gemacht. Den tatsächlichen Personaleinsatz bestimmen die Beschäftigten – unter Berücksichtigung einer selbst abgefassten Prioritätenskala – selbst. Diese Maßnahme bringt den Beschäftigten hohe Lebensqualitätsgewinne – vor allem hinsichtlich der Vereinbarkeit von Beruf und Familie und hinsichtlich der Verlässlichkeit ihrer Arbeitszeiten. Die Nutzer/innen des Warenhauses kommen bei der Maßnahme nicht als Beteiligte vor, ihre zeitlichen Interessen spielen weder in der Planung noch in der Umsetzung eine Rolle.

4.4.1 Eine Warenhausfiliale in städtischer Peripherie

Das Warenhaus[18] in einer ostdeutschen Großstadt ist eine Filiale einer größeren Warenhauskette. Es liegt nicht zentral – zwei S-Bahnhaltestellen von einer größeren und bekannteren Filiale der Warenhauskette entfernt. Die Filiale hat insofern einen Sonderstatus in der Kette, als hier nicht so viel Gewinn erzielt wird und keine so hohe Kundenfrequenz besteht wie anderen Filialen. Sie hat einen besonders großen ideellen Wert für die Kaufhauskette (E-L).[19] Geschäftsführung und betriebliche Interessenvertretung geben an, dass die Kunden im naheliegenden Umfeld des Warenhauses wohnen, meist älter sind und vermutlich nicht mehr einer aktiven Erwerbstätigkeit nachgehen. Eine standardisierte Kurzbefragung bestätigt diese Annahme. Ungefähr die Hälfte der Befragten gab die Wohnortnähe als Grund für das Einkaufen in diesem Warenhaus an. Diese besondere Nutzer-Struktur kann die ausgeprägte Vormittagsnutzung der Filiale erklären. Die meisten Kunden bevorzugen den Vormittag zum Einkaufen, was auch mit den Ergebnissen der betrieblich initiierten Kundenfrequenzanalyse (KFA) übereinstimmt.

Geöffnet hat die Filiale montags bis samstags von 10:00 bis 20:00 Uhr geöffnet. Zusätzlich sieht sie an zehn Wochenenden im Jahr verkaufsoffene Sonntage vor.

In dem Warenhaus sind zur Zeit der Untersuchung 184 Mitarbeiter/innen beschäftigt, etwa 19% männlich und 81% weiblich. Fast 45% der Beschäftigten arbeiten in Teilzeit, der Rest in Vollzeit. 6 Personen werden außerdem in der Filiale ausgebildet.

Die Beschäftigten im Warenhaus haben Arbeitszeitkonten. Alle an der Untersuchung beteiligte Beschäftigte arbeiten in reglementierten Wechselschichten. Ausgewählt für die Untersuchung wurde eine Abteilung, die die Planung und Implementierung der hier untersuchten Maßnahme erlebt hat. In dieser Abteilung sind ausschließlich Frauen beschäftigt.

Die Einrichtung wird von einer Geschäftsleitung geführt, der mehrere Abteilungen mit Abteilungsleitern untergeordnet sind. Im Warenhaus gibt es eine gewählte Arbeitnehmervertretung, die den Beschäftigten zu Verfügung steht und deren Interessen bei allen Arbeitszeitverhandlungen vertritt.

---

18 Das an dieser Studie beteiligte Warenhaus war im Zeitraum von 2002 bis 2004 am vernetzten stadtteilbezogenen Projekt „Zeitfragen sind Streitfragen“ (dazu Mönig-Raane 2005) beteiligt, und wurde daher im Rahmen des Forschungsprojektes zunächst als zeitpolitischer Praxisfall zugeordnet – in der Hoffnung, mehr über den Einfluss von Zeitpolitik auf die Lebensqualität herauszufinden.

19 Die Belege aus den Interviews werden wie folgt gekennzeichnet: Experteninterview Leitung: E-L; Experteninterview betriebliche Interessenvertretung: E-B; Gruppendiskussion Beschäftigte: G-B; Gruppendiskussion Nutzer/innen: G-N.

4.4.2 Eine zwar personenbezogene, aber diskontinuierliche und wenig intensive Dienstleistung

Unter dem Aspekt des Uno-actu-Prinzips interessieren weniger der Verkauf im Kassendienst als die Tätigkeiten der Bedienung und Beratung im Verkauf. Die Dienstleistungsbeziehung zwischen Verkäufer/in und Nutzer/in ist im Unterschied zum Kindergarten (Fälle A bis C) meist nicht unmittelbar körperbezogen und von relativ kurzer Dauer, sie kann aber durchaus subjektorientiert und durch Kommunikation gekennzeichnet sein. Insgesamt handelt es sich um eine weniger intensive Dienstleistungsbeziehung als in Fällen A bis C. Entsprechend Hypothese H1 ist zu vermuten, dass sowohl seitens der Beschäftigten als auch seitens der Nutzer/innen Reziprozität zwar bestehen kann, aber nicht stark ausgeprägt sein wird.

Der Interaktionsgrad der *Tätigkeitsbeziehung* fällt unterschiedlich aus. Bei Bedienung und Beratung im Verkauf stehen Information über das Produkt und Unterstützung bei dessen Prüfung und Auswahl im Mittelpunkt. Die Beschäftigten orientieren sich an den Vorgaben des Managements hinsichtlich des Umsatzes, durchschnittlicher Beratungszeit, Verkaufsstrategien etc. Die Konkurrenzverhältnisse im Einzelhandel lassen vermuten, dass das Management Vorgaben zur Standardisierung, Personal- und Zeiteinsparung bei der Bedienung und Beratung im Verkauf verfolgt.

Angenommen wird, dass die Beschäftigten ein Interesse an qualitativer Entfaltung des Verkaufsgesprächs haben, wenn sie über einen hohen Selbstbestimmungsgrad bei dessen Gestaltung verfügen. Sie müssen die Interessen der Konsument/inn/en wahrnehmen und berücksichtigen können, damit sich die Interaktion zwischen Dienstleistungserbringer/in und- nehmer/in entfalten kann. Darin drückt sich die Ambivalenz tätigkeitsbezogener Motivation von Beschäftigten im Servicebereich aus: Ist die Dienstleistungstätigkeit rentabilitäts- oder kostenbezogenen Vorbedingungen unterworfen, begrenzt sich der Grad der Selbstbestimmung und damit der tätigkeitsbezogenen Motivation. Umgekehrt ist davon auszugehen, dass ein hoher Grad an Selbstbestimmung bei der Gestaltung der Dienstleistung – hier beim verkaufsvorbereitenden Gespräch – sich positiv auf die tätigkeitsbezogene Motivation der Verkäuferinnen auswirkt. Deshalb interessierten in den geführten Interviews Aussagen von Beschäftigten und Nutzer/inne/n zum Grad der Selbstbestimmung in Tätigkeitsinhalten und der Tätigkeitsbeziehung. Bei hohem Grad an Selbstbestimmung und einer entsprechenden Entfaltung der Interaktionsbeziehung kann von tätigkeitsbezogener Motivation der Beschäftigten ausgegangen werden, die sich positiv auf deren Arbeitszufriedenheit und Dienstleistungsqualität auswirkt. Daraus lässt sich entsprechend der aufgestellten Hypothese H2 auf eine Steigerung der Lebensqualität von Nutzer/inne/n und Beschäftigten schließen.

4.4.3 Beteiligungsorientierte traditionelle Arbeitsbeziehungen

Der Planung und Implementierung der untersuchten teamförmigen Personaleinsatzplanung Maßnahme liegen traditionelle bipolare Arbeitsbeziehungen zwischen Geschäftsleitung und betrieblicher Interessenvertretung zugrunde. Alle die Arbeitsorganisation und den Betriebsablauf betreffenden Fragen werden zwischen Arbeitgeber und Arbeitnehmervertretung geregelt.

Allerdings werden in diesem Fall die Interessen der Beschäftigten differenzierter als gewöhnlich berücksichtigt. Die Beschäftigten können ihre Interessen und Bedarfe individuell, aber auch kollektiv gegenüber der Arbeitnehmervertretung äußern, die wiederum die Anliegen der Beschäftigten bei der Gestaltung der Maßnahme berücksichtigt (siehe unten). Die bipolare Arbeitsbeziehung ist somit ‚aufgelockert' durch doppelten Charakter der Beteiligung in Form von kollektiver und individueller Partizipation der Beschäftigten.

4.4.4 Die Maßnahme Personaleinsatzplanung im Team

Die hier untersuchte Maßnahme ist die abteilungsbezogene Personaleinsatzplanung (PEP) im Team. Die Maßnahme PEP im Team wurde im Rahmen des Projekts ‚Zeitfragen sind Streitfragen' entwickelt.[20] Die Personaleinsatzplanung im Team erfolgt in vier Schritten, die innerhalb eines Zeitraums von 20 Tagen realisiert werden. Zuerst legen die Leiter/innen der einzelnen Abteilungen die jeweilige Sollbesetzung als Arbeitsvolumen in einem Planungsblatt fest. Anschließend tragen abteilungsbezogen alle Beschäftigte ihre Arbeitszeitwünsche ebenfalls im Planungsblatt – als ‚Wunschzettel' bezeichnet – ein, denen Abstimmungen im Team vorausgegangen sind. In einem dritten Schritt überprüft die jeweilige Abteilungsleitung, ob vorgegebene Sollbesetzungen und die entsprechende Qualifikation für den Arbeitseinsatz erfüllt sind. Sind Planung und Abstimmung im jeweiligen Team abgeschlossen, wird die Personaleinsatzplanung mit einem Computerprogramm fixiert.

Zusätzlich legt die Betriebsvereinbarung zur Einführung und Anwendung des EDV-gestützten Personaleinsatzplanungssystems fest, dass Geschäftsleitung und Abteilungsleitungen sicherstellen, dass die Beschäftigten ab dem 25. des Vormonats ihren Einsatzplan durch die Abteilungsleitung in geeigneter Weise zur Kenntnis erhalten.

Die Maßnahme ist auf die Zeitgestaltung der Beschäftigten ausgerichtet. Grundsätzlich kann bei dem Uno-actu-Prinzip folgenden Dienstleistungen davon

---

20 Wie zu zeigen sein wird, handelt es sich nicht, wie ursprünglich angenommen, um eine zeitpolitische Maßnahme im Sinne dieser Untersuchung. Die Bedarfe der Nutzer/innen haben im Rahmen des Projektes keine bewusste Berücksichtigung gefunden.

ausgegangen werden, dass eine Veränderung in der Arbeitszeitgestaltung Einfluss auf die Arbeitsorganisation und damit auch auf die Qualität der Dienstleistungsbeziehung nimmt. PEP im Team dürfte also objektiv zeitliche Auswirkungen auf Beschäftigte und Nutzer/innen des Warenhauses haben (erstes Kriterium).

Der zweite Schritt der PEP im Team deutet daraufhin, dass auch das zweite Kriterium zur Einordnung von zeitpolitischen Maßnahmen erfüllt ist. Die zeitlichen Bedingungen der Lebensqualität der betroffenen Beschäftigten werden durch den ‚Wunschzettel' mit Wissen und Wollen der Beschäftigten in der Maßnahme berücksichtigt. Wie in den Hypothesen zum Regelungsverständnis (H3b) und zur Beteiligung (H4b) formuliert, kann bei bewusster Berücksichtigung von Interessen und Bedarfen der Beschäftigten eine Steigerung von deren Lebensqualität erwartet werden kann.

Das dritte Kriterium zur Einordnung zeitpolitischer Praxisfälle wird im vorliegenden Fall nicht erfüllt. Die Bedarfe der Nutzer/innen werden zwar durch die Einbeziehung von Kundenströmen (KFA) bei der Maßnahme berücksichtigt, dies stellt jedoch keine Beteiligung im zeitpolitischen Sinne dar. Zu vermuten ist jedoch, dass personenbezogene Dienstleistungsbeziehungen, die dem Uno-actu-Prinzip folgen und sich nach den Bedarfen der Nutzer/innen orientieren, den Nutzer/inne/n auch eine gewisse – nicht beabsichtigte – Beteiligungsmacht verleihen (siehe Riessman 1978). Durch indirekte Beteiligung der Nutzer/innen finden deren Interessen in der Maßnahme Berücksichtigung, was eine Steigerung ihrer Lebensqualität erwarten lässt.

4.4.5 Informationen zur Maßnahme und Befragungen

Um Einblick in die Planungs- und Implementierungsphase von PEP im Team zu gewinnen, wurden Experteninterviews mit der betrieblichen Interessenvertretung und dem ehemaligen Geschäftsführer des Warenhauses durchgeführt. Beide betrieblichen Experten waren am Prozess der Planung und Implementierung der Maßnahme beteiligt. Der jetzige Geschäftsführer wurde nur insofern einbezogen, als das er bestätigte, dass die Maßnahme PEP im Team noch Bestand hat. Experteninterviews sowie Dokumentenanalyse der Betriebsvereinbarung, veröffentlichter Artikel (vgl. Mönig-Raane 2005), der Webseite und von Pressematerial dienten als Vorbereitung der Gruppeninterviews mit Beschäftigten und Nutzer/innen.

Um Aussagen zu dem Einfluss der Beteiligungsstruktur auf die Umsetzung der Maßnahme und die Lebensqualität treffen zu können, wurden für das Gruppeninterview mit Beschäftigten solche ausgewählt, die Planungs- und Implementierungsphase miterlebt haben. Vier weibliche Beschäftigte, die das Projekt von Anfang an begleiteten, differenziert nach Beschäftigungsform (Teilzeit/

Vollzeit) und Familienstand, nahmen an dem Gespräch teil. Die Arbeitszeiten bewegen sich zwischen 20 bis 38 Stunden in der Woche. Zwei der vier Befragten haben im Haushalt lebende Kinder, eine ist alleinerziehend. Diese Auswahl ermöglicht eine differenzierte Einschätzung von auf verschiedene Lebenslagen bezogenen Lebensqualitätseffekten.

Aufgrund der nur gelegentlich erbrachten Dienstleistung im Warenhaus sind die Nutzer/innen mehr oder weniger anonym für die Mitarbeiter/innen/Geschäftsleitung. Um mögliche Interview-Partner/innen für ein Gruppeninterview zu den Lebensqualitätseffekten zu ermitteln und einen Eindruck über die Nutzer/innen im Warenhaus zu bekommen, wurde deshalb vor dem Gruppeninterview eine standardisierte Kurzbefragung mit Nutzer/innen des Dienstleistungsangebotes geführt. Die Befragung fand an einem Werktag statt. Um unterschiedliche Nutzer/innen zu erreichen, wurden die Interviews sowohl vormittags (12:00 bis 13:30 Uhr) als auch abends (19:00 bis 20:15 Uhr) durchgeführt. Insgesamt nahmen an ihnen 47 Nutzer/innen teil. Zwölf der 47 Befragten waren bereit, an dem Gruppeninterview teilzunehmen. Von ihnen wurden fünf Nutzer/innen für das Gruppeninterview ausgewählt, drei Frauen und zwei Männer. Zwei Befragte waren berufstätig, drei in Rentenalter.

Wie bei anderen Praxisfällen wurden die Gruppendiskussionen mit den Beschäftigten und Nutzer/inne/n des Warenhauses mit einem Stimulus eingeleitet. Als Stimulus wurden zwei unterschiedliche Meinungen zur PEP im Team gegenübergestellt.[21] Je nach Diskussionsverlauf wurden Fragen zu Beteiligung und Lebensqualität aus dem Leitfaden gestellt. Geachtet wurde darauf, dass sich Alle zu den Fragen „was wäre, wenn die PEP im Team nicht stattgefunden hätte?“ äußerten. Ziel dieser kontrafaktischen Fragestellung ist, die Auswirkungen der Maßnahme auf die Lebensqualität der Befragten zu erfahren – auch wenn diese den Zustand vor der Maßnahme nicht kannten, somit auch keinen „Vorher-

---

21 Einstieg in die Gruppendiskussion der Beschäftigten: „Sie haben hier in dem Warenhaus XY Erfahrungen mit einer Betriebsvereinbarung zur Einführung der selbstbestimmten Personalbesetzung im Team gemacht. Es gibt Meinungen, die besagen, dass die teamorientierte Personalbesetzung die Selbstbestimmung der Beschäftigten am Arbeitsplatz und ihre individuelle Flexibilität zur Vereinbarung von Arbeits- und Alltagszeiten fördert. Andererseits gibt es Meinungen, die besagen, dass die teamorientierte Personalbesetzung zu Konflikten im Team und mit vereinbarten Kundenservicezeiten führt. Wie ist ihre Einschätzung zur teamorientierten Personalbesetzung?“
Einstieg in die Gruppendiskussion der Nutzer/innen: „In dem Warenhaus XY wurden Regelungen zur Arbeitsorganisation verändert; d.h. die Beschäftigten können stärker selbst bestimmen, wer an welchem Tag an welcher Stelle arbeitet. Es gibt Meinungen, die besagen, dass diese Veränderungen die Qualität des Kundenservice verbessert haben. Andererseits gibt es Meinungen, die besagen, dass diese Regelungen keinen Einfluss auf den Kundenservice hatten. Haben Sie in den letzten Jahren Veränderungen beim Kundenservice bemerkt, sei es zum Guten oder sei es zum Schlechten?“

Nachher-Vergleich“ vornehmen können (siehe Abschnitt 3.3.3). Bei der Gruppendiskussion wurde auch beobachtet, inwieweit Reziprozität unter den Beteiligten in der Gruppendiskussion, aber auch gegenüber der jeweils anderen von der Maßnahme betroffenen Gruppe (Beschäftigte oder Nutzer/innen) vorhanden und ausgeprägt war.

4.4.6 Synthese von Leitungs- und Beschäftigteninteresse

Etwa zeitgleich mit dem Beginn des Projekts ‚Zeitfragen sind Streitfragen’ stellte die Geschäftsführung Überlegungen dazu an, wie den zunehmenden Anforderungen von Kund/inn/en nach Flexibilität sei, ohne dass dies zu Lasten der Interessen und Bedarfe von Beschäftigten ginge. Die Leitung war offen für das Projekt ‚Zeitfragen sind Streitfragen’, das eine zeitgestalterische Maßnahme entwickeln sollte, bei der zeitliche Bedarfe von Beschäftigten und Nutzer/inne/n berücksichtigt werden sollten. Die Geschäftsleitung sah als vorteilhaft an, dass bei Planung und Durchführung der Maßnahme eine arbeitnehmerorientierte Beratungsgesellschaft mitwirken sollte.

Zielsetzung und Initiative

Der ehemalige Geschäftsführer und der Betriebsrat formulieren als Ziel der Maßnahme, dass für die Vereinbarkeit von Arbeitszeit und Freizeitgestaltung der Beschäftigten gesorgt werden sollte – unter der Bedingung freilich, dass „Kundenströme“ abgefangen werden können. Die Initiative für die Maßnahme ging von der erwähnten Beratungsgesellschaft aus. Diese ging mit ihrem Anliegen, das Projekt ‚Zeitfragen sind Streitfragen’ durchzuführen, auf Geschäftsleitung und Arbeitnehmervertretung zu. Der Gedanke einer Maßnahme zur Neuregelung von Arbeitszeiten unter der Berücksichtigung von Nutzer/inneninteressen stieß auf Interesse im Warenhaus, weil gestiegene Flexibilisierungsansprüche der Kunden eine neue Arbeitszeitgestaltung erforderten.

4.4.7 Basisdemokratische Planung – aber ohne Nutzer/innen

Das Projekt, das zu PEP im Team führte, begann mit Gesprächsrunden und Workshops mit Abteilungsleitungen, Betriebsrat und Geschäftsführung sowie über 100 Beschäftigten. Gesprächsrunden und Workshops dienten der Erfassung von Idealvorstellungen; moderiert wurden sie von der Beratungsgesellschaft.

Ergebnis der Workshops und Gesprächsrunden war eine von Beschäftigten formulierte ‚Freizeit-Hierarchie’, bei der drei Zeitgestaltungsbedarfe ersichtlich wurden. Erstens sollte eine langfristige Planung von Urlaub ermöglicht werden. Zweitens sollte möglich sein, markante Termin sowie Geburtstage, Hochzeiten und andere Familienfeiern in der Arbeitszeitplanung zu berücksichtigen. Drittens, auf unterster Hierarchiestufe, sollten Termine ermöglicht werden, die eine kurzfristige Planung vorsehen (wie Friseur- und Arztbesuch). Übergreifendes, besonders wichtiges Kriterium war für die Beschäftigten Planungssicherheit.

Der Geschäftsführung zufolge werden alle diese zeitlichen Bedarfe durch die PEP im Team berücksichtigt. Die Abteilungsleitung gibt in der ersten Woche des Vormonats eine Sollbesetzung vor, die Beschäftigten reichen einen ‚Wunschzettel' ein. Sie erhalten bis zum 20. des Vormonats eine Antwort, die ersichtlich macht, ob ihr „Wunsch" in Erfüllung gegangen ist. In der Planungsphase wurde diese Maßnahme PEP im Team in einer Abteilung getestet und nach einer dreimonatigen Probephase aufgrund des Erfolges auf alle Abteilungen ausgeweitet.

Das *Regelungsverständnis* der Leitung kann als partizipativ bezeichnet werden. Um die Beschäftigten zu motivieren, ist der Leitung wichtig, die Interessen der Beschäftigten bereits in der Planung zu berücksichtigen. Die Interessen der Beschäftigten werden differenzierter einbezogen als diejenigen der Nutzer/innen. Deren Bedarfe werden nur in Form von Kundenströmen (KFA) wahrgenommen. Allerdings wäre PEP im Team von der Leitung wohl nicht initiiert worden, wenn dies mit den Zeitstrukturen der Nutzer/innen kollidiert hätte. Da die Dienstleistung nach dem Uno-actu-Prinzip nur bei Präsenz des Kunden erfolgen kann, müssen die zeitlichen Bedarfe der Nutzer/innen jedenfalls im direkten Kundenservice berücksichtigt werden.

Das *Beteiligungsgeschehen* war intensiv – allerdings auf Beschäftigte beschränkt. Die moderierten Gesprächsrunden und Workshops mit allen Mitarbeiter/inne/n, Führungskräften, der Geschäftsleitung und sowie der Arbeitnehmervertretung stellten schon in der Planungsphase eine direkte Beteiligung der Beschäftigten dar. Die Beteiligung war nicht nur einmalig, sondern auf Kontinuität angelegt. Weiter handelte es sich bei ihr um eine Mischform. Beschäftigteninteressen wurden auf kollektiver (durch Betriebsvereinbarung) und individueller Ebene (durch Einzelbefragung von Beschäftigten) berücksichtigt. Auf Öffnungszeiten oder Personalbelegung haben Beschäftigte allerdings keinen Einfluss. Diese richten sich nach den Kundenströmen sowie dem Umsatz und werden von der Leitung festgelegt (G-B).

Zeitliche Bedarfe der Nutzer/innen wurden in der Planungsphase nicht berücksichtigt. Erschlossen wurden ihre Bedarfe lediglich in Form von Analysen der Kundenströme und des Umsatzvolumens, die erst in der Implementierungsphase eine Rolle spielten. Sie bildeten die Grundlage für die Personaleinsatzplanung. Zu umsatzstarken Zeiten sollte mehr Personal vor Ort sein als umsatzschwachen. Qualitative Beteiligung und Berücksichtigung der Nutzer/innen und ihrer zeitlichen Interessen waren in der Maßnahme nicht vorgesehen.

Auch die *Reziprozität* der Leitung war auf die zeitlichen Lagen der Beschäftigten beschränkt. Dass die Nutzer/innen bei der Planung nicht berücksichtigt wurden, lässt sich teilweise durch die lose Beziehung und den gelegentlichen Dienstleistungscharakter erklären. Auf die Frage, ob die Bedarfe der Nutzer/innen im Rahmen des Projektes gesondert erfasst wurden, antwortet der ehemalige Geschäftsführer:

> „Also (...) bei uns nicht, (...) weil das auch insofern etwas schwierig ist, (...) weil wir (...) einen hohen Stammkundenanteil, aber auch wechselnde Kunden haben. Und [in der anderen Filiale] (...) ist das auch so, da gibt es einen Stammkundenanteil, aber auch viele Touristen (...). Da gestaltete sich das (...) schwierig, haben wir also nicht gemacht." (E-L)

4.4.8 Eine „lebende" Betriebsvereinbarung

Die Implementierung der Maßnahme PEP im Team erfolgte in den geplanten vier Schritten. Die betroffenen Beschäftigten planten gemeinsam im Team abteilungsbezogen ihre Arbeitszeiten. Urlaube und markante Termine privater Art wurden nach Möglichkeit längerfristig geplant, für kurzfristige, unplanmäßige Angelegenheiten wurde Planungsfreiraum vorgehalten. Die Mitarbeiter gaben die Wünsche bei der Abteilungsleitung ab, die sie nach Möglichkeit umsetzte.

Auch die Implementierung der Maßnahme PEP im Team war *partizipativ* angelegt. Die Leitung gab den Bedarf an und versuchte, dann die Wünsche der Beschäftigten aufzunehmen. Sehr bedacht war die Leitung darauf, die Motivation und Zufriedenheit der Beschäftigten zu erhalten.

Da die Beschäftigten die Personaleinsatzplanung im Team gestalten, ist die *Beteiligung* in der Implementierungsphase genau wie in der Planungsphase von direkter Natur. Das Interessante bei dieser Form der Beteiligung ist, dass die Beschäftigten durch die Planung im Team die Bedarfe ihrer Kollegen unmittelbar erfahren, was auf Reziprozität innerhalb der Beschäftigtengruppe schließen lässt. Freilich ist Reziprozität innerhalb der Beschäftigtengruppe nicht die für Zeitpolitik allein relevante. Vielmehr geht es da vorrangig um die Reziprozität der Perspektiven gegenüber anderen Stakeholdern. Genau wie in der Planungsphase wurden jedoch die Bedarfe der Nutzer/innen nur indirekt in Form von Kundenströmen und Umsatzvolumen festgehalten. Der Betriebsrat bringt klar zum Ausdruck, dass weder eine umfassende Berücksichtigung der Nutzer/innen bei der Maßnahme Gegenstand noch die Nutzer/innen etwas von der Maßnahme mitbekommen hätten. Die Bedarfe der Beschäftigten standen im Vordergrund:

> „Ja, der Kunde hat das nicht so sehr (...) mitgekriegt. Der beste Nutzeffekt war für die Mitarbeiter selbst. (...). So war das ja auch eigentlich angedacht, dieses ganze (...) Programm. (...) Weil damit war (.) die Freizeitplanung eine wirkliche Planung (1) für den Mitarbeiter. Er wusste also, (.) am 20. des Monats, wann er im Folgemonat Freizeit hat, (...). welche Schichten er fahren musste, wann er (...) anzufangen hatte, wann er Feierabend hatte, wann er einen freien Tag hatte, wann er einen freien Samstag hatte, also verlängertes Wochenende oder überhaupt ein Wo-

> chenende oder ob er arbeiten musste. Und so konnte er (...) logischerweise dann konkret in der Familie planen." (E-B)

Dass Nutzer/innen-Bedarfe bei der Maßnahme nicht direkt berücksichtigt wurden, spiegelt sich auch in der der Abwesenheit einer *Perspektivenübernahme* wider. In keinem der geführten Interviews wurde eine bewusste Berücksichtigung der zeitlichen Interessen der Nutzer/innen sichtbar. Die Geschäftsleitung setzt die Nutzer/innen-Interessen gleich mit betrieblichen Interessen, und der Betriebsrat vertritt die Interessen der Beschäftigten. Es geht der Geschäftsleitung dabei darum, dass die Kunden bedient werden, wenn sie einkaufen wollen, damit ein möglichst hoher Umsatz erzielt wird:

> „Also, unser (...) primäres Interesse besteht eigentlich darin, (...) die Mitarbeiter zu den Zeiten (...) arbeiten zu lassen, zu denen auch unsere Kunden kommen." (E-L)

Da die Bedarfe der Beschäftigten im Rahmen des Projektes genau erfasst wurden, war die Perspektive der Mitarbeiter/innen sowohl dem Betriebsrat als auch der Leitung präsent. Die Reziprozität der Perspektive ist in dem Kaufhaus stark ausgeprägt, aber nur aus der Perspektive der Leitung gegenüber den Beschäftigten. Dieser Praxisfall unterstützt die Annahme, dass nur wenn eine Akteursgruppe bei der Planung oder Implementierung der Maßnahme beteiligt ist, ihre Interessen auch von den Anderen wahrgenommen und in der Maßnahme berücksichtigt werden (und umgekehrt). Die zeitlichen Bedarfe der Beschäftigten werden denn auch sehr differenziert von der Geschäftsleitung beschrieben:

> „... dann gibt es noch eine Ebene (...) Freizeitwünsche, die so unverrückbar sind und das war dann so der (...) achtzigste Geburtstag, Silberne Hochzeit oder sonst irgendwas, oder ein supermegawichtiges Vereinsfest. (...) da rücken die auch nicht von ab, das ist aber genauso langfristig bekannt wie der Urlaub. (...) Und dann gibt es so etwas, was (...) kurzfristiger ist, aber auch wichtig. Und das wären so Arzttermine vor allem. (...) Und dann kommt so die unterste Ebene und das sind all so die Termine, da muss man zwar in der Woche frei haben, aber ob man mittwochs zum Friseur geht oder donnerstags (...), das ist eigentlich Jacke wie Hose, nur man will in der Woche zum Friseur." (E-L)

Die detaillierte Beschreibung der Beschäftigtenbedarfe ist ein Indiz dafür, dass die Geschäftsleitung insoweit über Wissen und Verständnis verfügt – beides Zeichen für Vorhandensein und Stärke von Reziprozität der Geschäftsleitung gegenüber der Beschäftigten. Anzunehmen war aufgrund dessen eine wirkungsvolle und differenzierte Berücksichtigung der Beschäftigteninteressen und somit auch eine erhöhte Lebensqualität.

4.4.9 Ziel erreicht, Vereinbarkeit erhöht

Bemerkenswert für dieses Projekt ist, dass Geschäftsleitung und betriebliche Interessenvertretung am selben Ziel festhielten. Beide stellten die Bedarfe der Beschäftigten in den Vordergrund. Dieses Ziel wurde in der Anfangsphase des Projekts in den gemeinsamen Workshops und Gesprächsrunden festgelegt. Offenbar haben diese gemeinsamen Veranstaltungen nicht nur dazu geführt haben, dass traditionell eher gegensätzliche Positionen (Geschäftsleitung und Betriebsrat) zu einem gemeinsamen Ziel fanden. Diese Diskussionen scheinen auch zu einem stärkeren Reziprozitätsverständnis (insbesondere seitens der Geschäftsleitung gegenüber den Beschäftigten) und zu einer wirkungsvollen Beteiligung der Beschäftigten in der Umsetzungsphase geführt zu haben. Diese zeigt sich unter anderem daran, dass das Ziel der Maßnahme – die Vereinbarkeit von Beruf und Familie der Beschäftigten zu fördern – auch nach der Meinung der Beschäftigten zum größten Teil erreicht worden ist. Die Beschäftigten äußern mehrfach, dass die Maßnahme ihnen bessere Möglichkeiten zur Vereinbarkeit zwischen Familie und Beruf erbracht habe. Die Vereinbarkeit von Familie und Beruf zeigt sich hauptsächlich in einer erweiterten Zeitsouveränität.

Insgesamt herrscht im Warenhaus eine ausgeprägte Zufriedenheit mit der Maßnahme PEP im Team. Sowohl die Leitung, der Betriebsrat und die Beschäftigten sind mit der Arbeitszeitregelung im Team zufrieden, nur die Nutzer/innen haben von der konkreten Maßnahme nicht wirklich etwas erfahren. Dies ist allerdings kein Wunder, da die Arbeitszeitgestaltung der Beschäftigten nur indirekt die Nutzer/innen betrifft. Vier der befragten Beschäftigten sagen, es wäre schrecklich, wenn die PEP im Team aufgehoben würde, und eine der Beschäftigten spricht von einem Rückschritt, sollte die Maßnahme PEP im Team wieder rückgängig gemacht werden (G-B). Alle Beschäftigten sagen, dass die Absprachen im Team hohe Kollegialität voraussetzen und Kompromisse von den Einzelnen verlangen, bewerten jedoch den Aushandlungsprozess positiv. Problematisch wird die PEP im Team, wenn die Anzahl des Personals begrenzt ist. Damit trotzdem keine Konflikte entstehen, finden die Beschäftigten Regelungen unter sich, die zu einer gerechten Behandlung führen. Eine Interviewte beschreibt das wie folgt:

> „Es gibt natürlich Probleme, wie eben solche (...) Punkte wie Feiertage et cetera. Da versucht jeder etwas mehr Freizeit zu bekommen, ist auch ganz normal. Es gibt auch Möglichkeiten, dass man sich darüber einigen kann. Zum Beispiel haben wir so eine Einigung, wer Ostern arbeitet, der hat Pfingsten frei und umgedreht. Und so sind das dann interne Regelungen, die getroffen werden, so dass eben jeder auch zufrieden ist." (G-B)

Diese intern gefundenen Regelungen scheinen zu einer größeren Zufriedenheit der Beschäftigten zu führen, alleine dadurch, dass die Entscheidungen transparent sind und ein Gefühl der Gerechtigkeit vermitteln. Zusätzlich dazu würden die Beschäftigten die durch die Maßnahme gegebene Flexibilität vermissen. Interessant ist, dass eine der Befragten sogar von einer Persönlichkeitsentwicklung spricht, die durch die Maßnahme entstanden ist:

> „Ja, dass ich a (...) mit meinen Arbeitskollegen reden muss. B aber auch, (...) es gibt ja einen gewissen Egoismus, (...) den hat ja jeder Mensch in sich auch. (...) aber, dass man (...) sagt, ne, meine Kollegin hat jetzt auch das Recht darauf. Und ich finde, (...) dieses Ausgewogensein und (...) vor allem auch das miteinander reden müssen. Was ist weiter dabei, wenn man miteinander spricht? Aber trotzdem, man hat es halt früher nicht gemacht. (...) Und so kommt man sich auch ein bisschen näher und auch wie gesagt, (...) man geht anders miteinander um." (G-B)"

Die Nutzer/innen sind im Allgemeinen mit den Nutzungszeiten zufrieden.[22] Ein Nutzer fordert allerdings die Erweiterung der Öffnungszeiten auf den Sonntag und im Prinzip eine ‚Rund-Um-Die-Uhr-Dienstleistung'. Diese Meinung wird nicht von allen geteilt. Hier stehen zwei Meinungen gegenüber. Eine Frau mit Kind möchte den Sonntag für die Familie reserviert sehen:

> „Jetzt muss ich mal ganz kurz dazwischen, also da bin also überhaupt nicht der Meinung und ich denke der Sonntag ist für mich schon wenn die Geschäfte offen sind (...) also ich kann da überhaupt nicht hinter stehen. Weil ich finde, das muss einfach (...) einen Tag geben, wo Ruhe ist. Also ich sehe, dass Familien sonntags einkaufen gehen, wo ich sage Familien können am Sonntag auch andere Dinge erledigen als einkaufen (...)." (G-N)

Dagegen plädiert der alleinstehende Mann für ein möglichst flexibles Einkaufen:

> „Es ist meine Meinung, dass (...) wenn man Familie hat, spielt das eine ganz andere (...) Rolle. Ich bin ledig und (...) es kommt dann auf das Kaufverhalten an: wer kauft wann, zu welcher Zeit? Wann fällt mir ein oder wann brauche ich Dinge oder wann kann ich mir Dinge besorgen. Da bin ich natürlich als lediger wesentlich freier in der Machbarkeit (...) als meinetwegen eine Familie mit zwei, drei Kindern." (G-N)

Die Einführung der PEP im Team hat Vorteile für die Beschäftigten gebracht. Auch die Geschäftsleitung hat davon profitiert. Als hauptsächlichen Vorteil sieht die Geschäftsleitung, dass sich die Abteilungsleiter/innen durch die Neuregelung auf die Kapazitätsfrage bzw. Kundenfrequenz konzentrieren können. Die Planungszeit, wer zu welcher Zeit arbeiten soll, fällt für die Abteilungsleiter/innen weg. Ein weiterer Vorteil für die Arbeitgeberseite ist, dass sich das Betriebs-

---

22 Dies wird durch die Kurzbefragung unterstützt. In dem Kurzfragebogen wurden zusätzlich zu den demographischen Daten und dem Nutzerverhalten, Fragen zu der Zufriedenheit der Öffnungszeiten gestellt. Hierbei zeigte sich, dass mehr als 90 Prozent der Befragten zufrieden oder sehr zufrieden mit den Öffnungszeiten sind.

klima verbessert hat und „das Gemeckere“ (E-L) über die Unzufriedenheit von Arbeitszeiten wegfalle.

4.4.10 Zeitliche Lebensqualität der Beschäftigten ist erhöht

Nutzer/innen sind nicht unmittelbar von der Maßnahme betroffen, daher ist ein auf sie bezogener Lebensqualitätseffekt der PEP im Team nicht eindeutig zu erkennen. Im Allgemeinen besteht relativ hohe Zufriedenheit mit der Dienstleistungsqualität des Kaufhauses. Niemand ist unzufrieden mit Öffnungszeiten oder Service. Bemängelt werden nur die Preise. Deswegen beschränken die meisten Nutzer/innen ihren Einkauf auf ‚besondere Sachen’, wie Kleidung und andere ‚hochwertige Produkte’. Lebensmittel werden von diesen Nutzer/inne/n als zu teuer eingestuft, daher wird der alltägliche Bedarf nicht in diesem Kaufhaus besorgt.

Die Beschäftigten des Warenhauses sind generell sehr zufrieden mit der Maßnahme PEP im Team. Da die Beschäftigten einen relativ großen Einfluss auf ihre Arbeitszeiten haben, wird die Möglichkeit zur Selbstbestimmung des Zeitgebrauchs positiv bewertet. Dies wirke sich auch positiv auf die Zeitsouveränität der gemeinsam erlebbaren Zeiten und freien Zeiten aus. Insbesondere eine befragte alleinerziehende Beschäftigte schätzt die Möglichkeit, die Arbeitszeiten selbstbestimmt im Team zu regeln:

> „Ich habe (...) eine sehr liebe und nette Kollegin, die da auch viel Rücksicht nimmt. Und da ich auch Alleinerziehend bin, kann ich durch sie sehr viel Frühschicht machen. Also meine Kolleginnen nehmen da schon sehr viel Rücksicht, dass ich da montags bis donnerstags meistens Frühschicht mache. Und da freitags mein Kind dann bei dem Papa ist, Freitag, Samstag mache ich dann auch spät. Das klappt auch ganz gut. (...) daher finde ich schon, dass wir mehr Selbstbestimmung haben (...) Ohne diese selbstgestalteten Pläne hätte ich mein Kind gar nicht groß ziehen können (...) Von der ersten bis zur fünften Klasse kann man nicht jeden Tag um 21 Uhr nach Hause kommen. Das wäre überhaupt nicht gegangen.“ (G-B)

Allerdings betont sie, Zeitsouveränität setze eine gewisse Personalbesetzung voraus. Wenn die Personalbesetzung besonders dünn sei, führe dies zu Konflikten im Team.

> „Aber es gibt dann auch Zeiten, gerade jetzt wo wir richtig schlecht besetzt sind, da wollen sehr viele frei haben. Und (...) das sind dann immer so die ersten drei Weihnachtsfeiertage, das sind Donnerstag, Freitag und keiner will dann den Samstag da dann arbeiten, und das führt wiederum zu Konflikten, weil sich dann schnell diejenigen, irgendjemand muss ja an diesem Samstag arbeiten, die fühlen sich dann schnell benachteiligt gegenüber den anderen.“ (G-B)

Dazu kommt, dass die Öffnungszeiten seit der Einführung von PEP im Team teilweise auf 21 Uhr ausgeweitet worden sind und die Sonntagsöffnungen zugenommen haben, wohingegen die Anzahl des Personals gleich geblieben ist. Die verlängerten Öffnungszeiten erschweren teilweise die ‚Spielräume für gemeinsame Zeiten' auch im weiteren Familien- und Freundeskreis:

> „Es trifft nicht nur die im Haushalt lebende Familie, sondern auch den Verwandtenkreis, (...) Eltern, Geschwister, Freundeskreis. Die haben ja oft andere Arbeitszeiten. Mir geht es persönlich so, dass wenn ich abends um neun zuhause bin, brauch ich meine Schwester da gar nicht anzurufen, die liegt da im Bett, weil sie morgens um fünf aufsteht." (G-B)

Unabhängig von der Verteilung von Ressourcen wird die PEP im Team positiv bewertet. Die Möglichkeit, die Arbeitszeitgestaltung zu beeinflussen, führt zu Souveränität in der Zeitgestaltung auch außerhalb der Arbeitszeiten. Eine Beschäftigte beschreibt das so:

> „Auch ich finde es positiv. (...) früher war der Plan fertig und eh man jemand zum Tauschen gefunden [hat, das] war fast aussichtslos, weil jeder so auf sein Plan eingespielt war. Jetzt ist es doch schon so, man kriegt ja Arzttermine ein Monat später zwei Monate später. Dann sagt der Arzt wann können sie denn, dann sag ich okay, sagen sie mir irgendeinen Termin den sie haben schnellstmöglich für diesen Monat. Dann komm ich zur Arbeit, schreibe das ein, mache das Ausrufezeichen, da weiß man okay, das ist wichtig. Das hat früher nicht so funktioniert. Früher ist man mit seinem Plan hin: oh, das geht nicht, da kann der Arzt nicht. Jetzt können wir. So ist es viel besser." (G-B)

Ein weiterer positiver Effekt der Maßnahme für die Lebensqualität im Sinne von ‚Spielräume in gemeinsamen Zeiten' wird dadurch erreicht, dass Familienfeiern, die lange im Voraus bekannt sind, in die PEP einfließen können. Diese Aspekte werden als sehr positiv von den Beschäftigten eingestuft. Keiner der Beschäftigten möchte, dass die Maßnahme wieder zurückgefahren wird.

4.4.11 Zeitsouveränität durch eigenverantwortliche Personaleinsatzplanung – exklusiv für Beschäftigte

Man kann sich kaum eine menschlichere Arbeitszeitgestaltung als in dem Warenhaus in Fall D vorstellen. Gewiss: Das Management legt Soll-Vorgaben einseitig fest. Aber wenn das einmal geschehen ist, können die Beschäftigten selbst bestimmen, wann sie eingesetzt und nicht eingesetzt werden. Sie stimmen sich dann einvernehmlich untereinander nach Gesichtspunkten ab, ob jemand eine Zeitgestaltung wirklich dringend braucht. Darüber fließen dann auch die lebensweltlichen Interessen der Beschäftigten in die betriebliche Personalplanung ein. Alle unsere Lebensqualitätskriterien finden sich mehr oder weniger realisiert – und darüber ein erhöhtes Maß wirklicher Vereinbarkeit von beruflichen und außerberuflichen Zeiten und Zeitanforderungen.

Das haben wir öfters schon (Matthies et al. 2004) bei fortschrittlichen Arbeitszeitregelungen beobachtet. Es findet eine zweistufige Arbeitszeitregelung statt. Erst erfolgt die Soll-Vorgabe: die erfolgt entweder fremdbestimmt (durch Ausübung des Direktionsrechts des Arbeitgebers) oder mitbestimmt (durch Beteiligung des Betriebs- oder Personalrats an der Festlegung der Soll-Vorgabe). Die Durchführung der Sollvorgabe geschieht dann im zweiten Schritt in Selbstbestimmung der Beschäftigten. Sie können Optionen äußern und geltend machen – und sich wechselseitig über diese und mögliche Zeitkonflikte verständigen. Das stellt ein Optimum an arbeitszeitlicher Selbstbestimmung dar.

Nur bleibt das Ganze ein Regelungsmuster zwischen Vorgesetzten und Beschäftigten – die Nutzer/innen und deren Lebensqualitätseffekte bleiben bei der Maßnahme völlig außen vor. Sie sind gewissermaßen abwesend. Im Prozess der Planung und Ausgestaltung der Maßnahme spielen sie keine Rolle, mit ihnen wird die Maßnahme auch nicht irgendwie kommuniziert. Wie auch? Sie sind ja nicht individualisierbar und präsent. Sie haben keine Stimme – allenfalls „künstlich" durch das Gruppeninterview. Die Lebensqualitätseffekte sind also exklusiv – sie bleiben Aushandlungsprozesse zwischen Management und Beschäftigten und zwischen Beschäftigten untereinander. Die Maßnahme PEP im Team ist „zeitpolitisch" allein für die Beschäftigten geblieben.

Kundeninteressen finden allein über Kundenfrequenzanalysen (KFA) Eingang. KFA sind kein adäquates Spiegelbild der Lebensqualitätsinteressen von Nutzer/inne/n. KFA spiegeln das Kundenverhalten in Reaktion auf eine durch das Management vorgegebene Gestaltung der Öffnungszeiten. KFA spiegeln also, wie sich Nutzer/innen mit den von den Öffnungszeiten gesetzten Regeln arrangieren – mehr nicht. Von einer seriös ermittelten Lebenslage und Lebensqualität der „anderen Seite" des Uno-actu-Prinzips sind sie weit entfernt.

Vor allem: Der Charakter der industriellen Beziehung ist der alte geblieben. Diese haben sich nicht zur Zeitpolitik geöffnet. Die Nutzer/innen-Beziehung bleibt – als „Kunden"-Beziehung verdünnt – Sache der Geschäftsleitung. Das mit „Zeitfragen sind Streitfragen" gegebene Versprechen – Wir nehmen die zeitlichen Anliegen aller Beteiligten ernst und führen sie zu einem fairen Ausgleich! – ist nicht eingelöst. Gewerkschaftliche Interessenvertretung bleibt auf „die da drinnen" beschränkt.

4.5 Fall E – Service im Einklang mit Vertrauensarbeitszeit

Die Einführung der Vertrauensarbeitszeit in diesem Fall steht exemplarisch für Besitzstandswahrungs- und Deregulierungsstrategien betrieblicher Sozialpartner. Arbeitszeitgestaltung bleibt Angelegenheit der traditionellen Akteure industrieller Beziehung – weit entfernt von einer systematischen und entscheidungsrelevanten Einbeziehung ausgeschlossener Dritter. Effekte (zeitpolitischer) Lebensqualität sind allenfalls bei Beschäftigten, nicht bei Nutzer/inne/n der Dienstleistung identifizierbar.

4.5.1 Mehr Zeitautonomie und Eigenverantwortung für Beschäftigte

In Fall E handelt es sich um die Filiale einer Krankenkasse, in der zum 01.08. 2003 eine Dienstvereinbarung zur Vertrauensarbeitszeit eingeführt wurde. Vertrauensarbeitszeit zielt grundsätzlich auf die Zeitautonomie der Beschäftigten bei der Erledigung vereinbarter Tätigkeiten ab. Entscheidend ist nicht die zeitliche Präsenz der Beschäftigten, sondern die eigenverantwortliche Gestaltung der Arbeitszeit. Unser zeitpolitisches Erkenntnisinteresse war, ob die Erhöhung von Eigenverantwortung der Beschäftigten zur Herausbildung innovativer zeitlicher Regulierungsformen im Betrieb führt, da dadurch potenziell Handlungsspielräume zur Selbststeuerung von Zeitkonflikten und -interessen eröffnet werden.

Ausgewählt wurde eine Betriebskrankenkasse, die 2007 aus der Fusion zweier Krankenkassen hervorging und bundesweit rund 330.000 Versicherte in über 30 Geschäfts- und Beratungsstellen betreut. Aufgrund der Entstehungsgeschichte sind die versicherten Mitglieder größtenteils (ehem.) Beschäftigte der chemischen und pharmazeutischen Industrie. Das bundesweite Netzwerk von Filialen ist in unmittelbarer Nähe, teilweise sogar auf dem Betriebsgelände der Trägerunternehmen angesiedelt. Daher sind die Servicezeiten für die Nutzer/innen der Dienstleistung werkspezifisch, und das Dienstleistungsangebot ist auf die an den jeweiligen Standorten (aktuell oder ehemals) beschäftigten Versicherten abgestimmt. Nutzer/innen kommen weitgehend aus dem nahen lokalen Umfeld der Einrichtung. 60 bis 70% der Nutzer/innen, die das Dienstleistungsangebot in der Einrichtung in Anspruch nehmen, sind Rentnerinnen und Rentner.

Die Betriebskrankenkasse weist formell folgende organisatorische Stufen auf: Vorstand – Bereichsleiter/in – Abteilungsleiter/in – Teamleiter/in – Sachbearbeiter/in bzw. Kundenbetreuer/in. Die Betriebskrankenkasse beschäftigt in den Filialen insgesamt ca. 460 Mitarbeiter/innen, die kontinuierlich Tätigkeiten im Front- oder Backoffice-Bereich ausführen. In der hier untersuchten Einrichtung sind 223 Mitarbeiter/innen – 80 Männer und 143 Frauen – beschäftigt,[23] 169 in Vollzeit und 54 in Teilzeit.

An Arbeitszeitformen werden in der Einrichtung Gleitzeit sowie – neben Vollzeit – die Möglichkeit der Teilzeitbeschäftigung im Rahmen von Elternzeit und von Altersteilzeit praktiziert. Aufgrund Letzterer ist in der Einrichtung kein Beschäftigter älter als 60 Jahre alt. Allen Arbeitszeitformen liegt das Prinzip der

23 Anzahl der Beschäftigten der Einrichtung nach Altersgruppen (N = 223): 15 bis 20 Jahre (3), 21 bis 30 Jahre (41), 31 bis 40 Jahre (74), 41 bis 50 Jahre (67), 51 bis 60 Jahre (38), über 60 Jahre (0), Stand Mai 2009.

Vertrauensarbeitszeit zugrunde. Darüber wurde zwischen der Leitung der Krankenkasse und der betrieblichen Interessenvertretung zum 01.08.2003 eine Dienstvereinbarung abgeschlossen, die folgende Regelungen enthält: Der Arbeitszeitrahmen ist Montag bis Freitag von 6:30 Uhr bis 20:00 Uhr, wobei im Computersystem die Standardarbeitszeit von 8:00 Uhr bis 16:30/17:00 Uhr inklusive einer Stunde Pause hinterlegt wird. Die durchschnittliche tägliche Anwesenheitszeit für tariflich Beschäftigte beträgt 8,5 Stunden pro Tag zuzüglich einer Stunde Pause. Für außertariflich Angestellte und Beschäftigte in Teilzeit gelten im Unterschied dazu einzelvertraglich getroffene Arbeitszeit- und Pausenvereinbarungen.

In der Dienstvereinbarung zur Vertrauensarbeitszeit ist festgelegt, dass die tägliche individuelle Arbeitszeit mindestens vier Stunden und höchstens zehn Stunden beträgt (siehe § 3 Arbeitszeitgesetz). Den Beschäftigten und anderen betrieblichen Akteuren wird die Verantwortung übertragen, die gesetzlichen Bestimmungen der arbeitsrechtlichen Schutzgesetze einzuhalten. Darüber hinaus sind alle Beschäftigten für die Erfüllung ihrer tarif- oder einzelvertraglichen Arbeitszeit selbst verantwortlich.

Die individuelle Arbeitszeit der Beschäftigten soll der Vereinbarung zufolge „im Einklang zwischen betrieblichen Anforderungen und den persönlichen Erfordernissen stehen." Die Arbeitszeit kann also zwar selbst bestimmt werden, dabei muss aber die Funktionsfähigkeit der Abteilung oder des Teams gewahrt werden. Dies erfordert eine Abstimmung der zeitlichen Interessen und Bedarfe im Team bzw. in der Abteilung. Unter dem Stichwort ‚Dispositionsfreiheit' (oder auch Zeitausgleich) können Beschäftigte in Abstimmung mit der/dem unmittelbaren Vorgesetzen auch ganze Tage ausgleichen, ohne einen Abwesenheitsnachweis ausfüllen zu müssen.

Die skizzierte Dienstvereinbarung hatte eine Laufzeit vom 01.08.2003 bis 31.12.2006. Danach wurde das zuvor geltende Arbeitszeiterfassungssystem (Anmeldung am Computerarbeitsplatz) wieder eingeführt, das nach der Fusion beider Krankenkassen im Juli 2007 weiter aufrechterhalten wurde. Auf die unterschiedlichen Unternehmenskulturen der beiden fusionierten Krankenkassen ist zurückzuführen, dass erst danach wieder über die Einführung einer neuen Vereinbarung zur Vertrauensarbeitszeit nachgedacht wurde.

4.5.2 Gesundheitsorientierte und beratungsintensive Dienstleistungsbeziehung

Eine Krankenkasse erbringt Beratungs- und Betreuungsdienstleistungen gegenüber einer Person mit ihren gesundheitsbezogenen Anliegen. Diese Dienstleistungen sind zwar personenbezogen, werden aber nicht direkt am Körper erbracht. Lediglich die Beratungs- bzw. Verwaltungstätigkeit bezieht sich auf den Körper und seinen Gesundheits- bzw. Krankheitszustand, wirkt auf diesen aber nicht direkt ein. Dienstleistungen der Krankenkasse werden gelegentlich, im Falle eines konkreten Anliegens (beispielsweise einer Leistungsberatung), wahrgenommen, können in diesem Moment aber kommunikationsintensiv sein. Da es sich nicht um eine körperbezogene und längerfristige personenbezogene Dienstleistung handelt, ist die Dienstleistungsbeziehung weniger intensiv. Dies lässt entsprechend Hypothese H1 vermuten, dass die jeweilige Reziprozität der Stakeholder im Verhältnis zu den zeitlichen Belangen der Anderen geringfügig vorhanden, aber nicht stark ausgeprägt ist.

Auch bei dieser Dienstleistung hängen Vorhandensein und Ausprägung der tätigkeitsbezogenen Motivation der Beschäftigten vom Interaktionsgrad der Tätigkeitsbeziehung ab. Dabei interessieren allein Tätigkeiten im Frontoffice-Bereich der Krankenkasse, weil nur hier Interaktionsbeziehungen im Sinne des Uno-actu-Prinzips zustande kommen. Im Frontoffice-Bereich der Krankenkasse findet hauptsächlich persönliche Beratung und Betreuung von Mitgliedern (Versicherten) bei Fragen zur medizinischen Rehabilitation, zu Maßnahmen der Gesundheitsfürsorge, zur Finanzierung oder Bewilligung von Leistungen der Krankenkasse, etc. statt. Bei dieser Tätigkeit orientieren sich die Beschäftigten an Gesetzen, Satzungen und anderen Rechtsnormen sowie den Vorgaben des Managements, die sich auf eine effiziente, kostengünstige Leistungsbewilligung, die durchschnittliche Beratungszeit oder auch Gründe für den Leistungsausschluss beziehen können. Ähnlich wie bei Fall D (Warenhaus) ist von Konkurrenzverhältnissen im Versicherungsbereich auszugehen, die vermuten lassen, dass seitens des Managements ein Interesse an Vorgaben zur Standardisierung und Rationalisierung der Betreuungs- und Beratungstätigkeit besteht.

Auch in diesem Fall wird von der Annahme ausgegangen, dass Beschäftigte im Frontoffice-Bereich der Krankenkasse ein eigenes Interesse an qualitativer Entfaltung von Betreuung und Beratung der Nutzer/innen haben, wenn sie Möglichkeiten der Selbstbestimmung bei der Gestaltung der Dienstleistung erfahren. Dies erlaubt zugleich die Fähigkeit der Beschäftigten, die Anliegen der Nutzer/innen als Versicherte bzw. Mitglieder der Krankenkasse wahrnehmen und auf sie eingehen zu können, damit sich die Interaktion in der Dienstleistungsbeziehung entfalten kann. Ähnlich der Typik der Tätigkeitsbeziehung in Fall D zeigt sich hier die Beziehung zwischen Selbstbestimmung, tätigkeitsbezogener Motivation der Beschäftigten im Servicebereich und Lebensqualitätseffekten, die anhand des Interviewmaterials im Weiteren zu untersuchen sein wird. Wird den Beschäftigten ein hoher Selbstbestimmungsgrad bei der Gestaltung der Dienstleistung zugestanden, kann von hoher tätigkeitsbezogener Motivation der Beschäftigten ausgegangen werden, die wiederum bezüglich Arbeitszufriedenheit und Qualität der Dienstleistung positive Effekte erwarten lässt.

In der Krankenkasse und der hier zu untersuchenden Einrichtung herrscht eine traditionelle, bipolare Form der industriellen Beziehungen vor. Geschäftsleitung und Arbeitnehmervertretung handeln – bezüglich der untersuchten Maßnahme unter Beteiligung der Gleichstellungsbeauftragten – Dienstvereinbarungen aus. Ausgeschlossen sind in diesem tradierten System relevante Formen der Beteiligung von Beschäftigten und Nutzer/inne/n an Plänen oder Vereinbarungen im Betrieb. Die betriebliche Interessenvertretung nimmt für sich Anspruch, sich informell mit den Beschäftigten auszutauschen, diese bei Bedarf zu Rate zu ziehen und im Rahmen von gesetzlich festgelegten Personalversammlungen zu informieren.

4.5.3 Erweiterte zeitliche Selbstbestimmung mittels Vertrauensarbeitszeit

Die untersuchte Maßnahme in der Einrichtung bezieht sich auf die *Vereinbarung zur Einführung von Vertrauensarbeitszeit* im Zeitraum vom 01.08.2003 bis 31.12.2006. Grundsätzlich kann davon ausgegangen, dass jede relevante arbeitszeitpolitische Veränderung Einfluss auf die Arbeitsorganisation und damit auch auf die Qualität der Beziehungen zwischen Dienstleistungserbringern und Dienstleistungsnehmern nimmt. Unter Bezugnahme auf das erste Kriterium zur Einordnung zeitpolitischer Maßnahmen (siehe Kap. 3.3.1) handelt es sich demnach bei der Einführung der Vertrauensarbeitszeit um eine Maßnahme, die objektiv zeitliche Auswirkungen auf Beschäftigte und Nutzer/innen der dienstleistenden Einrichtung hat.

Vertrauensarbeitszeit setzt die Bereitschaft zur Selbststeuerung der Beschäftigten voraus. Sie ermöglicht, wenn entsprechende Diskursmöglichkeiten und Regulierungsverfahren innerhalb der Abteilung bzw. Einrichtung bestehen, die Erweiterung der Selbstbestimmung im Zeitgebrauch der Beschäftigten. Bei der Maßnahme sind folglich die zeitlichen Bedingungen der Lebensqualität der betroffenen Beschäftigten berücksichtigt (zweites Kriterium); im Weiteren wird noch aufzuzeigen sein, welche Diskursmöglichleiten und Regelungsmuster der Planung und Implementierung der Maßnahme zur Einführung der Vertrauensarbeitszeit zugrunde lagen.

Nach dem Erkenntnisstand zum Zeitpunkt der Untersuchung stellten die betrieblichen Sozialpartner keinen direkten Zusammenhang zwischen der Einführung von Vertrauensarbeitszeit und möglichen Effekten für Nutzer/innen des Dienstleistungsangebotes der Krankenkasse her. Damit verbunden ist die Vermutung, dass weder die zeitlichen Bedingungen von Lebensqualität der betroffenen Nutzer/innen berücksichtigt wurden noch wechselseitige Kenntnis von zeitlichen Lebensqualitätsbedingungen bei Beschäftigten und Nutzer/inne/n ermöglicht wurde (drittes und viertes Kriterium). Vor diesem Hintergrund stellt Fall E eine arbeitszeitpolitische, keine zeitpolitische Maßnahme dar.

Schon vor der Einführung der Vertrauensarbeitszeit im August 2003 bestanden Gleitzeitregelungen, bei denen die Zeiterfassung für alle Beschäftigten mit

Hilfe der ‚Stechuhr' gewährleistet wurde. Mit dem Umzug in ein neues angemietetes Verwaltungsgebäude wurde, mit dem Anspruch der Kosteneinsparung verbunden, dieses Zeiterfassungssystem nicht mehr übernommen. Zudem wird von der Leitung angeführt, dass mit der Reorganisation der Aufbau- und Organisationsstruktur der Einrichtung auch die Personalentscheidungskompetenz verändert sollte: Führungskräfte sollten in ihrer jeweiligen Funktion gestärkt werden. Die Maßnahme wurde auf den Weg gebracht, weil der Vorstandsvorsitzende in früheren Unternehmen positive Erfahrungen mit Vertrauensarbeitszeit gemacht hatte und diese auch in dieser Einrichtung umgesetzt sehen wollte.

Neben der Kosteneinsparung beabsichtigten die betrieblichen Sozialpartner mit der Maßnahme auch, die vielfältigen Arbeitszeitregelungen innerhalb der Einrichtung zu vereinheitlichen. Der Dienstvereinbarung selbst sind die Zielsetzungen zu entnehmen, dass durch die Einführung der Vertrauensarbeitszeit die Eigenverantwortung der Beschäftigten, die Vereinbarkeit von Beruf und Familie sowie die vertrauensvolle Zusammenarbeit gefördert werden sollen.

Das Management zielte vor allem auf die Verknüpfung von kontrollierender Personalführung und flexibilisierender Individualisierung der Arbeitszeit und Arbeitsorganisation ab:

> „(...) eine vertrauliche Atmosphäre oder vertrauliche Zusammenarbeit und auf der anderen Seite Förderung von Familie und Beruf. Das sind (...) die Punkte, die für die Beschäftigten im Vordergrund stehen. Einfach die höhere Flexibilität. (...) die Abstimmung soll im Team passieren oder in der Abteilung (...), aber (...) zum Schluss brauche ich jemanden, der quasi [das] Sagen hat, wenn es um die Erfordernisse des Unternehmens geht." (E-L)[24]

Der Personalrat forderte, mindestens eine minimale Zeiterfassungsregelung in die Vereinbarung aufzunehmen:

> „Bei der Aushandlung war mein Ziel auf jeden Fall, dass etwas freiwillig angeboten wird. Wir haben als Personalrat selbst (...) eine Excel-Tabelle entworfen." (E-P)

Die Frauenbeauftragte forderte explizit die Schaffung von Möglichkeiten zur Vereinbarkeit von Familie und Beruf (E-G).

Die Initiative zur Einführung von Vertrauensarbeitszeit ergriff die Leitung der Filiale. Die Dienstvereinbarung wurde zunächst mit dem Personalrat und dann mit der Gleichstellungsbeauftragten erörtert, modifiziert und ausgehandelt.

---

24 Die Belege aus den Interviews werden wie folgt gekennzeichnet: Experteninterview Leitung: E-L; Experteninterview Personalrat: E-P; Experteninterview Gleichstellungsbeauftragte: E-G; Gruppendiskussion Beschäftigte: G-B; Gruppendiskussion Nutzer/innen: G-N.

4.5.4 Informationen zur Maßnahme und Befragungen

Zur Auswertung der Webseite und von Pressematerial der Krankenkasse, wie auch zur konkreten betrieblichen Dienstvereinbarung wurde eine Dokumentenanalyse durchgeführt, die zugleich Grundlage für die Durchführung von leitfadengestützten Experteninterviews mit der Leitung, dem Personalrat und der Gleichstellungsbeauftragten der Krankenkasse war. Alle befragten Expert/inn/en waren am Aushandlungsprozess der Maßnahme beteiligt. Auf der Grundlage der Informationen zur Planung und Implementierung der Maßnahme wurden anschließend mit sieben Beschäftigten und zwei Nutzer/inne/n der Einrichtung leitfadengestützte, problemzentrierte Gruppendiskussionen durchgeführt. Wie bei den anderen Gruppeninterviews wurde auch hier eingangs ein Stimulus eingegeben, der den Einstieg in die gemeinsame Diskussion bieten sollte. Den teilnehmenden Beschäftigten wurden zwei unterschiedliche Positionen zur Vertrauensarbeitszeit im Hinblick auf die Regelungsautonomie gegenübergestellt.[25] Bei den am Gruppeninterview beteiligten Nutzer/inne/n wurde der Blick auf zwei differierende Positionen zur Nutzungszeit und Qualität des Kundenservice der Einrichtung gerichtet, zu denen die Befragten ihre Meinung äußern sollten.[26] Im Diskussionsverlauf wurden situativ weitere Fragen aus dem zuvor konzipierten Leitfaden formuliert.

Beschäftigte wurden nach Art des Beschäftigungsverhältnisses, Alter, familiärer Situation und Dauer der Betriebszugehörigkeit ausgewählt. Es wurde darauf geachtet, dass alle befragten Beschäftigten die Vertrauensarbeitszeit selbst kennengelernt haben. Zusätzlich repräsentierten die Beschäftigten verschiedene Abteilungen der Einrichtung. Drei Männer und vier Frauen erklärten sich zur Teilnahme am Gruppeninterview bereit, alle erbringen Dienstleistungen als

---

25 Einstieg in die Gruppendiskussion der Beschäftigten: „Sie haben hier in der Krankenkasse Erfahrungen mit der Betriebsvereinbarung zur Einführung von Vertrauensarbeitszeit gemacht. Es gibt Meinungen, die sagen, dass Vertrauensarbeitszeit die Selbstbestimmung der Beschäftigten am Arbeitsplatz und ihre individuelle Flexibilität zur Vereinbarung von Arbeits- und Alltagszeiten fördert. Andererseits gibt es Meinungen, die sagen, dass Vertrauensarbeitszeit zur unkontrollierten Ausweitung der Arbeitszeit und zu Konflikten mit vereinbarten Kundenservicezeiten führt. Wie ist ihre Einschätzung zur Vertrauensarbeitszeit?“

26 Einstieg in die Gruppendiskussion der Nutzer/innen: „Hier in der Krankenkasse wurden Regelungen zur Arbeitszeit (Vertrauensarbeitszeit) und Arbeitsorganisation (mehr Kundenservice über Telefon) verändert. Es gibt Meinungen, die sagen, dass diese Veränderungen die Qualität und die Zeiten des Kundenservice verbessert haben. Andererseits gibt es Meinungen, die sagen, dass diese Regelungen den Kundenservice verschlechtern und eingeschränkt haben. Welche Veränderungen haben Sie bei der Nutzungszeit und Qualität des Kundenservice erfahren? Wie bewerten Sie die Nutzungszeiten und Qualität des Kundenservice?

kaufmännische Angestellte der Einrichtung. Zwei Frauen und ein Mann gaben als Beschäftigungsverhältnis Teilzeittätigkeit an, die übrigen Befragten arbeiten in Vollzeit (37,5 Stunden pro Woche). Dass am Gruppeninterview Beschäftigte mit langjähriger (Berufs-)Erfahrung ebenso vertreten wie Beschäftigte mit relativ kurzer Beschäftigungsdauer, drückt auch im Altersspektrum der befragten Beschäftigten von 23 bis 48 Jahren aus. Mit Blick auf lebenslagenbezogene Lebensqualitätseffekte ist darauf zu verweisen, dass bei lediglich zwei der sieben befragten Beschäftigten Kinder im selben Haushalt leben und diese Beschäftigten (ein Mann und eine Frau) in Teilzeit in der Einrichtung arbeiten.

Die befragten Nutzer/innen wurden mit Hilfe des Personalrates ausgewählt. Seine Annahme, dass die zu Befragenden weitgehenden Einblick in die betrieblichen Gegebenheiten bräuchten, führte dazu, dass lediglich zwei Personen. Beide ausgewählte Nutzer/innen sind selbst Arbeitnehmervertreter/innen im nahe gelegenen Werk der chemischen Industrie, was zunächst als unerwünschte Selektion erschien, was sich dann aber als eine interessante Konstellation für unsere Interesse an Reziprozität und Regulierung in Dienstleistungsbeziehungen erwies. Beide Nutzer/innen sind langjährige Mitglieder (Versicherte) der Krankenkasse; sie nehmen das Dienstleistungsangebot der Einrichtung gelegentlich, eher selten, in Anspruch. Bei der befragten Nutzerin handelt es sich um eine 43 jährige Vollzeitbeschäftigte, die als Chemielaborantin beschäftigt ist. Der befragte Nutzer ist 52 Jahre alt und als technischer Angestellter in Teilzeit beschäftigt.

4.5.5 Aushandlungsmechanismen traditioneller Sozialpartnerschaft

Nachdem der Vorstand entschieden hatte, in der Krankenkasse die Einführung von Vertrauensarbeitszeit einzuleiten, bezog er Personalvertretung und Gleichstellungsbeauftragte ein; eine gemeinsame Arbeitsgruppe wurde gebildet. Gegenstand war die inhaltliche Ausgestaltung der Dienstvereinbarung. Die vorläufigen Ergebnisse wurden in den jeweiligen Gremien diskutiert, Änderungsvorschläge – wie derjenige, dass die freiwillige Aufzeichnung der täglichen Arbeitszeit jedem Arbeitnehmer selbst überlassen wurde – wurden der Arbeitsgruppe unterbreitet. Die betriebliche Interessenvertretung stellte die Dienstvereinbarung auf einer anschließenden Personalversammlung den Beschäftigten der Krankenkasse vor.

Das *Regelungsverständnis* innerhalb der Einrichtung entspricht traditioneller Sozialpartnerschaft. Politisch und kulturell formieren sich die Machtverhältnisse entlang der klassischen industriellen Beziehungen. Neue Regelungsfragen werden sowohl von der Leitung als auch vom Personalrat vorgeschlagen und miteinander ausgehandelt. Dabei weiß die regulierungspolitische Erfahrung und (arbeits-)rechtspolitische Kenntnis des Personalrates durchaus das kontinuierliche direktive Regelungsbedürfnis der Geschäftsleitung in Bezug auf Rationalisierung und Rentabilität zu brechen – so wie auch die Beendigung der hier untersuchten Maßnahme auf die juristische Argumentation des Personalrates zurückgeht. Umgekehrt erscheint der Personalrat durchaus initiativ und führend bei der Flexibilisierung der Arbeitszeit und Arbeitsorganisation, wenn dies von artikulierten Interessen der Beschäftigten vorangetrieben wird – so wie bei den in der Gruppendiskussion von einigen Beschäftigten erwähnten individuellen Vereinbarungen zur Lage der Arbeitszeit und Tele-Heimarbeit.

Laut dem Management „funktioniert" Vertrauensarbeitszeit in zeit- und verantwortungsbewussten Teams, wenn Vertrauen zwischen Leitung und Beschäftigten gegeben sei und gegenseitig erfüllt werde (E-L). Positionierungen der Beschäftigten hinsichtlich der Arbeitszeit und Arbeitsorganisation werden auf eine Frage persönlicher Beziehungen reduziert:

> „Kritisch wird es immer dann, wenn irgendwo grundsätzlich mal so ein Misstrauen da ist. Das kann aber auch z.B. ein gestörtes Verhältnis einer ganzen Gruppe gegenüber dem entsprechenden Vorgesetzten sein. Wenn das nicht richtig funktioniert, dann bekommt man mit so einer Dienstvereinbarung grundsätzlich immer (...), ich sag mal leichte Probleme (...) in der Auslegung." (E-L)

Der Personalrat ordnet die Vertrauensarbeitszeit in eine Reihe von Leistungsvorgaben des Managements ein, welche die Beschäftigten überfordern können. Auf dieser Grundlage betont er seine arbeitszeitpolitische Schutzfunktion für Beschäftigte gegenüber der Leitung:

> „Die Erwartungshaltung, die an die Menschen gestellt wird, das führt manchmal dazu, was ich in der Vergangenheit erlebt habe, dass die Leute Höchstarbeitszeiten teilweise überschritten haben, nur um ihr Pensum zu schaffen. (...) Wir haben (...) eine Schutzfunktion (...) als Arbeitnehmervertreter, und ich denke, auch als Arbeitgebervertreter. (...) bin auch im Rahmen von Teamarbeit total gegen Vertrauensarbeitszeit, weil (...) es gibt immer auch schwächere in der Belegschaft. (...) Ich bin ein (...) Gegner, wenn die Zeiten nicht hinterlegt werden können, aus Eigenschutz." (E-P)

Die vom Personalrat gestützten Arbeitsverträge mit individuellen Arbeitszeitregelungen – insbesondere zur Teilzeit (E-P) – in der Krankenkasse weisen zwar auf einen Bedarf nach individuellen Zeitpräferenzen der Beschäftigten hin. Dieser wird vom Personalrat im Rahmen von Vertrauensarbeitszeit aber nicht in Erwägung gezogen: „es wurde (...) nicht differenziert. Nein, brauchten wir nicht." (E-P) Befürchtungen der Beschäftigten gegenüber der Einführung von Vertrauensarbeitszeit konnte der Personalrat nicht konkretisieren: „Die Befürchtung war nur von mir. (...) habe versucht, die Leute (...) zu schützen." (E-P)

In den Aussagen der Leitung und des Personalrates zur Einführung der Vertrauensarbeitszeit tritt ein Regelungsverständnis zutage, welches nur die Aushandlung zwischen betrieblichen Sozialpartnern im Sinne einer ‚Vertreterpolitik' kennt. Konsequenz ist, dass Interessen und Bedarfe der Beschäftigten, aber auch von Nutzer/inne/n weder bekannt noch berücksichtigt wurden. Vor diesem Hintergrund waren keine aus der Maßnahme resultierenden Lebensqualitätseffekte für beide Akteursgruppen zu erwarten.

Der Personalrat initiierte aktiv die *Beteiligung* der Beschäftigten im Rahmen der Einführung der Vertrauensarbeitszeit, er hatte dabei eher die passive Teilhabe der Beschäftigten in Gestalt der Anhörung als eine diskursive Beteiligung im Sinn. Der Personalrat führt dazu aus:

> „Wir versuchten die [Mitarbeiter/innen] zu berücksichtigen. Wir haben Rücksprache genommen mit (...) vereinzelten Leuten aus der Belegschaft (...). Wir haben das Ganze auch hinterher in der Personalversammlung der Belegschaft vorgestellt. Wie wir das uns vorstellen könnten und immer wieder neu andiskutiert. Ich bin auch teilweise eingeladen worden in Teamsitzungen, wo ich das Thema auch diskutiert habe, um das rüberzubringen." (E-P)

Die befragten Beschäftigten nehmen ‚Information' und ‚Befragung' kaum als Form der Beteiligung wahr und äußern keinerlei Identifikation oder Zufriedenheit:

> *Nr. 6:* „(...) ich kann mich nicht dran erinnern, dass wir beteiligt worden wären (...). Ich glaube, das war eher eine Mitteilung (...), wird eingeführt und später eine Mitteilung, wird abgeschafft, und das wars." (G-B)

> *Nr. 7:* „(...) in der Personalversammlung (...) wurde das mal thematisiert (...). (...) Es wurde da eine Umfrage gestartet. Da wurden Zettel verteilt, und dann musste man auf der Personalversammlung ein Kreuzchen setzen: (...) ich bin für die Zeitbuchung komplett, ja, nein. Und dann wurde das eben entsprechend ausgewertet, und dementsprechend war dann die Zeitbuchung über das System dann eingestellt." (G-B)

Ein Beschäftigter äußert, mit diesem Verfahren seien zugleich alle jene Beschäftigte von der Entscheidung über die Einführung der Vertrauensarbeitszeit ausgeschlossen, die auf der besagten Personalversammlung nicht persönlich anwesend waren. Denn eine weitere Beteiligung der Beschäftigten war seitens der Personalvertretung nicht vorgesehen (G-B). Die Beschäftigten waren an der Planung der Maßnahme nur indirekt und einmalig beteiligt, weil sich die betriebliche Interessenvertretung als Verhandlungspartner zur Aushandlung und Gestaltung der Maßnahme erachtete. Hier kann nicht von wirkungsvoller Beteiligung im zeitpolitischen Sinne gesprochen werden, da die Beschäftigten zu keinem Moment zeitliche Interessen und Bedarfe artikulieren konnten. Auf diese Form der Beteiligung und der damit einhergehenden unzureichenden Berücksichtigung der Interessen der Beschäftigten lässt sich die Vermutung zurückführen, dass durch die Maßnahme die Lebensqualität der Beschäftigten nicht gesteigert werden konnte.

Eine weitergehende nutzerorientierte zeitpolitische Gestaltung wurde in der untersuchten Dienstvereinbarung nicht in Betracht gezogen. Grund dafür war, dass Initiativen zur Verlängerung bzw. Ausweitung der Öffnungszeiten am Abend und am Samstag in der Vergangenheit von Nutzer/inne/n wenig in Anspruch genommen und daher wieder zurückgenommen wurden (E-L; E-P). Die Vertrauensarbeitszeit selbst hat in den Augen der Leitung keine Nutzer-Relevanz, und diese war auch nicht beabsichtigt (E-L) Die befragten Nutzer/innen nehmen diese Nicht-Beteiligung als völlig normal wahr und stellen sie nicht in Frage. Erst auf die Nachfrage, ob denn eine Beteiligung gewünscht werde, wird eine Verbindung zwischen Nicht-Beteiligung und Ohnmachts-„Wut" hergestellt:

> „Ich kann mir nicht vorstellen, wie das von statten gehen sollte (...). (...) wenn ich mir jetzt vorstellen würde, jedes Mitglied der BKK würde dazu befragt, das stelle ich mir sehr unrealistisch vor. Ich denke, [da] sind eher (...) gefragt (...) die Mitarbeiter, (...) die Vertretung, also sprich der Personalrat vor Ort. (...) natürlich kann man eine allgemeine Befragung starten (...). (...) ich bin mir gar nicht darüber im klaren, ob überhaupt noch jemand irgendwo gefragt wird (...). Das ist ja wahrscheinlich auch das, was den Endverbraucher (...) immer ein wenig wütend macht. Man wird nicht gefragt. Man wird immer vor vollendete Tatsachen gestellt." (G-N)

Auch der andere Nutzer nimmt die unerwartete Perspektive der Beteiligung positiv auf und bestätigt zugleich, dass diese Perspektive nicht zur Alltagserfahrung gehöre (G-N). Die Beschäftigten halten die Beteiligung der Nutzer/innen nicht für notwendig, da sie ohne weitere Prüfung von deren hohen Zufriedenheit mit erfahrenen Dienstleistungen ausgehen:

> „Erfahrungsgemäß sind die Kunden überrascht, dass sie im Durchschnitt von 7.45 bis 16:45 Uhr aufhaben und das auch mittwochs und freitags. Also, da sind viele sehr überrascht drüber. [Zwischenruf: „Das sind sie seit 30 Jahren!"] Richtig, aber (...) trotz[dem], die Kunden kriegen es im Endeffekt nicht wirklich mit, ob wir jetzt eine Vertrauensarbeitszeit haben oder eine Gleitzeit mit Systembuchung. (...) weil die Anwesenheit war auch vorher schon geregelt, wie die Personen jetzt an welchem Platz sitzen und wie die Plätze besetzt sind. Das ist im Endeffekt für die Kunden nicht interessant. Hauptsache sie werden bedient, und das so schnell wie möglich, und das ist alles, was die mitbekommen." (G-B)

Die Leitung geht einvernehmlich mit betrieblicher Interessenvertretung und Beschäftigten davon aus, dass die Einführung von Vertrauensarbeitszeit keinerlei Wirkungen auf die Nutzer/innen der Dienstleistungen der Krankenkasse hat. Diese Annahme wird für derart selbstverständlich gehalten, dass sie einer Überprüfung nicht bedarf. Aus diesem Grund wurde auch nicht als notwendig erachtet, die Gruppe der Nutzer/innen in den Planungsprozess der Maßnahme mit einzubeziehen. Folglich kann nach unseren Hypothesen vermutet werden, dass weder die zeitlichen Interessen der Nutzer/innen in der Maßnahme Berücksichtigung gefunden haben noch dass für diese Akteursgruppe spürbare zeitliche Lebensqualitätseffekte aus der Maßnahme folgten.

Bei Management und Personalrat als führenden Akteuren sind Ansätze zu erkennen, Dienstleistungsbeziehungen im Sinne reziproker Tätigkeitsbeziehungen zu interpretieren: Ihr Verständnis für subjektive Lebensqualitätsansprüche der Nutzer/rinnen und der Beschäftigten zeigt sich in Ausdrücken wie z.B. ‚persönliche Einbindung', ‚Vertrauen', ‚angenehmes Empfinden'. Dieses Potenzial zur Erweiterung der Akteurskonstellation in Dienstleistungsbeziehungen ist aber fragil, da die Beharrungskräfte der industriellen Arbeitsbeziehungen diese offensichtlich überformen: Das Management beruft sich letztlich auf seine direktive Regulierungsposition, der Personalrat betont letztlich seine regulierende Schutzfunktion.

Der Gegensatz in der Wahrnehmung auf Beschäftigtenseite – der Betriebsrat nimmt sich als aktiv Beteiligung ermöglichend wahr, die Beschäftigten nehmen sich als nicht beteiligt wahr – deutet auf die konflikthafte Beziehung zwischen dem aus den industriellen Beziehungen tradierten Reziprozitätsverständnis und einer den dienstleistungsbezogenen Arbeitsbeziehungen angemessenen Regulierungsform hin. Die Selbstverständlichkeit, mit der die Beschäftigten diese Unangemessenheit aussprechen, kann als Normalitätsannahme in Arbeitsbeziehungen verstanden werden, von der man keine anderen Formen von Beteiligung erwartet. Von dieser Warte aus erklärt sich das Reziprozitätsverständnis der Beschäftigten gegenüber den Nutzer/inne/n der von ihnen geleisteten Dienste. Diese werden nicht als Miturheber, Ko-Produzenten, der an ihnen erbrachten Dienstleistung verstanden, sondern als „Objekte" professionell rationalisierter und effektiver Arbeitsbeziehungen wahrgenommen.

Bei der befragten Nutzerin und dem befragten Nutzer wirkt ihre Funktion als Personalräte nach. Sie gehen von einer angemessenen Beteiligung der Beschäftigten aus und nehmen zunächst die Nutzer/innen vom Standpunkt der Beschäftigten aus wahr. Und doch: Sobald sie narrativ und erfahrungsgeleitet die Position der Nutzer/innen einnehmen, tritt die Relevanz von Reziprozität in Dienstleistungsbeziehungen in den Vordergrund. Und unerwartet brechen diese befragten Personalräte mit der noch einen Satz zuvor als sicher angenommenen Angemessenheit der ‚bipolaren' Arbeitsbeziehungen. Im übertragenen Sinne bestätigen – und kritisieren – sie, dass sich die Produzenten in der Perspektive der industriellen Beziehungen nicht für die Nutzer/innen ihrer Produkte interessieren.

4.5.6 Vertrauensarbeitszeit wird als Faktum ohne Beteiligung implementiert

Die Vertrauensarbeitszeit wurde mit Abschluss der Dienstvereinbarung eingeführt und bekannt gemacht. Die Implementierung ist im vorliegenden Fall kein auffälliger Teil der Prozessanalyse, da die eigentliche Auseinandersetzung der Aushandlungsprozess der Dienstvereinbarung war. Die Durchführung konnte mit einem hohen Professionalisierungsgrad der Beschäftigen und ihrer langjährigen Erfahrung mit flexiblen Arbeitszeitregulierungen in der Krankenkasse rechnen, so dass eine Ausweitung der Selbststeuerung auf keine vordergründigen Hindernisse traf. Die eingeübten bipolaren Arbeitsbeziehungen verursachten einzelne Probleme bei der Einführung zu individualisierten Angelegenheiten etwa bei der Vereinbarkeit von Beruf und Familie, diese wurden aber zwischen Management und Personalrat zügig nachverhandelt.

Die Dienstvereinbarung wurde direktiv von den Vorgesetzen eingeführt. Für ergänzende Bestimmungen konnte der Personalrat von den Beschäftigten in Anspruch genommen werden. In der Phase der Einführung der Vertrauensarbeitszeit erfolgte keine explizite Beteiligung der Beschäftigten und Nutzer/innen. Hinsichtlich der Phase der Implementierung der Vertrauensarbeitszeit sind auch keine expliziten Reziprozitätsmuster erkennbar.

4.5.7 Zurück zu ‚Bewährtem' – Zeiterfassung mit begrenzter Zeitautonomie

Nach dreieinhalb Jahren wurden die Vertrauensarbeitszeit abgesetzt und zum regulären Arbeitszeiterfassungssystem durch Anmelden am Computerarbeitsplatz zurückgekehrt. Gründe waren ein mangelnder Konsens im Management zur Vertrauensarbeitszeit (E-L) und die sich durchsetzenden rechtlichen Bedenken des Personalrates hinsichtlich der ‚Sorgfaltspflicht' des Arbeitgebers bei der Kontroll- und Aufzeichnungspflicht der Arbeitszeiten von Beschäftigten.

> „(...) im Laufe des Lebens der Dienstvereinbarung kam ja dann das Thema auch noch mal hoch (...) Verantwortung des Arbeitgebers bzw. Kontrollmöglichkeiten des Arbeitgebers, wieso dann wieder die Stechuhr eingeführt worden ist. (...) da gibt es (...) unterschiedliche Urteile zu der ganzen Geschichte, welche Aufgaben der Arbeitgeber in so einem Zusammenhang wirklich wahrzunehmen hat. (...) der Arbeitgeber muss gewisse Sicherheiten haben, um in möglichen Verfahren auch entsprechend nachweisen zu können, das er dort seinen Sorgfaltspflichten nachgekommen ist. [Zwischenfrage der Interviewerin: Das geht letztlich nur über Aufzeichnung?] Ja. (...) Auf der anderen Seite muss man sich natürlich fragen, wann solche Fälle überhaupt zu Tage kommen, (...) einmal in 10.000 Jahren. Aber wenn es kommt, dann trifft es immer die Falschen (...)." (E-L)

Die Beschäftigten nehmen keinen wesentlichen Unterschied zwischen der Vertrauensarbeitszeit und der zuvor schon eingeführten Gleitzeit und auch keine wesentliche Veränderung nach der Aufhebung der Vertrauensarbeitszeit wahr.

> *Nr. 5:* „Für mich gibt es eigentlich gar nicht so offensichtlich einen Unterschied zwischen der Vertrauensarbeitszeit und was wir jetzt haben (...). Ich hab mir damals die Zeiten eingetragen und mach es jetzt auch." (G-B)

> *Nr. 7:* „Ich muss zugeben, ich war eben auch überrascht, dass wir keine Vertrauensarbeit mehr haben, ich dachte wir hätten noch Vertrauensarbeitszeit [mehrere lachen]." (G-B)

> *Nr. 4:* „(...) aber was ich glaube, es ging auch weniger um die Vertrauensarbeitszeit als mehr um die flexible Arbeitszeit. (...) Der Arbeitgeber hier sagt ja eher, ich gebe euch die Flexibilität, selber zu entscheiden, wann ihr arbeiten möchtet." (G-B)

> *Nr. 2:* „(...) zwischen Vertrauensarbeitszeit und gleitender Arbeitszeit (...) gibt es [für mich persönlich] gar keinen Unterschied. (...) Ich komme morgens, wann ich möchte – unter Absprache natürlich – (...). Bei der Vertrauensarbeitszeit mache ich das gleiche, nur es ist, wie <Nr.4> schon gesagt hat, eher so eine Kontrolle [da]." (G-B)

Die Nutzer/innen der Dienstleistungen der Krankenkasse nehmen ebenso keine direkte Veränderung durch die Einführung der Vertrauensarbeitszeit wahr. Die Ergebnisanalyse bestätigt die Interpretationen im Abschnitt der Prozessanalyse, die eine direktive Form der Dienstleistungsbeziehungen in der Tradition von industriellen Beziehungen aufzeigte.

Die mit der Dienstvereinbarung eingeführte Vertrauensarbeitszeit hat keine Effekte für Nutzer und Nutzerinnen – weder zur Erweiterung noch zur Einschränkung ihrer Lebensqualität. Es wird Zufriedenheit mit der Nutzungszeit geäußert – sie sei ausreichend und individuell aushandelbar (G-N). Als eher problematisch werden organisatorische Veränderungen im Kundenservice wahrgenommen, die aber wiederum zeitliche Auswirkungen haben. Von den befragten Nutzern wird die fortschreitende Rationalisierung von Dienstleistungen thematisiert, die mit ihrer Präferenz für kontinuierliche, vertrauensvolle Uno-actu-Dienstleistungsbeziehungen kollidieren (G-N).

> *Nr. 2:* „(...) also Veränderungen im Hintergrund [der Vertrauensarbeitszeit] (...), hab ich auch nicht mitbekommen. Dass eine Zeit lang hier andere Arbeitszeitsysteme ausprobiert wurden, war mir nicht bekannt. Mir waren (...) eher organisatorische Veränderungen bekannt: Wenn man Ansprechpartner sucht, [die] man kennt, [hat] man (...) diesen persönlichen Bezug. Und dann wird dann gesagt: Nee, bin ich nicht mehr für Sie zuständig: Das ist jetzt alles Service aus einer Hand. Wir haben jetzt einen, der macht alles, eben nicht mehr diese Arbeitsteilung. (...) diese Veränderung der Arbeitsorganisation (...), die haben schon mal Veränderungen und Irritationen gebracht, [das] Arbeitszeitsystem eigentlich nicht. Und ich habe natürlich auch am liebsten das persönliche Gespräch (...). (...) so Online-Geschichten, naja, da klickt man vielleicht schon mal rüber und liest ein bisschen was nach. Aber wenn es um eine eigene Sache geht (...), dann ist das Gespräch am Telefon oder persönlich (...) wichtig." (G-N)

Management, Personalrat und Beschäftigte bestätigen die von den Befragten präferierte Uno-actu-Beratung/-Betreuung. Sie ordnen sie aber der fortschreitenden Logik einer Rationalisierung der Arbeitsorganisation unter, die eine Konzentration auf rotierende und qualifizierte Zuständigkeit jedes Beraters bzw. jeder Beraterin für jedes Anliegen vorsieht (G-N; G-B).

Die Beschäftigten stellen eine erweiterte Selbstbestimmung im Zeitgebrauch durch die bereits bestehende Gleitzeit fest: sie sei der eigentliche ‚Verstärker' für Lebensqualität, die durch Vertrauensarbeitszeit nicht relevant erweitert oder begrenzt werde. Obwohl die Beschäftigten sich selbst als Aushandelnde der zeitlichen Flexibilität im Arbeitsteam oder in der Abteilung beschreiben und obwohl ihnen bewusst ist, dass Regelungen zur Arbeitszeit vom Personalrat – ihrer Interessenvertretung – mitbestimmt werden, verstehen sie die Regulierungsbedürftigkeit und -relevanz von zeitlicher Selbstbestimmung eher passiv, als top down-Effekt der betrieblichen Struktur oder Organisation.

> *Nr. 4:* „Der Arbeitgeber hier sagt ja eher, ich gebe euch die Flexibilität, selber zu entscheiden, wann ihr arbeiten möchtet (...). Ich glaube, das ist eher das, was die Lebensqualität erhöht, [und weniger] die Vertrauensarbeitszeit. (...) weil ich nämlich meine Arbeit selber einteilen kann. (...) das ist ja eigentlich (...) das Instrument, das die Lebensqualität erhöhen soll, wenn nämlich (...) der Arbeitsgeber mir die Chance gibt, mir Überstunden zu erarbeiten oder, (...) mal in schlechten [bestätigender Zwischenruf: „Ja!"] (...) Zeiten länger zu arbeiten." (G-B)

> *Nr. 2:* „(...) dass (...) für mich Flexibilität auch bedeutet, (...) wenn ich morgens keine Lust habe oder später aufstehen möchte, dann komme ich erst um 10 Uhr. Dann ruf ich kurz an, ich komm später und dann bin ich halt auch erst um 10, 11 Uhr da. Oder, was mir auch passieren kann ist, wenn ich 40 Minuten mit dem Auto hinfahren muss, irgend ein Unfall ist passiert, d.h. man steht im Stau, man braucht eine Stunde oder 1,5 Stunden länger, kann man auch kurz anrufen und sagen, ich bin noch unterwegs (...). (...) und ich muss sagen, es ist ein Geschenk vom Arbeitgeber, dass er es uns anbietet." (G-B)

Ein weiterer Lebensqualitätseffekt, der sich aus der kollektiv geregelten Arbeitszeitvereinbarung ergibt, ist die Ermöglichung individueller Flexibilität für Alltagszeiten. Soziale zeitliche Ansprüche der Familie oder der Pflege, Arzttermine u.a. werden gegenüber der Arbeitszeit Gegenstand von Vereinbarung. Spezifische individuelle Zeitinteressen und Spielräume für gemeinsame Zeiten scheinen aushandelbar – mit Ausnahme der Beschäftigten im Kundenservice.

> *Nr. 3:* „Ich bin flexibel, egal was passiert. Ich kann kommen und tun und machen, was ich möchte (...). (...) Aber für mich persönlich, (...) ich kann alles (...) regeln: meine Termine, meine Familie, so wie ich es gerne hätte." (G-B)

> *Nr. 5:* „Ich sag ja, für Familien (...) ist es super-klasse! Anders wäre es, wären (...) mein Beruf und [meine] Familie nicht zu vereinbaren. (...) wenn ich irgendwie auch mal einen Tag für mich haben will und das mal einrichten kann, habe ich die Möglichkeit auch vom Arbeitgeber aus. Also, von daher optimal!" (G-B)

Nr. 1: „(...) der Arbeitgeber räumt uns (...) ein, dass wir z.B. von acht bis zehn Uhr kommen, danach vielleicht Kinderbetreuung sicher stellen (...) bis nachmittags vielleicht, wenn der Partner nach Hause kommt, um dann von 16 bis 18 Uhr zu bleiben. Das ist (...) möglich und das finde ich eine gute Sache, wenn man das nach Verfügbarkeit in Abteilungen (...) regeln kann." (G-B)

Die Dienstvereinbarung verlagert die konkrete Aushandlung der Verteilung der Arbeitszeit auf die informelle Kommunikationsebene der Beschäftigten. Selbststeuerung in Form zeitgestaltender bzw. konfliktlösender Regulierungskompetenz wird als Bereicherung, aber auch als Belastung erfahren:

Nr. 2: „(...) was ich vielleicht als negativen Punkt sehe – aber negativ in Anführungsstrichen – ist, wenn man so flexibel ist wie wir momentan, müssen wir uns immer absprechen oder halt einen Plan aufstellen (...). Und diese Organisation, die würde wegfallen, wenn wir jetzt eine feste Kernzeit hätten. (...) wobei das eigentlich ganz gut bei uns funktioniert. (...) wir haben (...) unsere Pläne und wir sprechen uns immer ab, und das funktioniert ganz gut." (G-B)

Nr. 1: „Bei uns [hält] der Plan (...) auch [die] Anwesenheit [fest], aber wir haben auch gesagt, weil wir auch (...) viele Leute (...) sind, [dass] wir das so regeln, dass wir einmal auf jeden Fall (...) jeden zweiten Freitag [dran sind]. (...) die restliche Zeit kriegen wir dann unter den anderen Personen sichergestellt. (...) es ist schon so, dass Plan (...) vielleicht etwas gelockert werden [könnte]." (G-B)

Für die Beschäftigten, bei denen Anforderungen zur Selbststeuerung und Berücksichtigung individueller Interessen bei der Flexibilisierung der Arbeitszeit zusammenfallen, wirkt die Vertrauensarbeitszeit motivationsfördernd, steigert ihr lebensqualitätserweiterndes Wohlbefinden:

Nr.5: „Also, ist ja auch eine Art von Vertrauen vom Arbeitgeber. Mensch, dass der Arbeitgeber sagt – wir zwei, drei oder vier oder wie viele Leute (...) auch immer (...): Ihr müsst das unter euch regeln! Hauptsache, es ist immer einer da und kriegt auch [die] Arbeit (...) geschafft!" (G-B)

Nr. 4: „(...) das allgemeine Wohlbefinden erhöht sich, wenn man weiß, dass man nicht in so einem starren Korsett steckt, dass man eine starre Arbeitszeit hat. (...) wenn einem der Arbeitgeber auch dieses Vertrauen (...) oder die Möglichkeit gibt, das selber zu entscheiden. Ich glaube, dann fühlt man sich (...) besser als wenn man denkt: Ich muss heut schon wieder bis halb vier bleiben und habe überhaupt gar keine Möglichkeit, früher zu gehen. (...) das ist ein anderes Arbeitsgefühl, (...) das ist eine andere Motivation, wenn man weiß, ja, ich kann auch früher gehen, wenn ich will oder mein Arbeitgeber gibt mir das Vertrauen, zu sagen, der kommt nicht jeden Tag an den Schreibtisch und sagt: Na, wie sieht's jetzt aus mit der Arbeit? Sondern sagt: Mach deine Arbeit in der Zeit, (...) wenn du früher gehen willst, dann gehst du eben früher." (G-B)

4.5.8 *Hierarchisch gesteuerte Gemeinschaft mit begrenzter Binnenautonomie ohne Einbeziehung von Nutzer/inne/n der Dienstleistung*

Die betriebliche Arbeitszeitpolitik der untersuchten Krankenkasse steht in einer Kontinuität, die vom Rahmen industrieller Beziehungen vorbestimmt ist. Das Management bestimmt die Normalität direktiver Arbeitszeitpolitik, sei es aus Rentabilitäts- oder aus führungspolitischen Gründen. Der Personalrat bestätigt diese Normalität, indem er eine ‚notwendig schützende' Stellvertreterposition praktiziert, die durch Gegensätze zwischen Führung und Beschäftigten begründet sei: Die zeitliche und inhaltliche Überforderung der Beschäftigten durch das Management; Arbeitszeit finde nur ihre Grenze, wenn sie nachgewiesen werden könne; Arbeitszeitpolitik brauche eigentlich keine Differenzierung – trotz Bestätigung unterschiedlicher Interessen der Beschäftigten und differenzierter Arbeitszeitmodelle im Betrieb etc. Die Beschäftigten bestätigen ebenso diese Normalität direktiver Arbeitszeitpolitik: Vertrauensarbeitszeit, Gleitzeit, überhaupt Arbeitszeit, wird als Struktureffekt bzw. Anordnung wahrgenommen. Auch die Nutzer/innen stellen das direktive Arrangement arbeitszeitpolitischer Regulierung nicht in Frage: Nutzungszeiten und Dienstleistungsqualität werden im Rahmen einer fortschreitenden Rationalisierung der Dienstleistungsbeziehungen bewertet; eine Mitbestimmung zu Nutzungszeiten und Qualitätskriterien hinsichtlich der von ihnen in Anspruch genommenen Dienstleistungen erscheint jenseits realer Optionen.

Aus regulierungspolitischer Perspektive kann die Aushandlungs- und Regulierungsform der Arbeitszeitpolitik im vorliegenden Fall als ‚hierarchisch gesteuerte Gemeinschaft mit begrenzter Binnenautonomie' bezeichnet werden. Festzuhalten ist hierbei, dass direktive Arbeitszeitpolitik im Rahmen dualer industrieller Beziehungen effektiv Zufriedenheit und Lebensqualität erweitern kann. Die Beschäftigten erfahren die Vereinbarung zur Gleitzeit als erweiterte Möglichkeit der Regelungsautonomie. Diese bezieht sich auf die direkten Effekte, Arbeitszeiten mit sozial gebundenen und freien Zeiten besser vereinbaren zu können; diese bezieht sich auch auf die Bindung zum Unternehmen, das ihnen ‚Vertrauen' zugesteht, das sie erwidern wollen.

Aus zeitpolitischer Perspektive stellt sich im vorliegenden Fall der Einführung von Vertrauensarbeitszeit die Frage, inwieweit die Anforderung zur Selbststeuerung mit einer Selbstbestimmung im Zeitgebrauch einhergeht bzw. inwieweit sich beide Zielsetzungen im Rahmen der hier untersuchten betrieblichen Arbeitszeitpolitik widersprechen. Die Ergebnisse zeigen, dass bestimmte zeitpolitische Lebensqualitätskategorien – wenn auch in nicht-intendierter und auch in nicht kohärenter Weise – Eingang in die betriebliche Arbeitszeitpolitik finden. Erweiterung erfahren die Chancen der Beschäftigten, den individuellen und kollektiven Zeitgebrauch selbst zu bestimmen – allerdings immer unter Maßgabe des eindeutigen Primats der Arbeitszeit. Individuelle Zeitpräferenzen können im Arbeitsteam oder in der Abteilung ausgehandelt werden. Sozialen Zeiten mehr Anerkennung zu verschaffen, wird hier ermöglicht, da z.B. die besonderen Zeitbedürfnisse von Eltern oder Beschäftigten mit häuslichen Pflegefällen bei der Verteilung der Arbeitszeit berücksichtigt werden. Auch über die untersuchte Maßnahme hinaus wird es den Beschäftigten in der Krankenkasse ermöglicht, die Dauer der wöchentlichen Arbeitszeit individuell zu verändern; dies auf Grundlage kollektiver Absicherung z.B. der Teilzeitarbeit. Daraus ergeben sich spezifische lebensqualitätserweiternde Effekte und dies zeigt zugleich das reale Potenzial differenzierter und erweiterter Zeitpolitik – auf Grundlage des in der Arbeitszeitpolitik konsensfähigen zeitpolitischen Ziels der Vereinbarung zwischen Arbeitszeiten und sozial gebundenen Zeiten.

Die direktive betriebliche Arbeitszeitpolitik zeigt zugleich offensichtliche Begrenzungen von Verwirklichungschancen – wie z.B. in der Organisation des Kundenservice: Die ‚Struktur' rechtfertigt die Normalität, dass die Beschäftigten hier von mehr Zeitsouveränität ausgenommen sind. Vertrauensarbeitszeit – und auch Gleitzeit – wird hinsichtlich der Selbstbestimmung des Zeitgebrauchs von der Beschäftigtengruppe mit Präsenzzeiten als unzureichend erfahren. Hier kann eine bestimmte Diskriminierung angezeigt sein, da nicht sichtbar wird, ob und wie Zeitkonflikte und -interessen im Kundenservice eine relevante Problemlösung oder Differenzierung durch die Betriebsleitung oder den Personalrat als Aushandlungsvertreter der industriellen Beziehungen erfahren – Lösungen suchen die Beschäftigten selbst durch eine informelle Gleitzeit-Regelung. Die Anforderung der Selbststeuerung auf der informellen Kommunikationsebene der Beschäftigten erweist sich dann als problematisch, wenn sie den Beschäftigten einheitliche Vereinbarungsorientierungen, einheitliche zeitkulturelle und moralische Einstellungen und die Kompetenz unterstellt, Konflikte selbst zu lösen.

Die befragten Nutzer/innen erfahren die Nutzungszeiten als angemessen und ausreichend, die Dienstleistungsbeziehungen sind professionell und zufriedenstellend. Aber auch hier zeigt erst die Ermöglichung einer Debatte um Ansprüche an die Dienstleistungsbeziehungen, dass die Qualität der herrschenden Dienstleistung von den Lebensqualitätskriterien der Nutzer/innen abweicht. Beklagt wird das Desinteresse am Nutzer bzw. an der Nutzerin von einer direktiv angeordneten Form einer zunehmend rationalisierten Beratung. In diesem Rahmen findet diese Artikulation aber keinen Adressaten.

Schlussfolgerung ist, dass die herkömmliche Arbeitszeitpolitik sich durch die Ausweitung von Regelungskompetenzen ‚nach unten' modernisiert, aber spezifische Begrenzungen der Selbstbestimmung und Vereinbarung, der Beteiligung und Lebensqualität fortschreibt. Die verdeckten Zeitkonflikte verursachen Unzufriedenheiten und Vertrauensverluste, Lebensqualitätsabstriche oder gar erhebliche subjektive Belastungssituationen, die in der Arbeitszeitpolitik im Rahmen herkömmlicher industrieller Beziehungen weder relevant noch verhandelbar werden.

Vor dem Hintergrund dieser Fallanalyse stellt sich die Frage, wie eine erweiterte Arbeitsbeziehungskonstellation hätte aussehen können? Im vorliegenden Fall der Krankenkasse könnte ein Evaluationskonzept die Zeitkonflikte der Beschäftigten erfassen. Dessen Ergebnisse könnten Eingang in die betriebliche Arbeitszeitpolitik finden. Ein betriebsöffentliches Forum mit einer Akteurskonstellation, an der Beschäftigte und Nutzer/innen beteiligt sind, könnte die widerstreitenden Ansprüche zwischen rationalisierten Dienstleistungsprozessen und Uno-actu-Dienstleistungsqualität bearbeiten. Dies bedarf einer grundlegenden Anerkennung für die kontrafaktische Perspektive: Was wäre, wenn die (immer auch zeitgebundene) Beratung nach dem Bedürfnis der Nutzer/innen nach personenbezogener Kontinuität und Vertrauenswürdigkeit der Berater und Beraterinnen geregelt wird?

4.6 Fall F – Serviceorganisation auf Augenhöhe

Dieser Fall – ein großstädtisches Bürgeramt – stellt ein gelungenes Beispiel für die Öffnung der Arbeitsbeziehungen zu den Belangen Dritter dar. Die bei industriellen Beziehungen ausgeschlossenen Dritten werden systematisch und entscheidungsrelevant einbezogen. Die Sozialpartner bleiben nicht die traditionellen Akteure industrieller Beziehungen, sondern sie lassen sich bei der nutzerrelevanten Arbeitszeitgestaltung auf einen fairen Ausgleich mit Nutzer/innen-Interessen und damit auf eine Alternative zu überkommenen Besitzstandswahrungs- und Deregulierungsstrategien ein.

4.6.1 Bürgerservice unter Bedingungen urbaner Lebenslagen

Das 2002 eröffnete Bürgerservice-Centrum (BSC) liegt zentral in der Innenstadt einer norddeutschen Großstadt. Diese öffentliche Einrichtung des Stadtamtes untersteht der Zuständigkeit der Innenbehörde. Mit der Eröffnung wurde die probeweise Einführung eines BSC mit erweiterten Öffnungszeiten und Terminvergabe sowie einer sukzessiven Ausweitung des bürgerorientierten Dienstleistungsspektrums realisiert. Der Modellversuch war Bestandteil des ver.di-Projektes ‚Zeitfragen sind Streitfragen' und wurde sowohl wissenschaftlich als auch durch ein gewerkschaftsnahes Consulting-Unternehmen begleitet. Beide Begleitmaßnahmen sollten sicherstellen, dass das Dienstleistungsspektrum und die Gestaltung der Öffnungszeiten zu den Bedarfen der Nutzer/innen der Einrichtung passen, ohne dass das Interesse der Beschäftigten an verträglichen Arbeits- und Alltagszeiten vernachlässigt wird. Zwischenzeitlich hat sich das BSC mit seinen Öffnungszeiten und Bürgerdienstleistungen innerhalb der Stadt etabliert; ein Modellcharakter für die künftige Fortentwicklung der Bürgeramts-Struktur ist allerdings in der Folgezeit durch starke Personaleinsparungen erheblich eingeschränkt worden.

Die Öffnungszeiten des BSC von wöchentlich 53,5 Stunden umfassen von Montag bis Freitag (außer Mittwoch) die Stunden von 7:30 bis 18:30 Uhr, mittwochs von 7.30 bis 13.00 Uhr und samstags von 9:00 bis 13:00 Uhr. Zum angebotenen Dienstleistungsspektrum gehören Melde-, Gewerbe-, Fischerei-, Kfz- und Führerscheinangelegenheiten, Besuchereinladungen für ausländische Gäste, Beglaubigungen und Annahme von Unterlagen zur Beantragung von Wohn- und Erziehungsgeld sowie von Wohnberechtigungsscheinen. Innerhalb der Einrichtung findet sich die institutionell getrennte zentrale Informations- und Annahmestelle für Steuererklärungen. Dieser Dienstleistungskatalog entspricht der stadtpolitischen Zielsetzung, Bürger/innen innerhalb der Stadt unabhängig vom Wohnort Dienstleistungen ‚aus einer Hand' nach dem Modell der ‚one-stop-agency' anzubieten.

Im untersuchten BSC sind im Untersuchungszeitraum insgesamt 79 Personen – 61 Frauen und 18 Männer – beschäftigt.[27] 47 Mitarbeiter/innen arbeiten in Vollzeit (39,3 Stunden pro Woche), 32 in Teilzeit.[28] Nach Angabe der Leitung haben 25 Mitarbeiter/innen im selben Haushalt lebende Kinder. Der hohe Anteil sowohl von Teilzeitbeschäftigten (40,5%) als auch von Beschäftigten mit im eigenen Haushalt lebenden Kindern (31,6%) lässt auf eine Vielfalt von Lebenslagen der Beschäftigten und entsprechend vielgestaltige Lebensqualitätseffekte etwaiger zeitlicher Maßnahmen schließen.

Dienstleistungsangebot und Öffnungszeiten des BSC folgen der Maxime: „Die Akten sollen laufen, nicht die Bürger." Die Arbeitsorganisation sieht Teamstrukturen mit flacher Hierarchie vor. Sechs Teams setzen sich aus je acht bis zehn Teil- und Vollzeitbeschäftigten zusammen, ihnen ist lediglich die Hierarchieebene der Leitung des BSC übergeordnet. Jedes Team regelt im Rahmen der Leitungsvorgaben eigenverantwortlich die Arbeitsorganisation und die Arbeitszeitgestaltung seiner Mitglieder und wird gegenüber der Leitung durch eine/n Teamsprecher/in vertreten. Der Arbeitszeitgestaltung durch das Team liegt eine Rahmenvereinbarung zugrunde. Diese erkennt die mit unterschiedlichen Lebenslagen verbundenen persönlichen Zeitinteressen der Teammitglieder an und ordnet an, diese bei der monatlich zu erstellenden Dienstplanung zu berücksichtigen. Wie im Verlauf der Fallbeschreibung zu zeigen sein wird, treten bei der Ar-

27 Anzahl der Beschäftigten der Einrichtung nach Altersgruppen (N = 79): 15 bis 20 Jahre (0); 21 bis 30 Jahre (12); 31 bis 40 Jahre (26); 41 bis 50 Jahre (28); 51 bis 60 Jahre (11); über 60 Jahre (2), Stand August 2009.

28 Mitarbeiter/innen in Teilzeit (N = 32): unter 20 Stunden pro Woche (3); 20 bis unter 30 Stunden pro Woche (23); 30 bis unter 39,3 Stunden pro Woche (6), Stand August 2009.

beitszeitgestaltung im Team durchaus auch Zeitkonflikte auf, die teamintern ohne Beteiligung der Leitung zu lösen sind.

Ungeachtet der selbstverantworteten Arbeitsorganisation muss jedes Team den gesamten Öffnungszeitenrahmen von 53,5 Stunden pro Woche sowie das gesamte Spektrum von Aufgaben (Empfang, Sachbearbeitung, Telefonauskunft und -beratung sowie publikumsferne Tätigkeiten) im Wege der Arbeitsrotation abdecken. In der Regel wechseln die Teams im Laufe eines Arbeitstages zwischen den Arbeitsbereichen, um einseitige Belastungen zu vermeiden. Diese Arbeitsorganisation setzt eine umfassende, auf das komplexe Dienstleistungsangebot abgestimmte Qualifikation und eine fortwährende Weiterqualifizierungsberechtigung aller Mitarbeiter/innen voraus. Mit ihr geht ein erheblicher Kommunikationsaufwand zwischen Leitung und Beschäftigten, aber auch innerhalb der Teams einher. Ferner setzt diese Arbeitsorganisation zeitliche Freiräume voraus. Nach Auffassung der Leitung und des Personalrats begründen diese die Schließung der Einrichtung am Mittwochnachmittag. Darüber kommt es – wie in der Fallschilderung zu zeigen sein wird – zum Konflikt mit Nutzer/inne/n, die in ihrer Stellungnahme genau für diesen Wochentag einen Bedarf an Öffnungszeiten geltend machen werden.

4.6.2 Eine alltagssensible Beratungs- und Verwaltungsdienstleistung

Das BSC bietet personenbezogene Dienstleistungen, die mit wenigen Ausnahmen dem im theoretischen Teil dieses Buches dargestellten *Uno-actu-Prinzips* folgen. Die Bereitstellung und Inanspruchnahme der angebotenen Dienstleistungen durch eine öffentliche Einrichtung folgen einem gesellschaftlichen Interesse. Die Dienstleistungen werden im Regelfall nicht freiwillig in Anspruch genommen, sondern sind gesetzlich vorgeschrieben. Charakteristisch für diesen Dienstleistungstyp sind die gelegentliche Nutzung sowie die Beschränkung auf den Zeitpunkt der Erbringung bzw. die Inanspruchnahme der Verwaltungsdienstleistung (wie die An- oder Ummeldung des Wohnortes oder die Ausgabe des Reisepasses). Auch wenn diese Dienstleistung zuweilen kommunikationsintensiv ist, kreiert sie – im Vergleich etwa zu den Kindertagesstätten (Fälle A bis C) – aufgrund nur gelegentlicher Nutzung, relativ kurzer Dauer der unmittelbaren Dienstleistung und fehlender unmittelbarer Körperbezogenheit eine weniger intensive Beziehung zwischen Dienstleistungserbringern und -nehmern. Daraus lässt sich die Vermutung ableiten, dass bei dieser Dienstleistungsbeziehung zwischen Beschäftigten und Nutzer/innen Reziprozität im oben entwickelten Sinne zwar vielleicht vorhanden, aber nur schwach ausgeprägt ist.

Wie früher ausgeführt erlaubt die Charakterisierung der *Tätigkeitsbeziehung* Mutmaßungen über Vorhandensein und Ausprägung tätigkeitsbezogener Motivation der Beschäftigten. Ähnlich den beiden anderen Serviceeinrichtungen (Fälle D und E) handelt es sich beim Bürgerservice hauptsächlich um auf persönliche Anliegen der Bürger/innen bezogene Informations- und Beratungsleistungen (wie Melde- und Wohnungsangelegenheiten, Kfz, Führerschein). Dem Verwaltungshandeln der Mitarbeiter/innen liegen verwaltungsrechtliche Vorgaben (wie Melde- und Gewerbe-, Pass- und Ausweisrecht) und verwaltungspolitische Vorgaben der Stadt zu Grunde. Der Bürgerservice folgt zwar im Unterschied zu beiden anderen Serviceeinrichtungen nicht unmittelbar Marktregeln, ist aber von Konkurrenzverhältnissen im Kontext von Haushaltskonsolidierungs- und drohenden Privatisierungspolitiken nicht frei. Dies lässt ein Interesse der Leitung und politischer Akteure an Vorgaben der Standardisierung sowie der Personal- und Zeiteinsparung bei Informations- und Beratungstätigkeit der Mitarbeiter/innen vermuten.

Man kann von der Annahme ausgehen, dass die Beschäftigten im Bürgerservice ein eigenes Interesse an der qualitativen Entfaltung der Beratungstätigkeit gegenüber den Nutzer/inne/n haben, falls ihnen Möglichkeiten der Selbstbestimmung bei der Gestaltung der Dienstleistungsbeziehung zur Verfügung stehen. Impliziert ist damit aber, dass die Beschäftigten des Bürgerservices tatsächlich in die Lage versetzt werden, die Anliegen der Nutzer/innen wahrzunehmen und ihnen Rechnung zu tragen, womit sich innerhalb der Dienstleistungsbeziehung eine Interaktion entfalten kann.

Wie bei beiden anderen Serviceeinrichtungen ist die tätigkeitsbezogene Motivation der Beschäftigten ambivalent. Je rigider die Vorgaben und – im Spiegelbild – geringer der Grad der Selbstbestimmung der Mitarbeiter/innen bei der Gestaltung der Dienstleistung ausfallen, desto weniger Raum ist für eine tätigkeitsbezogene Motivation der Beschäftigten. Auch hier lässt erst die eingehende Materialanalyse zum Interaktionsgrad Aussagen über Vorhandensein und Ausprägung tätigkeitsbezogener Motivation der Beschäftigten zu.

Determinierend für die *Arbeitsbeziehung* im Fall des Bürgerservice ist ihre Zugehörigkeit zu Verwaltungshandeln. Dass Beschäftigte Verwaltungsakte auf der Grundlage gesetzlicher Bestimmungen und Verordnungen zu erlassen oder zu verweigern haben, bedeutet, dass ihr Arbeitsalltag durch vorgegebene Rechtsnormen und die auf deren Implementation bezogene Organisations- und Interpretationsmacht der Leitung strukturiert wird. Zum nationalen und internationalen Recht tritt also der politische Charakter der Behörde. Der Gegenstand der hier untersuchten Maßnahme steht im Kontext des in Koalitionsvereinbarungen festgeschriebenen Prozesses der Verwaltungsmodernisierung. Die Arbeitsbeziehung unterliegt also auch politischen Vorgaben, die in laufenden Arbeitsprozessen zu berücksichtigen und umzusetzen sind.

Im Ausgangspunkt ist auch in diesem Fall die Arbeitsbeziehung bipolar – eine Beziehung zwischen der das Weisungsrecht ausübenden Leitung und den ihm unterworfenen Beschäftigten. Im Hinblick auf die hier untersuchte Maßnahme wird allerdings diese bipolare Arbeitsbeziehung punktuell zu einer multipolaren Arbeitsbeziehung erweitert. Am Aushandlungsprozess zur Mediation und am Abschluss der Mediationsvereinbarung werden nämlich neben Leitung und Vertretern der Beschäftigten des BSC auch Vertreterinnen von Bürger/inne/n beteiligt.

4.6.3 Die umstrittene Samstagsöffnung

Die hier untersuchte Maßnahme besteht in der Einführung eines bürgerorientierten Dienstleistungsangebots mit erweiterten Öffnungszeiten, insbesondere der Samstagsöffnung, und Terminvergabe, telefonischem Beratungsangebot und vergrößertem Dienstleistungsspektrum sowie eine damit einhergehende Flexibilisierung der Arbeits- und Arbeitszeitgestaltung der Beschäftigten des BSC. Die Maßnahme wurde ursprünglich von Innenbehörde und Leitung – nach kontroverser Behandlung mit dem für das BSC zuständigen Personalrat – einseitig eingeführt. Danach wurden die im Folgenden skizzierten Rahmenbedingungen eines Modellprojekts hergestellt – mit dem Ziel, einen ergebnisoffenen wissenschaftlichen und praktischen Begleitprozess durchzuführen, der für die Aufrechterhaltung des Modellversuchs – und gegebenenfalls dessen Modalitäten – entscheidend sein solle. Darauf einigten sich die Sozialpartner vertraglich.

Diese Maßnahme wurde im Zeitraum von 2002 bis 2005 als Modellversuch durchgeführt und wissenschaftlich und bezüglich der Gestaltung der Arbeitsprozesse im BSC extern begleitet. Die wissenschaftliche Begleitung sorgte im Rahmen eines umfassenden Bürgerbeteiligungsverfahrens für explizite Berücksichtigung und aktive Beteiligung der Bürger/innen als einer von der Maßnahme betroffenen Akteursgruppe. Den Interessen der Beschäftigten des BSC als von der Maßnahme betroffener Akteursgruppe wurde gleichfalls Rechnung getragen: Ihre Belange und Befürchtungen wurden durch den Personalrat und ein gewerkschaftsnahes Consulting-Unternehmen bei der Aushandlung der Maßnahme thematisiert und berücksichtigt und in den dreiseitigen Mediationsprozess eingebracht. Dieser Beteiligungsprozess betraf vor allem die Regelungen zur Eigenverantwortung des Teams bei der Arbeitsorganisation, die wie beschrieben bei der Zeitorganisation die individuellen Zeitinteressen entsprechend der Lebenslagen der Beschäftigten zu berücksichtigen hat.

Die beschriebene Maßnahme betrifft unmittelbar die Zeitgestaltung sowohl der Nutzer/innen als auch der Beschäftigten. Dementsprechend ist das erste Kriterium zur Einordnung zeitpolitischer Maßnahmen erfüllt (siehe Kap. 3.3.1). Auch das zweite Kriterium kann für die Maßnahme als erfüllt angesehen werden. Die Inhalte der Rahmenvereinbarungen zur Arbeitszeitregelung und Teamarbeit im BSC sowie die Erörterungen im Rahmen des Aushandlungsprozesses zur Gestaltung der Öffnungszeiten und der Erweiterung des Dienstleistungsspektrums zeigen, dass die zeitlichen Bedingungen der Lebensqualität der betroffenen Beschäftigten seitens der anderen beteiligten Akteursgruppen berücksichtigt werden. Dem liegt ein partizipativ ausgerichtetes Regelungsverständnis zugrunde. Die Berücksichtigung der Beschäftigten und ihrer Interessen in der Planungs- und Implementierungsphase der Maßnahme lässt entsprechend der formulierten Hypothese H3b zum Regelungsverständnis auf eine erhöhte Lebensqualität der betroffenen Beschäftigten schließen.

Das zum festen Bestandteil des Modellversuchs erklärte zweiteilige Bürgerbeteiligungsverfahren drückt darüber hinaus den Anspruch aus, die zeitlichen Bedingungen der Lebensqualität der betroffenen Nutzer/innen bei der dienstleistungsorientierten Entwicklung und Ausgestaltung des Bürgerservice-Centrums zu berücksichtigen. Dieses partizipativ ausgerichtete Regelungs- und Beteiligungsverständnis bei der Maßnahme entspricht dem dritten Kriterium. Zu vermuten ist entsprechend den aufgestellten Hypothesen H4a und H4b, dass durch die differenzierte Beteiligung der Nutzer/innen und die Berücksichtigung ihrer Interessen im Rahmen der Maßnahme deren Lebensqualität gesteigert wird.

Da diese drei Kriterien entsprechend dem Kriterienkatalog als erfüllt angesehen werden können, kann bei dem hier vorliegenden Praxisfall von einer zeitpolitischen Maßnahme in unserem wissenschaftlichen Verständnis ausgegangen werden. Auf das vierte Kriterium, das sich auf die Reziprozität in der Wahrnehmung des Einflusses der Maßnahme auf die zeitlichen Bedingungen der Lebensqualität der jeweils anderen betroffenen Akteursgruppen bezieht, wird im Rahmen der Prozessanalyse eingegangen; abschließend wird dann die Einordnung als zeitpolitische Maßnahme vorgenommen.

Der Maßnahme geht als *Ausgangslage* ein Ende der 1990er Jahre begonnener Reformprozess zur Reorganisation bürgerorientierter Verwaltungsdienstleistungen voraus, der ressortübergreifend von allen Senator/inn/en der Stadt getragen und durch eine Staatsräte-Steuerungsgruppe in Zusammenarbeit mit einem Beratungsunternehmen konzipiert wurde. Besonders interessierte die Organisation des Stadtamts mit seinen verschiedenen Dienststellen, die als ‚Vertriebsbereich' der öffentlichen Verwaltung betrachtet wurden. Das Rahmenkonzept zur Umstrukturierung des Stadtamts zielte – neben deutlich stärkerer Bürger- und Dienstleistungsorientierung – auf einen Beitrag zur Haushaltskonsolidierung durch Optimierung der Steuerungs- und Dienstleistungsfunktion im kommunalen Aufgabenbereich ab. Dienstleistungs- und Bürgerorientierung war in den einzelnen Dienststellen des Stadtamts bis dahin kaum spürbar: Dies verdeutlichen die Öffnungszeiten von täglich 8:00 bis 12:00 Uhr – mit lediglich einem Dienstleistungsnachmittag (Montag von 15.00 bis 18.00 Uhr).[29]

Mit dem politisch-gesellschaftlichen Anspruch deutlich stärkerer Bürger- und Dienstleistungsorientierung war nach den Vorstellungen der Landesregierung die Zielsetzung verbunden, Serviceleistungen der öffentlichen Hand in

29 Öffnungszeiten der alten Meldestelle Mitte.

mehreren Lokalen Dienstleistungszentren (LDZ) an gut erreichbaren Standorten anzubieten.[30] Dabei sollten Wartezeiten durch Einführung eines Terminvergabemanagements deutlich reduziert und die abschließende Bearbeitung aus einer Hand entsprechend dem Organisationsprinzip ‚one-face-to-the-customer' umgesetzt werden. Die politischen Akteure der Stadt wollten fachlich und funktional gegliederte

> „Verwaltungsabläufe in der Sachbearbeitung so (...) verändern, dass Standardverwaltungsdienstleistungen in dv-technisch gestützter Anwendung zielgruppenorientiert aus einer Hand zur sofortigen Erledigung in modernen Vertriebsstrukturen (...) angeboten werden können."

Diese Zielsetzung wurde beim Stadtamt mit Unterstützung der Innenbehörde konkretisiert – gerichtet wurde damit das Augenmerk auf den Aufbau eines Bürger-Services in zentraler Innenstadtlage. Aus Sicht des Arbeitgebers sollte – unter Einbeziehung des Samstags, einer Optimierung von Wartezeiten sowie einer verbesserten Telefonauskunft – das von den einzelnen Behörden angebotene Dienstleistungsspektrum qualitativ erweitert werden (E-LS)[31]. Mit der von Behördenleitungen und Stadtamtsleitung formulierten bürgerorientierten Zielsetzung war für die Beschäftigten des Vertriebsbereichs der öffentlichen Verwaltung eine spürbare Veränderung in der Arbeitsgestaltung, Aufgabenwahrnehmung und Qualifizierung verbunden.

Die Initiative zur Maßnahme resultierte somit aus dem verwaltungspolitischen Anspruch der Modernisierung der öffentlichen Verwaltung, die als Neues Steuerungsmodell bereits in den 1990er Jahren in der Stadt auf den Weg gebracht worden war. Die hier zu untersuchende Maßnahme mit ihrem politischen Anspruch der Verbesserung der Bürger- und Dienstleistungsorientierung geht also auf die von der Staatsräte-Steuerungsgruppe erarbeiteten Rahmenkonzeption „LDZ" (E-LS) zurück.

---

30 Die ursprüngliche Absicht der Behörde, in der Stadt drei Servicezentren aufzubauen, ist im weiteren Verlauf vor allem aus finanziellen Gründen fallengelassen worden. Dass sich daraus Konflikte mit der Lebensqualität von Beschäftigten und Nutzer/innen herleiten, liegt auf der Hand. Insbesondere verlor dabei der nach dem Mediationsverfahren erzielte Kompromiss zur Mittwochnachmittags-Öffnung (Öffnungsrotation zwischen den BSC's am Mittwochnachmittag) seine Basis. Das Forschungsteam konnte – aus methodischen wie aus Ressourcen-Gründen – den Wirkungen dieser wie anderer Planungsänderungen und Folgemaßnahmen nicht nachgehen. Es musste sich auf die zeitpolitische Maßnahme – das Öffnungs- und Arbeitszeitkonzept des untersuchten BSC – und deren feststellbare Lebensqualitätseffekte beschränken.

31 Die Belege aus den Interviews werden wie folgt gekennzeichnet: Experteninterview Stadtamts Leitung: E-LS; Experteninterview Leitung Bürgerservice-Centrum: E-LBSC; Experteninterview betriebliche Interessenvertretung: E-B; Gruppendiskussion Beschäftigte: G-B; Gruppendiskussion Nutzer/innen: G-N.

Die Planungs- und Implementierungsphase dieser Maßnahme ist durch unterschiedliche und rivalisierende Interessenlagen der beteiligten Akteure gekennzeichnet, deren Einfluss den Prozess entscheidend beeinflusste und immer wieder Kompromissbereitschaft und Konsensfindung aller Beteiligten erforderte. Bezeichnend dafür ist die vom wissenschaftlichen Begleitteam benannte Dissonanz innerhalb der Leitung zwischen Stadt- und Landesebene, das im Rahmen des Moderationsprozesses spürbar war (vgl. Buggeln/Mückenberger 2005: 126).

Interessengegensätze drückten sich trotz der „einvernehmlichen Abstimmung über Ziele und Rahmenbedingungen“ (Wilkens 2005: 73) zur Einführung des Bürger-Service im Verhältnis der Sozialpartner aus. So wird seitens der betrieblichen Interessenvertretung kritisiert, dass der zuständige Senator den Standort und die Räumlichkeiten unter vorrangig finanzpolitischen Gesichtspunkten für das neu zu errichtende BSC ohne Beteiligung der Arbeitnehmervertretung festlegte. Der Personalrat habe sich nun aber mit den daraus resultierenden Konsequenzen bezüglich der Arbeitsbedingungen der BSC-Beschäftigten auseinanderzusetzen (E-B).

Entscheidender Interessenkonflikt zwischen Leitung (Stadtamt und Behörde) und betrieblicher wie gewerkschaftlicher Interessenvertretung der Beschäftigten war die Ausweitung der Öffnungszeiten auf den Samstagvormittag. Der Personalrat wehrte sich entsprechend dem traditionellen gewerkschaftspolitischen Verständnis „am Wochenende gehört der Papi (...) und die Mami uns“ (E-B) zu Beginn des Projektes gegen die Samstagsöffnung. Im Projektverlauf vertrat er die Position, die Ausweitung der Öffnungszeiten sei nur mit angemessener Personalstärke, einem Anreizsystem sowie einem grundsätzlichen Freiwilligkeitsprinzip zu realisieren (E-B). Der Konflikt wurde im April 2002 durch Abschluss einer Vereinbarung über Eckpunkte zur modellhaften Errichtung von drei Bürgerservice-Centren zu lösen versucht, die auch die externe praktische und wissenschaftliche Begleitung beinhaltete.

4.6.4 Die Methode der Begleitforschung

Dem Forschungsteam lagen die Dokumentation zum Modellversuch BSC im Rahmen der ver.di-Publikation „Zeitfragen sind Streitfragen“ (vgl. Mönig-Raane 2005) sowie weitere projektbezogene Dokumente vor. Auf dieser Grundlage wurden Experten- und Gruppeninterviews vorbereitet und durchgeführt sowie die Fallbeschreibung angefertigt. In die Dokumentenanalyse wurden zahlreiche Rahmen- und Dienstvereinbarungen, Parlamentsdokumente sowie ein aus dem Projekt hervorgegangenes Bürger-Gutachten einbezogen.

Mit dem Leiter des zuständigen Stadtamtes, der Leitung des BSC sowie zwei Mitgliedern der betrieblichen Interessenvertretung wurden leitfadengestützte Experteninterviews zum Modellversuch selbst und zu den gegenwärtigen Bedingungen im BSC geführt. Auf Grundlage der Informationen zum abgeschlossenen BSC-Projekt wurden leitfadengestützte, problemzentrierte Gruppendiskussionen mit Beschäftigten sowie Nutzer/inne/n des BSC durchgeführt. Gegenstand der Gruppeninterviews war die Maßnahme erweiterter Öffnungszeiten im BSC X und die damit für die Mitarbeiter/innen verbundene veränderte Arbeitszeitgestaltung. Zur Anregung der themenzentrierten Diskussion innerhalb der Gruppe wurde stets mit einem Stimulus seitens des Forschungsteams begonnen.[32]

Sechs am Gruppeninterview beteiligte Beschäftigte – vier Frauen und zwei Männer – wurden von der BSC-Leitung benannt. Kriterien waren dabei auch der Familienstand und die Existenz von Kindern im eigenen Haushalt. Zwei weibliche Beschäftigte waren Teilzeit- (30 bzw. 25 Wochenstunden), alle übrigen Vollzeitbeschäftigte (39,3 Stunden). Die Beschäftigten gaben eine bisherige Beschäftigungsdauer von zwei bis sieben Jahren an. Vier Befragte sind seit Beginn des Modellversuchs (14.12.2002) in der Einrichtung beschäftigt. Eine weitere Befragte war bis zur Beschäftigung im BSC in einer der zwischenzeitlich geschlossenen Meldestelle tätig und wurde innerhalb der Behörde umgesetzt. Die jüngste der am Gruppeninterview Beteiligten beendete vor zwei Jahren ihre kaufmännische Ausbildung und wurde anschließend im BSC eingestellt. Das Alter der am Gruppeninterview beteiligten Beschäftigten lag zum Zeitpunkt der Befragung zwischen 28 und 47 Jahren. Zwei der Befragten sind ledig, zwei sind geschieden bzw. leben getrennt. Zwei weibliche Beschäftigte lebten mit Kindern im eigenen Haushalt (verheiratet bzw. in Lebensgemeinschaft). Die Diversität der Lebenslagen der Befragten spiegelte diejenige im Beschäftigtenspektrum des BSC, sie erklärt eine differenzierte Haltung der Befragten zur Arbeitszeitgestaltung und zu Lebensqualitätseffekten der Maßnahme.

---

32 Einstiegsfrage im Gruppeninterview mit den Beschäftigten: Die Eröffnung des BSC ging mit neuen Öffnungszeiten einher – damit ergaben sich auch neue Arbeitszeiten für Sie als Beschäftigte. Bei der Einführung der erweiterten Öffnungszeiten und veränderte Arbeitsorganisation gab es Befürworter, aber auch Gegner. Die Befürworter haben argumentiert, dass die Kunden als Nutzer und Nutzerinnen der Dienstleistungen, aber auch die Beschäftigten von der Neustrukturierung des BSC Vorteile haben werden. Die Gegner haben wiederum argumentiert, dass die Erweiterung der Öffnungszeiten zu Lasten der Mitarbeiter und Mitarbeiterinnen gehen wird. Wir würden gerne wissen, wie Ihre Einschätzung zu den erweiterten Öffnungszeiten im BSC ist?
Einstiegsfrage im Gruppeninterview mit den Nutzer/innen: Vor einigen Jahren ist das BSC in seiner jetzigen Form eröffnet worden – mit erweiterten Öffnungszeiten und einem veränderten Service für Sie als Kunden, die wir als Nutzer und Nutzerinnen der Dienstleistungen des Ortsamtes verstehen. Bei der Eröffnung des BSC gab es Befürworter, aber auch Gegner. Die Befürworter haben argumentiert, dass sowohl die Nutzer und Nutzerinnen der Dienstleistungen, als auch die Beschäftigten von den erweiterten Öffnungszeiten und dem veränderten Kundenservice profitieren werden. Die Gegner wiederum meinten, dass dies zu Lasten der Mitarbeiter gehen wird. Wir würden gerne wissen, welche Erfahrungen haben Sie mit den erweiterten Öffnungszeiten gemacht?

Die Auswahl der Nutzer/innen für die Durchführung des Gruppeninterviews erfolgte einerseits über eine Erklärung zur Teilnahme im Rahmen von Kurzfragebögen sowie andererseits durch die gezielte Ansprache von Nutzer/inne/n im Empfangsbereich des BSC im Zusammenhang mit Kurzbefragungen. Fünf Nutzer/innen – zwei Frauen und drei Männer – wurden für das Gruppeninterview gewonnen. Diese repräsentierten unterschiedliche Nutzer/innenbedarfe,[33] die sich einmal nach dem Motiv für das Aufsuchen des BSC (u.a. Ausweiserneuerung, Formalitäten zur Wohngeldbeantragung, Anmeldung), zum Anderen nach der zeitlichen Nutzung des Dienstleistungsangebotes unterschieden. Lediglich einer der fünf Befragten nutzte die Samstagsöffnung des BSC.

4.6.5 Ein partizipatives Regelungsverständnis in der Planungsphase

Grundlage der Planung waren die Zielvorgaben durch die Rahmenkonzeption zur Errichtung von LDZ aus dem Jahr 2000. Doch trat die Abstimmung der Rahmenbedingungen zwischen Leitung (Stadtamt und Behörden) und betrieblicher Interessenvertretung hinzu. Bedeutsam ist vor allem eine aktive und folgenreiche Beteiligung von Beschäftigten und Nutzer/inne/n im Planungsprozess.

Aufgrund der unterschiedlichen Interessenlagen Beschäftigter hinsichtlich erweiterter Öffnungszeiten waren in der Abstimmungsphase Regelungen zur flexiblen Gestaltung der Arbeitszeit, zu teamorientierten Arbeitsstrukturen sowie zum Verfahren der Terminvergabe und Telefonberatung zu treffen. Zwar bestand in der grundlegenden Zielsetzung einer verbesserten Bürger- und Dienstleistungsorientierung zwischen den Sozialpartnern Einigkeit. Doch zogen sich Interessengegensätze – hier Ablauf- und Kostenoptimierung, da mitarbeiterorientierte Flexibilisierung und Qualifizierung der Arbeitsgestaltung – durch den gesamten Prozess. Zur Überwindung dieser Gegensätze wurde die Planungsphase der Maßnahme – besonders in ihrem zweiten Abschnitt – beteiligungs- und konsensorientiert ausgestaltet. Die Ergebnisse wurden in formalisierten Vereinbarungen (Rahmenvereinbarungen, Bürger/innen-Gutachten, Mediationsvereinbarung) festgehalten.

Der Maßnahme lag ein partizipatives Regelungsverständnis der Leitung gegenüber den anderen beteiligten Akteuren zugrunde – wobei die Entscheidungskompetenz auf politischer Ebene bei der Landesbehörde lag, die nicht immer mit der Leitung der Einrichtung harmonierte.

---

33 Die Gruppe der befragten Nutzer/innen setzt sich aus drei Studierenden (zwei Männer, eine Frau) im Alter von 26 bis 28 Jahren und zwei Angestellten (ein Mann, eine Frau) im Alter von 56 und 58 Jahren zusammen. Nutzer/innen anderer Altersgruppen und Lebenslagen konnten nicht gewonnen werden – ein Umstand, der bei der Auswertung zu berücksichtigen ist.

Im ersten Abschnitt der Planungsphase (Phase der Abstimmungen und ersten Vereinbarungen) steht unter dem Gesichtspunkt der Beteiligungskultur die betriebliche Sozialpartnerschaft im Vordergrund, die der Stadtamtsleiter rückblickend wie folgt beschreibt:

> „Wir haben, obwohl wir unterschiedliche Interessen haben, irgendwie alle an einem Strang gezogen, das ist ja nicht oft der Fall. (lacht) Und es gab dieses Verbindende, das war das Positive, [den] verbindende[n] Wille[n], dieses Ziel zu erreichen, also einen modernen Dienstleistungsansatz in die Verwaltung zu bringen." (E-LS)

Ausdruck findet diese Form der Beteiligungskultur in der paritätisch besetzten, prozessbegleitenden Projektgruppe mit Vertretern der Arbeitgeberseite und Personalrats-Mitgliedern, die beispielsweise im April 2002 einvernehmlich Rahmenbedingungen für den Aufbau des Bürger-Services vereinbarte. Diese projektbezogene Verfahrensweise ohne direkte Einbeziehung von Beschäftigten oder auch Nutzer/inne/n blieb allerdings Ausdruck einer den traditionellen industriellen Beziehungen zuzuordnenden ‚Vertreterpolitik' seitens der Personalräte, die ihrem Verständnis folgend „sehr viel Wert darauf gelegt (haben), dass die Kollegen auch entsprechend geschützt werden durch die Arbeitszeitverordnung (...)." (E-B).

Die Vereinbarung der Projektsteuerungsgruppe über die wissenschaftliche und extern beratende Begleitung bedeutete demgegenüber den Übergang zu einem unmittelbar partizipativ ausgerichteten Regelungsverständnis: Sie sollte die Berücksichtigung der unmittelbaren Interessen von Beschäftigten und Nutzer/inne/n gewährleisten. Die Heranziehung von Expert/inn/en in der Pilotphase beinhaltete einerseits die auf die unmittelbaren Arbeitsprozesse bezogene Beratung durch das gewerkschaftsnahe Consulting-Unternehmen, andererseits die auf Bürgerbeteiligung und dreiseitige Mediation bezogene wissenschaftliche Begleitung. Im Sinne unserer Hypothesen war aufgrund der unmittelbaren Beteiligung von Beschäftigten und Nutzer/inn/en und der Berücksichtigung ihrer Interessen innerhalb der Planungsphase der Maßnahme zu vermuten, dass beide Akteursgruppen eine Steigerung der Lebensqualität erfuhren.

Im Rückblick drückt der Amtsleiter die positive Erfahrung mit dem partizipativen Regelungsverständnis aus:

> „(...) aber diese Form, wie wir das gemacht haben (...) mit den Entscheidungsträgern zusammenzusitzen und nicht mit irgendwelchen Moderatoren (...), die das einsammeln und dann in diese Behörde geben, sondern (...) die Behördenverantwortlichen (haben) mit den Bürgern direkt am Tisch gesessen und man konnte richtig die Argumente vom Wunsch bis zum geht oder geht nicht austauschen, Auge in Auge und das hat sehr konstruktive Ergebnisse gegeben und sehr positive Erfahrungen bei den Bürgern."(E-LS)

Die *Beteiligung der Beschäftigten* wurde in der Planungsphase durch dreierlei Vorkehrungen gewährleistet. Erstens nahmen sie an der vom Consulting-Unternehmen durchgeführten befragenden Bestandsaufnahme teil. Zweitens wurden sie am Hearing im Rahmen des zweiten Bürger/innen-Workshops sowie im Rahmen des Mediationsprozesses als unmittelbar Betroffene angehört und beteiligt. Drittens wirkten sie an der Zusammenstellung und Gestaltung der Teams des BSC mit. Die unmittelbare Beteiligung Beschäftigter im Rahmen der Bestandsaufnahme ermittelte Verbesserungsbedarfe für die teamorientierte Arbeits- und Dienstplangestaltung. Darauf bauten die Optimierung der Arbeitszeit- und Dienstplangestaltung sowie die Qualitätssicherung und Weiterentwicklung der Teamarbeit als Handlungsfelder auf. Gerade hinsichtlich der Teamarbeit sollte daraus eine dauerhafte, über die Planungsphase hinausreichende Beteiligung der Beschäftigten werden. Die Einbeziehung der Beschäftigten in den Planungsprozess der Maßnahme geschah so differenziert, dass eine effektive Berücksichtigung ihrer Interessen und eine Erhöhung ihrer Lebensqualität zu erwarten war.

Bei der Beteiligung der Beschäftigten stand die Gestaltung der Arbeitsprozesse im Vordergrund. Demgegenüber zielte die *Beteiligung der Nutzer/innen* in der Planungsphase auf die Abstimmung von Öffnungszeiten und Dienstleistungsqualität des BSC mit ihren Lebenslagen und daraus folgenden Belangen ab. Mit der Umsetzung dieses Auftrages wurde das wissenschaftliche Begleitteam betraut. Das Team konzipierte ein zweistufiges Bürger/innen-Beteiligungsverfahren, das erstens die Erarbeitung eines für den Prozessverlauf entscheidungsrelevanten Bürger/innen-Gutachtens und zweitens einen darauf focussierten Mediationsprozess zwischen den von der Maßnahme betroffenen Stakeholdern beinhaltete.

Im Rahmen zweier ganztägiger Bürger/innen-Workshops erörterten und erarbeiteten tatsächliche und potentielle Nutzer/innen[34] des BSC in einem Bürger/innen-Gutachten Leitsätze mit Anforderungen an Servicezeiten, Dienstleistungsspektrum und Dienstleistungsqualität des BSC. Praktiziert wurde dabei ein vom Team erarbeitetes Verfahren, das u.a. auf den im Choice-work-Verfahren (Yankelovich 1999) und im Planungszellenverfahren (Dienel 1997) entwickelten Konzepten aufbaute und diese zweckentsprechend fortentwickelte. Hier kann nicht auf alle Leitsätze des Bürger/innen-Gutachtens eingegangen werden. Vor dem Hintergrund der skeptischen Haltung des Personalrats zur Erweiterung der Öffnungszeiten konzentrieren wir uns hier auf die Leitsätze zu den Service-

---

34 Neben der Berücksichtigung schon vorhandener, tatsächlicher Nutzer/innen des Dienstleistungsangebotes wurden auch potentielle Nutzer/innen in den Beteiligungsprozess einbezogen, die „zwar gegenwärtig die Einrichtung nicht nutzen können, gegenüber deren Anliegen aber (...) eine solche öffentliche Einrichtung sich öffnen müsste und könnte." (Buggeln/Mückenberger 2005: 123f.) Zu dieser Personengruppe gehören beispielsweise Pendler/innen, Besucher/innen der Innenstadt oder auch zeitweilige Stadtnutzer/innen.

zeiten.[35] Die beteiligten Nutzer/innen beurteilten die Öffnungszeiten des BSC im Rahmen der Pilotphase als bürgerfreundlich und lehnten Überlegungen zur Reduktion der Öffnungszeiten oder der Schließung am Samstag einvernehmlich ab. Empfohlen wurde, zusätzlich zu den bisherigen Öffnungszeiten – allerdings nur bei entsprechend erweiterten Personalkapazitäten – die Öffnung am Mittwochnachmittag.

Anspruch der Projektsteuerungsgruppe und des wissenschaftlichen Begleitteams war, nicht nur ein Bürger/innen-Gutachten mit Leitsätzen zu erarbeiten, sondern auch diese Leitsätze systematisch zum Gegenstand des Entscheidungsprozesses mit allen Akteuren zu machen. Dafür empfahl das Team ein dreiseitiges Mediationsverfahren, das auf allgemeinen Erkenntnissen zur Mediation aufbaute (etwa Glasl 1999; Haft/Schlieffen 2002) und diese problembezogen zur dreiseitigen Mediation mit arbeitsrechtlichem Bezug weiterentwickelte. Zwei der am Bürger/innen-Gutachten beteiligten Nutzer/innen nahmen als „dritte Bank“ – neben Amtsleitung und Arbeitnehmerseite – am Mediationsprozess teil und vertraten die Leitsätze des Bürger/innen-Gutachten. Die einverständlich erzielte Mediationsvereinbarung sah vor, dass die Samstagöffnung aufrechterhalten und dass bei Schaffung von Rahmenbedingungen und Ressourcen den Nutzer/inne/n das Dienstleistungsangebot des BSC auch am Mittwochnachmittag zugänglich gemacht wird.

Das gewählte zweistufige Bürger/innen-Beteiligungsverfahrens eröffnete den Nutzer/inne/n die Möglichkeit, ihre Bedarfe unmittelbar in den Entscheidungsprozess einzubringen. Die für die Sozialpartner verbindliche Mediationsvereinbarung am Ende des dreiseitigen Mediationsverfahrens berücksichtigte effektiv die Interessen und Bedarfe der Nutzer/innen. Daraus lässt sich im Sinne der Hypothesen die Vermutung herleiten, dass die untersuchte zeitpolitische Maßnahme die Lebensqualität der Nutzer/innen erhöht.

Die dargestellte differenzierte Beteiligung von Beschäftigten und Nutzer/inne/n zeigt die erweiterten zeitpolitischer Handlungsoptionen und die mit dem realisierten Modellvorhaben erweiterten industriellen Beziehungen auf. Das differenzierte und erweiterte Beteiligungsverfahren hat die beteiligten Akteure in die Lage versetzt, die Interessen und Bedarfe anderer beteiligter Akteure wahrzunehmen und diesen unterschiedlichen Interessenlagen Rechnung zu tragen. Damit ist die *Reziprozität* zwischen den beteiligten Akteuren und Akteursgruppen angesprochen, die in unseren Hypothesen als wesentlicher Gunstfaktor für zeitpolitische Lebensqualitätsgewinne angenommen wurde.

Auf das Vorhandensein von Reziprozität der Nutzer/innen gegenüber Alltagssituationen und Interessen der Beschäftigten lassen einige Leitsätze im Bür-

35 Der Endbericht zum Bürger/innen-Gutachten ist im Anhang der Publikation „Zeitfragen sind Streitfragen“ (Mönig-Raane 2005) abgedruckt.

ger/innen-Gutachten schließen. So sei bezüglich der Ausweitung der Servicezeiten auf den Mittwochnachmittag „zu berücksichtigen, dass verlängerte Öffnungszeiten entsprechend erweiterte Personalkapazitäten voraussetzen." (Bürger/innengutachten in: Mönig-Raane 2005: 199) Auch wird unter dem Gesichtspunkt des ausgeweiteten Spektrums der Verwaltungsdienstleistungen darauf hingewiesen, dass sich für die „daraus ergebenden Qualifikationsanforderungen die BAT-Vergütung der Beschäftigten des BSC" (ebd.) nicht mehr ausreichend sei.

Betrachtet man die anderen beteiligten Akteursgruppen in der Planungsphase der Maßnahme, so hat das partizipativ ausgerichtete Beteiligungsverfahren die Interessen der jeweils anderen Akteure zwar wahrnehmbar gemacht, jedoch nicht unbedingt zu höherer Berücksichtigung geführt. Die moderierten Besprechungen der Arbeitsteams im Rahmen der Bestandsaufnahme enthalten keine Belege dafür, dass die Beschäftigten den Interessen der Nutzer/innen Rechnung tragen. Auch der Leiter des Stadtamtes hob eher ein Interessenbündnis als die Reziprozität mit den Nutzer/inne/n hervor:

> „Und da ich im Grunde auch die Zielsetzung (...) hatte, (...) diese bürgerorientierten Dienstleistungen zu verbessern (...), entsprach (...) die Wunschvorstellung oder die Kritik der Bürger durchaus ja meinen Zielvorstellungen. Das heißt (...) es war keine Konfrontation, sondern eher eine Partnerschaft, kann man absurderweise fast sagen, (...) weil ich das, was sie gerne wollten, auch gerne selber wollte, insofern war es nicht eine echte Konfrontationslage, wie das sonst eben bei Konflikttischen oder Runden ist." (E-LS)

Vor diesem Hintergrund ist für die Planungsphase der Maßnahme ein einseitiges Reziprozitätsverständnis durch die Nutzer/innen zu konstatieren. Zu vermuten ist somit nach unseren Hypothesen, dass, indem sich das Bürger/innen-Gutachten der Nutzer/innen für die Interessen der Beschäftigten reziprok erwies, es zu wirkungsvoller Berücksichtigung der Interessen der Beschäftigten und zur Steigerung ihrer Lebensqualität beitrug.

4.6.6 Flache Hierarchie und Reziprozität in der Durchführungsphase

Seit Beginn des Jahres 2006 befindet sich das BSC mit den Öffnungszeiten von 53,5 Stunden pro Woche im Echtzeitbetrieb. Das BSC fungiert mit dem Angebot von Standarddienstleistungen als ‚one-stop-agency' in der Innenstadt und hat sich u.a. mit der Einführung des Terminmanagements, Internet-Auftritt mit Fernerledigungs- und Auskunftssystem sowie qualitativ verbesserter Telefonberatung (Auskunft, Unterlagencheck, bei verbleibendem Bedarf Terminvergabe) auf die Bedarfe der Nutzer/innen eingestellt. Dass Termine an Nachmittagen und samstags ausgebucht sind, wird als Indiz für die Annahme des bürgerorientierten Angebotes angesehen (vgl. E-LBSC). Das Rotationsprinzip ermöglicht den Beschäftigten einen Wechsel zwischen den unterschiedlichen Tätigkeitsbereichen des Bürger-Services (Telefonie, Sachbearbeitung, Infotresen). Die Arbeitsorganisation basiert auf Sollvorgaben für den Personaleinsatz und einer eigenverantwortlichen und selbstgesteuerten Personaleinsatzplanung der jeweiligen Teammitglieder durch das Team; die Einführung eines dafür notwendigen Personalbemessungssystems steht noch aus.

Die Ausweitung der Servicezeiten auf den Mittwochnachmittag laut Mediationsvereinbarung ist bisher nicht umgesetzt worden. Begründet wird dies – neben den fehlenden zusätzlichen Ressourcen – mit der Notwendigkeit eines mindestens halbtägigen Freiraumes für innerorganisatorische Arbeiten wie Dienst- und Teambesprechungen oder auch Schulungen der Mitarbeiter/innen (E-LS, E-LBSC).

Der Gestaltung der Arbeitsorganisation innerhalb des BSC lag auch in der Implementierungsphase ein *partizipatives Regelungsverständnis* seitens der örtlichen und Stadtamts-Leitung zugrunde. Damit wurde dem Grundsatz flacher Hierarchien, teamorientierter Eigensteuerung der Tätigkeiten und der Personaleinsatzplanung entsprochen. Diese Arbeitsorganisation erlaubt die Berücksichtigung der unterschiedlichen Lebenslagen entsprechenden Interessen der Beschäftigten, was eine Steigerung ihrer Lebensqualität vermuten lässt.

Etwas anders gestaltet sich das Regelungsverständnis der Leitung zu den Nutzer/inne/n. Es beruhte auf den Erfahrungen und Vereinbarungen im bürgerorientierten Beteiligungsverfahren, somit den artikulierten Bedarfen der Nutzer/innen. Der Leitung war bewusst, dass den im Mediationsverfahren seitens der Nutzer/innen zur Öffnung am Samstagvormittag entsprochen, zur Öffnung am Mittwochnachmittag formulierten Erwartungen hingegen bislang nicht entsprochen wurde. Im Rahmen der verfügbaren Ressourcen des Stadtamtes wurde versucht, durch einen zeitlichen Ausgleich verschiedener Service-Ämter eine Öffnung am Mittwochnachmittag zu ermöglichen (E-LS). Dies verdeutlicht, dass von der Leitung die Interessen der Nutzer/innen Berücksichtigung fanden. Vermuten lässt sich daher, dass die Samstagsvormittagsöffnung zusammen mit der, wenn auch anders als geforderten Ermöglichung der Mittwochnachmittagsöffnung die Lebensqualität der Nutzer/innen steigern.

Entsprechend den Handlungsempfehlungen des Consulting-Unternehmens und der darauf beruhendenden Dienstvereinbarung zur Teamarbeit wurde die dauerhafte Beteiligung der *Beschäftigten* durch Teams umgesetzt. Das partizipative Regelungsverständnis bezieht sich dabei hauptsächlich auf die Gestaltung der im Rahmen von Teamsitzungen zu erstellenden Dienstpläne, die die Arbeitszeitinteressen aller Teammitglieder zu wahren hatten. Dass Beschäftigte diese Möglichkeit der direkten Beteiligung als solche wahrnahmen, macht folgende Aussage einer Beschäftigten im Rahmen des Gruppeninterviews deutlich:

„Also, wir haben zwar die Vorgaben, so und so ist das Spätdienstsoll und das Frühdienstsoll und das wird dann (...) teamintern [gemacht] und dann erst zur Geschäftsleitung [gegeben] und die machen einen endgültigen Plan. Also, das ist schon 'ne größere Beteiligung. (G-B)

Eine weitere Möglichkeit unmittelbarer Beteiligung im Rahmen der Implementierungsphase hatten die Beschäftigten bei der Mitarbeit in Qualitätszirkeln, wo Kommunikationsstrukturen und Problemlösungen zwischen BSC und Fachämtern bzw. Fachbereichen optimiert bzw. herbeigeführt wurden. Beide mit Hilfe des Consulting-Unternehmens entwickelte Instrumente gewährleisteten eine differenzierte und kontinuierliche Beteiligung der Beschäftigten. Da dadurch ihre auf unterschiedliche Lebenslagen bezogenen Interessen bei der Maßnahme Berücksichtigung fanden, ist im Sinne der Hypothesen zu erwarten, dass dies positiven Einfluss auf die Lebensqualität der Beschäftigten hat.

Die *Nutzer/innen* hatten in der Implementierungsphase der Maßnahme keine Möglichkeit unmittelbarer Beteiligung. Auf die Frage nach Gestaltungs- und Beteiligungsmöglichkeiten der Nutzer/innen antwortete ein Beschäftigter im Gruppeninterview:

„Die können sich natürlich beschweren gehen oder irgendwie was aufschreiben oder Vorschläge vielleicht bei der Leitung vorbringen, aber nichts Offizielles" (G-B)

Entgegen der Festlegung in der Mediationsvereinbarung wurden bei der Implementierung der Maßnahme weder Instrumente kontinuierlicher Nutzer/innen-Beteiligung noch Plattformen zur Ermöglichung der auf den Bürger-Service bezogenen Meinungsäußerung etabliert. Das legt die Annahme nahe, dass in der Phase der Implementierung die Interessen der Nutzer/innen keine unmittelbare Berücksichtigung fanden und sich keine auf die Maßnahme zurückzuführende Verbesserung der Lebensqualität ergibt.

Auf *Reziprozität* der Leitung des Stadtamtes sowie der örtlichen Leitung hinsichtlich der Beschäftigtenbelange lässt schließen, dass beide deren Anspruch auf flexible lebenslagenbezogene Arbeitszeiten, aber auch auf qualitative ‚Aufwertung' ihrer Tätigkeit wahrnahmen und berücksichtigten.

„(...) natürlich haben sie auch Abend- und Spätschichten und Samstagsschichten zu machen und haben auch am Telefon zu sitzen (...). Aber sie haben durch die Flexibilität innerhalb dieses gemeinsamen Dienstleistungsauftrages, an verschiedenen Stellen arbeiten zu können, einen modernen Arbeitsplatz zu haben, innenstadtnah arbeiten zu können, Zeitmanagement auch selber in die Hand zu nehmen. Wann arbeite ich, wann kann ich mal nach Hause gehen zwischendurch, wenn ich einen Teamkollegen habe, der mich an dem Tag vertritt, dann kann ich das. Ja, und dann eben auch (...) einfach mit der neuen Arbeitskultur sozusagen eine höhere Wertschätzung zu erfahren, haben die, glaube ich, einen (...) riesigen

(...) Fortschritt im Sinne von (...) Verwaltungskultur, Lebenskultur für sich selbst (...) entwickeln können.“ (E-LS)

Die Nutzer/innen waren bei der Implementierung der Maßnahme zwar nicht direkt beteiligt. Gleichwohl nahmen aufgrund der Erfahrungen des vorangegangen Beteiligungsprozesses im BSC Beschäftigte und Leitung deren Interessen wahr und trugen ihnen im Rahmen der Gestaltungsspielräume Rechnung. Ein befragter Beschäftigter nahm vor dem Hintergrund der Effekte der Maßnahme die Perspektive der Nutzer/innen ein und führt aus:

„Ich würde es auch überwiegend positiv sehen, weil hier der Bürger (...) ein sehr breit gefächertes Dienstleistungsangebot hat. Was (...) eher so der negative Aspekt ist, ist (...) etwas weniger Vertrautheit (...). Früher in der Meldestelle, in der ich vorher war, (...) da kannte gewissermaßen jeder jeden, da war die ältere Dame gewesen und (...) man kannte sich mit dem Namen schon (...) das hatte so einen persönlicheren Charakter gehabt“ (G-B)

Ein anderer Beschäftigter sieht in die Zeitsouveränität der Nutzer/innen durch das Dienstleistungsangebot des Bürger-Services berücksichtigt, kritisiert dabei aber, wie wenig diese das wahrnehmen:

„Die Lebensqualität und auch das Zeitmanagement der Kunden für den Tag, an dem sie hier sind, hat sich immens verbessert. Definitiv. Die meisten merken es nur leider nicht.“(G-B)

Auch der Leiter des Stadtamtes stellt die neu gewonnene Zeitsouveränität der Nutzer/innen durch das Angebot erweiterter Öffnungszeiten heraus:

„Ja, für die Bürger ist es, glaube ich, der gleiche Ansatz, auf der anderen Seite natürlich, dass sie – flexibler sein können, was das Aufsuchen (...) dieser Dienstleistung angeht.“ (E-LS)

Seine folgende Aussage zu der nicht realisierten Öffnung am Mittwochnachmittag verdeutlicht den Willen der Leitung, die Interessen der Nutzer/innen wahrzunehmen und ihnen auch ernsthaft Rechnung zu tragen.

„Wenn wir dann alle drei [BSC's] in Betrieb haben (...) dann kann man sich über Öffnungszeiten so abstimmen, dass (...) nicht alle am gleichen Tag (...) diesen Schulungsteil mach[en] und dann immer alle Mittwoch zu haben, sondern dass man dann in der Mitte mittwochs [schult] und bei uns [im Service-Center] ist der Mittwochnachmittag geöffnet. Das heißt, der Bürger [kann] sich dann, wenn er mittwochs unbedingt will oder nur Zeit hat, dann eben hierher begeben.“ (E-LS)

Die Aussagen der befragten Beschäftigten sowie der Stadtamtsleitung können als Resultat einer durch das Bürgerbeteiligungsverfahren reziproker gewordenen Dienstleistungskultur und dadurch erweiterter zeitpolitischer Handlungsoptionen des Amtes gedeutet werden. Zu vermuten ist, dass der rege Austausch der beteiligten Akteure innerhalb der Planungsphase der Maßnahme die Reziprozität erhöht und dazu geführt hat, dass die Interessen der Nutzer/innen – obwohl im Rahmen der Implementierung nicht unmittelbar beteiligt – wahrgenommen und bei der weiteren Gestaltung berücksichtigt werden.

Interessanterweise versetzen sich in der Evaluation befragte Nutzer/innen – obwohl Nutzer/innen in der Implementierungsphase nicht direkt beteiligt waren – vor dem Hintergrund ihrer Erfahrungswelt in die Perspektive der Beschäftigten, was auf die Entwicklung von Reziprozität schließen lässt. Befragt danach, wie sich die aus der Maßnahme resultierenden Veränderungen für die Mitarbeiter auswirken, spricht beispielsweise eine Nutzerin aus der Perspektive der Beschäftigten:

> „Ich glaube, der Unterschied zu früher ist, dass die Mitarbeiter hier ein breiteres Wissen haben müssen, aufgrund der vielen Leistungen, die hier angeboten werden, gegenüber früher und dass das sicherlich auch (...) zu einer höheren Belastung geführt hat.“ (G-N)

Im Rahmen dieser Prozessanalyse wurde deutlich, dass das von der Leitung mitgetragene Beteiligungsverfahren personell und thematisch erweiterte Aushandlungsverfahren ermöglichte und Beschäftigten wie Nutzer/innen erweiterte zeitpolitische Blickwinkel und Handlungsoptionen eröffnete, die die Wahrnehmung und Berücksichtigung der je anderen Interessenlagen erlaubten. Die Wahrnehmung und Berücksichtigung der jeweils anderen Interessen durch Beschäftigte und Nutzer/innen brachte – durch das partizipative Regelungsverständnis der Leitung begünstigt – eine reziproke Regelungs- und Konfliktaustragungskultur zustande. Sie brachte mit sich, dass ein wechselseitiger Einfluss jeder Akteursgruppe auf die zeitlichen Bedingungen der Lebensqualität der jeweils anderen betroffenen Akteursgruppe wahrgenommen und anerkannt wurde. Dies scheint uns eine Vorbedingung für den fairen Konfliktaustrag um Zeitkonflikte zu sein – wie er im Einleitungsteil dieses Buches als Anspruch formuliert wurde. Aus diesem Grund erachten wir für dieses Fallbeispiel das vierte Kriterium zeitpolitischer Maßnahmen als erfüllt.

4.6.7 Win-win-Konstellation zeitpolitischer Selbstbestimmung und Lebensqualität

Die Maßnahme sollte deutlich stärkere Bürger- und Dienstleistungsorientierung des Vertriebsbereiches der öffentlichen Verwaltung unter anderem durch Aufbau eines Bürgerservice-Centrums in zentraler Innenstadtlage mit nutzerfreundlichen Servicezeiten und einem auf die Bedarfe der Nutzer/innen abgestimmten Dienstleistungsangebotes erreichen. Für die Beschäftigten im BSC sollte sich zugleich durch Veränderungen in der Arbeitsgestaltung und Aufgabenwahrnehmung ein Wandel des beruflichen Tätigkeitsprofils von ‚klassischer' Sachbearbeitung zur Bürgerberatung vollziehen.

Die deutliche Ausweitung des Öffnungszeitenrahmens mit Samstagsöffnung, das Angebot von Verwaltungsdienstleistungen aus einer Hand sowie das Terminmanagement und die damit verbundenen positiven Reaktionen der Bürger/innen verweisen auf die Zielerreichung der Maßnahme. Auf die externe Begleitung der Maßnahme ist zurückzuführen, dass sich das Konzept erweiterter Öffnungszeiten trotz anfänglicher Skepsis auch aus Sicht der betrieblichen Interessenvertretung bewährt hat.

Aus Sicht der Leitung haben die Beschäftigten seit Ende 2002 Veränderungen ihrer Arbeitsinhalte und -abläufe erfahren, die im Ergebnis als positiv bewertet werden können. Herauszustellen ist dabei die gestiegene Arbeitszufriedenheit, die der Leitung zufolge auf die verbesserte Selbstbestimmung der Arbeitszeiten sowie die erhöhte Verantwortung und Flexibilität gegenüber den Nutzer/inne/n des BSC zurückzuführen ist. Die Beschäftigten begreifen sich inzwischen als erste persönliche Ansprechpartner/innen des Stadtamtes, welche den Anspruch der Bürger- und Dienstleistungsorientierung der Behörde als Bürgerberater/innen nach außen tragen.

Mit der Planung und Implementierung der Maßnahme sind für die Nutzer/innen positive aber auch negative Effekte verbunden. So stellt das BSC als ‚one-shop-agency' für Nutzer/innen in der Innenstadt eine zentrale Anlaufstelle mit umfangreichem Servicezeiten- und Dienstleistungsspektrum dar. Damit verbunden sind die von den befragten Nutzer/inne/n artikulierten nachteiligen Effekte der unzureichenden bzw. fehlenden Fachtiefe sowie wechselnder Sachbearbeiter/innen. Auch für die Beschäftigten des BSC sind mit der Maßnahme positive und negative Resultate verbunden. Die direkte Beteiligung bei der Dienstplanung und inhaltlichen Arbeitsgestaltung, das teamorientierte Arbeiten und abwechslungsreiche Aufgabeninhalte werden von den Beschäftigten positiv wahrgenommen. Nachteilig hingegen sind die auf Ressourcenprobleme zurückzuführende höhere Arbeitsverdichtung sowie die räumlich bedingte Mehrfachnutzung vorhandener Arbeitsplätze. Letzteres verdeutlicht, dass die Planung und Implementierung der Maßnahme im Zusammenhang mit politischen und finanziellen Rahmenbedingungen steht, was wiederum Konsequenzen für den Gestaltungsspielraum der Leitung und betrieblichen Interessenvertretung hat.

Im Hinblick auf den ursprünglichen Konflikt der Ausweitung der Öffnungszeiten auf den Samstagvormittag hat sich im Arbeitsalltag gezeigt, dass sich entsprechend dem Prinzip der Freiwilligkeit Beschäftigte für die Arbeit am Samstag bereit erklären. Den Ausführungen der Leitung der Einrichtung zufolge lässt sich feststellen, dass nicht – wie im Rahmen der Diskussion zur Planung der Maßnahme vermutet – der Samstag weniger begehrte Arbeitszeit ist, sondern der Freitagnachmittag sowie allgemein Spätdienste (E-LBSC).

Ziel der Untersuchung dieses Fallbeispiels war zu ermitteln, ob und inwiefern die Lebensqualität der Nutzer/innen durch die Maßnahme gestiegen und gegebenenfalls ob dies zu Lasten der Lebensqualität von Beschäftigten des BSC gegangen ist. Dies wird jetzt anhand der im theoretischen Teil entwickelten zeitpolitischen Komponenten von Lebensqualität resümiert und mit den von uns formulierten die Lebensqualität begünstigenden Faktoren bei der Planung und Implementation der untersuchten Maßnahme in Beziehung gesetzt.

Beginnen wir mit der Lebensqualität der *Beschäftigten* im Fallbeispiel. Wie bereits zu Beginn der Darstellung des Fallbeispiels angedeutet, sind die zeitlichen Bedingungen der Lebensqualität abhängig von den Lebenslagen der Beschäftigten. Positiv herausgestellt wird vom Großteil der befragten Beschäftigten die Flexibilität bei der Gestaltung der Arbeits- und Alltagszeit. Eine Beschäftigte führt aus:

> „Also, ich finde prinzipiell ist es gut. (...) durch diese Flexibilität, die man doch irgendwie hat, auch wenn es mal (...) Spätdienst sein muss, (...) hat man aber dennoch die Möglichkeit, (...) auch mal auszuschlafen, kann man diese Spätdienste beispielsweise [an das] Ende der Woche legen und (...) anfangs der Woche ist man noch fit, Ende der Woche macht man dann mal nen Spätdienst (...).“ (G-B)

Die Flexibilität der Arbeitszeit entsprechend den Alltagsbedürfnissen der Beschäftigten soll über die Dienstplangestaltung im Team gewährleistet werden. Der Personalrat äußert dazu, die Dienstplanung werde dann relativ konfliktfrei bewältigt, wenn sich die Teammitglieder hinsichtlich ihrer persönlichen Zeitinteressen ergänzen (E-B). Diese Erfahrung wird von den am Gruppeninterview beteiligten Beschäftigten geteilt (G-B). Zeitkonflikte treten dann auf, wenn persönliche Zeitinteressen der Beschäftigten mit den im Team abgestimmten Arbeitszeiten nicht vereinbar sind. Offensichtlich wird das bei der Abstimmung der Früh- und Spätdienste im Team, bei der in vier der insgesamt sechs Teams nicht genügend Rücksicht auf lebenslagenbezogene Interessen wie Kinderbetreuung oder auch Betreuung von Angehörigen genommen werde. Zwei der befragten Beschäftigten äußern:

> „Ja, es ist die Voraussetzung, dass man hier Schicht arbeitet und es geht auch vom Team her nicht anders. Weil die im Team sagen natürlich auch, du musst auch im Spätdienst arbeiten.“ (G-B)

... und auf Rückfrage, ob es denn nicht auch andere Arbeitszeitregelungen gäbe:

> „Das ist eine Vereinbarung innerhalb des Teams, wie gearbeitet wird. (...) Das Team kriegt eine Sollvorgabe und (...) die muss halt erfüllt werden. Und (...) wenn die Kollegen die erfüllen können und (...) sagen, gut, wir nehmen jetzt auf diese eine Person Rücksicht, die hat nun mal das Kind, dann funktioniert das auch. (...) Bloß dafür ist halt eben das Team gefordert, dass die was übernehmen.“ (G-B)

Problematisch erscheint, dass sich die Teams mit diesem Zeitkonflikt auseinandersetzen müssen, ohne eine alle Interessenlagen berücksichtigende Lösung unter Beteiligung der Teammitglieder herbeizuführen. Der Grad der Selbstbestimmung im Zeitgebrauch hinsichtlich von Arbeits-, Alltags- und gemeinsamen Zeiten bleibt bestimmt durch die jeweiligen Lebenslagen der Beschäftigten. Dies lässt sich durch zwei kontrastierende Aussagen verdeutlichen – die eines alleinstehenden Beschäftigten:

> „Meine (...) Lebensqualität hat sich auf keinen Fall verschlechtert, eher was das gemütliche, längere Schlafen, was ich durchaus als Lebensqualität sehe, angeht, (...) sogar eher noch verbessert und der Samstagsdienst ist auch überhaupt kein Problem, der war am Anfang ungewöhnlich, aber der ist eigentlich ganz nett." (G-B)

... und die einer in Teilzeit beschäftigten Mutter:

> „Wie ich angefangen hab, bin ja auch gleich hier angefangen, wie das hier aufgemacht wurde, war's positiv, weil ich halt wieder arbeiten konnte und vormittags mein Kind betreuen, weil er ja noch nicht im Kindergarten war und nachmittags dann halt arbeiten konnte. Mittlerweile ist für mich die Lebensqualität halt schlechter geworden, weil ich halt das mit meinem Sohn nicht mehr so auf die Reihe kriege, also, so schon, aber freitags halt ist es ein Problem." (G-B)

Hervorgehoben wurden von den am Gruppeninterview beteiligten Beschäftigten neben der individuellen Zeitsouveränität das gute Arbeitsklima, der Wissensstand sowie die mit dem Rotationsprinzip zusammenhängenden abwechslungsreichen Tätigkeiten. Diese Aspekte deuten darauf hin, dass sich mit der Maßnahme positive Lebensqualitätseffekte für die Beschäftigten eingestellt haben (G-B).

> „Durch dieses ständige Rotieren der Arbeitsplätze hat man nicht dieses Phänomen, (...) ich werde gemobbt von meinem (...) Zimmerkollegen (...), sondern dadurch haben wir eigentlich (...) ein ganz tolles (...) Betriebsklima, Arbeitsklima. Viele verstehen sich gut untereinander, weil die eben nicht so eng aufeinander hocken, weil ständig gewechselt wird. Und das, denk ich, trägt auch zur Arbeitsqualität (...) bei, dass man sich wohler fühlt, ne." (G-B)

Die an der Gruppendiskussion beteiligten *Nutzer/innen* waren selbst nicht an der Planung und Implementierung der Maßnahme beteiligt.[36] Alle befragten Nutzer/innen nahmen das von anderen Verwaltungen abweichende bürgerorientierte Dienstleitungsangebot, insbesondere die deutliche Ausweitung der Öffnungszeiten, wahr. Für die befragten Nutzer/innen löst das Angebot des BSC in hohem

36 Hervorgehoben wer muss erneut, dass das Sample der befragten Nutzer/innen keinen Repräsentativitätsanspruch erhebt. Auch die folgenden Auswertungen sind als explorativ und in erster Linie hypothesengenerierend zu verstehen.

Maß die Möglichkeit der Selbstbestimmung des Zeitgebrauchs aus. Ein Familienvater führt dazu aus:

> „Also, ich denke, für mich persönlich und für die Familie, für die ich sprechen kann, die ist mit dabei gewesen, hat sich im Grunde genommen eben aufgrund dieser samstäglichen Öffnungszeiten für uns die Lebensqualität erhöht." (G-N)

Dies begründet der Nutzer damit, dass er aufgrund seiner Berufstätigkeit zu keinem anderen Zeitpunkt in der Woche die Möglichkeit gehabt hätte, das BSC aufzusuchen. Die Öffnungszeiten am Samstag haben somit eine entlastende Funktion in der Koordination des Alltags der Nutzer/innen. Von einem anderen befragten Nutzer wird herausgestellt, dass sich durch das Öffnungszeitenspektrum und die Möglichkeit der Terminvereinbarung der Behördengang mit den eigenen Arbeitszeiten gut vereinbaren lässt:

> „Also, ich habe halt auch eine Menge zu tun und habe eigentlich immer zu tun (...) und (...) selbst wenn ich hierher muss, ist das eigentlich kein wirklicher Stress, also, ich kenne es (...) von Ämtern anders, dass man da irgendwie halt mehr Zeit einplanen muss und danach auf jeden Fall erst mal gar nichts mehr planen sollte, so weil man nie weiß, wann es zu Ende ist. Und hier ist es halt komplett anders und ich finde das schon in Ordnung so, also, das passt halt mit den Zeiten; (...) ich könnte sogar vor der Hochschule herkommen, ich glaube, um 6 Uhr 45 wurde mir sogar schon mal ein Termin angeboten, (...) das fand ich schon sehr beeindruckend." (G-N)

Eine befragte Nutzerin lobt die Samstagsöffnung. Zugleich bringt sie aber ihr Unverständnis mit der Schließung der Einrichtung am Mittwochnachmittag zum Ausdruck. Sie bekräftigt damit das bereits im Bürger-Beteiligungsverfahren geäußerte Interesse der Nutzer/innen. Dass

> „ein Servicecenter mitten in der Innenstadt am Mittwochnachmittag geschlossen [ist], finde ich schon erstaunlich. (...) Dass sie am Samstag um 13 Uhr schließen, kann ich nachvollziehen, weil es ja kaum eine behördliche Einrichtung gibt, die am Wochenende überhaupt geöffnet ist und dass hier am Wochenende am Samstag möglich ist, bis 13 Uhr, finde ich positiv. Dass dafür aber der Mittwochnachmittag geschlossen ist, finde ich erstaunlich. Zumal heute jeder bis 22 Uhr einkaufen gehen möchte und (....) auch rund um die Uhr andere Leistungen in Anspruch nehmen möchte (...)." (G-N)

Die erweiterten Öffnungszeiten, das Terminvergabeverfahren, aber auch das Prinzip der Dienstleistungserbringung aus einer Hand wurden von allen befragten Nutzer/inne/n wahrgenommen und genutzt. Daraus resultieren, wie veranschaulicht, spürbare Lebensqualitätseffekte aus der Maßnahme, die in der hohen Selbstbestimmung des Zeitgebrauchs in Arbeits-, sozialen gebundenen und gemeinsamen Zeiten zum Ausdruck kommen.

4.6.8 Resümee: Zeitpolitik ist unter bestimmten Bedingungen möglich

Dieses Bürgeramt stellt ein gelungenes Beispiel für die Öffnung der Arbeitsbeziehungen zu den Belangen Dritter dar. Die bei industriellen Beziehungen ausgeschlossenen Dritten wurden systematisch und entscheidungsrelevant einbezogen. Die Sozialpartner blieben nicht die traditionellen Akteure (bi-polarer) ‚industrieller Beziehungen', sondern ließen sich gerade bei der Arbeitszeitgestaltung auf den (multi-polaren) Interessenausgleich mit Nutzer/innen-Interessen als Alternative zu überkommenen Besitzstandswahrungs- und Deregulierungsstrategien ein.

Die Anfangsphase der Maßnahme war noch durch eine hohe Konfliktbereitschaft der Sozialpartner und das Beharren auf tradierte gewerkschafts- und arbeitnehmerpolitische Forderungen gekennzeichnet. Im Verlauf des Aushandlungsprozesses hat sich jedoch durch Vertrauensbildung und Dialog Konsensfähigkeit bei allen beteiligten Akteuren eingestellt. Dies ist auf die grundsätzliche Experimentier- und Risikobereitschaft der Sozialpartner, aber auch auf die Rolle der wissenschaftlichen und praktischen Begleitung des Projekts zurückzuführen.

Über das von der wissenschaftlichen Begleitung konzipierte und durchgeführte zweistufige Bürger-Beteiligungsverfahren haben tatsächliche und potentielle Nutzer/innen im Aushandlungsprozess „voice" erhalten und auf den Gestaltungsprozess der Maßnahme nachhaltig Einfluss nehmen können und genommen. Den Beschäftigten der Einrichtung wurde durch Unterstützung und Moderation des externen gewerkschaftsnahen Consulting-Unternehmens ebenfalls die Möglichkeit eröffnet, ihren Interessen und zeitlichen Bedarfen eine Stimme zu geben.

Während für die Planungsphase der Maßnahme die bewusste Einbeziehung der Nutzer/innen zu konstatieren ist, kann für den Prozess der Implementierung der Maßnahme lediglich von einer Nutzer/innen-Orientierung gesprochen werden. Nutzer/innen haben seit der Umsetzung der Maßnahme keine Möglichkeit mehr, ihre Interessen direkt zu artikulieren. Diese Entwicklung lässt vermuten, dass die bei der Planungsphase herausgestellten innovativen Beteiligungsansätze und deren Resultate letztendlich auf die zeitpolitische Intervention der externen wissenschaftlichen und praktischen Begleitung zurückzuführen ist. Beide haben in der Implementationsphase eine Kultur der Nutzer/innen-Orientierung hinterlassen, die sich in erhöhter Reziprozität und in entsprechenden Lebensqualität-Effekten zugunsten von Nutzer/inne/n – die gleichwohl nicht zulasten der Beschäftigten gegangen ist – niedergeschlagen hat. Während und nach dem hier untersuchten Modellprojekt sind ressourcen- und politikbedingte Umsteuerungen im Umfeld des BSC vor sich gegangen, die den Erfolg der hier untersuchten Lebensqualitätseffekte relativieren oder ganz in Frage stellen. Am gravierendsten ist wohl diejenige, dass die Planung zweier weiterer Service-Centren neben dem zentral gelegenen BSC aufgegeben worden ist – was zu Besucher-Ballung bei dem verbleibenden BSC (und entsprechenden Herausforderungen für die Arbeits- und Nutzungsstruktur) führte. Diese Umsteuerungsmaßnahmen konnten im vorliegenden Forschungsvorhaben nur unzureichend berücksichtigt werden. Sie verdeutlichen aber einmal mehr, dass es überzeugter politischer Akteure bedarf, um Zeitpolitik in dienstleistenden Einrichtungen zu realisieren.

5 Zeitpolitik kann Lebensqualität ohne Opfer erhöhen

5.1 Reziprozität als Motor von Lebensqualitäts-Gewinnen

Hier wird die doppelte Auswertungsrichtung des Vorhabens vorgestellt. Das Projekt hatte einen empirischen und einen normativen Schwerpunkt. Der *empirische* bestand darin, die Lebensqualitätseffekte definierter zeitgestalterischer Maßnahmen für Beschäftigte und Nutzer/innen zu ermitteln – anhand eines Begriffs von Lebensqualität, der auf zeitpolitische Maßnahmen anwendbar ist. Der *normative* Schwerpunkt bestand darin, Ansatzpunkte eines Regulierungsmodells für Dienstleistungstätigkeiten in Dienstleistungsgesellschaften zu ermitteln, die die Begrenzungen des Modells der bipolaren industriellen Beziehungen überwinden und sich zur Stakeholder-Seite hin erweitern. Da wir nach wie vor in einem System industrieller Beziehungen leben und alle unsere Fallbeispiele davon geprägt sind, kann das gesuchte neue Regulierungsmodell nicht einfach empirisch an den Fallbeispielen „abgelesen" werden. Vielmehr bezieht unsere Auswertung 1. informelle Praktiken der Akteure, die die Schranken des Systems industrieller Beziehungen bereits relativieren, 2. Annahmen, Wünschen und Forderungen der Beteiligten, anders mit anderen Stakeholdern umzugehen, wenn dafür die Voraussetzungen hergestellt würden, ein, aber auch 3. eigene Annahmen, was in den Fallbeispielen an zeitpolitischer Gestaltung möglich gewesen wäre, denkt man sich bestimmte Rahmenbedingungen konzeptioneller, normativer, ressourcen- und einstellungsmäßiger Art hinzu. Dass es sich hierbei um eine gewagte Distanzierung der Beurteilung von der vorfindlichen Wirklichkeit handelt, brauchen wir kaum hervorzuheben.

Dieses Abschlusskapitel konzentriert sich in diesem Eingangsabschnitt und Abschnitt 5.2.1–8 auf die empirischen Erträge. Die Abschnitte 5.2.9 sowie 5.3 ziehen vorläufige Schlussfolgerungen für die normative Ebene.

Erhoben wurde in den Fallbeispielen als Ausgangspunkt die zeitpolitische „Reziprozität" der Akteure. Dies meint die Fähigkeit und Bereitschaft von an der zeitgestalterischen Maßnahme mit bestimmten Interessen beteiligten Akteuren bzw. Akteursgruppen, die unter Umständen konfligierenden zeitlichen Interessen anderer an der Maßnahme beteiligten Akteure bzw. Akteursgruppen *erstens* überhaupt wahrzunehmen (d.h. sich in sie einzufühlen, ihnen sogar vertiefend nachgehen zu wollen) und *zweitens* ihnen Rechnung zu tragen zu versuchen. Eine so verstandene Reziprozität versetzt die Beteiligten erst in die Lage, sich nachhaltig zeitpolitisch zu *verhalten*. Die Reziprozität wurde vor allem in der Wechselbeziehung zwischen Beschäftigten und Nutzer/inne/n ermittelt, diejenige der Leitung wurde nur ermittelt, sofern sie für diese Wechselbeziehung Rahmenbedingungen setzte.

Bei den Beschäftigten stellte sich die größte Reziprozität gegenüber Nutzer-Interessen in den Einrichtungen A bis C (Kindertagesstätten) heraus. Man kann dies in Verbindung bringen mit dem Charakter der Dienstleistung: Es handelt sich um eine immer wiederkehrende, lang anhaltende und stark körperbezogene und emotionsreiche Dienstleistung. Diese erlaubt eine tätigkeitsbezogene Motivation der Beschäftigten – was wiederum eine Orientierung an den zeitlichen Interessen der Klientel nahelegt. Diese tätigkeitsbezogene Motivation bringt die Erzieherinnen manchmal in Konflikt mit den *mittelbaren* Nutzern ihrer Dienstleistung, den Eltern, wenn deren zeitlicher Habitus den *unmittelbaren* Nutzern der Dienstleistung, den Kindern, zu schaden droht. Auch in umgekehrter Richtung – hier Eltern gegenüber Beschäftigten – ist in den Fällen A bis C ein relativ hohes Maß an Reziprozität aufgefallen, was wohl mit denselben Charakteristika der Dienstleistung zusammenhängt. In diesen drei Fällen war auch die Reziprozität der Leitungen gegenüber den Eltern ausgeprägt – allerdings eher betriebswirtschaftlich motiviert als tätigkeitsbezogen, während eine Reziprozität in umgekehrter Richtung kaum wahrzunehmen war. Interessant ist, dass in allen drei Kita-Fällen eine Reziprozität der Leitung gegenüber Beschäftigten wahrzunehmen war – was möglicherweise mit der Herkunft der Leiterinnen aus dem Erzieherinnenberuf zu tun hat. Allerdings hat diese Reziprozität nicht in allen Fällen zu partizipativen innerbetrieblichen Formen der Arbeitszeitgestaltung geführt. Teilweise wurden die zeitgestalterischen Maßnahmen zwar in den Einrichtungen vorgestellt und besprochen, doch es bestanden angesichts des Konkurrenzdrucks zu anderen Einrichtungen keine wirklichen Handlungsalternativen. Teilweise wurden die Maßnahmen auch ohne Blickrichtung auf zeitliche Interessen der Beschäftigten und ohne deren Beteiligung ein- und durchgeführt.

Ein geringerer Grad von Reziprozität zwischen Beschäftigten und Nutzern war in den Fällen D bis F (Kaufhaus, Betriebskrankenkasse, Bürgerservice-Centrum) zu erwarten. Dort ist die Dienstleistung durch Kürze, Gelegentlichkeit und sozusagen Körper- und Emotionslosigkeit geprägt – was eine geringere tätigkeitsbezogene Motivation der die Dienstleistungen Erbringenden erwarten ließ. Diese Erwartung trifft für die Fälle D und E im großen und ganzen zu, nicht für Fall F. Fall F wurde von beiden Sozialpartnern als „zeitpolitischer" initiiert und unterstützt und auch vom wissenschaftlichen Team als „zeitpolitischer" eingeordnet. Sowohl der Modellcharakter des neuartigen Bürger-Service, die nutzergerichtete Schulung und Kompetenzerweiterung der in der Einrichtung Beschäftigten als auch die wissenschaftliche Erhebung der Nutzer/innen-Interesse und deren Verbreitung bei den Beschäftigten der Einrichtung sowie die systematische Kommunikations- und Mediationsaktivität im Beziehungs-Dreieck zwischen Leitung, Beschäftigten und Nutzer-/innen hat hohe – auch keineswegs einseitige – Reziprozitätsbereitschaft und -fähigkeit in allen drei Beziehungen provoziert. Diese Feststellung bleibt auf die in die Kommunikationsbeziehungen involvierten Akteure und Akteursgruppen beschränkt.

Mag man Fall F auch als Ausnahmefall im Sample unseres Projektes einstufen, so bleibt er gleichwohl zeitpolitisch hochgradig signifikant. Zeitpolitik, auch gewerkschaftliche Zeitpolitik, ist – wenn auch unter sehr anspruchsvollen sachlichen Voraussetzungen und nur bei hoher Sensibilitätsbereitschaft bei allen Beteiligten – möglich und „machbar". Offenbar ist auch dann, wenn der Tätigkeits- und der damit verbundene Motivationstyp kein hohes Maß an zeitpolitischer Reziprozität der beteiligten Akteure erwarten lassen, doch eine hohe Reziprozität im zeitpolitischen Sinne zu erzielen. Die Kommunikations-, Bildungs-, Sensibilisierungs-, Remunerations- wie auch „Belobigungs"-Systeme einer Einrichtung können offenbar Reziprozität – im Sinne der subjektiven Voraussetzung zielgerichteter zeitpolitischer Interaktion – selbst dort begünstigen, wo die dienstleistende Tätigkeit selbst sie nicht nahelegt.

Die Herleitung des Begriffes der *Lebensqualität* in zeitpolitischem Kontext, der in dem Vorhaben erarbeitet und angewandt wurde, erfolgte in Kapitel 2. In Anlehnung an Amartya Sen und Martha Nussbaum wurde im vorgestellten Projekt ein zeitpolitisch relevanter Zuwachs an Lebensqualität angenommen, wenn in der alltäglichen Lebensverrichtung ein Zuwachs von

1. Selbstbestimmung im Zeitgebrauch,
2. gleichen (individuellen) zeitlichen Verwirklichungschancen,
3. Anerkennung aller sozialer Zeiten,
4. Möglichkeiten der zeitlichen Sinngebung und Zeitkultur und
5. Spielräumen für gemeinsame Zeiten

zu verzeichnen ist. Die Wertigkeit und die Ausprägung der Merkmale von zeitlicher Lebensqualität waren immer Gegenstand der Beobachtung in Einzelinterviews und Gruppengesprächen. In auffallendem Maße hatte in den Äußerungen im Allgemeinen das *Selbstbestimmungselement über Zeit* klaren Vorrang vor den anderen vier genannten Bestandteilen. Für diskriminierende Beschränkung von zeitlicher Souveränität oder stigmatisierende Entwertung von Zeiten ergaben unsere Erhebungen nur gegenüber Teilzeitbeschäftigten Anhaltspunkte. Dagegen fand der Rekurs auf kulturell eigenwertige und auf gemeinsame Zeiten häufig im Kontext der Erhöhung oder Verminderung selbstbestimmter Zeiten des Alltags statt.

Interessant ist die Beurteilung der Lebensqualitäts-Effekte in den untersuchten Fällen. In den Fällen der Kitas (A bis C) wurde ein Zugewinn an zeitlicher Lebensqualität vor allem aus *mittelbarer* Nutzerperspektive, also von Eltern, artikuliert.[1]

---

1 Die *unmittelbare* Nutzer-Perspektive, also von Kindern, konnte in dem Projekt nicht erhoben werden.

Die Beschäftigten-Perspektive war insoweit ohne signifikante Veränderung. Wo mit der Verlängerung der Öffnungszeit der Einrichtung direkte Lebensqualitäts-Verluste verbunden wurden, kann man diesen Verlust genau spezifizieren. Ein solcher Fall lag bei den Teilzeitbeschäftigten der Einrichtung (A) vor, die den Flexibilitätspuffer angesichts der ausgeweiteten Öffnungszeit der Einrichtung bildeten, während die Arbeitszeiten der Vollzeitbeschäftigten unverändert und vorhersehbar blieben. Dass die Teilzeitbeschäftigten *die* Flexibilisierungsreserve waren, stand konträr zu ihrem Selbstbestimmungsanspruch über Zeit. Eine Benachteiligung ist auch in Fall B bei der Spätdienst-Erzieherin zu verzeichnen. Jedoch hatte sie diesen Dienst freiwillig übernommen; und im Falle ihres fehlenden (anfänglichen oder späteren) Einverständnisses wäre eine Rotation des Spätdienstes unter den Erzieherinnen in Betracht gekommen. Man kann nicht sagen, dass generell die Ausweitung der Betreuungszeiten in den Fällen A bis C als solche als Verlust der Lebensqualität Beschäftigter verbucht worden wäre – denn sie blieb der Lage nach akzeptabel und planbar.

Lebensqualitätseffekte auf Seiten der Nutzer/innen wurden in den Fällen D und E nicht beobachtet – sie waren auch nicht mit der Maßnahme anvisiert; die Durchführung von Kundenfrequenzanalysen in Fall D kann nicht als Orientierung an Lebensqualitätseffekte von Nutzer/inne/n angesehen werden. Die Erhöhung der Selbstbestimmung über Zeit wird von Seiten der Beschäftigten in beiden Fällen klar betont, wenn auch unterschiedlich intensiv. Auffällig ist in Fall D, dass das System der Personaleinsatzplanung als besonders beschäftigtenfreundlich wahrgenommen wurde, weil es den Beschäftigten Raum für und Einfluss auf lang- wie kurzfristige Planung und Entlastung bei Notfällen bot. Einen besonderen Fall bilden die Lebensqualitätseffekte in Fall F. Dort wurden differenzierte Lebensqualität-Gewinne sowohl auf Nutzer/innen wie auf Beschäftigtenseite ermittelt. Das lässt sich an der anfangs umstrittenen Samstagsvormittags-Öffnung des Bürger-Service demonstrieren. Von Seiten ausländischer Nutzerinnen war in der Mediation zu den Öffnungszeiten geäußert worden, dass die Samstagsöffnung ausländischen Frauen erlaubt, in männlicher Begleitung deutsche Behörden zu besuchen. Die Beschäftigtenseite – die durch eine ausgesucht junge und qualifizierte Belegschaft geprägt war – befürwortete die Samstagsöffnung, weil erstens Samstagsarbeit alternative wöchentliche Zeitgestaltungsspielräume eröffnete (die durch einen Zeitausgleich von 1,5 pro Samstagsdienst attraktiv gemacht wurden) und zweitens die samstäglich verrichtete Arbeit entspannter und kommunikativer verlief als die sonst werktäglich verrichtete (Buggeln/Mückenberger 2005). Hier lag eine *win-win-Situation* vor, wie sie vorrangiges Ziel zeitpolitischen Projekte ist. Dadurch dass alle Beteiligten ihre zeitlichen Interessen spezifiziert darlegen konnten und von ihren jeweiligen „Opponenten“ als verstanden und akzeptiert wahrgenommen empfanden, konnten zwischen den Beteiligten „Korridore“ ermittelt und wechselseitig sichtbar gemacht werden, die für alle Beteiligten – bei Heterogenität der Lebenslagen und damit zusammenhängenden Lebensqualitäts-Kriterien – Lebensqualitätsgewinne in zeitlicher Hinsicht versprachen und effektiv machten.[2] Auch dies spricht für die prinzipielle Möglichkeit und Machbarkeit von – auch gewerkschaftlich getragener und unterstützter – Zeitpolitik in der von uns vertretenen grundsätzlichen Bedeutung.

5.2 Vergleichende Auswertung der Fallbeispiele

Die zusammenfassende Auswertung der untersuchten Fallkonstellationen verfolgt eine doppelte Logik – eine, die man als „horizontale", die andere, die man als „vertikale" bezeichnen kann. Auf der *horizontalen* Ebene interessiert der Vergleich zwischen den untersuchten Fallbeispielen nach vorgefundenen Dienstleistungen, den die untersuchte Maßnahme auslösenden Faktoren, der Konstellationen von Arbeitsmotivation und Arbeitsbeziehungen, den Beteiligungsmustern und den ermittelten Lebensqualitätseffekten. Zuweilen bietet sich dabei der gruppierende Vergleich zwischen den Kindertagesstätten und den übrigen Dienstleistern an.

Auf der *vertikalen* Ebene mustern wir das Fallmaterial daraufhin, inwieweit es die der durchgeführten Untersuchung zu Grunde liegende Annahmen bestätigt oder widerlegt. Dort interessiert vor allem, welche durch den Vergleich ermittelte Spezifika der Fälle zur Übereinstimmung mit den Hypothesen führen. Bei der Würdigung dieser Verifikations-/Falsifikationsversuche bleibt der in Kapitel 1 und 3 betonte explorative Charakter dieser Studie in Erinnerung zu behalten.

Die Ausgangsannahmen dieses Forschungsvorhaben bestanden aus wenigen großen Grundannahmen und deren kleinteiliger Spezifizierung zu Hypothesen. Die Hypothesen strukturieren den Zentralteil dieses Abschnitts. Die Grundannahmen waren als solche keinem exakten Überprüfungsprozess zugänglich, sollten aber mithilfe der kleinteiligen Hypothesen auf Plausibilität geprüft werden. Sie lauteten: Den betrieblichen Sozialpartnern kann und soll im zeitpoliti-

---

2 Oben wurde relativierend eingeleitet: „Man kann hier im Prinzip von einer *win-win-Situation* sprechen, ...". Es soll hier nicht verschwiegen werden, dass es im Fall D zu erheblichen Unzufriedenheiten auf Seiten der Belegschaft kam, weil die Politik der örtlichen Behörde enorme Einsparungen bei anderen Einrichtungen des Bürgerservice vorsah und damit das Belastungsvolumen für D und seine Beschäftigten stark erhöhte. Wir mussten allerdings in unserer Erhebung versuchen, die Effektkette der Samstagsöffnung von derjenigen der anderen Einsparprozesse zu sondern. Dies erlaubte methodisch, auf die Samstagsöffnung begrenzte Lebensqualitätseffekte zu ermitteln und *insoweit* tatsächlich von einer win-win-Situation aller zeitpolitischen Interessenträger sprechen zu können.

schen und arbeitszeitpolitischen Feld personenbezogener Dienstleistungsbeziehungen gelingen, die Begrenzung ihrer Wirkmacht auf die bipolare Arbeitnehmer-Arbeitgeber-Beziehung zumindest punktuell zu überwinden. Bei der Erweiterung ‚industrieller Beziehungen' um die Nutzer/innen-Seite kann durch konkrete Maßnahmen die Lebensqualität – hier auf zeitlichem Gebiet – der Nutzer/innen spürbar und nachhaltig erhöht werden. Dieser Effekt geht nicht notwendig und systematisch zulasten der Lebensqualität der Erbringer/innen der Dienstleistung. Vielmehr lassen sich bei zeitpolitischen Vorhaben, die gemeinsam mit der ‚dritten Bank' der Nutzer/innen konzipiert und durchgeführt worden sind, deutlich höhere Lebensqualitäteffekte – zuweilen win-win-Konstellationen zwischen Beschäftigten und Nutzer/innen – erzielen als bei Projekten, die dem bipolaren Arbeitgeber-Arbeitnehmer-Regulierungsmodell folgen.

5.2.1 Intensive und weniger intensive Dienstleistungskonstellation

Die dem Projekt zu Grunde liegenden Dienstleistungskonstellationen waren vorgegeben. Alle beschriebenen Fallbeispiele handelten von personenbezogenen Dienstleistungen, die dem Uno-actu-Prinzip, also der zeitlichen und räumlichen Simultaneität von Produktion und Konsumption, folgen. Deutliche Unterschiede sind jedoch zu identifizieren, wenn die Dienstleistungsbeziehungen in den Kindertageseinrichtungen denen der Serviceeinrichtungen gegenübergestellt werden. Die Dienstleistungen in den Kindergärten sind die körper- und kindbezogen, von zeitlicher Dauer (tägliche Kontinuität) und Individualität. Entsprechend den in Kapitel 3.2.1 formulierten Annahmen wird hier von einer intensiven Dienstleistungsbeziehung zwischen der Betreuungsperson (Erzieher/in als Beschäftigte/r) und dem unmittelbar zu betreuenden Kind sowie den jeweiligen Eltern als mittelbaren Nutzern ausgegangen. Die doppelte Nutzer/innen-Struktur dieser Dienstleistungskonstellation kann mit Zeit- oder auch Interessenkonflikten aller Beteiligten verbunden sein. Denn den Dienstleistungserbringer/innen mit ihrem Fürsorgeauftrag stehen Kinder mit ihren spezifischen Bedürfnissen und deren Eltern mit anderen zeitlichen Dienstleistungsinteressen gegenüber.

Anders gestalten sich die Dienstleistungsbeziehungen in den Serviceeinrichtungen, die als weniger intensiv einzustufen sind. Direkte Köperbezogenheit Der Dienstleistung fehlt meist, sie wird gelegentlich in Anspruch genommen und ist meist von relativ kurzer zeitlicher Dauer. Während bei Kindergärten mittelbare und unmittelbare Nutzer/innen der Dienstleistung den Dienstleistungserbringer/inne/n persönlich bekannt und vertraut sind, kennzeichnen Flüchtigkeit und häufig Anonymität die Dienstleistungsbeziehungen in Serviceeinrichtungen. Aufgrund dieser Differenzierung waren unterschiedliche Reziprozitätsmuster der an der jeweiligen Dienstleistungsbeziehung beteiligten Akteure zu vermuten.

5.2.2 Arbeitsmotivation und Reziprozität

Bei intensiven Dienstleistungsbeziehungen sind – so Hypothese 1 – im Unterschied zu weniger intensiven die daran beteiligten Akteure in der Lage, die sich aus der Perspektive des anderen ergebenden Erwartungen zu erkennen und ihnen Rechnung zu tragen. Reziprozität setzt Interaktion, also den Austausch von Erfahrungen und Wissen der an der Dienstleistungsbeziehung beteiligten Akteure voraus (Böhle 2011). Dies trifft zwar für alle untersuchten Praxisfälle zu. Doch kann der Grad der Interaktion in Abhängigkeit von Tätigkeitsbeziehungen und einem damit verbundenen Gestaltungsspielraum bei den Tätigkeitsinhalten variieren. Ein hoher Grad der Selbstbestimmung bei der Gestaltung der Dienstleistungstätigkeit führt zur Entfaltung der Interaktion zwischen Dienstleistungserbringer/in und Dienstleistungsnehmer/in und impliziert die Annahme einer ausgeprägten tätigkeitsbezogenen Motivation der Beschäftigten bzw. Dienstleistungserbringer/innen. Diese spezifizierten Annahmen wurden an den Fallbeispielen überprüft.

Kindertageseinrichtungen

In den untersuchten Kindergärten sind die Tätigkeitsbeziehungen tatsächlich durch den Anspruch von Erziehung, Bildung und Betreuung im Wechselverhältnis mit den situativen Bedürfnissen jedes einzelnen Kindes geprägt. Mehrfach brachten Beschäftigte und Leitungen in den Interviews deutlich zum Ausdruck, dass sie sich am Kindeswohl und einem interaktiven Verständnis orientieren. Daraus kann auf Reziprozität, also auch eine bewusste Wahrnehmung und aktive Beteiligung der Kinder und Eltern geschlossen werden. Das artikulierte Engagement und der eigene Anspruch bei der Erfüllung des Erziehungsauftrages belegen in den drei Einrichtungen hohe tätigkeitsbezogene Motivation der Beschäftigten, die in eigener Arbeitszufriedenheit, aber auch qualitativ hochwertiger Gestaltung der Dienstleistung Ausdruck findet.

Mit der tätigkeitsbezogenen Motivation der Beschäftigten ist in den Fällen ihr Vermögen verbunden, die Bedarfe der Kinder als unmittelbare Nutzer der Dienstleistung zu erfassen und auf sie einzugehen. Von ausgeprägter Reziprozität der Beschäftigten kann in allen drei Einrichtungen gesprochen werden.

Einrichtungsspezifisch unterscheiden sich die wechselseitigen Reziprozitätsbeziehungen zwischen Beschäftigten und mittelbaren Nutzer/inne/n sowie der Leitung gegenüber den Beschäftigten und Nutzer/inne/n. Vor dem Hintergrund eigener persönlicher Erfahrungen wird in Fall A zwischen Beschäftigten und mitelbaren Nutzer/inne/n wechselseitig Verständnis für die Perspektiven der jeweils anderen Akteursgruppe aufgebracht, wobei jedoch keine explizite Auseinandersetzung mit den jeweiligen Zielkonflikten und Interessenstandpunkten erfolgt. Im Unterschied dazu ist die Reziprozitätsbeziehung zwischen Beschäftigten und mittelbaren Nutzer/inne/n in Fall B einseitig geprägt. Die Eltern haben kein klares Wissen und Verständnis über zeitliche Bedarfe der Erzieher/innen haben. Dagegen finden bei letzteren aufgrund der Interaktion mit Eltern deren zeitliche Interessen bei der Gestaltung der Dienstleistungstätigkeit Berücksichtigung. Beispiele sind die Möglichkeiten des Bringens der Kinder bis 10:30 Uhr und die flexible Betreuung bei Schichtdiensten der Eltern. Dabei handelt es sich um zeitpolitische Handlungsoptionen für die Nutzer/innen, die so eine Entlastung bei der Koordinierung von Arbeits- und Alltagszeiten als Lebensqualitätseffekt erfahren.

Allein in der Kindertagesstätte Fall C besteht bei der Implementierung der Maßnahme eine wechselseitige Reziprozitätsbeziehung. Beschäftigte wie Nutzer gleichermaßen setzen sich inhaltlich mit den jeweils anderen beruflich bedingten Zeitkonflikten auseinander. Das erlaubt ihnen, die Interessen der jeweils anderen wahrzunehmen und die ihren durch die anderen wahrgenommen zu wissen. Ermöglicht wird dies durch zeitpolitische Handlungsoptionen beider Gruppen, die zu einer ausgewogenen Berücksichtigung der zeitlichen Bedarfe aller Beteiligten beitragen.

Hinsichtlich der Reziprozität der Leitung gegenüber Beschäftigten und Nutzer/inne/n muss im Fall A zwischen Geschäftsführung und Leitung der Einrichtung unterschieden werden. Während die Geschäftsführung für die Beschäftigten der untersuchten Einrichtung hohes Verantwortungsbewusstsein und für die mittelbaren Nutzer/innen Wissen und Verständnis über deren zeitliche Interessen aufbringt, lässt die Leitung der Einrichtung auf Zeitpolitik gerichtete Reziprozität weder gegenüber Beschäftigten noch mittelbaren Nutzer/inne/n erkennen. Dass zeitliche Interessen potentieller Nutzer/innen trotz fehlender Beteiligung bei der Planung der Maßnahme Berücksichtigung fanden, dürfte auf aus intensiver Dienstleistungsbeziehung resultierende Erfahrungen zurückzuführen sein.

Die Leitung in Fall B verhält sich unterschiedlich reziprok gegenüber Beschäftigten und Nutzer/inne/n. Wegen der Intensität der Dienstleistungsbeziehung verfügt neben den Beschäftigten auch die Leitung über Wissen und Verständnis für die Situation der Eltern, was für eine starke Reziprozität spricht. Die Leitung zeigte allerdings wenig zeitpolitische Reziprozitätsbereitschaft gegenüber Beschäftigten.

Als einziger der drei Kindertageseinrichtungen ist dem Fall C zeitpolitische Reziprozität sozusagen inhärent. Der Anspruch des Kindergartens, Problemlösungen bei der Vereinbarkeit von Erwerbsarbeit und Kinderbetreuung bzw. Familie anzubieten, setzt Wissen und Verständnis der Leitung über zeitliche Bedarfe der Nutzer/innen, aber auch der Beschäftigten voraus. Die Aussagen der Leitung zu den Konsequenzen der Flexibilitätsbereitschaft von Beschäftigten und der Erleichterung der Alltagsorganisation der Nutzer/innen verdeutlichen ihr ausgeprägtes Reziprozitätsverständnis, das in der Implementierungsphase entscheidend zur Berücksichtigung zeitlicher Bedarfe von Nutzer/inne/n wie Beschäftigten der Einrichtung beiträgt.

Serviceeinrichtungen

Die Serviceeinrichtungen erbringen weitgehend Informations- und Beratungsdienstleistungen, die auf institutionsspezifische Anliegen der Nutzer/innen bezogen sind. Nicht alle Tätigkeitsinhalte sind jedoch auf das Uno-actu-Prinzip begründet. Dafür sprechen, dass in Fall F das Rotationsprinzip im Bürgerservice, in Fall E der Tätigkeitswechsel zwischen Front- und Backoffice angewendet werden. Dies bedeutet ja, dass unmittelbarer Personenbezug und damit verbundene Interaktion der Dienstleistungsbeziehung nicht wesentlich sind. Mit dem begrenzten unmittelbaren Personenbezug geht geringere tätigkeitsbezogene Motivation einher als in den Kitas. Zu konstatieren war eher eine ‚ich-bezogene' Motivation: Die Motivation liegt durchaus auch im Tätigkeitsvollzug (so wie wir es bei qualifizierter Industriearbeit kennen), aber dafür ist nicht die Interaktion mit der/dem Dienstleistungsnehmer/in ausschlaggebend.

Die Möglichkeit wechselseitigen Austauschs von Erwartungen zwischen Dienstleister/in und Nutzer/in in Tätigkeitsbeziehung bzw. -inhalt ist Voraussetzung der Reziprozität. Damit lässt sich erklären, weshalb weder in Fall D noch Fall E Aussagen Beschäftigter oder von Nutzer/inne/n vorkamen, die wechselseitig auf Reziprozität hindeuten. Ausgeprägte Reziprozität der Leitung gegenüber Beschäftigten zeigt sich dagegen in Fall D vor dem Hintergrund der dort konzipierten und implementierten Maßnahme der Personaleinsatzplanung im Team. Diese ist nicht durch Tätigkeitsinhalte zu erklären, sondern beruht offenbar auf zeitpolitischer Verantwortlichkeit der Leitung.

Trotz Ähnlichkeiten von Tätigkeitsinhalten bei Warenhaus und Krankenkasse stellt sich die Reziprozitätsbeziehung im Stadtamt (Fall F) andersartig dar. Leitung und Arbeitnehmervertretung hatten schon in der Planungsphase der Maßnahme beteiligungsorientierte Verfahrensweise initiiert. Dass erweiterte zeitpolitische Handlungsoptionen in Gestalt von Bürger/innen-Workshop und Bürgergutachten ermöglicht wurden, führte in der Planungsphase zu einseitiger Reziprozität der Nutzer/innen gegenüber den Beschäftigten. Die Reziprozität der Leitung, vor allem der Beschäftigten gegenüber den Nutzer/innen war innerhalb der Planungsphase wenig ausgeprägt. Dass es gleichwohl in der Implementierungsphase der Maßnahme zu ausgeprägter Reziprozität aller beteiligten Akteure kam, dürfte auf die durch externe Mediation herbeigeführten erweiterten zeitpolitischen Handlungsoptionen und die zeitpolitische Verantwortlichkeit der Leitung zurückzuführen sein.

Für unsere Untersuchung ist dieser Befund zentral. Die Konstellation von Fall F (ansatzweise auch schon von Fall C) verdeutlicht, dass nicht allein der Dienstleistungscharakter (intensiv – weniger intensiv), sondern auch zeitpolitische Überzeugungen, Kulturen und Interventionen Reziprozität begünstigen können. Während sich bei Kindergärten die tätigkeitsbezogene Motivation der Beschäftigten und Reziprozität mit hoher Intensität der Dienstleistungsbeziehung erklären lassen, sind es beim Warenhaus und dem Stadtamt Partizipationsmuster, die sich auf die Arbeitsbeziehung, aber auch das Beteiligungsverständnis beziehen. In beiden Fällen wurde Reziprozität aller an der Maßnahme beteiligten Akteure (in Fall D ohne Nutzer/innen) durch den wechselseitigen Austausch von Erfahrungen und Wissen begünstigt.

Schlussfolgern lässt sich aus dieser Erkenntnis zweierlei. Zwar besteht ein Zusammenhang zwischen Dienstleistungscharakter und Stärke und Ausprägung von Reziprozität. Denn nur bei den von uns untersuchten Kindergärten lässt sich die ermittelte Reziprozität vorrangig auf die Intensität der Dienstleistungsbeziehung zurückführen. Auch bei den Serviceeinrichtungen hat sich die Annahme bestätigt, dass deutlich weniger intensive Dienstleistungsbeziehung Reziprozität nicht begünstigt.

Andererseits aber hat Fall F Indizien dafür erbracht, dass insoweit ein ‚Automatismus' nicht besteht. Auch bei weniger intensiven Dienstleistungen können betriebliche Partizipationsmuster bei Beschäftigten wie Nutzer/innen Reziprozität hervorbringen oder begünstigen. Es gilt daher im Weiteren Partizipationsmuster und Motive für zeitpolitische Verantwortlichkeit daraufhin zu betrachten, inwieweit sie zum Vorhandensein von Reziprozität zwischen den beteiligten Akteuren beitragen können.

5.2.3 Zusammenhang zwischen Initiative und Lebensqualitäts-Effekt?

Unterschiedliche Akteure hatten bei den untersuchten Fallbeispielen die Initiative. Hat das Moment der Initiative Einfluss auf den Prozess und daraus resultierende Lebensqualitätseffekte? Kommt eine höhere Initiativrolle Beschäftigter oder deren Vertretung diesen Effekten zugute?

In zwei der sechs untersuchten Fälle initiierte die Leitung die Maßnahme. Die Erweiterung der Öffnungszeiten wurde in Fall B zur Standortsicherung von der Leitung eingeleitet. In Fall E forcierte das Vorstandsmitglied die Maßnahme der Einführung von Vertrauensarbeitszeit aufgrund eigener Erfahrung in anderen Unternehmen und ging zwecks Aushandlung einer Dienstvereinbarung auf die betriebliche Interessenvertretung zu. Entsprechend dem tradierten, bipolaren Verständnis industrieller Beziehungen wurde die Maßnahme zwischen den betrieblichen Sozialpartnern verhandelt und deren Ergebnis den Beschäftigten vorgestellt. Im Fall des Kindergartens trat die Leitung mit dem Anliegen erweiterter

Öffnungszeiten an die Personalvertretung heran; nachdem diese Zustimmung signalisiert hatte, wurden die Beschäftigten der Einrichtung über das Vorhaben der Leitung informiert und stimmten zu. In beiden Fällen wurde weder durch Leitung noch betriebliche Interessenvertretung erwogen, Nutzer/innen und Beschäftigte, obwohl die Maßnahme objektiv zeitliche Auswirkungen auf beide Akteursgruppen hatte, bei der Gestaltung der Maßnahme direkt einzubeziehen.

In Fall A ging die Einführung erweiterter Öffnungszeiten in den Abendstunden auf die Initiative des Jugendamtes zurück. Dieses hatte Ende der 1990er Jahre den Bedarf der Eltern nach Spätbetreuung im Stadtteil erkannt und sich deshalb an verschiedene Träger gewandt. Die Geschäftsführung griff die Anfrage auf und suchte Kindergarten A – ebenfalls mit dem Motiv der Standortsicherung – für das Angebot der Spätbetreuung aus. Eine Rolle spielte bei der Standortwahl auch das nahe gelegene Einkaufszentrum mit potentiellen Nutzer/inne/n der Spätbetreuung. Die Leitung stellte die geplante Maßnahme den Beschäftigten vor, die aus Gründen der Arbeitsplatz- der Standortsicherung zustimmten. Auf die weitere Planung und Implementierung der Maßnahme in der Einrichtung hatte das Jugendamt keinen Einfluss. Vom örtlichen Jugendamt wird bis heute darauf verwiesen, dass die Einrichtung eines der wenigen Spätbetreuungsangebote im Stadtteil vorhalte und möglicherweise deshalb von potentiellen Nutzer/inne/n aus dem gesamten Stadtgebiet aufgesucht werde.

Ähnlich Fall A wurde die Maßnahme der Kindertagesstätte Fall C durch die Kommune initiiert. Berufstätige Frauen trugen an die Gleichstellungsbeauftragte der Stadt Vereinbarkeitsprobleme heran. Um zur Verbesserung der Lebensqualität von Frauen und Männern beizutragen, entwickelte die Gleichstellungsbeauftragte zusammen mit anderen kommunalen Akteuren die auf Zeitbedürfnisse Berufstätiger abgestimmte Kinderbetreuung. Die Planung des Modells (flexible Kinderbetreuung mit Anmietung von Belegrechten durch Betriebe, Fahrdienst und Platz-Sharing) erfolgte ausschließlich durch lokale Stakeholder. (Potentielle) Nutzer/innen und Beschäftigte blieben in dieser Phase unberücksichtigt. Erst als die konzeptionelle Entwicklung, Festlegung der Rahmenbedingungen und Gründung des Vereins abgeschlossen waren, begann deren direkte und wirkungsvolle Beteiligung bei der Implementierung der Maßnahme.

Die Maßnahme in Fall D ist als einzige allein auf das ver.di initiierte Projekt ‚Zeitfragen sind Streitfragen' zurückzuführen. Die Gewerkschaft ver.di und die von ihr beauftragte Beratungsgesellschaft gingen auf das Warenhaus zu, um es als Teilprojekt zu gewinnen. Dabei ging es um die Frage der Vereinbarkeit von Arbeitszeiten mit individuellen Alltagszeiten. Die Beratungsgesellschaft ermittelte zusammen mit Beschäftigten, Personalvertretung und Geschäftsführung Zeitbedarfe in Bezug auf Arbeits- und Alltagszeiten. Sodann wurde betriebsintern das Arbeitszeitkonzept „Personaleinsatzplanung im Team" erarbeitet. Planung und Implementierung der Maßnahme sowie die daraus resultierenden Lebensqualitätseffekte für Beschäftigte waren auf externe Initiative zurückzuführen – auch wenn das Projekt ‚Zeitfragen sind Streitfragen' dies anders beabsichtigte. Der wechselseitige Austausch von Interessen und zeitlichen Bedarfen zwischen allen betrieblichen Akteuren trug dann allerdings zur Entwicklung und Realisierung der Maßnahme und deren Erfolg bei.

Im Gegensatz dazu brachten die politischen Akteuren der norddeutschen Großstadt das Projekt der Reorganisation bürgerorientierter Verwaltungsdienstleistungen auf den Weg. Daraus resultierte die Maßnahme der Einführung eines an den Bedarfen der Nutzer/innen ausgerichteten bürgerorientierten Dienstleistungsangebotes mit erweiterten Öffnungszeiten ohne nachteilige Effekte für die Beschäftigten. Die Maßnahme als solche wurde von beiden Sozialpartnern einvernehmlich initiiert – umstritten waren jedoch der Umfang der Öffnungszeiten und vor allem die Samstagsöffnung des Bürger-Services. Beide Seiten forderten explizit externe Beratung und wissenschaftliche Begleitung der Maßnahme. Ohne diese Initiative hätte sich den beteiligten Akteuren das zeitpolitische Handlungsfeld mit dem Ansatz des nutzer/innenorientierten Beteiligungsverfahrens vermutlich nicht eröffnet. Dadurch dass der wechselseitige Austausch von Interessen und zeitliche Bedarfen von Beschäftigten und (potentiellen) Nutzer/inne/n und die damit einhergehende Reziprozität ermöglicht und extern gesichert wurden, konnte auch der Streit um die nutzerfreundliche Ausweitung der Öffnungszeiten – insbesondere auf den Samstagvormittag – beigelegt werden. Die Beschäftigten wurden dadurch in ihrer Lebensqualität nicht spürbar eingeschränkt.

Maßnahmen und ihre Effekte scheinen demnach relativ unabhängig von der sie auslösenden Initiative gewesen zu sein. Arbeitsbeziehungen und Beteiligungsmuster – denen im Folgenden nachgegangen wird – scheinen darauf größeren Einfluss gehabt zu haben.

5.2.4 Welche Arbeitsbeziehungskonstellation begünstigt Reziprozität?

Allen untersuchten Praxisfällen liegen Aushandlungsmuster zugrunde, die die bipolare Form industrieller Beziehungen spiegeln. Die untersuchten Fälle lassen Anzeichen und Tendenzen erkennen, die die traditionelle Bipolarität partiell auflösten und zur Erweiterung der Arbeitsbeziehungen um Stakeholder-Interessen führten. Nachfolgend wird zusammengefasst, ob und wie in den untersuchten Maßnahmen die betrieblichen Sozialpartner partiell die Begrenzungen ihrer Wirkmacht überwanden bzw. durch außerbetriebliche Einwirkungen (siehe dazu die Initiator/inn/en der Maßnahme) ihr ‚bewährtes' Regelungsverständnis teilweise irritiert und in Frage gestellt fanden. Ausgegangen wird davon, dass bei einem insoweit partizipativen Regelungsverständnis die Interessen der Beschäftigten und Nutzer/innen bei der Planung und Implementierung der jeweiligen Maßnahme berücksichtigt werden und sich daraus resultierende erweiterte Lebensqualitätseffekte einstellen (Hypothese 3a/b).

Kindertageseinrichtungen

Die untersuchten Kindertagesstätten A und B wiesen eine bipolare Arbeitsbeziehung zwischen der Leitung und den Beschäftigten der Einrichtung auf. Diese wurde aber bereits durch den formulierten bzw. festgelegten Bedarfsumfang an Betreuungsleistung durch Nutzer/innen und das zuständige Jugendamt strukturiert. Zu spüren ist dies bei den konfligierenden Interessen von Beschäftigten und mittelbaren Nutzer/inne/n bei der ‚Aushandlung' der Bring- und Holzeiten der Kinder. Veranschaulicht werden konnte in beiden Kindergärten anhand der Vereinbarkeitsproblematik zwischen Betreuungszeiten und pädagogischen Kernzeiten, dass Beschäftigte und Nutzer/innen im beiderseitigen Interesse des Kindeswohls kooperativ eine Lösung herbeiführen.

Dieses partizipativ orientierte Regelungsverständnis hat tatsächlich – allerdings unterschiedlich zwischen Fällen A und B – die Berücksichtigung der beiderseitigen Interessen ermöglicht und zu einer Steigerung der Lebensqualität beider Akteure geführt. In beiden Fällen führte die Erweiterung der Öffnungszeiten am Abend zu einer Veränderung der Arbeitszeiten, für die es Regelungen zu treffen galt. Beide Einrichtungen gingen dabei unterschiedliche innerbetriebliche Wege. In Fall A wurde der wöchentlich rotierende Früh- und Spätdienst für alle Beschäftigten eingeführt; in Fall B entschied die Leitung, dass jeweils eine Beschäftigte kontinuierlich den Früh- oder Spätdienst abdeckt. Zumindest bei der Planung der Maßnahme wurden in beiden Fällen die zeitlichen Anforderungen der Beschäftigten durch die Leitung nicht berücksichtigt. In der Phase der Implementierung der Maßnahme entwickelte hingegen in Fall B die Leitung ein partizipatives Regelungsverständnis gegenüber den Beschäftigten. Sie hielt sich im Hintergrund, wenn es um Gestaltung und Abstimmung der Arbeitszeiten der Beschäftigten ging. Im Unterschied zu Fall A wurden die Dienstpläne durch die Beschäftigten selbst im Team unter Berücksichtigung der unterschiedlichen zeitlichen Anforderungen geregelt. Ausgeschlossen davon blieb die Beschäftigte, die die Spätbetreuung übernahm – allerdings mit eigenem Einverständnis. Für den Großteil der Beschäftigten verbindet sich mit dieser Regelungspraxis Selbstbestimmung bei Arbeits- und Alltagszeiten, bei der zudem auftretende Zeitprobleme durch individuelle Arrangements gelöst werden können. Weniger vorteilhafte Lebensqualitätseffekte erfahren dagegen die Beschäftigten der Einrichtung im Fall A. Sie haben sich mit ihren zeitlichen Anforderungen – auch alleinerziehende Teilzeitbeschäftigte – der autoritären Dienstplanung der Leitung unterzuordnen.

Auch wenn in Fall C eine bipolare Arbeitsbeziehung besteht, wird diese doch entscheidend durch die formulierten zeitlichen Bedarfe der Nutzer/innen, insbesondere hinsichtlich der Lage der Betreuungszeiten strukturiert. Während bei A und B die Problematik von potentiellen Konflikten zwischen Betreuungszeiten und pädagogischen Kernzeiten sichtbar wurde, ist in Fall C die Arbeitsorganisation auf Flexibilitätsansprüche der Nutzer/innen abgestimmt. Die altersgemischten Gruppen werden entsprechend Betreuungsumfang und der Möglichkeit des Platz-Sharings zusammengesetzt. Die Berücksichtigung der zeitlichen Ansprüche in der Implementierungsphase belegt ein partizipatives Regelungsverständnis der Leitung und Beschäftigten gegenüber den Nutzer/inne/n. Dass das Modell flexibler Kinderbetreuung zur Erhöhung der Lebensqualität der Nutzer/innen beitrug, kann als belegt gelten. Die hohe Flexibilitätsbereitschaft der Beschäftigten beinhaltete jedoch nicht zwangsläufig ihre schlechtere Arbeitszeitgestaltung. Mit Hilfe eines Dienstplanes, Arbeitszeitkonten und Abstimmungen im Team wurden auch in Fall C allen Beschäftigten planbare und feste Arbeitszeiten gewährleistet, die sich nur bei Personalausfällen verändern. Die Zusammensetzung der Arbeitszeiten von festen Kern- und flexibel gestaltbaren Randzeiten ermöglichte die Aufrechterhaltung flexibler Kinderbetreuung, gewährleistete zugleich die Berücksichtigung zeitlicher Interessen und Bedarfe der Beschäftigten. Für die Beschäftigten ist mit dieser partizipativ orientierten Regelungspraxis die Selbstbestimmung in Arbeits- und Alltagszeiten verbunden.

Serviceeinrichtungen

In Fall D wurde die traditionell bipolaren Arbeitsbeziehung bei der Maßnahme PEP im Team dadurch ‚aufgelockert', dass Beschäftigte individuell, aber auch im Team ihre Arbeitszeiten aushandeln und dabei mit anderen Interessen und Bedarfen vereinbaren können. Dieser Arbeitszeitgestaltung liegt ein partizipatives Regelungsverständnis der Leitung zugrunde, das die Berücksichtigung der zeitlichen Anforderungen der Beschäftigten in der Planung und Implementierung der Maßnahme ermöglicht hat. Aus der Berücksichtigung ihrer Interessen resultieren für die Beschäftigten spürbare Lebensqualitätseffekte, die ihren Ausdruck in der erweiterten Selbstbestimmung des Zeitgebrauchs finden. Nur sind die Nutzer/innen der Dienstleistung und ihre zeitlichen Interessen, obwohl die Maßnahme für sie objektiv zeitliche Auswirkungen hat, kein Bestandteil oder auch nur Thema der bipolaren aufgelockerten Arbeitsbeziehung geworden.

Auch in Fall E sind Geschäftsleitung und Arbeitnehmervertretung einzige Verhandlungspartner bei der Einführung der Vertrauensarbeitszeit. Im Unterschied zu D wird dort selbst noch in Bezug auf die zeitlichen Interessen und Ängste der Beschäftigten von deren direkter und wirkungsvoller Beteiligung bei der Planung und Implementierung der Maßnahme abgesehen. Die Berücksichtigung der Interessen der Beschäftigten erfolgt lediglich über den legitimierten Interessenvertreter. Hier tritt ein Regelungsverständnis zutage, bei dem die Aushandlung auf die betrieblichen Sozialpartner begrenzt bleibt. Die mit dieser ‚Vertreterpolitik' implizierten fehlenden Berücksichtigung der zeitlichen Anforderung von Beschäftigten, aber auch von Nutzer/inne/n legt nahe, dass sich für die Akteure der Dienstleistungsbeziehung aus der Maßnahme allenfalls mittelbare Lebensqualitätseffekte einstellten.

Bipolar sind auch die Arbeitsbeziehungen in Fall F. Da es sich hier handelt um eine öffentliche Einrichtung handelt, wird diese Arbeitsbeziehung aber maßgeblich durch politische Zielsetzungen der jeweiligen Regierungsparteien – wie etwa bei der bürger- und dienstleistungsorientierten Erweiterung der Öffnungszeiten des Bürgerservices – gesteuert. Von Bedeutung ist bei dieser Arbeitsbeziehung, dass sich vor dem Hintergrund konfligierender, nicht zu lösender Interessengegensätze beide Sozialpartner einvernehmlich dafür entschieden, durch eine externe Beratung und wissenschaftliche Begleitung die Maßnahme eines umfassenden Bürgerservices zu realisieren. Dabei sollte die win-win-Lösung erreicht werden, dass Dienstleistungsspektrum und Öffnungszeiten den Bedarfen der Nutzer/innen angepasst werden, ohne die arbeits- und alltagszeitbezogenen Interessen Beschäftigter zu vernachlässigen. Das auf die Interessen der Beschäftigten und Nutzer/innen ausgerichtete partizipative Regelungsverständnis der Leitung sowie der betrieblichen und gewerkschaftlichen Interessenvertretung trug letztendlich zur Steigerung der Lebensqualität beider betroffenen Akteursgruppen bei.

In fünf der sechs Praxisfälle wurde in Bezug auf die jeweils untersuchte Maßnahme – mehr oder weniger stark ausgeprägt – die begrenzte Wirkmacht betrieblicher Sozialpartner partiell überwunden. Lediglich in Fall E hielt sich die auf Arbeitgeber und Arbeitnehmervertretung begrenzte Wirkmacht in der Tradition industrieller Beziehungen kontinuierlich aufrecht. Bei diesem hierarchischen Regelungsverständnis bleiben Interessen der Beschäftigten und Nutzer/innen im Rahmen der Maßnahme weithin unberücksichtigt und lassen sich kaum daraus resultierenden Lebensqualitätseffekte erzielen.

Die am weitesten gehende Ablösung der traditionellen Bipolarität der Arbeitsbeziehungen kann in Fall F konstatiert werden. Hier findet – punktuell, im Kontext der untersuchten Maßnahme – eine tatsächliche Erweiterung der industriellen Beziehung auf die Akteursgruppe der Nutzer/innen statt.

Gezeigt werden konnte, dass ein partizipativ ausgerichtetes Regelungsverständnis die Berücksichtigung der Interessen von Beschäftigten und Nutzer/innen bei der Planung und Implementierung der Maßnahme begünstigt und zur Steigerung der Lebensqualität von Beschäftigten und Nutzer/innen beitragen kann. Reziprozität und positive Lebensqualitätseffekte korrelierten deutlich mit dem Ausmaß der Öffnung der ‚industriellen Beziehungen' zur Nutzer/innen-Seite. Diese sind ihrerseits verursacht durch externe Intervention wie im Fall F oder Fall C.

5.2.5 Führen Beteiligungsmuster zu Reziprozität?

Reziprozität – so ist bereits mehrfach deutlich geworden – wird nicht allein durch die Intensität der Dienstleistungsbeziehung, sondern auch durch Partizipationsmuster und zeitpolitische Verantwortlichkeit begünstigt. Im Folgenden werden die Fallmaterialien deshalb mit Blick auf die Beteiligungsmuster und mögliche Zusammenhänge zeitpolitischer Intervention gemustert. Dabei geht es um Prüfung der Annahme, dass eine differenzierte und kontinuierliche Beteiligung der Beschäftigten und Nutzer/innen im gesamten Prozess der Maßnahme dazu führen wird, dass deren Interessen bei der Ausgestaltung der Maßnahme Berücksichtigung finden und dadurch eine Steigerung der Lebensqualität aller beteiligten Stakeholder herbeigeführt wird (Hypothese 4a/b).

Kindertageseinrichtungen

In Fällen A und B war der Leitung klar, dass mit der beabsichtigten Erweiterung der Öffnungszeiten am Abend eine veränderte Arbeitszeitgestaltung einhergeht, als sie mit dem Vorhaben an die Beschäftigten herantrat. Statt die zeitlichen Interessen und Bedarfe der Beschäftigten wahrzunehmen und bei der Planung der Maßnahme zu berücksichtigen, war die Beteiligung in Form passiver Teilhabe und Anhörung nur einmalig und lediglich darauf ausgerichtet, dem Vorhaben – mit dem Wissen um den möglichen Arbeitsplatzverlust – der Leitung zuzustimmen. Von Beteiligung Beschäftigter im Sinne direkter Artikulation zeitlicher Anforderungen und ihrer Ergebnisrelevanz kann hier nicht die Rede sein.

Ähnlich wurde in Fall C das Modell flexibler Kinderbetreuung auf kommunaler Ebene ohne potentielle Nutzer/innen und Beschäftigte als betroffenen Akteursgruppen konzipiert und geplant. Die Gleichstellungsbeauftragte griff das Thema der unzureichenden Vereinbarkeit von Erwerbstätigkeit und Kinderbetreuung bei berufstätigen Eltern auf und erklärte es zum Motiv der Maßnahme. Im Interesse Betroffener überzeugte sie die kommunalen Akteure von der Notwendigkeit der Einrichtung eines flexiblen Betreuungsangebotes. Unberücksichtigt blieben Artikulations- und Gestaltungsmöglichkeiten der (potentiellen) Nutzer/innen in der Planungsphase der Maßnahme, so dass eine direkte wirkungsvolle Beteiligung nicht stattfand. Fehlende Beteiligung Beschäftigter ist sicherlich darauf zurückzuführen, dass die Planung die konzeptionellen Rahmenbedingungen und den Aufbau der Kindertagesstätte beinhaltete und erst mit der Implementierungsphase Beschäftigte eingestellt wurden.

Anders gestaltete sich die Beteiligung der Beschäftigten in der Phase der Implementierung – zumindest in Fällen B und C. Während die zeitlichen Bedarfe der Beschäftigten in Kita A vor dem Hintergrund der rigiden Dienstplanung der Leitung kaum Berücksichtigung fanden, gestalteten die Beschäftigten der anderen Einrichtungen ihre Arbeitszeiten selbst und stimmten sie untereinander ab. Diese Form der Beteiligung war effektiv, da die Beschäftigten der Gestaltung der Arbeitszeiten ihre individuellen Interessen und Zeitbedarfe zugrunde legen können. Daraus resultierten Lebensqualitätseffekte, die sich auf die Selbstbestimmung des Zeitgebrauchs beziehen.

Fehlende Berücksichtigung zeitlicher Anforderungen gerade von Teilzeitbeschäftigten in Kita A führte in Bezug auf die Dienstplanung zu nachteiligen Lebensqualitätseffekten dieser Beschäftigtengruppe. Denn aus der Kurzfristigkeit der Dienstplanung und fehlender Tauschmöglichkeiten ergaben sich organisatorische Schwierigkeiten bei der Vereinbarkeit von Arbeits- und Alltagszeiten.

Obwohl die Maßnahme Erweiterung der Öffnungszeiten objektiv die zeitlichen Bedingungen der Lebensqualität von (mittelbaren) Nutzern bzw. Nutzerinnen betrifft und diese indirekt sogar als das Motiv der Maßnahme erachtet werden, ist diese Akteursgruppe in den Kindertageseinrichtungen A und B zu keinem Zeitpunkt an Planung und Implementierung effektiv beteiligt worden. Die Beteiligung der Nutzer/innen reduziert sich in beiden Fällen auf individuelle Regelungen zu den Betreuungszeiten der Kinder. Die ermittelten Lebensqualitätseffekte bei Nutzer/innen lassen sich nicht unmittelbar auf den Aspekt der Beteiligung zurückführen.

Auf den Gegenstand der Maßnahme lässt sich möglicherweise zurückführen, dass im Unterschied zu Fällen A und B in Fall C die Nutzer/innen an der Abstimmung über die Lage der Betreuungszeiten direkt beteiligt sind. Entsprechend ihren zeitlichen Anforderungen können berufstätige Eltern ihre Betreuungsbedarfe formulieren, die dann bei der Gestaltung des ‚Kindergartenalltags' Berücksichtigung finden. Daraus ließ sich im Unterschied zu den anderen beiden Kinderbetreuungseinrichtungen die Vermutung eines Zusammenhangs zwischen der Beteiligung und den Lebensqualitätseffekten der Nutzer/innen ableiten, die durch unsere Untersuchung auch bestätigt wird. Trägt doch die Möglichkeit der Abstimmung über die Vereinbarkeit von eigenen Arbeits- und Betreuungszeiten zu einer zeitlichen Entlastung der Nutzer/innen bei.

Serviceeinrichtungen

Im Unterschied zu allen anderen Praxisfällen resultiert die Maßnahme Personaleinsatzplanung im Team in Fall D bereits aus einem Beteiligungsverfahren, das im Rahmen des Projektes ‚Zeitfragen sind Streitfragen' durchgeführt wurde. Inner- und außerbetrieblichen Zeitbedarfe von Beschäftigten wurden ermittelt und zum Ausgangspunkt der Arbeitszeitkonzeption gemacht. Bei der Planung und Implementierung der Maßnahme wurden die Beschäftigten direkt und kontinuierlich einbezogen. Hier fand eine differenzierte und wirkungsvolle Beteiligung der Beschäftigten statt, durch die Möglichkeiten zur Vereinbarkeit von Familie und Beruf geschaffen wurden. Das partizipative Regelungsverständnis der Leitung zeugt von zeitpolitischer Verantwortlichkeit und Reziprozität der Leitung gegenüber den zeitlichen Bedingungen von Lebensqualität der Beschäftigten. Allerdings entwickelte sich zu keinem Zeitpunkt der Maßnahme ein nutzerbezogenes Pendant dazu – durch qualitative Berücksichtigung der Nutzer/innen und ihrer zeitlichen Anforderungen – oder ist auch nur thematisiert worden.

In Fall E waren aufgrund des tradierten Systems der bipolaren Arbeitsbeziehung zwischen Leitung und Arbeitnehmervertretung relevante Formen direkter Beteiligung von Beschäftigten, aber auch von Nutzer/inne/n nicht vorgesehen. Beschäftigte waren an der Planung der Maßnahme nur indirekt und einmalig beteiligt (Information im Rahmen einer Personalversammlung). Die betriebliche Interessenvertretung erachtet sich selbst als Verhandlungspartner bei der Aushandlung und Gestaltung der Maßnahme. Allerdings bleibt festzustellen, dass für Beschäftigte, obgleich sie an Planung und Implementierung der Maßnahme nicht beteiligt waren, positive Lebensqualitätseffekte ermittelt werden konnten.

Fall F beinhaltet bereits in der Projektanlage beteiligungsorientierte Verfahren, die vor dem Hintergrund der Projektzielsetzung, eine win-win-Konstellation zu erzeugen, auf Einbeziehung sowohl von Beschäftigten als auch Nutzer/innen gerichtet waren. Ermöglicht wurde durch zeitpolitische Verantwortlichkeit der betrieblichen Sozialpartner eine differenzierte kontinuierliche und direkte Beteiligung von Beschäftigten und Nutzer/inne/n, die auf eine effektive und wirkungsvolle Berücksichtigung ihrer Interessen und Reziprozität schließen lässt. Bei den Beschäftigten ist davon auszugehen, dass gerade das Wissen und die Berücksichtigung der auf unterschiedliche Lebenslagen bezogenen zeitlichen Anforderungen einen positiven Einfluss auf deren Lebensqualität haben. Die Nutzer/innen sind innerhalb der Planungsphase wie Beschäftigte gleichermaßen effektiv und wirkungsvoll an der Gestaltung der Maßnahme beteiligt und deren spezifische zeitliche Anforderungen einbezogen worden. Die Öffnungszeiten am Samstag, wofür sich alle (potentiellen) Nutzer/innen ausgesprochen haben, haben eine entlastende Funktion in der Koordination des Alltags der Nutzer/innen, woraus sich spürbare Lebensqualitätseffekte ergeben. Im Unterschied zur Planungsphase waren die Nutzer/innen jedoch im Rahmen der Implementierung der Maßnahme nicht direkt beteiligt. Indirekt finden die Interessen der Nutzer/innen nur über die mit allen Akteursgruppen abgestimmte Mediationsvereinbarung Berücksichtigung. Diese Diskrepanz erklärt sich möglicherweise über den in der Implementierungsphase fehlenden ‚Motor' zeitpolitischer Verantwortlichkeit und Handlungsoptionen. Während im Rahmen der Planungsphase der Maßnahme das wissenschaftliche Begleitteam die Beteiligung der Nutzer/innen gewährleistete, findet sich im gelebten Alltag der Maßnahme kein/e beteiligte/r Akteur/in, die/der zeitpolitisch verantwortlich die effektive Beteiligung der Nutzer/innen durchsetzt.

Mit Blick auf die hier zu prüfende Hypothese ergibt sich ein vielleicht wenig überraschendes Resultat. Die Beteiligung Beschäftigter allein vermochte nicht, den zeitpolitischen Charakter der Maßnahme begründen und den positiven Lebensqualitätseffekten aller Stakeholder entgegenzukommen. Allenfalls in Fall F vermochte sie trotz wenig intensiven Charakters der Dienstleistung, zu einer Erhöhung der Reziprozität – und einer darüber vermittelten win-win-Konstellation – beizutragen. Dagegen ist die Beteiligung der Nutzer/innen immer korreliert mit den zeitpolitischen Elementen der Maßnahmen und den positiven Lebensqualitätseffekten der Nutzer/innen. Das stimmt mit den Befunden der vergleichenden Auswertung der Arbeitsbeziehungskonstellationen (siehe oben 5.2.4) überein. Danach folgten umso mehr positive zeitpolitische Lebensqualitätseffekte für Nutzer/innen, je mehr sich die Konstellationen der Arbeitsbeziehungen zu ihnen öffneten.

5.2.6 Lebensqualitätseffekte sind ermittelbar

Eine zeitpolitisch relevante Erweiterung an Lebensqualität wird dann angenommen, wenn im alltäglichen Zeitgebrauch ein Zuwachs von

1. Selbstbestimmung,
2. von gleichen (individuellen) zeitlichen Verwirklichungschancen,
3. von Anerkennung sozialer Zeiten,
4. von Möglichkeiten der zeitlichen Sinngebung und Zeitkultur und
5. von Spielräumen für gemeinsame Zeiten zu verzeichnen ist.

Wir gehen davon aus, dass Maßnahmen, die nach den Definitionsmerkmalen als zeitpolitisch einzustufen sind, positive Effekte für Dienstleister/innen und Dienstleistungsnehmer/innen und ihre Zeitanforderungen und -interessen haben.

Kindertageseinrichtungen

Bei der Erweiterung der Öffnungszeiten in den Abendstunden in Fall A wurden von den Beschäftigten die Dienstplanung und Regelung des Früh- und Spätdienstes thematisiert. Die Früh- und Spätdienstregelung und die damit verbundene lebenslagenbezogene Alltagsorganisation wurden von den Vollzeitbeschäftigten als planbar beschrieben. Der Grad an Selbstbestimmung des Zeitgebrauchs in Arbeits- und Alltagszeiten scheint abhängig vom Beschäftigungsverhältnis zu sein: Vollzeitbeschäftigten kannten ihren Turnus genau, Teilzeitbeschäftigte erfuhren aufgrund der ihnen zugeschriebenen Flexibilität kurzfristig, wie sich die Arbeitszeiten der kommenden Woche gestalteten. Vollzeitbeschäftigte waren also in ihrer zeitlichen Selbstbestimmung von Arbeits- und Alltagszeiten deutlich weniger eingeschränkt als Teilzeitbeschäftigte der Einrichtung.

Eine andere Differenzierung bei der Selbstbestimmung des Zeitgebrauchs zeigte sich unter dem Gesichtspunkt der Lebenslage der Beschäftigten. Beschäftigte mit Kindern in betreuungsbedürftigem Alter waren außer in Arbeitszeiten auch in sozial gebundenen freien Zeiten in ihrer zeitlichen Selbstbestimmung eingeschränkter als Beschäftigte ohne Kinder im eigenen Haushalt. Unter Beschäftigten mit Kindern im betreuungsbedürftigen Alter erwiesen sich Teilzeitkräfte in ihrer Zeitsouveränität am stärksten eingeschränkt.

Die wöchentliche Rotation von Früh- und Spätdienstregelung führte aufgrund ihrer Planbarkeit nicht zur Beeinträchtigung der Lebensqualität der Beschäftigten. Im Gegensatz dazu beeinträchtigte die Regelungspraxis zur Dienstplanung die Lebensqualität der Beschäftigten. Allerdings waren die aus der Dienstplanung resultierenden Effekt nicht unmittelbar aus der Maßnahme abzuleiten, sondern eher Ausdruck des Führungsstils bei ihrer Umsetzung.

In ihren Tätigkeiten waren dagegen alle Beschäftigte unabhängig vom Umfang ihres Beschäftigungsverhältnisses weitgehend zeitsouverän. Dabei war ein Zusammenhang zum Dienstleistungscharakter und zu der tätigkeitsbezogenen Motivation der Beschäftigten herzustellen. Die identifizierte zeitliche Selbstbestimmung von Tätigkeitsinhalten deutete auf Lebensqualitätseffekte hin, die sich auf die Zufriedenheit der Beschäftigten mit ihrer Tätigkeit und auf die Qualität der Dienstleistung beziehen.

Für die mittelbaren Nutzerinnen der Einrichtung eröffnete die Maßnahme erweiterten Handlungsspielraum bezüglich der Lage und Gestaltung von Arbeits- und Alltagszeiten. Sie ermöglichte eine Entlastung bei der Alltagskoordination der Nutzer/innen. Gerade mit der Möglichkeit flexiblerer Betreuungszeiten war ein höherer Grad an Selbstbestimmung im Zeitgebrauch verbunden.

Insgesamt wurde die Gruppe der Beschäftigten in ihrer Lebensqualität durch die Maßnahme erweiterter Öffnungszeiten nicht wesentlich beeinträchtigt, während die Gruppe der Nutzer/innen durch die Maßnahme eine deutliche Erweiterung ihrer Lebensqualität erfuhr.

Wie in Fall A wurden in Fall B von den Beschäftigten die Arbeitszeitgestaltung, die Vereinbarkeit mit Alltagszeiten und die (zeitliche) Gestaltung der Tätigkeitsinhalte thematisiert. Die Arbeitszeiten in der Einrichtung sind durch einen hohen Grad an Selbstbestimmung geprägt, der allerdings von den Betreuungsbedarfen der Nutzer/innen abhängig ist. Der Grad von Selbstbestimmung wird durch die Möglichkeit individueller Absprachen über die Gestaltung der Arbeitszeiten und die Berücksichtigung von Alltagsinteressen dabei erhöht. Letztlich ist das die Folge der direkten und wirkungsvollen Beteiligung der Beschäftigten durch die teaminterne Abstimmung von Arbeitszeit.

Anders sind die Lebensqualitätseffekt für die Spätbetreuerin zu bewerten. Die kontinuierliche Aufrechterhaltung der Spätbetreuung durch eine Person erleichtert die Arbeit aller anderen Beschäftigten, geht aber zulasten der zeitlichen

Verwirklichungschancen der Spätbetreuerin. Sie war in der Arbeitsorganisation ausgeschlossen von Teambesprechungen und konnte ihre Arbeitszeit schlechter mit anderen Alltagszeiten vereinbaren. Dies lässt auf ungleiche Verteilung zeitlicher Verwirklichungschancen und auf Verringerung der Spielräume für gemeinsame Zeiten schließen (beides Lebensqualitätskriterien). Lediglich die Freiwilligkeit der Übernahme des Spätdienstes mildert diese Bewertung ab.

Auch in Fall B waren die Beschäftigten in der zeitlichen Gestaltung der Tätigkeitsinhalte weitgehend selbstbestimmt, was mit Dienstleistungscharakter und tätigkeitsbezogener Motivation und daraus resultierenden Lebensqualitätseffekten zusammenhängt.

Die Gruppe der Nutzer/innen erfuhr eine spürbare Erweiterung der Lebensqualität. Dies wurde besonders aufgrund der Antworten auf die kontrafaktische Frage deutlich. Finanzielle Einbußen, schwer realisierbare Behördengänge oder Arbeitsplatzverlust wären die Folge gewesen, wäre die Öffnungszeitenregelung nicht erfolgt. Auch ein hoher Grad an Selbstbestimmung in Arbeits-, sozialen und freien Zeiten war festzustellen.

Insgesamt waren die Lebensqualitätsseffekte in Fall B überwiegend positiv. Die Lebensqualität der Beschäftigten hat sich durch die Maßnahme erweiterter Öffnungszeiten nicht verschlechtert, durch teamorientierte zeitsouveräne Arbeitszeitgestaltung sogar erweitert. Deutlich gehen diese Effekte in Fall B zu Lasten der Lebensqualität der Spätbetreuerin. Für alle befragte Nutzer/innen lässt sich durch die Maßnahme verlängerter Öffnungszeiten ein Zuwachs an Lebensqualität verzeichnen.

In Fall C wurde flexible Kinderbetreuung mit der Zielsetzung entwickelt, zur Steigerung der Lebensqualität berufstätiger Eltern beizutragen. Alle Nutzerinnen äußerten hohe Zufriedenheit mit dem Betreuungsangebot. Die Angebote von Fahrdienst, Platz-Sharing, Hortbetreuung oder Mittagsversorgung ermöglichten eine deutlich entspanntere Alltagsgestaltung. Durch die Anmietung von Belegrechten durch Betriebe wurde Eltern ermöglicht, die eigene Erwerbstätigkeit mit der Kinderbetreuung zu vereinbaren. Gerade die flexibel gestaltbare Aufteilung des wöchentlichen Betreuungsumfangs und der Betreuungszeiten über den Vormittag hinaus bot den Nutzer/inne/n einen erweiterten Handlungsspielraum, der unterschiedlichste zeitliche Anforderungen vereinbar macht und dadurch zur Entlastung bei der Alltagskoordination beiträgt. Damit geht ein hoher Grad an Selbstbestimmung des Zeitgebrauchs in Arbeitszeiten, sozial gebundenen und freien Zeiten einher – Merkmal einer erweiterten Lebensqualität der Nutzer/innen. Auch Aussagen von Nutzer/inne/n zum verbesserten Betriebsklima und zur Arbeitszufriedenheit in ihren Betrieben verweisen auf Lebensqualitätseffekte, die aus der Maßnahme resultieren. Das Angebot der Anmietung von Belegrechten durch Betriebe und die flexible Betreuung wirkten gerade bei teilzeitbeschäftigten Eltern ihrer Benachteiligung im betrieblichen Alltag entgegen. Bei den Nutzerinnen in Fall C wurde ausgeprägte Achtsamkeit im Umgang mit ihrer Zeit ermittelt. Sie schuf ihnen zwischen dem Ende der Arbeitszeit und der Abholung des Kindes einen Freiraum zur bewussten und selbstbestimmten Zeitgestaltung. Zudem wirkte sich der selbstbestimmte Zeitgebrauch im Sinne eines stressfreieren und entspannteren Alltags positiv auf das Zusammenleben in den Familien aus.

Das Hauptaugenmerk der Maßnahme war zwar auf die Verbesserung der Lebensqualität berufstätiger Eltern ausgerichtet, jedoch konnten auch die Beschäftigten Lebensqualität steigern. Die Selbstbestimmung im Zeitgebrauch und in den Tätigkeitsinhalten nahm zu. Hervorgehoben als Lebensqualitätsgewinn wurde die Möglichkeit, Beginn oder Ende der Arbeitszeiten entsprechend dem Betreuungsbedarf gestalten zu können – auch wenn mit dieser flexiblen Arbeitszeitgestaltung die Notwendigkeit einhergeht, die Alltagszeitgestaltung an Betreuungsbedarfe der Nutzer/innen anzupassen.

In Fall C lässt sich wie in Fällen A und B ein Zusammenhang zwischen zeitlicher Autonomie in der Tätigkeit mit dem Dienstleistungstyp Kinderbetreuung und dem hohen Grad tätigkeitsbezogener Motivation der Beschäftigten herstellen. Selbstbestimmung bei der zeitlichen Gestaltung der Tätigkeitsinhalte generieren Lebensqualitätseffekte in Gestalt von Arbeitszufriedenheit und erweiterten Handlungsspielräumen der Beschäftigten.

Für Nutzer/innen resultierten aus der Maßnahme flexibler Kinderbetreuung spürbare Lebensqualitätseffekte in Gestalt einer Entlastung der zeitlichen Koordination des Alltags. Für Beschäftigte bedeutet das flexible Betreuungsangebot keine spürbare Beeinträchtigung in der Lebensqualität. Flexible Arbeitszeitgestaltung in den Randzeiten sowie selbstbestimmte Gestaltung der Tätigkeiten tragen sogar zu erweiterter Lebensqualität bei.

Serviceeinrichtungen

In Fall D traf PEP im Team auf hohe Zufriedenheit der Beschäftigten. Alle konnten nach Einführung der Maßnahme die Zeiten von Familie und Beruf besser vereinbaren. Sie gewannen relativ großen Einfluss auf die Gestaltung ihrer Arbeitszeiten und damit auch höhere Zeitsouveränität außerhalb der Arbeitszeiten – beides bedeutet einen hohen Grad an Selbstbestimmung im Zeitgebrauch. Veranschaulicht wird damit erneut, dass die direkte und wirkungsvolle Beteiligung der Beschäftigten deren Lebensqualität begünstigt. Die Öffnung der traditionellen bipolaren Beziehungen zur Beschäftigtenseite hat bei dieser Maßnahme zur spürbaren Steigerung der Lebensqualität von Beschäftigten beigetragen. Die Erweiterung der Arbeitsbeziehungen war jedoch nicht so weitreichend, dass Nutzer/innen als Mitgestalter/innen der Dienstleistungsbeziehung in der Serviceeinrichtung Berücksichtigung gefunden hätten.

Demzufolge ließen sich für die Gruppe der Nutzer/innen keine aus der Maßnahme resultierenden Lebensqualitätseffekte ermitteln.

In Fall E war weniger die untersuchte Maßnahme der Einführung von Vertrauensarbeitszeit als vielmehr die ihr vorausgehende und aufrechterhaltene Gleitzeitregelung der ‚Verstärker' für die Lebensqualität der Beschäftigten. Die kollektive Arbeitszeitvereinbarung (Gleitzeit/Vertrauensarbeitszeit) ermöglichte individuelle Flexibilität für Alltagszeiten. Soziale zeitliche Ansprüche u.a. der Familie, Pflege oder Arzttermine wurden mit der Arbeitszeit vereinbar gemacht. Damit wurden individuelle Zeitinteressen und Spielräume für gemeinsame Zeiten aushandelbar. Für manche Beschäftigte wirkte Vertrauensarbeitszeit motivationsfördernd und steigerte damit ihr subjektives Wohlbefinden. Die erhöhte Selbststeuerung (in Form zeitgestaltender bzw. konfliktlösender Regulierungskompetenz) wurde aber als ambivalent empfunden – teilweise als Bereicherung, teilweise als Belastung. Für letztere Erfahrung und ihre Lösung bietet die in Fall E beobachtete traditionelle Bipolarität der Aushandlungsbeziehung zwischen Leitung und Arbeitnehmervertretung – da die Beschäftigten direkt nicht beteiligt werden – keine Möglichkeit der Artikulation.

Effekte für Nutzer/innen hatte die Einführung der Vertrauensarbeitszeit. Wie in Fall D wurde die Wahrnehmung und Einbeziehung der Nutzer/innen als Mitgestalter/innen der Dienstleistungsbeziehung gar nicht in Erwägung gezogen.

In Fall F ging mit der Maßnahme des bürgerorientierten Dienstleistungsangebotes mit erweiterten Öffnungszeiten und nutzer/innenorientiertem Dienstleistungsspektrum für die Beschäftigten eine Veränderung der Arbeitsorganisation und Flexibilisierung der Arbeitszeitgestaltung einher. Positiv wahrgenommen wurde die mit der Regelungspraxis verbundene Flexibilität bei der Gestaltung von Arbeits- und Alltagszeiten. Da der Grad der Selbstbestimmung bei Arbeits-, sozialen, freien und gemeinsamen Zeiten durch Lebenslagen der Beschäftigten bestimmt ist, treten, wenn individuelle zeitliche Anforderungen mit den im Team abgestimmten Arbeitszeiten nicht vereinbar sind, Zeitkonflikte auf. Problematisch scheint, dass sich die Teams mit diesem Zeitkonflikt teamintern auseinandersetzen müssen, ohne dass Regeln für eine alle Interessenlagen berücksichtigende Lösung vorhanden sind. Diese Zeitkonflikte bei der Arbeitszeitgestaltung im Team sind jedoch nicht unmittelbar auf die Maßnahme zurückzuführen, sondern ein Problem der aktuellen Personal- und Arbeitsbedingungen in der Einrichtung.

Die neuen Arbeitszeiten, insbesondere am Samstagvormittag, hatten für die Lebensqualität der Beschäftigten keine nachteiligen Effekte. Sie empfanden Arbeiten am Samstag entspannter und stressfreier als in der Woche. Auch die Zeitgutschriften erweiterten die Lebensqualität der Beschäftigten. Auch verbesserte die Maßnahme das Arbeits- und Betriebsklima, erhöhte mit dem Dienstleistungsspektrum den Wissensstand und führte mit dem Rotationsprinzip zu abwechslungsreichen Tätigkeiten. Alle Aspekte deuten auf die Verbesserung der zeitlichen Bedingungen der Lebensqualität. Begünstigt wurde dies durch differenzierte und wirkungsvolle Beteiligung der Beschäftigten im gesamten Prozess der Maßnahme.

Für Nutzer/innen erhöhten erweiterte Öffnungszeiten, Terminvergabeverfahren und das Prinzip der Dienstleistungserbringung aus einer Hand deutlich den Grad an Selbstbestimmung im Zeitgebrauch. Gerade den Öffnungszeiten am Samstag kann eine entlastende Funktion bei der Koordination von Alltagszeiten zugeschrieben werden. Der ausgedehnte Öffnungszeitenrahmen ermöglichte in Verbindung mit der Möglichkeit von Terminvereinbarungen die Vereinbarkeit mit eigenen Arbeitszeiten. Daraus resultierten für die befragten Nutzer/innen spürbare Lebensqualitätseffekte – vor allem durch Selbstbestimmung in Arbeits-, sozial gebundenen und gemeinsamen Zeiten.

Die aus der Maßnahme resultierende Steigerung der Lebensqualität von Nutzer/inne/n der Serviceeinrichtung wurde begünstigt durch die Bereitschaft der betrieblichen Akteure zur Öffnung der Akteurskonstellation hin zur Nutzer/innen-Seite – schon bei der Planung der Maßnahme. Für die Gesamtauswertung unseres Vorhabens ist dieser Befund in Fall F ausschlaggebend. Er führt vor Augen, dass von zeitpolitischen Maßnahmen und deren Lebensqualitätseffekten zulänglich erst dann gesprochen werden kann, wenn sich die Arbeitsbeziehungskonstellation zur Nutzer/innen-Seite öffnet und wenn wirksame Formen auch von deren Beteiligung zu verzeichnen sind.

5.2.7 Win-win-Konstellation – eine Illusion?

Wir konnten auf begrenzter empirischer Grundlage einen Zusammenhang von zeitpolitischer Umgestaltung von Dienstleistungsbeziehungen und alltagszeitbezogener Lebensqualität nachweisen. So unterschiedlich sich die Arbeitsbeziehungskonstellationen und Beteiligungsmuster der einzelnen Fälle auch darstellen – sie widerlegen jedenfalls in ihrer Allgemeinheit die zwei eingangs formulierten Fundamentalannahmen, dass nutzerfreundliche Dienstleistungszeiten strukturell zulasten von Zeitinteressen Beschäftigter gehen und dass Interessen Beschäftigter in Bezug auf Arbeitszeiten zugunsten von ‚Kundeninteressen' marktkonform liberalisiert werden müssten. Dass zeitbezogene Aushandlungsmechanismen nicht auf einen *trade-off* zwischen Beschäftigten- und Nutzerinteressen hinauslaufen müssen, veranschaulichen alle vorgestellten Praxisfälle. Aushandlungskonstellationen und damit verbundenen Lebensqualitätseffekte werden in der folgenden Matrix (siehe Tab. 3) resümiert.

In Fall A wurden positive Lebensqualitätseffekte für Nutzer/innen ermittelt, ohne dass diese zulasten der Beschäftigtenseite ging. Auch in Fall B führte die

Tab. 3: Lebensqualitätseffekte der evaluierten Maßnahmen

Praxisfall	Nutzer/innen	Beschäftigte	Konstellation
A – Kindertageseinrichtung	+	0	win-neutral
B – Kindertageseinrichtung	+	0	win-neutral
C – Kindertageseinrichtung	+	+	win-win
D – Serviceeinrichtung (Warenhaus)	0	+	neutral-win
E – Serviceeinrichtung (Krankenkasse)	0	+	neutral-win
F – Serviceeinrichtung (Stadtamt)	+	+	win-win

Legende: + = Lebensqualitätsgewinn; – = Lebensqualitätsverlust (nicht vorkommend); 0 = weder noch

Maßnahme erweiterter Öffnungszeiten in den Abendstunden zur Steigerung der Lebensqualität von Nutzer/inne/n. Die Lebensqualität der Beschäftigten wurde durch teambasierte zeitsouveräne Arbeitszeitgestaltung erweitert. Da diese positiven Effekte zulasten der Spätbetreuerin gingen, haben wir Lebensqualitätseffekte für Beschäftigte insgesamt als neutral bewertet. In Fall C konnten Lebensqualitätseffekte für die Gruppen der Nutzer/innen und Beschäftigten im Sinne einer win-win-Konstellation ermittelt werden.

In Fall D war eine deutliche Steigerung der Lebensqualität aller Beschäftigten ohne Lebensqualitätseffekte für die Gruppe der Nutzer/innen zu verzeichnen. Auch in Fall E wurden mit der arbeitszeitgestalterischen Maßnahme positive Lebensqualitätseffekte für Beschäftigte erzielt, die sich weder nachteilig noch begünstigend auf die Lebensqualität der Nutzer/innen auswirken. Beim Stadtamt (Fall F) wurde die mit der Maßnahme beabsichtigte win-win-Konstellation erreicht. Zeitpolitische Intervention und zeitpolitische Verantwortlichkeit der betrieblichen Sozialpartner begünstigten die alltagszeitliche Lebensqualität sowohl der Beschäftigten als auch der Nutzer/innen.

5.2.8 *Was waren begünstigende, was hindernde Faktoren?*

Zusammenfassend wird aufgezeigt werden, welche Faktoren der untersuchten Maßnahmen Lebensqualitätseffekte begünstigten oder behinderten. Darauf stützen sich die dieses Kapitel abschließenden Empfehlungen (unten 5.12).

Kindertageseinrichtungen

Bei allen Kindertageseinrichtungen ist die Intensität der Dienstleistungsbeziehung selbst ein begünstigender Faktor. Bedeutsam sind vor allem der hohe Grad an tätigkeitsbezogener Motivation Beschäftigter als auch die kontinuierliche Präsenz der Nutzer/innen. Gerade die Phase der Implementierung der neuen Öffnungszeitenregelungen war davon geprägt. Die Entstandardisierung der Betreuungszeiten zwang zu neuartigen Formen der Aushandlung von Bring- und Holzeiten der Kinder. Während in Fällen A und B dazu individuelle Lösungen herangezogen wurden, begegnete die Einrichtung in C der Entwicklung mit einem ganzheitlichen und für alle Nutzer/innen gleichermaßen verfügbaren Modell flexibler Kinderbetreuung. Durch die Notwendigkeit der Aushandlung der Betreuungszeiten wurden beteiligte Akteure mit unterschiedlichen zeitlichen Lebens- und Interessenlagen miteinander konfrontiert. Damit entstanden Chancen von Reziprozität in zeitpolitischer Perspektive.

Von Bedeutung ist in allen Kindertageseinrichtungen die ausgeprägte tätigkeitsbezogene Motivation der Beschäftigten und damit verbundene erweiterte Handlungsspielräume bei der Gestaltung des ‚Kindergartenalltags'. Die Fälle B und C waren durch ausgeprägte Nutzer/innen-Orientierung gekennzeichnet, die allerdings nicht auf direkter Artikulation der Nutzer/innen beruhte, sondern meist auf Erfahrungen der Dienstleistungserbringer/innen bzw. der institutionellen Akteure. In Fall A hatten Leitung und Beschäftigte bei der Erweiterung der Öffnungszeiten Elterninteressen eher aus betriebswirtschaftlichen standortsichernden Beweggründen im Blick.

Die fehlende systematische Einbeziehung der Nutzer/innen durch die jeweilige Einrichtung in der Planungsphase hat sich als hindernder Faktor für Lebensqualitätseffekte erwiesen. Keine der drei Einrichtungen schuf für die Planungsphase die Möglichkeit des wechselseitigen Austauschs über unterschiedliche zeitliche Interessen. Der Artikulationsmöglichkeit aller von der Maßnahme betroffenen Akteure bedarf es jedoch, um deren unterschiedliche zeitliche Ansprüche – im Sinne von Reziprozität – wechselseitig wahrzunehmen, zu verstehen und zu berücksichtigen. Dies setzt wiederum ein Regelungsverständnis seitens Leitung bzw. initiierender Instanz voraus, das Beschäftigte wie Nutzer/innen als gestaltende Akteure anerkennt und in den gesamten Prozess einbezieht. Gerade bei Fall A stellte die hierarchisch-direktive Regelungspraxis der Leitung bei der Organisation der Dienstplanung einen hindernden Faktor für die Effekte der Maßnahme dar.

Serviceeinrichtungen

Fall D ist aus dem zeitpolitischen Projekt ‚Zeitfragen sind Streitfragen' entstanden. Die Projektteilnahme sowohl der Einrichtung als auch der Gewerkschaft ver.di und ihre Bereitschaft, sich auf beteiligungsorientierte Aushandlungsformen jenseits traditioneller betrieblicher Sozialpartnerschaft einzulassen, kann als begünstigender Faktor herausgestellt werden. Beschäftigte verständigten sich untereinander über ihre arbeits- wie lebensweltlichen zeitlichen Interessen und mögliche Zeitkonflikte, womit ein Optimum an Selbstbestimmung im Zeitgebrauch einherging. Hindernder Faktor war hier das Beteiligungs- bzw. Regelungsverständnis der betrieblichen Sozialpartner: Die Maßnahme blieb auf lebensweltliche Belange der Beschäftigten begrenzt; zeitliche Interessen und Bedarfe der Nutzer/innen blieben bei der Maßnahme außen vor. Ihre Bedarfe wurden auf die Frage reduziert, wie sie sich mit den vorgegebenen Öffnungszeiten arrangieren, und damit lediglich unter betriebswirtschaftlichem Gesichtspunkt reflektiert.

In Fall E erweiterte sogar ein direktives Regelungsverständnis der betrieblichen Sozialpartner bei der Gestaltung von Arbeitszeiten die Zufriedenheit und Lebensqualität Beschäftigter. Ein hindernder Faktoren der Maßnahme unter dem Gesichtspunkt der Beteiligung war die ‚Stellvertreterpolitik' der betrieblichen Interessenvertretung. Bei der Aushandlung arbeitnehmerorientierter Arbeitszeitinteressen blieb daher die Diversität der zeitlichen Interessen von Beschäftigten unberücksichtigt, von diesen wurde die Arbeitszeitregelung nicht als erweiterter Handlungsspielraum, sondern als Anordnung wahrgenommen. Aus der Dienstleistungsbeziehung resultierende Zeit- und Interessenkonflikte Beschäftigter und Nutzer/innen wurden in dieser Einrichtung als nicht regulierungsbedürftig erachtet. Damit stellt sich ein zweiter hindernder Faktor heraus: Fehlende Wahrnehmung und Einbeziehung von zeitlichen Bedarfen der Nutzer/innen.

In Fall F wurden neben systematischer Einbeziehung der Beschäftigten auch Nutzer/innen nachhaltig am Planungsprozess beteiligt. Die betrieblichen Sozialpartner ließen sich auf innovative Beteiligungsansätze und Aushandlungsprozesse ein. Begünstigend wirkte dabei die externe Anleitung des Vertrauensbildungsprozesses durch Beratungstätigkeit und wissenschaftliche Begleitung. Diese begünstigten zwischen den betroffenen und zugleich beteiligten Akteursgruppen gegenseitiges Verständnis und Konsensfähigkeit. Damit verbunden waren Chancen von Reziprozität in zeitpolitischer Perspektive. Trotz innovativer und beteiligungsorientierter Planungsphase war Fall F in der Durchführung und im Ergebnis-Monitoring nicht nachhaltig. Es fehlten ‚treibende Kräfte', um Zeitpolitik dauerhaft in der Einrichtung verankern zu können. In der Serviceeinrichtung hielt die Nutzer/innen-Orientierung in die Stadtverwaltung Einzug – jedoch ohne dauerhafte Möglichkeit direkter und wirkungsvoller Artikulation zeitlicher Interessen der Bürgerinnen und Bürger.

5.2.9 Plausibilität der Hintergrundannahmen?

Die Durchsicht der vorliegenden Materialien macht nicht nur zahlreiche der spezifizierten Hypothesen (siehe 5.1 bis 5.7), sondern auch die ausgangs wiederholten Hintergrundannahmen plausibel. Dass Zeitpolitik – jedenfalls prinzipiell und unter bestimmten objektiven und subjektiven Bedingungen – möglich ist und erfolgreich sein kann, kann durch unsere Befunde als erwiesen angesehen werden. Erstens sind die an zeitgestalterischen Maßnahmen beteiligten Stakeholder zu Reziprozität in der Wahrnehmung und Anerkennung jeweiliger lebensalltäglicher Zeitinteressen in der Lage oder können dazu in die Lage versetzt werden. Zweitens können auf dieser Grundlage Korridore mit wechselseitigen, wenn auch heterogenen Lebensqualitäts-Gewinnen (zeitpolitische win-win-Situationen) ermittelt und effektiv gemacht werden. Damit ist – zunächst *empirisch* gesehen – Zeitpolitik im Prinzip möglich.

Dass beide Implikationen – Reziprozitätsbereitschaft und Korridore für win-win-Konstellationen – ihrerseits an objektive und subjektive Bedingungen gebunden sind, ist mehrfach betont worden. Den betrieblichen Sozialpartnern ist im zeitpolitischen und arbeitszeitpolitischen Feld bei personenbezogenen Dienstleistungsbeziehungen durchaus möglich, die Begrenzung ihrer Wirkmacht auf die bipolare Arbeitnehmer-Arbeitgeber-Beziehung zumindest punktuell zu überwinden. Die Beispiele der Kindertagesstätten (Fälle A, B und C) sowie des Stadtamtes (Fall F) belegen die Existenz von reziproken Beziehungen, die eine wechselseitige Einfühlung und damit einhergehende faire Kommunikations- und Aushandlungsbeziehungen möglich machen. Dies wird durch bestimmte Dienstleistungseigenschaften, partizipative Betriebsklimata sowie Aufklärungs- und Ausbildungsprozesse begünstigt, allerdings nicht determiniert. Diese zeitpolitische Öffnung geschieht vielfach schon im Kleinen und Verborgenen.

Auch dass mithilfe solcher Vorhaben bewusst und intentional Lebensqualität gesteigert werden kann, hat sich als plausibel erwiesen. Bei der Erweiterung des antiquierten Konzepts ‚industrieller Beziehungen' um die Nutzer/innen-Seite und einer entsprechenden Praxis kann anhand konkreter Maßnahmen jedenfalls die Lebensqualität der Nutzer/innen spürbar und nachhaltig erhöht werden. Dies ist für eine zukunftsgerichtete Politik öffentlicher und privater Dienstleistungseinrichtungen und deren Träger von Bedeutung, aber auch für eine moderne gewerkschaftliche Praxis äußerst wichtig. Kann doch eine öffentlich sichtbare, auf Steigerung der Lebensqualität der Bürger/innen gerichtete Praxis das Engagement für das Gemeinwohl sichtbar machen – was wiederum einen Ausweg aus der Legitimationskrise öffentlicher Dienste erkennen lässt.

Vor allem hat unsere Untersuchungen plausibel machen können, dass die Fundamentalthese vom *trade-off* zwischen Lebensqualität Beschäftigter und derjenigen von Nutzer/inne/n nicht aufrechtzuerhalten ist. In keinem unserer Fälle ließ sich ein solcher *trade-off* nachweisen. Lebensqualitätsgewinne von Nutzer/innen ließen entweder – in den Fällen A, B – diejenige der Beschäftigten weithin unangetastet oder gingen sogar – wie in den Fällen C und F – mit solchen der Beschäftigten einher. Zeitpolitische Lebensqualitätsstrategien müssen also keineswegs systematisch zulasten der Lebensqualität von Erbringer/inne/n der Dienstleistung gehen.

Bei zeitgestalterischen Vorhaben, die gemeinsam mit der ‚dritten Bank' der Nutzer/innen konzipiert und durchgeführt worden sind, lassen sich vielmehr signifikante Erhöhungen der Lebensqualität – zuweilen sogar win-win-Konstellationen zwischen Beschäftigten und Nutzer/innen – erzielen. Das ist bei Projekten, die dem bipolaren Arbeitgeber-Arbeitnehmer-Regulierungsmodell folgen (hier Fälle D und E), ersichtlich nicht der Fall. Wo die Repräsentanten des bipolaren betrieblichen Aushandlungssystems ihrem je begrenzten partikularen Interesse – und möglichen gemeinsamen Schnittmengen dazwischen – verhaftet bleiben, kommt ein weitergehendes gesellschaftliches Interesse nicht vor.

5.3 Zeitpolitik und Lebensqualität

5.3.1 Zeitpolitische Potentiale in den Fällen

Wir haben – bei aller Verkürzung – zu begründen versucht, dass Zeitpolitik im prinzipiellen Sinne unter bestimmten objektiven und subjektiven Bedingungen möglich ist: dass erstens die an zeitgestalterischen Maßnahmen beteiligten Stakeholder zu Reziprozität in der Wahrnehmung und Anerkennung wechselseitiger lebensalltäglicher Zeitinteressen in der Lage sind bzw. in die Lage versetzt können und dass zweitens auf dieser Grundlage Korridore wechselseitiger heterogener Lebensqualitäts-Gewinne, zeitpolitische *win-win-Situationen,* ermittelt und effektiv gemacht werden können. *Empirisch* gesehen ist Zeitpolitik im Prinzip möglich – wenn auch an objektive und subjektive Bedingungen gebunden.

Auf *normativer* Ebene stellt sich infolgedessen die Frage: Inwiefern hätte in den analysierten Fällen zeitpolitisch adäquater gehandelt werden können? Die untersuchten Fälle waren nur begrenzt „zeitpolitisch“ – in dem qualitativen Sinne: dass sie unter Einbeziehung der Zeitinteressen aller Stakeholder in Verhandlung und Entscheidung über die zeitgestalterische Maßnahme verlaufen wären. Plausibel zu machen ist aber, dass alle analysierten Fälle unter bestimmten Voraussetzungen zeitpolitische Beispielsfälle hätten sein können, dass sie dann ein erhöhtes Maß an Lebensqualitäts-Effekten hervorbringen und den an den Fällen beteiligten Sozialpartnern einen Ausweis hätten liefern können, nicht bloß partikulare Interessenvertreter, sondern Promotoren einer gesellschaftlichen Lebensqualitäts-Politik zu sein. Um dies zu verdeutlichen, stellen wir in diesem Abschnitt dar,

1. dass die jeweils in Rede stehenden Maßnahmen zeitpolitische hätte sein können,
2. um welche praktischen Vorkehrungen die Maßnahmen – als zeitpolitische verstanden – hätten erweitert werden können und müssen,
3. welche potentiellen Lebensqualitäts-Effekte die so erweiterte Maßnahme dann mutmaßlich für Beschäftigte und Nutzer/innen gezeitigt hätte und

4. welche erweiterte Akteurskonstellation sich im Falle der so erfolgten zeitpolitischen Erweiterung der Maßnahme herausgebildet hätte.

Mit der letzten Frage wird erneut die Frage nach dem einer Dienstleistungsgesellschaft adäquaten neuen Aushandlungsmechanismus thematisiert.

Zu 1: Dass alle Fallbeispiele zeitpolitische hätten sein können, ergibt sich aus der Tatsache, dass alle dem Uno-actu-Prinzip folgten. Alle zeitgestalterischen Maßnahmen konnten sowohl der Mitarbeiter- wie der Nutzer-Perspektive folgen. In den Fällen A, B, C, D und F sprach für eine zeitpolitische Nutzerorientierung auch die Tatsache, dass sich die jeweiligen Einrichtungen in Wettbewerb mit anderen um die Nutzer als „Kunden“ befanden. Allein im Fall E handelt es sich um eine feste marktenthobene zwischenorganisatorische Dienstleistungsbeziehung im Versicherungsbereich.

Zu 2: In allen Beispielsfällen wären, wären die Fälle unter Einbeziehung der Zeitinteressen aller Stakeholder in Verhandlung und Entscheidung über die zeitgestalterische Maßnahme verlaufen, zahlreiche weitere praktische Maßnahmen vorgenommen worden. Vor Entscheidung über die zeitgestalterische Maßnahme wären die Zeitinteressen aller Stakeholder ermittelt und geltend gemacht worden: Das wären die Nutzer/innen-Interessen in den Fällen D und E, auch die mittelbaren Nutzer/interessen (Kinder) in den Fällen A bis C, aber auch die Mitarbeiter/innen-Interessen in den Fällen A bis C.

Zu 3: Es ist anzunehmen, dass dann diese weiteren Interessenkonstellationen – im Rahmen von win-win-Korridoren – abgeglichen und weitere Lebensqualitäts-Effekte für unmittelbare und mittelbare Nutzer/innen sowie für Beschäftigte erzielt worden wären.

Zu 4: Vermutlich hätte sich dann auch in den übrigen Fällen ein Verhandlungs- und Entscheidungsverfahren herausgebildet, das dem des Falles F ähnelt. Das heißt, die Beteiligung Beschäftigter wäre gestärkt worden, sowohl um deren eigene Zeitinteressen als auch ihre Expertise über Zeitinteressen der unmittelbaren und mittelbaren Nutzer/innen ihrer Dienstleistungen ein- und zur Geltung bringen zu können. Die größte Veränderung in Akteurskonstellationen und Verfahren hätte darin bestanden, die Nutzer/innen überhaupt als Einflussfaktor zu konstituieren, ihre Zeitinteressen zu erforschen und öffentlich zu machen und in einem Ab- und Ausgleichsverfahren für den Entscheidungsprozess über die zeitgestalterische Maßnahme zur Geltung zu bringen.

5.3.2 Vorläufige Schlussfolgerungen

Schlussfolgerung 1: In der Dienstleistungsgesellschaft sollte das Verständnis und die Begrifflichkeit ‚industrieller Beziehungen' durch ein solches von ‚Tätigkeitsbeziehungen' ersetzt werden.

Obgleich unsere Gesellschaft längst aus einer Industrie- in eine Dienstleistungsgesellschaft übergegangen ist (zuweilen wird auch von Wissens- und Kulturgesellschaft gesprochen), geschieht die Regulierung von darin vollzogenen Tätigkeiten wesentlich mit dem überkommenen Instrumentarium der Industriegesellschaft. Gesellschaftliche Interessen – im Sinne der Interessen von Stakeholdern, die nicht selbst Arbeitsvertragsparteien waren – kamen in diesem Regulierungsinstrumentarium nicht vor oder blieben darin Fremdkörper.

Dass dieses Regulierungssystem in der Dienstleistungsgesellschaft – allgemein, vor allem aber auf zeitlichem Gebiet – zu gesellschaftlichen Friktionen und Funktionsstörungen führt, ist in den der Dienstleistungsgesellschaft zu Grunde liegenden *Tätigkeitstypen* begründet. Ein großer Teil von Dienstleistungen bearbeitet nicht leb- und willenlose Natur, sondern wird an Menschen verrichtet. Er besteht in der Herstellung und Verbesserung zwischenmenschlicher Beziehungen, in Bildung und Pflege von Personen, in Kommunikation, Unterhaltung, ästhetischer und/oder seelischer Erbauung usw. Bei den hier fokussierten Dienstleistungen müssen sich nicht nur Dienstleistungserbringer und -abnehmer zur selben Zeit am selben Ort aufhalten (so genanntes Uno-actu-Prinzip). Sie können vielfach sogar als Koproduzenten der Dienstleistung verstanden werden, weil die Mitwirkung von Jedem von Beiden nicht weggedacht werden kann, ohne dass der Erfolg der Dienstleistung selbst entfiele. Gewiss besteht der kontinuierliche Fortschritt der Dienstleistungsökonomie darin, die Erbringung und den Konsum der Dienstleistung voneinander räumlich und/oder zeitlich zu entkoppeln, also die Dienstleistung vom Uno-actu-Prinzip zu befreien. Es besteht aber Grund zur Annahme, dass ein Kernbereich gerade personenbezogener Dienstleistungen dem Prinzip der Koproduktion und damit Kopräsenz von Dienstleister und Konsument verbunden bleibt.

Schlussfolgerung 2: Die in Dienstleistungsbeziehungen auftretenden Zeitkonflikte bedürfen intelligenterer Verfahren zu ihrer Lösung als die Interessenkonflikte der Industriegesellschaft.

Das von der Dienstleistung betroffene Interesse ist nicht leb- und willenslose Natur, sondern menschliches Wesen mit eigenen Rechten und Pflichten und hat andere Wertigkeit als das von Industrietätigkeit transformierte Stück Natur. Daraus folgt, dass das Instrumentarium der Aushandlung und Regulierung der mit

Dienstleistung verbundenen Tätigkeit den mitbetroffenen gesellschaftlichen Interessen, den ‚Stakeholder-Interessen', Stimme und Gewicht bei der Aushandlung verschaffen muss.

Gerade auf dem Feld zeitpolitischer Regulierung wird heute noch im System industrieller Beziehungen – also bipolar zwischen Arbeitgeber- und Arbeitnehmer-Repräsentanten – über Dauer und Lage der Arbeitszeiten verhandelt und entschieden. Ein Unterschied tritt erst bei der Wirkungsbetroffenheit auf. Im Falle der dienstleistenden Tätigkeit, die dem Uno-actu-Prinzip folgen, werden durch zeitliche Entscheidungen zwangsläufig die Existenz und Erreichbarkeit, damit auch unmittelbar der Adressat der Dienstleistung selbst tangiert. Dienstleistungsnehmer werden dies als Eingriff in die eigene Handlungsautonomie wahrnehmen, dem gegenüber sie Stimme und Einfluss verlangen. Hieraus resultiert die gesamte Palette von ‚Zeitkonflikten', die in jüngerer Zeit im Zusammenhang mit Fahr-, Laden- und sonstigen Öffnungszeiten in Erscheinung getreten sind. Die zu beobachtenden Austragungsformen solcher Zeitkonflikte sind durchweg unterkomplex – mit anderen Worten: Durch fehlende gesellschaftliche Konfliktlösungs-Kompetenz geprägt. Oft werden solche Entscheidungen aus ganz kurzsichtigen Interessenkonstellationen und unter Ausnutzung vorhandener Machtpositionen getroffen.

Widerlegbar sind die beiden Fundamentalannahmen, 1. dass nutzerfreundliche Dienstleistungszeiten strukturell zulasten der Zeitinteressen der Beschäftigten gehen und daher abgewehrt werden müssen, 2. dass Beschäftigten- den ‚Kunden'interessen unterzuordnen und dass Arbeitszeiten daher marktkonform zu liberalisieren seien. Beide Annahmen stehen intelligenten und differenzierenden Konfliktlösungsmodi im Wege. Die differenziertere Frage lautet: Wie wirken sich Arbeitszeit-Gestaltungen von Dienstleistern eigentlich auf die Lebensqualität aus – und zwar sowohl diejenige der Beschäftigten als auch diejenige der Nutzer/innen? Wenn Dienstleistungszeiten nutzerfreundlicher gestaltet werden, geht dies zwangsläufig zulasten der Beschäftigten – et vice versa? Besteht also ein *trade-off* zwischen Beschäftigten- und Nutzer-Interessen, aus dem nur eines siegreich hervorgehen kann? Oder gibt es win-win-Situationen, die bei einer genügend intelligenten Aushandlungssituation erzielt werden können?

Dahinter steht eine Frage, die die vielleicht brisanteste der Regulierung der Dienstleistungsgesellschaft ist: die Frage nach dem dieser Gesellschaft adäquaten neuen Aushandlungsmechanismus. Muss es bei der mit den industriellen Beziehungen gegebenen Ausklammerung der Interessen der Dienstleistungsempfänger bleiben – obwohl diese lebende Rechtssubjekte, ja oft Koproduzenten der in Rede stehenden Dienstleistungen sind? Oder kann man sich ein System vorstellen, das ihnen *‚voice'* bei den zu lösenden Zeitproblemen und damit Einfluss auf das Verhandlungssystem gibt, ohne dabei aber die legitimen Beschäftigtenanliegen zu opfern?

Schlussfolgerung 3: Mit zeitpolitischen Merkmalen können alle dem Uno-actu-Prinzip folgende Dienstleistungsbeziehungen angereichert werden.

Entgegen der dichotomischen wissenschaftlichen Sicht – eine Maßnahme ist entweder zeitpolitischer oder nicht zeitpolitischer Art -, dem das Forschungsteam ursprünglich folgte, empfiehlt sich aus praktischen Gründen ein pragmatisches Verständnis von zeitpolitischen Maßnahmen. Es geht davon aus, dass alle dem Uno-actu-Prinzip folgende Dienstleistungstätigkeiten eine zeitpolitische Potenz in sich tragen, die in einem graduellen Sinne mehr oder weniger aktualisiert werden kann. Dabei wird die dem Arbeitsverhältnis innewohnende Bipolarität graduell ausgeweitet. Ausgangspunkt bleibt das Arbeitnehmer-Interesse. In einem *ersten Erweiterungsschritt* werden hierbei neben den innerbetrieblichen auch außerbetriebliche Zeitinteressen der Arbeitnehmer/innen einbezogen (Vereinbarkeit; work-life-balance). In einem *zweiten Erweiterungsschritt* werden Zeitinteressen von solchen Arbeitnehmer/innen-Gruppen zueinander in Beziehung gesetzt und ausgehandelt, die zwar unterschiedlichen Betrieben und sogar Branchen angehören, die aber aufgrund der Zugehörigkeit zur gleichen Dienstleistungs-Gewerkschaft einen „solidarischen", nicht marktförmigen Austrag der Zeitkonflikte zulassen oder zumindest versprechen (innerorganisatorische Zeitkonfliktschlichtung). Im *dritten Erweiterungsschritt* geht es um die Zeitinteressen von Nutzer/inne/n jenseits der beiden ersten Erweiterungsschritte.

Bei einer Vielzahl dieser Nutzer/innen (nicht bei allen) handelt es sich gleichfalls um Arbeitnehmer/innen – wenn auch unterschiedlicher Betriebe, Branchen, Gewerkschaften, Nicht-Organisierte, unter Umständen auch Selbstständige usw. Nach den in diesem Projekte gewonnenen Erkenntnissen gibt es Möglichkeiten und Chancen, dass Beschäftigte, betriebliche Interessenvertreter/innen und Gewerkschaften ‚Zeitpolitik' in einem unverkürzten emphatischen Sinn betreiben. Freilich sind dafür anspruchsvolle objektive und subjektive Voraussetzungen unverzichtbar. Gewerkschaften betätigen sich hier auf einem Gebiet, wo ihr Handeln als nicht partikularem, sondern allgemein gesellschaftlichem Interesse verpflichtet sichtbar und darstellbar wird, was ein wichtiger Schritt zum Ausgang der Gewerkschaften aus der gegenwärtigen Legitimationskrise und Rekrutierungsfalle wäre.

Schlussfolgerung 4: Zeitpolitisch tragfähiges Verhalten setzt Reziprozität (die Fähigkeit und Bereitschaft, die von Maßnahmen tangierten Zeitinteressen anderer Stakeholder wahrzunehmen und zu berücksichtigen) voraus. Reziprozität kann zwar durch den Charakter der verrichteten Dienstleistung, sie kann aber auch durch Bildung und Training begünstigt werden.

Dass bei den Beschäftigten die größte Reziprozität gegenüber Nutzer-Interessen in den Kindertagesstätten gefunden wurde, überrascht weniger. Die wiederkehrende, lang anhaltende und stark körperbezogene und emotionsreiche Dienstleistung erlaubt eine tätigkeitsbezogene Motivation der Beschäftigten – was wiederum eine Orientierung an den zeitlichen Interessen der Klientel nahelegt. In diesen drei Fällen war auch die Reziprozität der Leitungen gegenüber den Eltern ausgeprägt.

Dass aber hier kein unbeeinflussbarer Mechanismus vorliegt, zeigen die drei übrigen Fälle. Bei ihnen ist die Dienstleistung gleichermaßen durch Kürze, Gelegentlichkeit und sozusagen Körper- und Emotionslosigkeit geprägt – was auf eine geringere tätigkeitsbezogene Motivation der die Dienstleistungen Erbringenden schließen lässt. Gleichwohl fällt der Fall des Stadtamtes (F) durch ein hohes Maß an Reziprozität der Beschäftigten gegenüber Nutzer/inne/n auf. Dies ist der einzige Fall, der von beiden Sozialpartnern als ‚zeitpolitischer' initiiert und unterstützt worden war und auch vom wissenschaftlichen Team als am eindeutigsten ‚zeitpolitischer' eingeordnet wurde. Sowohl der Modellcharakter des neuartigen Bürger-Service, die nutzergerichtete Schulung und Kompetenzerweiterung der in der Einrichtung Beschäftigten als auch die wissenschaftliche Erhebung der Nutzer/innen-Interesse und deren Verbreitung bei den Beschäftigten der Einrichtung sowie die systematische Kommunikations- und Mediationsaktivität im Beziehungs-Dreieck zwischen Leitung, Beschäftigten und Nutzer-/innen haben hohe – auch keineswegs einseitige – Reziprozitätsbereitschaft und -fähigkeit in allen drei Beziehungen provoziert.

Diese Feststellung muss natürlich auf die in die Kommunikationsbeziehungen selbst involvierten Akteure und Akteursgruppen beschränkt bleiben. Offenbar ist auch dann, wenn Tätigkeits- und damit verbundener Motivationstyp kein hohes Maß an zeitpolitischer Reziprozität der beteiligten Akteure erwarten lassen, doch eine hohe Reziprozität im zeitpolitischen Sinne zu erzielen. Die Kommunikations-, Bildungs-, Sensibilisierungs-, Remunerations- wie auch „Belobigungs"-Systeme einer Einrichtung können offenbar Reziprozität – im Sinne der subjektiven Voraussetzung zielgerichteter zeitpolitischer Interaktion – selbst dort begünstigen, wo die dienstleistende Tätigkeit selbst sie gar nicht erwarten ließe. Daraus lässt sich folgern, dass zeitpolitische Reziprozität erlernbar ist.

Schlussfolgerung 5: Lebensqualitäts-Gewinne bei Nutzer/innen werden erzielt, wenn Maßnahmen zeitpolitisch angelegt sind und wenn die Reziprozität Beschäftigter mit Nutzer/innen hoch ist. Die Lebensqualitäts-Gewinne bei Beschäftigten sind davon weithin unabhängig – was gegen eine *trade-off*-Beziehung spricht.

Bei den Nutzer/inne/n wurde Lebensqualitäts-Verbesserung einmal in den Kindertagesstätten, zum anderen bei dem Bürgerservice-Centrum verzeichnet. Bei erstgenannten lag dies an der vom Charakter der Dienstleistung nahegelegten Reziprozität, bei letzterem am intentional zeitpolitischen Charakter der Maßnahme. In beiden Fällen führte die Reziprozität zu erhöhter Lebensqualität. Dies spricht dafür, dass zeitpolitische Maßnahmen den beabsichtigten Erfolg auch tatsächlich erzielen können.

Wichtig ist dabei, dass dieser Lebensqualitäts-Erfolg der Nutzer/innen nicht sozusagen zu Lasten der Lebensqualität der Beschäftigten geht. Deren Lebensqualität wird zuweilen von der Maßnahme gar nicht tangiert. Manchmal treten sogar Lebensqualitäts-Gewinne auf beiden Seiten gleichzeitig auf. Diese win-win-Situation wird – wie das Bürgerservice-Beispiel zeigt – offenbar vornehmlich dann erzielt, wenn es einen die Stakeholder multipolar einschließenden Interessenabklärungs- und Aushandlungsprozess gibt.

Diese Aussagen sind für gewerkschaftliche Zeitpolitik essentiell. Sie besagen, dass Zeitpolitik nicht ein „Opfer" der Beschäftigten zugunsten der Nutzer/innen sein muss, sondern ein intelligenterer Weg zur Erzielung beiderseitiger Nutzen (win-win-Effekte) sein kann.

Schlussfolgerung 6: Die in Dienstleistungsbeziehungen ruhenden zeitpolitischen Potentiale können und sollten graduell aktualisiert werden.

Es ist schon betont worden, dass alle untersuchten Fälle unter bestimmten Voraussetzungen zeitpolitische Beispielsfälle hätten sein können, dass sie dann ein erhöhtes Maß an Lebensqualitäts-Effekten hervorbringen und der an den Fällen beteiligten Gewerkschaft einen Ausweis hätten liefern können, nicht bloß partikularer Interessenvertreter, sondern Promotor einer gesellschaftlichen Lebensqualitäts-Politik zu sein. Es empfiehlt sich unter diesen Bedingungen, in ähnlich gelagerten Fällen folgende Frage- und Entwicklungsstruktur einzuhalten.

1.) Könnte die in Rede stehende Maßnahme potentiell eine zeitpolitische sein?
2.) Um welche praktischen Vorkehrungen hätte die Maßnahme – wäre sie als zeitpolitische verstanden worden – erweitert werden können und müssen?
3.) Welche potentiellen Lebensqualitäts-Effekte hätte die so erweiterte Maßnahme mutmaßlich für Beschäftigte und Nutzer/innen gezeitigt?
4.) Welche erweiterte Akteurskonstellation hätte sich im Falle der so erfolgten zeitpolitischen Erweiterung der Maßnahme herausgebildet?

5.3.3 Ein neues multipolares Beteiligungsregime der Dienstleistungsgesellschaft

Die zeitpolitische Rekonstruktion der Praxisfälle verdeutlicht auf zeitpolitischem Gebiet, wie wenig unser System „industrieller Beziehungen“ den neuen Tätigkeitskonstellationen der Dienstleistungsgesellschaft gerecht wird. Deshalb möchte ich zum Abschluss dieser Überlegungen ein paar Ausblicke zur möglichen Anpassung dieses Systems an die neuen Tätigkeitskonstellationen anstellen.[3]

Natürlich ist Zeitpolitik nicht der einzige Gesichtspunkt einer Revision des Systems industrieller Beziehungen in Richtung auf Anforderungen der Dienstleistungsgesellschaft. Es gibt andere qualitative und quantitative Anforderungen an Dienstleistungen, denen die Reregulierung der Tätigkeitsbeziehungen Rechnung tragen muss. Aber die zeitpolitischen Anforderungen sind ein besonders wichtiger Bestandteil. Sofern und soweit für die neuen Tätigkeitskonstellationen das Uno-actu-Prinzip gilt, bleibt nämlich die zeitliche (unter Umständen mehr als die räumliche) Komponente ein Parameter für das Gelingen der Koproduktion der Dienstleistung und damit für die Lebensqualität jedenfalls der Nutzer/innen, wohl aber auch für diejenige der Dienstleistenden. Die Dienstleistungsgesellschaft erschließt nach Maßgabe des Uno-actu-Prinzips – möglicherweise systematisch – Kooperationsräume zwischen Dienstleistenden und Nutzer/innen, die ersteren größere Spielräume für ein entfremdungsfreies Eingehen auf Nutzeranliegen und auch letzteren Lebensqualitäts-Gewinne bieten. Dazu muss aber das System der Arbeitsregulierung überhaupt Kooperationschancen – für die Beschäftigten, aber auch für die Nutzer/innen – vorsehen. Diese Herausforderung ist in der öffentlichen Debatte noch kaum erkannt, geschweige denn gelöst.

Ausgangspunkt einer zeitpolitischen Reregulierung der Dienstleistungsbeziehungen müsste die Anerkennung des „Rechts auf eigene Zeit“ sein (Mückenberger 2004; Europarat 2010) – des Rechts auf eigene Zeit sowohl der Beschäftigter als auch der Nutzer/innen von Dienstleistungen. Dieses Recht müsste bereits im Ausgangspunkt nicht als ein „insuläres“ (als „Ausschlussrecht“), sondern als ein kooperativ (als „prozedurales“ Recht) ausgeübtes Recht verstanden werden – wie in der Grundrechtsdebatte verschiedentlich früher bereits auf dem Gebiet der Berufsfreiheit (Hoffmann-Riem 1977), der Eigentumsgarantie (Mückenberger 1992: 127ff.) und der Wissenschaftsfreiheit (Preuss 1969: 95ff.) dargetan worden ist. In einem so angelegten Rechtsverständnis steht das Recht des

3 Wenn man diesem Zugang folgt, werden Regelungsfragen durchdacht und ausgestaltet müssen, für die Vorbilder noch nicht bestehen. Wie kann man Nutzerwillen in ihrer Vielfalt erfassen? wie kann man sie als veränderliche je neu wahrnehmen und einbeziehen? Worin hätten die jeweiligen Mediationsschritte zu bestehen? Wie ist mit den zeitlichen und finanziellen Kosten eines solchen Modells umzugehen? Überlegungen dazu müssen weiteren Arbeiten vorbehalten bleiben.

Einen nicht „gegen" das Recht des Anderen. Beide Rechte werden vielmehr kooperativ ausgeübt – und können nur kooperativ ausgeübt werden, indem die Beteiligten die je gegenüberstehende Rechtsposition anerkennen und die ihre damit koordinieren. Wir erkennen hier das „Reziprozitätserfordernis" in einem grundrechtlichen Gewande wieder.

Auf Seiten der Beschäftigten impliziert das Recht auf eigene Zeit Anerkennung sowohl ihrer eigenen Zeitinteressen und deren kollektiver Repräsentation in „voice" als auch ihrer Expertise und Reziprozitätsfähigkeit hinsichtlich der Zeitinteressen ihrer unmittelbaren und mittelbaren Nutzer/innen. Beide sind ja Koproduzenten der Dienstleistung.

Auf Seiten der Nutzer/innen, wenn sie verstanden und anerkannt werden als Koproduzenten der Dienstleistung, beinhaltet das Recht auf eigene Zeit weittragende Dimensionen. Es müsste ihnen ein Recht auf Anhörung (voice) und Repräsentation zustehen. Sie müssten sicher sein können, dass ihre Zeitanliegen kommunikative Berücksichtigung (Reziprozität) finden. Diese Formen der Beteiligung dürften nicht unverbindlich bleiben. Vielmehr müsste mit ihnen ein Recht auf Mitentscheidung über die zeitlichen Rahmenbedingungen der Dienstleistung verbunden sein. Erst dann wäre das Recht auf eigene Zeit angemessen mit der Realität von Koproduktion auch der Nutzer/innen an der Dienstleistung verbunden.

Wir wissen, dass es von all diesen Anforderungen schon irgendwelche – oft unscheinbare, oft auch zweifelhafte – Vorläufer gibt. Kundenbefragungen, Kundenfrequenzanalysen, Fahrgastbeiräte, Verbraucherverbände hält sich jedes größere Unternehmen zugute, baut sie in die eigenen *Codes of Conduct* ein. Unsere Praxisfälle haben auch allerhand Material ermittelt, wo sich solche Vorläufer bereits in die geltende Praxis der „industriellen Beziehungen" und des Arbeitsrechts einschlichen. Man wird sich auch an die Debatte aus der Zeit der Reform der Unternehmens-Mitbestimmung erinnern, als von Einigen erwogen wurde, Unternehmens-Aufsichtsräte aus ihrer derzeitigen Bipolarität zu befreien und Vertreter dritter (Staat) und vierter Bänke (Verbraucher etc.) darin zu verankern (Gerum 1981; Steinmann/Gerum 1978). Die Debatte ist damals versandet.

Gesellschaftliche Interessen im Arbeitsverhältnis zu verankern (Ansätze bei Matthies et al. 1994), ist aber ein Gebot der konsequent weitergedachten Dienstleistungsgesellschaft. Dieses Gebot wird nicht allein in Gestalt von good will-Erklärungen und CSR-Broschüren realisiert werden können, sondern wird harte rechtliche Formen, Garantien und Prozeduren verlangen. So viel kann von der bisherigen Praxis der Zeitpolitik durchaus gelernt werden.

Literatur

Anderson, P.; Heinlein, M. (2004): Ein Blick in die Alltagspraxis im Pflegeheim. Über Möglichkeiten einer praxisnahen Form von Kundenorientierung. In: Dunkel, W.; Voß, G. (Hg.): Dienstleistung als Interaktion. Beiträge aus einem Forschungsprojekt. München, Mering: Hampp, S. 31–45

Allardt, E. (1975): Having, Loving, Being. Lund

Allardt, E. (1993): Having, Loving, and Being. An alternative to the Swedish model of welfare research. In: Nussbaum, M.; Sen, A. (ed.): The Quality of Life. Oxford: Oxford University Press, S. 88–94

Altmann, N.; Deiß, M.; Döhl, V.; Sauer, D. (1986): Ein ‚neuer Rationalisierungstyp'. Neue Anforderungen an die Industriesoziologie. In: Soziale Welt. Jg. 37/Heft 2–3, S. 191–206

Andrews, F.; Withey, S. (1976): Social Indicators of Well-Being. Americans' perceptions of life quality. New York: Plenum

Annesley, C. (2004): Postindustrial Germany. Services, technological transformation and knowledge in unified Germany. Manchester: Manchester UP

Arato, A.; Cohen, J. (2007): Die Zivilgesellschaft und die postmoderne Stadt. Das Überdenken unsrer Kategorien im Kontext der Globalisierung. In: Mückenberger, U.; Timpf, S. (Hg.): Zukünfte der europäischen Stadt. Ergebnisse einer Enquete zur Entwicklung und Gestaltung urbaner Zeiten. Wiesbaden: VS, S. 75–117

Arendt, H. (1960): Vita Activa oder Vom tätigen Leben. Stuttgart: Kohlhammer

Argyle, M. (1996): Subjective Well-Being. In: Offer, A. (ed.): In Pursuit of the Quality of Life. Oxford: Oxford UP, S. 18–45

Baethge, M. (1991): Arbeit, Vergesellschaftung, Identität. Zur zunehmenden normativen Subjektivierung der Arbeit. In: Soziale Welt, Jg. 42/Heft 1, S. 6–19

Baethge, M. (2011): Qualifikation, Kompetenzentwicklung und Professionalisierung im Dienstleistungssektor. In: WSI-Mitteilungen, Jg. 64/Heft 9, S. 447–455

Bauer, R. (2001): Personenbezogene soziale Dienstleistungen. Begriff, Qualität und Zukunft. Wiesbaden: Westdeutscher Verlag

Beck, U. (1986): Die kulturelle Evolution der Lebensformen. In: Beck, U.: Risikogesellschaft. Auf dem Weg in eine andere Moderne. Frankfurt/M.: Suhrkamp, S. 122–130

Becker-Textor, I.; Textor, M. R. (1997): Der offene Kindergarten – Vielfalt der Formen. Freiburg u.a.O.: Herder

Bellmann, L.; Ollmann, H. (1982): Durchsetzungsmöglichkeiten von Arbeitszeitpolitik in arbeitsmarkttheoretischer Sicht. In: Offe, C.; Hinrichs, K.; Wiesenthal, H. (Hg.): Arbeitszeitpolitik. Formen und Folgen einer Neuverteilung der Arbeitszeit. Frankfurt/M.: Campus, S. 73–81

Bender, C.; Graßl, H. (2004): Arbeiten und Leben in der Dienstleistungsgesellschaft. Konstanz: UVK

Bercusson, B.; Estlund, C. (2008): Regulating Labor in the Wake of Globalisation. New challenges, new institutions. Oxford: Hart

Berger, J.; Offe, C. (1980): Die Entwicklungsdynamik des Dienstleistungssektors. In: Leviathan, Jg. 8/Heft 1, S. 41–75

Berger, J.; Offe, C. (1984): Die Entwicklungsdynamik des Dienstleistungssektors. In: Offe, C. (Hg.): Arbeitsgesellschaft. Strukturprobleme und Zukunftsperspektiven. Frankfurt/M.: Campus, S. 229–270

Bischoff, A.; Selle, K.; Sinning, H. (1996): Informieren – Beteiligen – Kooperieren. Kommunikation in Planungsprozessen. Eine Übersicht zu Formen, Verfahren, Methoden und Techniken (2. Aufl.). Dortmund: Dortmunder Vertrieb für Bau- und Planungsliteratur

Blanke, Th., Erd, R. Mückenberger, U. Stascheit, U.(1975): Kollektives Arbeitsrecht. Quellentexte zur Geschichte des Arbeitsrechts in Deutschland (2 Bände). Reinbek: Rowohlt

BMFSFJ (2012): Zeit für Familie. Familienzeitpolitik als Chance einer nachhaltigen Familienpolitik. Bericht der Sachverständigenkommission zum Achten Familienbericht. Berlin: BMFSFJ

Böhle, F. (2011): Interaktionsarbeit als wichtige Arbeitstätigkeit im Dienstleistungssektor. In: WSI-Mitteilungen, Jg. 64/Heft 9, S. 456–461

Bogner, A.; Littig, B.; Menz, W. (2005): Das Experteninterview: Theorie, Methode, Anwendung. Wiesbaden: VS

Bohnsack, R. (2003): Rekonstruktive Sozialforschung. Einführung in qualitative Methoden. Opladen: Leske + Budrich

Böhle, F.; Glaser, J. (2006): Interaktion als Arbeit. Ausgangspunkt. In: Böhle, F.; Glaser, J. (Hg.): Arbeit in der Interaktion – Interaktion als Arbeit. Arbeitsorganisation und Interaktionsarbeit in der Dienstleistung. Wiesbaden: VS

Bongfiglioli, M.; Mareggi, M. (ed.) (1997): II tempo e la cittá fra natura e storia. Roma: Quaderni

Bosch, G.; Hennicke, P.; Hilbert, J.; Kristof, K.; Scherborn, G. (Hg.) (2002): Die Zukunft von Dienstleistungen. Ihre Auswirkung auf Arbeit, Umwelt und Lebensqualität. Frankfurt/M.: Campus

Boulin, J.-Y.; Mückenberger, U. (1999): Times in the City and Quality of Life. In: BEST 1/1999, S. 1–79 (deutsch in: Mückenberger 2000, S. 118–205)

Boulin, J.-Y.; Mückenberger, U. (2001): Eine europäische Bewegung für Zeiten der Stadt? Ein internationaler Überblick. In: Mückenberger, U. (Hg.): Bessere Zeiten für die Stadt. Chancen kommunaler Zeitpolitik. Opladen: Leske + Budrich, S. 50–64

Boulin, J.-Y.; Mückenberger, U. (2002): La Ville à Mille Temps. Paris: Bibliothèque des Territoires

Boulin, J.-Y.; Mückenberger, U. (2005): Is the Societal Dialogue at the Local Level the Future of Social Dialogue. In: Transfer. European Journal of Labour and Research, Jg. 11/ Heft 3, S. 439–448

BpB – Bundeszentrale für politische Bildung (2008): Datenreport 2008. Ein Sozialbericht für die Bundesrepublik Deutschland (hrsgg. v. destatis, GESIS-ZUMA, WZB). Bonn

Brandt, T.; Schulten, T.; Sterkel, G.; Wiedemuth, J. (Hg.) (2008): Europa im Ausverkauf. Liberalisierung und Privatisierung öffentlicher Dienstleistungen und ihre Folgen für die Tarifpolitik. Hamburg: VSA

Braudel, F. (1986): Sozialgeschichte des 15.–18. Jahrhunderts. Band 2: Der Handel. München: Kindler

Braun, A. (1901): Zum Achtstundentag! Historisches und Agitatorisches über Arbeiterschutz und Achtstundentag. Berlin: Glocke

Brentano, L. (1890): Arbeitseinstellungen und Fortbildung des Arbeitsvertrags. Leipzig: Duncker & Humblot

Brentano, L. (1893): Über das Verhältnis von Arbeitslohn und Arbeitszeit zur Arbeitsleistung. Leipzig (2. umgearb. Aufl.). Leipzig, Duncker & Humblot

Briefs, G. (1927[4]): Gewerkschaftswesen und Gewerkschaftspolitik. In: Handwörterbuch der Staatswissenschaften. Band 4 (hrsgg. v. L. Elster). Jena: Gustav Fischer, S. 1108–1150

Brooks, R. (2007): Public Services at the Crossroads. London, Institute for Public Policy Research

Browning, H.; Singelmann, J. (1975): The Emergence of a Service Society. Springfield: National Technical Information Service

Brückner, M.; Meyer, B. (Hg.) (2000): Die sichtbare Frau. Die Aneignung der gesellschaftlichen Räume. Freiburg: Kore

Bryson, J.; Daniels, P. (2007): Worlds of Services. From local service economies to offshoring or global sourcing. In: Bryson, J.; Daniels, P. (eds.): The Handbook of Service Industries. Cheltenham: Edward Elgar, S. 1–16

Bsirske, F.; Mönig-Raane, M.; Sterkel, G.; Wiedemuth, J. (Hg.) (2004): Es ist Zeit. Logbuch für die ver.di-Arbeitszeitinitiative. Hamburg: VSA

Bsirske, F.; Mönig-Raane, M.; Sterkel, G.; Wiedemuth, J. (Hg) (2005): Perspektive neue Zeitverteilung. Logbuch 2 der ver.di-Arbeitszeitinitiative. Für eine gerechte Verteilung von Arbeit, Zeit und Chancen. Hamburg: VSA

Buggeln, U.; Mückenberger, U. (2005): Zeitpolitische Entdeckungsverfahren. Choice-Work, Bürgergutachten, Mediation. In: Mönig-Raane, M. (Hg.): Zeitfragen sind Streitfragen. Ein zeitpolitisches Projekt setzt Zeichen für die Praxis. Hamburg: VSA, S. 118–155

Büssing, A.; Glaser, J. (1999): Interaktionsarbeit. Konzept und Methode der Erfassung. In: Zeitschrift für Arbeitswissenschaft, Jg. 53/Heft 2, S. 164–173

Büssing, A.; Glaser, J. (Hg.) (2003): Dienstleistungsqualität und Qualität des Arbeitslebens im Krankenhaus. Göttingen: Hogrefe

Campbell, A. (1972): Aspiration, Satisfaction, and Fulfillment. In: Campbell, A.; Converse, P. (eds.): The Human Meaning of Social Change. New York: Russell Sage Foundation, S. 441–446

Campbell, A.; Converse, P.; Rodgers, W. (1976): The Quality of American Life. New York: Russell Sage Foundation

Chamberlain, N.; Kuhn, J. (1965[2]): Collective Bargaining. New York: McGraw-Hill

Chandler, A. (1977): The Visible Hand. The Managerial Revolution in American Business. London: Belknap

Clark, C. (1940): The Conditions of Economic Progress. London: MacMillan

Clark, D. (ed.) (2006): The Elgar Companion to Development Studies. Cheltenham: Edward Elgar

Clegg, H. (1976): Trade Unionism under Collective Bargaining. A theory based on comparison of three countries. Oxford: Blackwell

Clegg, H. (1979): The Changing System of Industrial Relations System in Great Britain. Oxford: Blackwell

Coates, K.; Topham, T. (1982): Trade Unions in Britain. Nottingham: Fontana

Coase, R. (1993): Das Problem der sozialen Kosten. In: Assmann, H.-D.; Kirchner, C.; Schanze, E. (Hg): Ökonomische Analyse des Rechts. Tübingen: Mohr, S. 129–193 (engl. 1960)

Cohen, J.; Arato, A. (1992): Civil Society and Political Theory. Cambridge/Mass., London: The MIT Press

Commons, J. (1934): Institutional Economics. Its place in political economy. New York: MacMillan

Corsten, H. (1997): Dienstleistungsmanagement. München: Oldenbourg

Crouch, C. (1982): Trade Unions. The logic of collective action. London: Fontana

Cummins, R. (1997): Assessing Quality of Life. In: Brown, R. I. (ed.): Quality of Life for People with Disabilities. Models, research and practice. Cheltenham: Edward Elgar

Denzin, N. (2000): Symbolischer Interaktionismus. In: Flick, U.; Kardoff E. v.; Steinke, I. (Hg.): Qualitative Forschung. Ein Handbuch. Hamburg: Rowohlts Enzyklopädie, S. 136–150

Delauney, J.; Gadrey, J. (1992): Services in Economic Thought. Centuries of debate. Boston: Kluwer Academic

Deppermann, A. (2001): Gespräche analysieren. Eine Einführung. Opladen: Leske + Budrich

Deutschmann, C. (1982): Zeitflexibilität und Arbeitsmarkt. Zur Entstehungsgeschichte und Funktion des Normalarbeitstages. In: Offe, C.; Hinrichs, K.; Wiesenthal, H. (Hg): Arbeitszeitpolitik. Formen und Folgen einer Neuverteilung der Arbeitszeit. Frankfurt/M.: Campus, S. 32–45

Deutschmann, C. (1985): Der Weg zum Normalarbeitstag. Die Entwicklung der Arbeitszeiten in der deutschen Industrie bis 1918. Frankfurt/M.: Campus

Deutschmann, C. (2002): Postindustrielle Industriesoziologie. Theoretische Grundlagen, Arbeitsverhältnisse und soziale Identitäten. Weinheim: Juventa

Deutschmann, C.; Schmiede, R.; Schudlich, E. (1987): Die langfristige Entwicklung der Arbeitszeit. Versuch einer sozialwissenschaftlichen Interpretation. In: Schudlich, E. (Hg.): Die Abkehr vom Normalarbeitstag. Frankfurt/M.: Campus, S. 113–144

DGfZP – Deutsche Gesellschaft für Zeitpolitik (2003): Zeit für Zeitpolitik. Bremen: Atlantik

DGfZP – Deutsche Gesellschaft für Zeitpolitik (2005): Manifest der Deutschen Gesellschaft für Zeitpolitik. Bremen: Arbeitnehmerkammer

DGB – Deutscher Gewerkschaftsbund (1954): Geschäftsbericht. Düsseldorf: DGB

DIfU – Deutsches Institut für Urbanistik (Hg.) (2006): Zukunft von Stadt und Region. Band 4: Chancen lokaler Demokratie. Wiesbaden: VS

Diekmann, A. (2007): Empirische Sozialforschung. Grundlagen, Methoden, Anwendungen. Reinbek: Rowohlt

Dienel, P. C. (1997): Die Planungszelle. Eine Alternative zur Establishment-Demokratie (4. Aufl.). Köln: Westdeutscher Verlag

Diener, E.; Suh, E.; Lucas, R. E.; Smith, H. (1999): Subjective Well-Being. Three decades of progress. In: Psychological Bulletin, Vol. 125/No. 2, S. 276–302

Dörre, K. (2002): Kampf um Beteiligung. Arbeit, Partizipation und industrielle Beziehungen im flexiblen Kapitalismus. Wiesbaden: Westdeutscher Verlag

Dürk, B.; Herzog, B. (2005): Die Beteiligung der Betroffenen als Voraussetzung für den Projekterfolg. Inhalt, Struktur, Verfahren, Instrumente. In: Mönig-Raane, M. (Hg.): Zeitfragen sind Streitfragen. Ein zeitpolitisches Projekt setzt Zeichen für die Praxis. Hamburg: VSA, S. 156–168

Dunkel, W.; Rieder, K. (2004): Interaktionsarbeit zwischen Konflikt und Kooperation. In: Dunkel, W.; Voß, G. (Hg.): Dienstleistung als Interaktion. Beiträge aus einem Forschungsprojekt. München, Mering: Hampp, S. 211–226

Dunkel, W.; Weihrich, M. (2003): Abstimmungsprobleme in Dienstleistungsbeziehungen. Ein handlungstheoretischer Zugang. In: KZfSS, Jg. 55/Heft 4, S. 758–781

Dunkel, W.; Szymenderski, P.; Voß, G. (2004): Dienstleistung als Interaktion. Ein Forschungsprojekt. In: Dunkel, W.; Voß, G. (Hg.): Dienstleistung als Interaktion. Beiträge aus einem Forschungsprojekt. Altenpflege – Deutsche Bahn – Call Center. München, Mering: Hampp, S. 11–27

Dunlop, J. (1958): Industrial Relations System. Carbondale: Southern Illinois UP

Drenowski, J. (1974): On Measuring and Planning the Quality of Life. Den Haag: Mouton

Drucker, P. (1969): Die Zukunft bewältigen. Düsseldorf: Econ

Eberling, M.; Henckel, D. (1998): Kommunale Zeitpolitik. Veränderungen von Zeitstrukturen – Handlungsoptionen der Kommunen. Berlin: edition sigma

Eberling, M.; Henckel, D. (Hg.) (2002): Raumzeitpolitik. Opladen: Leske + Budrich

Edwards, R. (1979): Contested Terrain. The Transformation of the Workplace. in the Twentieth Century. London: Basic

Edwards, R.; Gordon, D.; Reich, M. (1982): Segmented Work, Divided Workers. The historical Transformation of Labor in the United States. Cambridge: Cambridge UP

EK – Europäische Kommission (2001): Europäische Rahmenbedingungen für die soziale Verantwortung der europäischen Gemeinschaft. Brüssel: EU

Engfer, U. (1982): Arbeitszeitflexibilisierung als Rationalisierungsstrategie im Dienstleistungssektor. In: Offe, C.; Hinrichs, K.; Wiesenthal, H. (Hg.): Arbeitszeitpolitik. Formen und Folgen einer Neuverteilung der Arbeitszeit. Frankfurt/M.: Campus, S. 106–115

Epskamp, H. (2003): Von der fordistischen zur zukunftsfähigen Gewerkschaft. Anforderungen an das Organisationslernen. In: www.hattinger-kreis.de

Erikson, R. (1993): Descriptions of Inequality. The Swedish approach to welfare research. In: Nussbaum, M.; Sen, A. (eds.): The Quality of Life. Oxford: Oxford UP, S. 67–87

Erikson, R.; Hansen, E.; Ringen, S.; Uusitalo, H. (eds.) (1987): The Scandinavian Model. Welfare states and welfare research. Armonck: Sharpe Inc

Europarat (2010): Empfehlung 295 (2010) „Soziale Zeit, Freizeit: Welche lokale Zeitplanungspolitik ist sinnvoll?“ und Entschließung 313 (2010) „Soziale Zeit, Freizeit: Welche lokale Zeitplanungspolitik ist sinnvoll?“ Kongress der Gemeinden und Regionen, 19. Tagung, Straßburg, 26.–28.Oktober 2010

Fearon, J. D. (1991): Counterfactuals and Hypothesis Testing in Political Science. In: World Politics, Vol. 43/No. 2, S. 169–195

Ferring, D.; Filipp, S. (1992): Lebensqualität und das Problem ihrer Messung. In: Seifert, G. (Hg.): Lebensqualität in unserer Zeit. Modebegriff oder neues Denken? Göttingen: Vandenhoek & Rupprecht, S. 89–109

Fisher, A. (1935): The Clash of Progress and Security. London: MacMillan

Flanders, A. (1970): Management and Unions. London: Faber

Flanders, A.; Clegg, H. H. (1954): The System of Industrial Relations in Great Britain. Oxford: Blackwell

Flick, U. (Hg.) (2000): Konstruktivismus. Reinbek: Rowohlt

Flick, U. (2004): Triangulation. Eine Einführung. Wiesbaden: VS

Flick, U. (2006): Qualitative Evaluationsforschung. Konzepte, Methoden, Umsetzungen. Reinbek: Rowohlt

Flick, U. (2007): Qualitative Sozialforschung. Eine Einführung. Reinbek: Rowohlt

Fourastié, J. (1954): Die große Hoffnung des 20. Jahrhunderts. Köln (1949): Deutz

Fox, A. (1975): Collective Bargaining, Flanders and the Webb. In: British Journal of Industrial Relations, Vol. 13/No. 2, S. 151–174

Frantz, C.; Martens, K. (2006): Nichtregierungsorganisationen. Wiesbaden: VS

Fuchs, V. (1968): The Service Economy. New York: National Bureau of Economic Research

Garhammer, M. (1999): Wie Europäer ihre Zeit nutzen. Zeitstrukturen und Zeitkulturen im Zeichen der Globalisierung. Berlin: edition sigma

Gartner, A.; Riessman, F. (1978): Der aktive Konsument in Dienstleistungsgesellschaft. Zur politischen Ökonomie des tertiären Sektors. Frankfurt/M.: Suhrkamp

Gershuny, J. (1981): Die Ökonomie der nachindustriellen Gesellschaft. Produktion und Verbrauch von Dienstleistungen. Frankfurt/M.: Campus

Gerst, D. (2000): Arbeitspolitik im Rückwärtsgang? Konzeptionskonkurrenz und Wandel von Kontrolle in der Automobilindustrie. In: WSI-Mitteilungen, Heft 1, S. 37–45

Gerstle, H.; Werner, H. (2005): Das vernetzte Teilprojekt Friedrichshain/Kreuzberg in Berlin. In: Mönig-Raane, M. (Hg.): Zeitfragen sind Streitfragen. Ein zeitpolitisches Projekt setzt Zeichen für die Praxis. Hamburg: VSA, S. 20–27

Giarini, O.; Liedtke, P. (1997): Wie wir arbeiten werden. Der neue Bericht an den Club of Rome. Hamburg: Hofmann und Campe

Glaser, B. (1967): The Discovery of Grounded Theory: Strategies for Qualitative Research. Chicago: de Gruyter

Glatzer, W. (1992): Lebensqualität aus sozio-ökonomischer Sicht. In: Seifert, G. (Hg.): Lebensqualität in unserer Zeit. Modebegriff oder neues Denken? Göttingen: Vandenhoek & Rupprecht, S. 47–60

Glasl, F. (1999): Konfliktmanagement. Ein Handbuch für Führungskräfte, Beraterinnen und Berater (6. erg. Aufl.). Bern: Haupt

Glasmeier, A.; Kibler, J. (1996): Power Shift. The rising control of distributors and retailers in the supply chain for manufactured goods. In: Urban Geography, Vol. 17/No. 8, S. 740–757

Goldthorpe, J. (1974): Industrial Relations in Great Britain. A critique of reformism. In: Politics and Society, Vol. 4/No. 4, S. 419–452

Goodin, R. E.; Headey, B.; Muffels, R.; Dirven, H.-J. (1999): The Real World of Welfare Capitalism. Cambridge: Cambridge University Press

Goodin, R. E.; Parppo, A. (2004): The Temporal Welfare State: The Case of Finland. In: Journal of Social Policy, Vol. 33/No. 4, 531–552

Goodin, R. E.; Rice, J. M.; Bittman, M.; Saunders, P. (2005): The Time-Pressure Illusion: Discretionary Time vs. Free Time. In: Social Indicators Research, 73, S. 43–70

Goodin, R. E.; Rice, J. M.; Parppo, A.; Eriksson, L. (2008): Discretionary Time. A New Measure of Freedom, Cambridge: Cambridge University Press

Gottschalck, F. (2008): Arbeitszeit im Jahr 2020. Hamburg: Kovač

Grabher, G. (1994): Lob der Verschwendung. Redundanz in der Regionalentwicklung. Berlin: edition sigma

Granovetter, M. (1985): Economic Action and Social Structure. The problem of embeddedness. In: American Journal of Sociology, Vol. 91, S. 481–510

Granovetter, M.; Swedberg, R. (eds.) (1992): The Sociology of Economic Life. Bonder: Westview

Greenfield, H. (1966): Manpower and the Growth of Producer Services. New York: Columbia UP

Gross, P. (1983): Die Verheißungen der Dienstleistungsgesellschaft. Soziale Befreiung oder Sozialherrschaft? Opladen: Westdeutscher Verlag

Groß, H.; Seifert, H. (Hg.) (2010): Zeitkonflikte. Renaissance der Arbeitszeitpolitik. Berlin: edition sigma

Grossarth, J. (2012): Die Berechnung des Glücks. In: Frankfurter Allgemeine Zeitung, Nr. 82 vom 5. April 2012, S. 12

Habermas, J. (1981): Theorie des kommunikativen Handelns (2. Bände). Frankfurt/M.: Suhrkamp

Habich, R.; Noll, H.-H. (2002): Objektive Lebensbedingungen und subjektives Wohlbefinden im vereinten Deutschland. Teil 2. In: Statistisches Bundesamt (Hg.): Datenreport 2002. Zahlen und Fakten über die Bundesrepublik Deutschland. Bonn: destatis

Habich, R.; Zapf, W. (1996): Einführung. In: Habich, R.; Zapf, W. (Hg.): Wohlfahrtsentwicklung im vereinten Deutschland. Sozialstruktur, sozialer Wandel und Lebensqualität. Berlin: edition sigma, S. 11–21

Hacker, W. (2006): Interaktive/dialogische Erwerbsarbeit. Zehn Thesen zum Umgang mit einem hilfreichen Konzept. In: Böhle, J.; Glaser, J. (Hg.): Arbeit in der Interaktion – Interaktion als Arbeit. Arbeitsorganisation und Interaktionsarbeit in der Dienstleistung. Wiesbaden: VS, S. 17–24

Haft, F.; Schlieffen, K. (Hg.)(2002): Handbuch Mediation. München: Beck

Haipeter, T.; Lehndorff, S. (2004): Atmende Betriebe, atemlose Beschäftigte? Erfahrungen mit neuartigen Formen betrieblicher Arbeitszeitregulierung. Berlin: edition sigma

Hatzelmann, E.; Held, M. (2005): Zeitkompetenz. Die Zeit für sich gewinnen – Übungen und Anregungen für den Weg zum Zeitwohlstand. Weinheim: Beltz

Haubrich, K.; Holthusen, B.; Struhkamp, G. (2005): Evaluation. Einige Sortierungen zu einem schillernden Begriff. In: DJI Bulletin 72 Plus

Häußermann, H.; Siebel, W. (1995): Dienstleistungsgesellschaften. Frankfurt/M.: Suhrkamp

Heinze, R.; Olk, T. (1983): Ist der Arbeitsmarkt zu unflexibel? Zur Entformalisierung der Arbeitsbeziehungen. In: Voigt, R. (Hg.): Abschied vom Recht? Frankfurt/M.: Suhrkamp, S. 226–248

Heinlein, M.; Anderson, P. (2004): Der Bewohner als Kunde? Wie Pflegekräfte den Kundenbegriff deuten und was man daraus lernen kann. In: Dunkel, W.; Voß, G. G.: Dienstleistung als Interaktion. Beiträge aus einem Forschungsprojekt. Altenpflege – Deutsche Bahn – Call Center. München, Mering: Hampp, S. 61–77

Heitkötter, M. (2003): Die Zeit ist reif. Perspektiven einer an Zeitwohlstand orientierten Zeitpolitik. In: DGfZP (Hg.): Zeit für Zeitpolitik. Bremen: Atlantik, S. 87–94

Heitkötter, M. (2006): Von Zeitlücken und Zeitbrücken in der institutionellen Kinderbetreuung. Wo erwerbstätigen und erwerbssuchenden Eltern der Schuh drückt. In: Bien, W.; Rauschenbach, T.; Riedel, B. (Hg.): Wer betreut Deutschlands Kinder? Weinheim: Beltz, S. 215–235

Heitkötter, M. (2006a): Sind Zeitkonflikte des Alltags gestaltbar? Prozesse und Gegenstände lokaler Zeitpolitik am Beispiel des ZeitBüro-Ansatzes (Dissertation Universität Hamburg, 2003). Frankfurt/M. u.a.O.: Peter Lang

Held, M. (2003): Zeitkompetenz und Zeitpolitik für mehr Zeitwohlstand. In: DGfZP (Hg.): Zeit für Zeitpolitik. Bremen: Atlantik, S 103–109

Hennicke, M.; Tengler, H. (1987): Dienstleistungsmärkte in der Bundesrepublik Deutschland. Stuttgart: Poeschel

Hesse, M. (2002): Zeitkoordination in der modernen Logistik. Mehr als nur ein Impulsgeber für die räumliche Entwicklung. In: Henckel, D.; Eberling, M. (Hg.): Raumzeitpolitik, Opladen: VS, S. 107–126

Herder-Dorneich, P.; Kötz, W. (1972): Zur Dienstleistungsökonomik. Systemanalyse und Systempolitik der Krankenhauspflegedienste. Berlin: Duncker & Humblot

Hielscher, V.; Hildebrandt, E. (2002): Leben und Arbeiten in der atmenden Fabrik. Die Folgewirkungen flexibler Arbeitszeitmuster für die Lebensführung der Beschäftigten. In: Menzl, M.; Mückenberger, U. (Hg.): Der Global Player und das Territorium. Opladen: Leske + Budrich, S. 39–58

Hill, P. (1999): Tangibles, Intangibles and Services. A new taxonomy for the classification of output. In: Canadian Journal of Economics, Vol. 32/No. 2, S. 426–446

Hinrichs, K. (1988): Motive und Interessen im Arbeitszeitkonflikt. Eine Analyse der Entwicklung von Normalarbeitszeitstandards. Frankfurt/M.: Campus

Hinrichs, K.; Offe, C.; Wiesenthal, H. (1982): Der Streit um die Zeit. Die Arbeitszeit im gesellschaftspolitischen und industriellen Konflikt. In: Hinrichs, K.; Offe, C.; Wiesenthal, H. (Hg.): Arbeitszeitpolitik. Formen und Folgen einer Neuverteilung der Arbeitszeit. Frankfurt/M.: Campus, S. 8–31

Hirschman, A. (1970): Exit, Voice, and Loyalty. Responses to decline in firms, organizations and states. Cambridge: Harvard UP

Hobsbawm, E. (1964): Labouring Men. Studies in the History of Labour. London: Weidengeld and Nicolson

Homann, K.; Suchanek, A. (2000): Ökonomik. Eine Einführung. Tübingen: Mohr Siebeck

Hoff, A. (1983): Betriebliche Arbeitszeitpolitik zwischen Arbeitszeitverkürzung und Arbeitszeitflexibilisierung. München: Minerva

Hülsmeier, D.; Garrelmann, P.; Rosenow, M.; Piplak, H.; Neumann, M.; Dunkhase, H.: Das BürgerServiceCenter Bremen aus personalrätlicher und gewerkschaftlicher Sicht. In: Mönig-Raane, M. (Hg.): Zeitfragen sind Streitfragen. Hamburg: VSA, S. 91–115

Hyman, R. (1975): Industrial Relations. A marxist introduction. London: MacMillan

Illeris, S. (1996): The Service Economy. A geographical approach. Chichester: Wiley & Sons

Illeris, S. (2007): The Nature of Services. In: Bryson, J.; Daniels, P. (eds.): The Handbook of Service Industries. Cheltenham: Elgar, S. 19–44

Inglehart, R.; Klingemann, H.-D. (2000): Genes, Culture, Democracy, and Happiness. In: Diener, E.; Suh, E. (eds.): Culture and Subjective Well-Being. Cambridge: MIT, S. 165–183

Ipsen, D. (1987): Räumliche Vergesellschaftung. In: Prokla 68, Jg. 17/Heft 3, S. 113–130

Jacobsen, H. (2005): Produktion und Konsum von Dienstleistungen. Konsumenten zwischen Innovation und Rationalisierung. In: Jacobsen, H.; Voswinkel, S. (Hg.): Der Kunde in der Dienstleistungsbeziehung. Beiträge zu einer Soziologie der Dienstleistung. Wiesbaden: VS, S. 15–36

Jacobsen, H.; Voswinkel, S. (2003): Dienstleistungsarbeit – Dienstleistungskultur (SAMF-Arbeitspapier 1)

Jacobsen, H.; Voswinkel, S. (Hg.) (2005): Der Kunde in der Dienstleistungsbeziehung. Wiesbaden: VS

Johansson, S. (1970): On the Level of Living Survey. Stockholm: Almänna förlaget

Joint Committee on Standards for Educational Evaluation (Hg) (2006): Handbuch der Evaluationsstandards. Die Standards des Joint Committee on Standards for Educational Evaluation. Wiesbaden: VS

Jungk, R.; Müllert, N. R. (1994): Zukunftswerkstätten. Mit Phantasie gegen Routine und Resignation. München: Goldmann

Jurczyk, K.; Rerrich, M. (Hg.) (1993): Die Arbeit des Alltags. Beiträge zu einer Soziologie der alltäglichen Lebensführung. Freiburg: Lambertus

Kapp, K. (1988): Soziale Kosten der Marktwirtschaft. Das klassische Werk der Umweltökonomie. Frankfurt/M.: Fischer

Kelle, U. (2006): Qualitative Evaluationsforschung und das Kausalitätsparadigma. In: Flick, U. (Hg.): Qualitative Evaluationsforschung. Konzepte Methoden Umsetzung. Reinbek: Rowohlt, S. 117–134

Keller, B. (2008): Einführung in die Arbeitspolitik. Arbeitsbeziehungen und Arbeitsmarkt in sozialwissenschaftlicher Perspektive. München: Oldenburg

Klein-Schneider, H. (2007): Flexible Arbeitszeit – Vertrauensarbeitszeit. Betriebs- und Dienstvereinbarungen. Frankfurt/M.: HBS

Klinkhammer, N. (2008): Beispiele flexibler und erweiterter Kinderbetreuung in der Bundesrepublik: ähnliche Ansätze, verschiedene Bedingungen und Wege der Finanzierung. In: Diller, A.; Heitkötter, M.; Rauschenbach, Th. (Hg.): Familie im Zentrum: kinderfördernde und elternunterstützende Einrichtungen – aktuelle Entwicklungslinien und Herausforderungen. München: Verlag Deutsches Jugendinstitut, S. 241–266

Kocka, J. (1983): Lohnarbeit und Klassenbildung. Arbeiter und Arbeiterbewegung in Deutschland 1800–1875. Berlin: Dietz

König-Archibugi, K.; Zürn, M. (Hg.) (2006): New Modes of Governance in the Global System. Basingstoke, Palgrave: Macmillan

Korczynski, M. (2002): Human Resource Management in Service Work. Houndmills: Palgrave

Korsch, K. (1922): Arbeitsrecht für Betriebsräte. Berlin: Frankes

Kowal, S.; O'Connell, D. (2000): Zur Transkription von Gesprächen. In: Flick, U.; Steinke, I.; Kardorff, E. v. (Hg): Qualitative Forschung. Ein Handbuch. Reinbek: Rowohlt, S. 437–447

Kratzer, N.; Sauer, D. (2004): Entgrenzung von Arbeit. Konzept, Thesen, Befunde. In: Gottschall, K.; Voß, G. (Hg.): Entgrenzung von Arbeit und Leben. Zum Wandel der Beziehung von Erwerbstätigkeit und Privatsphäre im Alltag. München, Mering: Hampp: S. 87–123

Kress, U. (1998): Vom Normalarbeitsverhältnis zur Flexibilisierung des Arbeitsmarktes. Ein Literaturbericht. In: MittAB, Jg. 31/Heft 3, S. 488–505

Kuhlmann, E. (2005): ‚Kundenorientierung' –der flüchtige Charme einer ökonomischen Denkfigur im Gesundheitswesen. In: Jakobsen, H.; Voswinkel, S. (2005): Der Kunde in der Dienstleistungsbeziehung. Wiesbaden: VS, S. 149–168

Ladeur, K. (2005): Public Governance in the Age of Globalization. Cornwall: Ashgate

Lamnek, S. (1995): Qualitative Sozialforschung, Band 2: Methoden und Techniken. Weinheim: Beltz Psychologie

Lamnek, S. (1998): Gruppendiskussion. Theorie und Praxis. Weinheim: Beltz Psychologie

Land, K. (2000): Social Indicators (www.cob.vt.edu/market/isqols/kenlandessay.htm)

Lane, R. (1996): Quality of Life and Quality of Persons. A new role for government. In: Offer, A. (ed.): In Pursuit of the Quality of Life. New York: Oxford UP, S. 256–293

Langenhan, F. (2004): Dienstleistungen. In: Lück, W. (Hg.): Lexikon der Betriebswirtschaft. München: Oldenbourg, S. 136–137

Lash, S.; Urry, J. (1994): Economies of Signs and Space. London: Sage P

Litt, T. (1926): Individuum und Gemeinschaft. Grundlegung der Kulturphilosophie. Berlin: Teubner

Lockwood, D. (1971): Soziale Integration und Systemintegration. In: Zapf, W. (Hg.): Theorien des sozialen Wandels. Köln: Kiepenheuer & Witsch, S. 124–137

Loos, P.; Schäffer, B. (2001): Das Gruppendiskussionsverfahren. Theoretische Grundlagen und empirische Befunde. Opladen: Leske + Budrich

Lovink, G. (2008): Zero Comments. Elemente einer kritischen Internetkultur. Bielefeld: Transcript

Lüders, C. (2006): Qualitative Evaluationsforschung – was heißt hier Forschung?. In: Flick, U. (Hg): Qualitative Evaluationsforschung. Konzepte Methoden Umsetzungen. Reinbek: Rowohlt, S. 33–62

Lüders, H. (2004): Was sind Dienstleistungen. In: Das Argument 256, Jg. 46/Heft 3–4, S. 368–377

Maleri, R. (1997): Grundlagen der Dienstleistungsproduktion (4. vollst. überarb. und erw. Auflage). Berlin: Springer

Maleri, R.; Frietzsche, U. (2008): Grundlagen der Dienstleistungsproduktion (5. vollst. überarb. Auflage). Berlin: Springer

Maramao, G. (2001): Das Zeitsyndrom. Und wie ihm abzuhelfen ist. In: Mückenberger, U. (Hg.): Bessere Zeiten für die Stadt. Chancen kommunaler Zeitpolitik. Opladen: Leske + Budrich, S. 97–106

Marshall, T. (1992): Bürgerrechte und soziale Klassen. Zur Soziologie des Wohlfahrtsstaates. Frankfurt/M.: Campus (engl. 1963)

Marx, K. (1962a): Der Arbeitstag (1867). In: Marx-Engel-Werke, Band 23. Berlin/O

Marx, K. (1962b): Marx-Engels-Werke, Band 23. Berlin/O

Matthies, H.; Mückenberger, U.; Peter, E.; Raasch, S. (1994): Arbeit 2000. Anforderungen an eine Neugestaltung der Arbeitswelt. Reinbek: Rowohlt

McKersie, R.; Walton, R. (1965): A Behavioral Theory of Labor Negotiations. An analysis of a social interaction system. New York: McGraw-Hill

Mead, G. (1993): Geist, Identität und Gesellschaft: aus der Sicht des Sozialbehaviorismus. Frankfurt/M.: Suhrkamp

Menzl, M.; Mückenberger, U. (Hg.): Der Global Player und das Territorium. Opladen: Leske + Budrich

Merchel, J. (2003): Zum Stand der Diskussion über Effizienz und Qualität in der Produktion sozialer Dienstleistungen. In: Möller, M. (Hg.): Effektivität und Qualität sozialer Dienstleistungen. Ein Diskussionsbeitrag. Kassel: Kassel UP, S. 4–25

Merton, R. K.; Kendall, P. L. (1979): Das fokussierte Interview. In: Hopf, C.; Weingarten, E. (Hg): Qualitative Sozialforschung. Stuttgart: Klett-Cotta, S. 171–204

Meyer, A. (1994): Dienstleistungsmarketing. Augsburg: Fördergesellschaft Marketing

Meuser, M.; Nagel, U. (2005): ExpertInneninterview – vielfach erprobt, wenig bedacht. Ein Beitrag zur qualitativen Methodendiskussion. In: Bogner, A.; Littig, B.; Menz, W. (Hg): Das Experteninterview. Theorie, Methode, Anwendung. Wiesbaden: VS, S. 71–93

Mill, J. S. (1921): Grundsätze der politischen Ökonomie mit einigen ihrer Anwendungen auf die Sozialphilosophie (1848). Band 2. Jena: Fischer

Moldaschl, M. (1996): Kooperative Netzwerke und Demokratisierung. Lösungsperspektive für Probleme der Gegenwart. In: Schönsleben, P.; Scherer, E.; Ulich, E. (Hg.): Werkstattmanagement. Zürich: Hochschulverlag, S. 131–156

Mönig-Raane, M. (2005): Emanzipatorische Arbeitszeitpolitik. In: Mönig-Raane, M. (Hg.): Zeitfragen sind Streitfragen. Ein zeitpolitisches Projekt setzt Zeichen für die Praxis. Hamburg: VSA, S. 7–12

Mönig-Raane, M. (Hg.) (2005): Zeitfragen sind Streitfragen. Ein zeitpolitisches Projekt setzt Zeichen für die Praxis. Hamburg: VSA

Morgenstern, V. (2005): Zeitfragen sind Streitfragen. Ein gewerkschaftliches Handlungsfeld. In: Mönig-Raane, M. (Hg.): Zeitfragen sind Streitfragen. Ein zeitpolitisches Projekt setzt Zeichen für die Praxis. Hamburg: VSA, S. 13–18

Mückenberger, U. (1982): Entwicklung und Funktion des Arbeitszeitrechts. In: Offe, C.; Hinrichs, K.; Wiesenthal, H. (Hg.): Arbeitszeitpolitik. Formen und Folgen einer Neuverteilung der Arbeitszeit. Frankfurt/M.: Campus, S. 46–59

Mückenberger, U. (1985): Die Krise des Normalarbeitsverhältnisses. Hat das Arbeitsrecht noch Zukunft? In: Zeitschrift für Sozialreform. 31. Jg. 31/Heft 7, S. 415–434; Heft 8, S. 466–475

Mückenberger, U. (1985a): Rechtliche Aspekte industrieller Arbeit. In: Sattel, U., Georg, W., Kißler, L. (Hg.): Arbeit und Wissenschaft – Arbeitswissenschaft? Eine Einführung. Bonn: Verlag Neue Gesellschaft. S. 248–289

Mückenberger, U. (1992): Produktionsverflechtung und Risikoverantwortung. Baden-Baden: Nomos

Mückenberger, U. (1993): Auf dem Weg zu einem postfordistischen Arbeitsrecht. Das System rechtlicher Regulierung im Betrieb unter Veränderungsdruck. In: Müller-Jentsch, W. (Hg.): Konfliktpartnerschaft. Akteure und Institutionen der industriellen Beziehungen. München, Mering: Hampp, S. 203–228

Mückenberger, U. (Hg.) (1998): Zeiten der Stadt. Reflexionen und Materialien zu einem neuen gesellschaftlichen Gestaltungsfeld (1. Aufl.). Bremen: Temmen

Mückenberger, U. (Hg.) (2000): Zeiten der Stadt. Reflexionen und Materialien zu einem neuen gesellschaftlichen Gestaltungsfeld (2. Aufl.). Bremen: Temmen

Mückenberger, U. (Hg.) (2001): Bessere Zeiten für die Stadt. Chancen kommunaler Zeitpolitik. Opladen: Leske + Budrich

Mückenberger, U. (2002): Zeitwohlstand und Zeitpolitik. Überlegungen zur Zeitabstraktion. In: Rinderspacher, J. (Hg): Zeitwohlstand. Ein Konzept für einen anderen Wohlstand der Nation. Berlin: edition sigma, S. 117–142

Mückenberger, U. (2004): Metronome des Alltags. Betriebliche Zeitpolitiken, lokale Effekte, soziale Regulierungen. Berlin: edition sigma

Mückenberger, U. (2010): Civilising Globalism: Transnational Norm-Building as a Lever of the Emerging Global Legal Order? In: Transnational Legal Theory 1 (4), S. 523–573

Mückenberger, U.; Timpf, S. (Hg.) (2003): Bremen 2030, eine zeitgerechte Stadt. Vier Gespräche zur Stadtentwicklung. Bremen: Temmen

Mückenberger, U.; Timpf, S. (Hg.) (2007): Zukünfte der europäischen Stadt. Ergebnisse einer Enquete zur Entwicklung und Gestaltung urbaner Zeiten. Wiesbaden: VS

Müller-Jentsch, W. (1997): Soziologie der Industriellen Beziehungen (2. Aufl.). Frankfurt/M.: Campus

Müller-Jentsch, W. (2007): Strukturwandel der industriellen Beziehungen. ‚Industrial Citizenship' zwischen Markt und Regulierung. Wiesbaden: VS

Müller-Jentsch, W. (2008): Arbeit und Bürgerstatus. Studien zur sozialen und industriellen Demokratie. Wiesbaden: VS

Negt, O. (2004): Wozu noch Gewerkschaften? Eine Streitschrift. Göttingen: Steidl

Nerdinger, F. (1994): Zur Psychologie der Dienstleistung. Theoretische und empirische Studien zu einem wirtschaftspsychologischen Forschungsgebiet. Stuttgart: Schaeffer + Poeschel

Nerdinger, F. (2005): Dienstleistung. In: Frey, D.; Rosenstiel, L. v.; Hoyos, C. (Hg.): Wirtschaftspsychologie. Weinheim: Beltz

Nerdinger, F.; Martins, E.; Pundt, A.; Horsmann, C. (2009): Formen der Beteiligungskultur – Befunde aus dem Projekt TiM. In: Nerdinger, F. W.; Wilke, P. (Hg.): Beteiligungsorientierte Unternehmenskultur. Erfolgsfaktoren, Praxisbeispiele und Handlungskonzepte. Wiesbaden: Gabler

Noll, H.-H. (1999): Konzepte der Wohlfahrtsentwicklung. Lebensqualität und ‚neue' Wohlfahrtskonzepte. In: EuReporting Working Paper Nr. 3. Mannheim

Noll, H.-H. (2004): Social Indicators and Quality of Life Research. Background, achievements and current trends. In: Genov, N. (ed.): Advances in Sociological Knowledge. Over half a century. Wiesbaden: VS, S. 151–181

Nussbaum, M. (1999): Gerechtigkeit oder Das gute Leben. Frankfurt/M.: Suhrkamp

OBS – Otto Brenner Stiftung (Hg.) (2002): Global Governance. Gewerkschaften und NGOs. Hamburg: VSA

OBS – Otto Brenner Stiftung (Hg.) (2003): Globalisierung oder Gerechtigkeit? Politische Gestaltung und soziale Grundwerte. Hamburg: VSA

OBS – Otto Brenner Stiftung (Hg.) (2004): Arbeitnehmerrechte in einer globalisierten Welt. Hamburg: VSA

Offe, C.; Hinrichs, K. (1984): Sozialökonomie des Arbeitsmarktes. Primäres und sekundäres Machtgefälle. In: Offe, C. (Hg.): Arbeitsgesellschaft. Strukturprobleme und Zukunftsperspektiven. Frankfurt/M.: Campus, S. 44–86

Offe, C. (1987): Das Wachstum der Dienstleistungsarbeit. Vier soziologische Erklärungsansätze. In: Olk, T.; Otto, H. (Hg.): Soziale Dienste im Wandel. Band 1: Helfen im Sozialstaat. Frankfurt/M.: Luchterhand, S. 171–198

Olk, T. (1986): Abschied vom Experten. Sozialarbeit auf dem Weg zu einer alternativen Professionalität. München: Juventa

Ostner, I. (1995): Arm ohne Ehemann? Sozialpolitische Regulierungschancen für Frauen im internationalen Vergleich. In: Aus Politik und Zeitgeschichte, B 36–37, S. 3–12

Parsons, T. (1968): Sozialstruktur und Persönlichkeit. Frankfurt/M.: EVA

Peters, J. (Hg.) (2009): Anerkennung und Repression. Dokumente zur Tarifpolitik in der Metallindustrie 1918–1945 – Band 1: 1918–1930. Göttingen: Steidl

Piore, M.; Sabel, C. (1985): Das Ende der Massenproduktion. Studie über die Requalifizierung der Arbeit und die Rückkehr der Wirtschaft in die Gesellschaft. Berlin: Wagenbach

Polanyi, K. (1979): Ökonomie und Gesellschaft. Frankfurt/M.: Suhrkamp

Pongratz, H. J. (2005): Interaktionsstrukturen von Dienstleistungsbeziehungen. Machtanalytische Differenzierungen zum Thema ‚Kundenorientierung'. In: Jakobsen, H.; Voswinkel, S. (2005): Der Kunde in der Dienstleistungsbeziehung. Wiesbaden: VS, S. 57–80

Porter, M. (1990): The Competitive Advantage of Nations. London: Free Press

Projektgruppe ‚Alltägliche Lebensführung' (Hg.) (1995): Alltägliche Lebensführung. Arrangements zwischen Traditionalität und Modernisierung: Opladen: Leske + Budrich

Prütting, H. (2002): Mediation im Arbeitsrecht. In: Haft/Schlieffen 2002, S. 950 – 966

Rapley, M. (2001): Policing Happiness. In: Newnes, C.; Holmes, G.; Dunn, C. (eds.): This is Madness Too. Ross-on-Wye: PCCS Books

Rapley, M. (2003): Quality of Life Research. London: Sage

Rawls, J. (1979): Eine Theorie der Gerechtigkeit. Frankfurt/M.: Suhrkamp

Reisch, L. (1999): Güterwohlstand und Zeitwohlstand. Zur Ökonomie und Ökologie der Zeit. In: Hofmeister, S.; Spitzner, M. (Hg): Zeitlandschaften. Perspektiven öko-sozialer Zeitpolitik. Stuttgart: Hirzel, S. 131–157

Reisch, L.; Scherhorn, G. (1999): ‚Ich wär' so gern ein Zeitmillionär'. Güterwohlstand und Zeitwohlstand. In: Politische Ökologie, Jg. 13/Heft 57–58, S. 52–56

Rheinberg, F. (2004): Motivationsdiagnostik. Göttingen: Hogrefe

Rheinberg, F. (2006): Intrinsische Motivation und Flow-Erleben. In: Heckhausen, H.; Heckhausen, J. (Hg.): Motivation und Handeln. Heidelberg: Springer, S. 331–354

Rinderspacher, J. (2000): Schul-Zeiten Ganztagsschule und zeitliche Organisation des Schulbetriebes. In: Mückenberger, U. (Hg.): Zeiten der Stadt. Reflexionen und Materialien zu einem neuen gesellschaftlichen Gestaltungsfeld. Bremen: Temmen, S. 71–87

Ring, L.; Höfer, S.; McGee, H.; Hickey, A.; Boyle, C. A. (2007): Individual Quality of Life. Can it be accounted for by psychological or subjective well-being?. In: Social Indicators Research, Vol. 82/No. 3, S. 443–461

Robeyns, I. (2005): The Capability Approach. A theoretical survey. In: Journal of Human Development, Vol. 6/No. 1, S. 93–114

Schaarschuch, A. (2006): Dienstleistung. In: Dollinger, B.; Raithel, J. (Hg.): Aktivierende Sozialpolitik. Ein kritisches Glossar. Wiesbaden: VS, S. 91–107

Scharpf, F. W. (1986): Strukturen der post-industriellen Gesellschaft. Verschwindet die Massenarbeitslosigkeit in der Dienstleistungs- und Informationsökonomie? In: Soziale Welt, Jg. 37/Heft 1, S. 3–24

Schneider, M. (1984): Streit um Arbeitszeit. Geschichte des Kampfes um Arbeitszeitverkürzung in Deutschland (hrsgg. v. H. Mayr, H. Janssen). Köln: Bund

Schudlich, E. (1987): Die Abkehr vom Normalarbeitstag. Entwicklung der Arbeitszeiten in der Industrie der Bundesrepublik seit 1945. Frankfurt/M.: Campus

Schütz, A. (1971): Gesammelte Aufsätze 1. Das Problem der sozialen Wirklichkeit. Den Haag: Martinus Nijhoff

Schulze Buschoff, K. (2000a): Über den Wandel der Normalität im Erwerbs- und Familienleben. Berlin: Wissenschaftszentrum Berlin für Sozialforschung (WZB), discussion paper P00-511

Schulze Buschoff, K. (2000b): Vom Normalarbeitsverhältnis zur Flexibilisierung. Über den Wandel der Arbeitszeitmuster: Ausmaß, Bewertung, Präferenzen. Berlin: Wissenschaftszentrum Berlin für Sozialforschung (WZB), discussion paper P00-518

Schuppert, G. (2006): Global Governance and the Role of Non-State Actors. Baden-Baden: Nomos

Sen, A. (1993): Capability and Well-Being. In: Nussbaum, M.; Sen, A. (eds.): The Quality of Life. Oxford: Oxford UP, S. 30–53

Sen, A. (2000): Ökonomie für den Menschen. Wege zu Gerechtigkeit und Solidarität in der Marktgesellschaft. München: Hanser

Sennett, R. (1998): Der flexible Mensch. Die Kultur des neuen Kapitalismus. Berlin: Berlin Verlag

Sieverts, T. (2002): Zeitverwendungsmuster und Raumnutzung. In: Henckel, D.; Eberling, M. (Hg.): Raumzeitpolitik. Opladen: Leske + Budrich, S. 251–264

Sinzheimer, H. (1916): Ein Arbeitstarifgesetz. Die Idee der sozialen Selbstbestimmung im Recht. München: Duncker & Humblot

Spitzner, M. (1999): Zukunftsoffenheit statt Zeitherrschaft. Konturen öko-sozialer Zeitpolitik. In: Hofmeister, S.; Spitzner, M. (Hg.): Zeitlandschaften. Stuttgart: Hirzel, S.: 267–327

Springer, R. (1999): Rückkehr zum Taylorismus? Arbeitspolitik in der Autoindustrie am Scheideweg. Frankfurt/M.: Campus

Stegbauer, C. (2002). Reziprozität. Einführung in soziale Formen der Gegenseitigkeit. Wiesbaden: Westdeutscher Verlag

Stickler, A. (2005): Nichtregierungsorganisationen, soziale Bewegungen und global governance. Eine kritische Bestandsaufnahme. Bielefeld: Transcript

Strauss, A. (1991). Grundlagen qualitativer Sozialforschung. Datenanalyse und Theoriebildung in der empirischen soziologischen Forschung. München: Fink

Strauss, A.; Corbin, J. (1990). Basics of Qualitative Research. Techniques and procedures for developing grounded theory. London: Sage

Strauss, A.; Ehrlich, D.; Bucher, R.; Sabshin, M. (1963): The Hospital and Its Negotiated Order. In: Freidson, E. (ed.): The Hospital in the Modern Society. New York: Free Press of Glencoe, S. 147–169

Teriet, B. (1976): Zeitsouveränität durch flexible Arbeitszeit. In: Politik und Zeitgeschichte, Jg. 31, S. 3–15

Teriet, B. (1977): Die Wiedergewinnung der Zeitsouveränität. In: Duwe, F. (Hg.): Technologie und Politik, Band 8. Reinbek: Rowohlt, S. 75–111

Teubner, G. (1979): Neo-korporatistische Strategien rechtlicher Organisationssteuerung. Staatliche Strukturvorgaben für gesellschaftliche Verarbeitung politischer Konflikte. In: Zeitschrift für Parlamentsfragen, Jg. 10/Heft 4, S. 487–502

Thompson, E. (1987): Die Entstehung der englischen Arbeiterklasse. Frankfurt/M.: Suhrkamp

Veenhoven, R. (1996): Happy Life-Expectancy. A comprehensive measure of quality-of-life in nations. In: Social Indicators Research, Vol. 39, S. 1–58

Veenhoven, R. (2000): Why Social Policy Needs Subjective Indicators (Paper presented at the Third Conference of the International Society for Quality of Life Studies in Girona)

Veenhoven, R. (2004): World Database of Happiness. In: Glatzer, W.; Below, S. v.; Stoffregen, M. (Hg): Well-Being. The foundations of hedonic psychology. New York: Russell Sage Foundation Publications, S. 392–412

Volkert, J. (2007): Armut, Reichtum und Capabilities: Einführung. In: Volkert, J. (Hg): Armut und Reichtum an Verwirklichungschancen. Amartya Sens Capability-Konzept als Grundlage der Armuts- und Reichtumsberichterstattung. Wiesbaden: VS, S. 11–19

Voß, G. G.; Rieder, K. (2005): Der arbeitende Kunde. Wenn Konsumenten zu unbezahlten Mitarbeitern werden. Frankfurt/M.: Campus

Voswinkel, S. (2001): Anerkennung und Reputation. Die Dramaturgie industrieller Beziehungen. Konstanz: UVK

Voswinkel, S.; Korzekwa, A. (Mitarb.) (2005): Welche Kundenorientierung. Anerkennung in der Dienstleistungsarbeit. Berlin: edition sigma

Waldenfels, B. (1985): In den Netzen der Lebenswelt. Frankfurt/M.: Suhrkamp

Webb, B.; Webb, S. (1897/1898): Theorie und Praxis der Englischen Gewerkvereine in zwei Bänden. Stuttgart: Dietz

Weihrich, M.; Dunkel, W. (2003).): Abstimmungsprozesse in Dienstleistungsbeziehungen – Ein handlungstheoretischer Zugang. In: Kölner Zeitschrift für Soziologie und Sozialpsychologie, Jg. 55/Heft 4, S. 758–781

Wolff, S. (2000): Dokumenten- und Aktenanalyse. In: Flick, U.; Steinke, I.; Kardorff, E. v. (Hg.): Qualitative Forschung. Ein Handbuch. Reinbek: Rowohlt, S. 502–513

Womack, J.; Jones, D.; Roos, D. (1992): Die Zweite Revolution in der Autoindustrie. Frankfurt/M.: Campus

Woodworth, R. S. (1918): Dynamic Psychology. New York: Columbia UP

Wotschak, P. (2002): Zeitwohlstand als Problem sozialer Ungleichheit. In: Rinderspacher, J. (Hg): Zeitwohlstand. Ein Konzept für einen anderen Wohlstand der Nation. Berlin: edition sigma, S. 143–164

Yankelovich, D. (1999): The Magic of Dialogue. Transforming Conflict into Cooperation, New York: Simon & Schuster

Zapf, W. (1977): Soziale Indikatoren. Eine Zwischenbilanz. In: Krupp, H.-J.; Zapf, W. (Hg): Sozialpolitik und Sozialberichterstattung. Frankfurt/M.: Campus, S. 231–246

Zapf, W. (1984): Individuelle Wohlfahrt. Lebensbedingungen und wahrgenommene Lebensqualität in der Bundesrepublik. In: Glatzer, W.; Zapf, W. (Hg): Lebensqualität in der Bundesrepublik. Frankfurt/M.: Campus, S. 13–26

Zapf, W. (1993): Wohlfahrtsentwicklung und Modernisierung. In: Glatzer, W. (Hg): Einstellungen und Lebensbedingungen in Europa. Frankfurt/M.: Campus, S. 163–176

Zimmermann, B. (2006): Pragmatism and the Capability Approach. Challenges in social theory and empirical research. In: European Journal of Social Theory, Vol. 9/No. 4, S. 467–484

Zeitfracht Medien GmbH
Ferdinand-Jühlke-Straße 7
99095 Erfurt, Deutschland
produktsicherheit@kolibri360.de